Susanne Czech-Winkelmann

HANDBUCH
Trade-Marketing

Konzepte

Instrumente

*Organisationsgestaltung
und Management*

Cornelsen

Die Deutsche Bibliothek – CIP-Einheitsaufnahme

Ein Titeldatensatz für diese Publikation ist
bei Der Deutschen Bibliothek erhältlich.

Verlagsredaktion: Ralf Boden
Abbildungen: Holger Stoldt, Düsseldorf

 http://www.cornelsen.de

1. Auflage   Druck 4 3 2 1   Jahr 05 04 03 02

© 2002 Cornelsen Verlag, Berlin

Druck: Saladruck, Berlin

ISBN 3-464-48974-4

Bestellnummer 489744

 Gedruckt auf säurefreiem Papier, umweltschonend
hergestellt aus chlorfrei gebleichten Faserstoffen.

Die Autorin

Dr. Susanne Czech-Winkelmann studierte nach einer kaufmännischen Ausbildung bei der HOECHST AG Betriebswirtschaftslehre an der Johann-Gutenberg-Universität in Mainz und der Wirtschaftshochschule in Mannheim. Promotion 1982 an der Universität Mainz zum Dr. rer. pol.

Von 1977 bis 1996 war sie im Marketing- und Vertriebsmanagement u.a. als Geschäftsführerin Marketing / Vertrieb tätig. Berufspraktische Erfahrungen sammelte sie in den Branchen OTC-Arzneimittel, Kosmetik und Lebensmittel sowohl bei internationalen amerikanischen Unternehmen der Markenartikelindustrie, wie WICK PHARMA / PROCTER & GAMBLE, MUCH / AMERICAN HOME PRODUCTS, als auch in deutschen Unternehmensgruppen wie FRIBAD und MILUPA.

1997 erfolgte die Berufung als Professorin für Vertriebsmanagement am Fachbereich Wirtschaft der Fachhochschule Wiesbaden.

Vorwort

In der Praxis und in der Lehre ist „Marketing" dominiert von „Consumer Marketing", bei dem der private Endverbraucher als Kunde im Mittelpunkt der Gedanken und Überlegungen des Unternehmens steht. Spricht man über „Business-to-Business Marketing", wird meist automatisch an die Kunden-Lieferantenbeziehungen in der direkten Distribution von Industriegütern gedacht. Wenig Beachtung finden bislang Marketingüberlegungen für den „Handel" als Business-to-Business Kunde. Dabei ist ohne den Handel indirekte Distribution von Konsumgütern nicht möglich. Und allen Lieferanten in allen Branchen ist bekannt, dass der Handel der erste Kunde ist, an den die Produkte verkauft werden müssen.

Ziel von Trade-Marketing ist es, über die in der Praxis im Mittelpunkt stehenden Konditionen und Werbekostenzuschüsse (WKZ) und die im Moment stark diskutierten ECR-Initiativen hinaus, einen ganzheitlichen umfassenderen Ansatz für eine erfolgreiche Zusammenarbeit mit den Kunden Handel aufzuzeigen. Weiterhin soll verdeutlicht werden, dass heute Consumer Marketing nur zusammen mit Trade-Marketing erfolgreich eingesetzt werden kann. Beides zusammen macht erst das „Marketing" eines Unternehmens aus.

Damit einhergehend sind die Aufgaben und Verantwortungen der Funktionsbereiche Marketing und Vertrieb neu zu definieren und abzugrenzen. In der Konsequenz sind organisatorische Veränderungen durch die Bildung von funktionsübergreifenden Teams unerlässlich.

Da Marketing ohne gute Kenntniss des Kunden, hier des Handels, nicht möglich ist, wird dies exemplarisch am Beispiel des Lebensmittelhandels – als dem aus verschiedenen Aspekten heraus bedeutendsten Handelsbereich – vertieft.

An wen richtet sich das Handbuch Trade-Marketing?
- An Marketing- und Vertriebsstudenten mit der Absicht, dieses Thema in seiner Komplexität darzustellen.
- An Praktiker im Vertrieb, um die ein- oder andere Anregung für die Zusammenarbeit mit dem Kunden Handel zu geben.
- An Unternehmensleitungen insbesondere auch von klein- und mittelständischen Lieferanten des Handels, um Initiative für oftmals anstehende notwendige Veränderungen in den Marketing- und Vertriebsbereichen anzuregen.
- Und Trade-Marketing ist sicher auch interessant für Praktiker im Handel, da schlussendlich eine gute und kooperative Zusammenarbeit mit den Lieferanten hilft, die eigene Position bei den Konsumenten zu stärken.

Ich möchte die Gelegenheit ergreifen, all denen zu danken, die mich auf meinem Berufsweg durch Marketing und Vertrieb begleitet haben. Stellvertretend möchte ich hier Hans W. Bach, ehem. Geschäftsführer WICK PHARMA, Groß-Gerau, nennen. Außerdem danke ich Peter Ziemainz, MAC & T, Darmstadt, für seine Kommentare und Anregungen beim Schreiben dieses Buches. Danke auch an meinen Mann Cord Winkelmann und meine Freundin Frau RA Gertrud Hess für ihre Unterstützung, Geduld und Verständnis.

im Frühjahr 2002   *Susanne Czech-Winkelmann*

Inhaltsverzeichnis

Teil A

Grundlagen des Trade-Marketing

UNTER TRADE-MARKETING SIND SÄMTLICHE AKTIVITÄTEN EINES HERSTELLERS ZU VERSTEHEN, DIE DAS ZIEL HABEN, DEN HANDEL ZU BEEINFLUSSEN UND DIE EIGENE POSITION IN DER WARENGRUPPE IM ABSATZKANAL ZU VERBESSERN.

Um Trade-Marketing ergebnisbringend durchzuführen – wobei Trade-Marketing nicht als Allheilmittel für die Lösung der Zielkonflikte zwischen Industrie und Handel missverstanden werden darf – muss der Handel als Business-to-Business-Kunde verstanden werden. Die Zeiten des passiven Absatzmittlers sind lange vorbei! Die Hersteller müssen lernen, dass sie neben dem Consumer Marketing, das sie beherrschen, mit Macht auch Trade-Marketing implementieren müssen. Die Spezialisten für den Kunden Handel sitzen in den Vertriebsabteilungen – Trade-Marketing ist die neue Herausforderung an das Vertriebsmanagement, die in der Konsequenz auch organisatorische Veränderungen nach sich zieht.

Trade-Marketing Konzeptionen sind Bestandteil der Unternehmens- und Marketingplanung. Sie erfordern eine Reihe von vertriebsbezogenen Grundsatzentscheidungen, die durch das Unternehmensmanagement zu treffen sind.

1   Trade-Marketing: Definition und Abgrenzung

Der Begriff des „Trade-Marketing" tauchte erstmals Ende der Achtziger-Jahre auf. *„Vor dem Hintergrund veränderter Rahmenbedingungen im Handel gewinnen neue Konzepte des handelsgerichteten Herstellermarketing, das sog. Trade-Marketing, zunehmend an Bedeutung."* (Zentes, 1989, S. 224)

„Trade-Marketing" ist dem Bereich der vertikalen Kooperationen zuzuordnen

„Trade-Marketing" ist dem Bereich der vertikalen Kooperationen zuzuordnen. *„Von vertikalen Kooperationen spricht man bei einer Zusammenarbeit zwischen Institutionen auf verschiedenen Wirtschaftsstufen. Aus Sicht der Industrie als Lieferant geht es um eine absatzorientierte vertikale Kooperation, aus Sicht des Handels, als Abnehmer, um eine beschaffungsorientierte, vertikale Kooperation."* (Laurent 1996, S. 83)

Die gegenseitigen Abhängigkeiten der Ergebnisse, insbesondere der Gewinne jedes Mitglieds im Absatzkanal von den Aktivitäten der vor- bzw. nachgelagerten Wirtschaftsstufe, sind Ursache für vertikale Kooperationen (vgl. Ahlert, 1985, S. 203). „Kooperation" ist dabei definiert als *„jede auf freiwilliger Basis beruhende, meist vertraglich geregelte Zusammenarbeit rechtlich und wirtschaftlich selbstständig bleibender Unternehmungen zur Absicherung bzw. Verbesserung ihrer Leistungsfähigkeit."* (vgl. Ausschuss für Begriffsdefinitionen aus der Handels- und Absatzwirtschaft, Katalog E)

Die Strategien der Kooperation im Absatzkanal reichen von losen Formen der Zusammenarbeit, wie z.B. Vereinbarungen im Rahmen von Jahresgesprächen oder schriftlich niedergelegten Rahmenvereinbarungen, bis hin zu vertraglich geregelten, zum Teil sehr straffen Ausprägungen wie z.B. das Vertragshändlersystem oder Franchising (vgl. Ahlert 1982, S. 62 – 93; vgl. Meffert/Kimmeskamp 1983, S. 214 – 231; Laurent 1996, S. 84).

Im Rahmen der vertikalen Kooperationen ist Trade-Marketing dem vertikalen Marketing zuzuordnen. *„Strategien des vertikalen Marketing beinhalten den Rahmen, innerhalb dessen sich die langfristige Politik des Industrieunternehmens gegenüber dem Handel bzw. Absatzmittler bewegt bzw. bewegen soll."* (Irrgang 1992, S. 1)

Der wesentliche Unterschied zwischen Trade-Marketing in dem hier verwendeten Sinne und vertikalem Marketing liegt darin, dass die Hersteller den Bedürfnissen und Anforderungen des Handels, soweit ökonomisch und konzeptionell vertretbar, wesentlich stärker Rechnung tragen (vgl. Kirsch 1987, S. 27 ff.).

vom Hersteller initiierte vorwärts gerichtete Kooperation zwischen Hersteller und Handel

„Trade-Marketing" beinhaltet den Aspekt einer vorwärts gerichteten Kooperation, in deren Rahmen der Hersteller gegenüber dem Handel in Bezug auf die Initiierung und Entwicklung von Kooperations- und Marketingprogrammen eine dominierende Stellung einnimmt (vgl. Laurent 1996, S. 137). Im Einzelfall, insbesondere bei den prozessorientierten Logistikentwicklungen oder z.B. bei der Konditionsgestaltung sind es auch Handelsunternehmen, die initiativ Forderungen und kooperative Entwicklungen vorantreiben. Auch solche Einzelfälle der Übernahme der Führerschaft durch den Handel bei der Ausgestaltung einer Kooperation zwischen Industrie und Handel sind Bestandteil des Trade-Marketing. („Reverse Marketing" wäre im Übrigen eine entsprechende Bezeichnung für rückwärts orientierte Kooperationen, in denen der Handel eine offensive Lieferantenpolitik oder –kooperation mit dem Ziel der Beschaffungsoptimierung entwickelt; vgl. Laurent 1996, S. 138.) Entscheidend für das Vorliegen von Trade-Marketing ist, dass in der Gesamtbetrachtung der Marketing-Beziehungen der Hersteller initiativ führend ist und selbst die Beziehungen zum Kunden Handel aktiv gestaltet.

Auch der Handel kann die Initiative ergreifen

Der hier verwendete Trade-Marketing Begriff impliziert keine Wertung der Machtposition des einen oder anderen Partners; wogegen der Begriff des vertikalen Marketing meist mit einer Machtstellung des Herstellers im Absatzkanal verbunden ist. Verschiedene Machtkonstellationen sind vorstellbar: dominanter Hersteller, gleiche Stärke auf Hersteller- und Handelsseite oder auch dominanter Handel. Diese Konstellationen beeinflussen die Ausprägung des Trade-Marketing Konzeptes, seine Intensität und die Ausgestaltung des Trade-Marketing Programms, ändern aber nichts an der aktiven Gestaltungsaufgabe des Herstellers.

keine Dominanz der kooperierenden Partner wie im vertikalen Marketing

Wenn von einer Dominanz im Absatzkanal gesprochen werden soll, dann bezieht sich dies auf den Verbraucher. „*Der Verbraucher, und nicht, wie vielfach betont wird, Industrie oder Handel, hat letztlich die 'Führerschaft' im Absatzkanal inne. Deshalb müssen die Motive der Konsumenten Ausgangspunkt aller marketingpolitischen Überlegungen sein.*" (Staudacher 1993, S. 35)

Letztendlich dominierend ist allein der Verbraucher

An dieser Stelle stellt sich natürlich die Frage, welches „Endverbraucher-Kundenbild" zugrunde gelegt werden sollte. Ist es der Verbraucher, den der Hersteller bei der Entwicklung seiner Produkte im Visier hatte oder sind es die Shopper, die die verschiedenen Handelsorganisationen jeweils für sich gewinnen können – und die sich in bestimmten Ausprägungen ihrer Bedürfnisse durchaus vom Zielkunden des Herstellers unterscheiden können (vgl. Ahlert/Borchert 2000, S. 14 f.)? Soweit der Handel Erkenntnisse über seine Shopper in Erfahrung gebracht hat – was sich im Übrigen in der Praxis in Deutschland noch in den ersten Anfängen befindet! – ist es im Sinne der Orientierung am Kunden Handel und für die Akzeptanz der eigenen Produkte durch die Shopper notwendig, diese Shopperprofile zu berücksichtigen. Dies gilt besonders für die Produktpolitik, d.h. die Entwicklung und Gestaltung von Produkten.

Das Ziel des Trade-Marketing liegt nicht nur darin, dass der Hersteller seine Produkte erfolgreich, d.h. Gewinn bringend an den Handel verkaufen kann. In Zeiten intensivsten horizontalen Wettbewerbs ist es darüber hinaus Ziel des Trade-Marketing, durch eine klare Handelskun-

Positionierung gegenüber   denorientierung als bevorzugter Lieferant (preferred supplier) im Ver-
der Konkurrenz   gleich zur Konkurrenz angesehen zu werden (vgl. Böhlke 1995, Sp.
                           2487). Mit Trade-Marketing wird also ganz eindeutig auch versucht, ei-
                           ne Vormachtstellung beim Handel gegenüber der Konkurrenz in der glei-
                           chen Warengruppe einzunehmen.

Der hier verwendete Trade-Marketing Begriff soll in einem weiten Sinn
verstanden werden. Er beinhaltet keine Aussage über den Umfang der
Kooperationsaktivitäten des Herstellers gegenüber dem Handel. Jede Aktivität, die der Hersteller für angemessen hält, seine Position beim Handel auszubauen, zählt zu Trade-Marketing.

Es handelt sich um Trade-Marketing im engen Sinne, wenn in einer
Definition darauf abgestellt wird, dass mit Trade-Marketing „jene Akti-
onsparameter systematisch abgedeckt werden sollen, in denen sich das
Herstellermarketing mit dem Handelsmarketing überlappt" (Jauscho-
wetz 1995, S. 13). Zusammenfassend soll hier folgende Definition des
Trade-Marketing gelten:

Unter Trade-Marketing sind sämtliche Aktivitäten eines Herstellers zu verstehen, die gegenüber dem Handel das Ziel haben, diesen zu beeinflussen und die eigene Position in der Warengruppe im Absatzkanal zu verbessern.

„Trade-Marketing"   Abschließend soll festgehalten werden, dass „Trade-Marketing" nicht
ist nicht mit „Handels-   mit „Handelsmarketing" zu verwechseln ist, auch wenn es sich hier um
marketing" zu verwechseln die englische Übersetzung des Begriffs „Handel" handelt.

So führt die immer noch vorzufindende Praxis von Industrieunternehmen die Abteilungen, die sich mit Trade-Marketing beschäftigen, als
„Abteilung Handelsmarketing" zu bezeichnen, zu Irritationen. Der Begriff „Handelsmarketing" sollte „gemäß allgemeinem Sprachgebrauch
aber für die Marketingaktivitäten des Handels reserviert bleiben ..."
(Schmidt 2000b, S. 168).

2   Trade-Marketing ist Business-to-Business-Marketing

Trade-Marketing muss als Business-to-Business-Marketing verstanden
werden! Handelsunternehmen sind gemäß der Begriffsdefinition aus dem
Katalog E: „Institutionen, deren wirtschaftliche Tätigkeit ausschließlich
oder überwiegend der Beschaffung und dem Absatz von Gütern – in der Regel ohne wesentliche Be- und Verarbeitung – zuzurechnen ist." (vgl. Ausschuss für Begriffsdefinitionen aus der Handels- und Absatzwirtschaft).
Die Produkte der Industrie werden, wie in Teil B noch ausführlich gezeigt

werden wird, nur dann beschafft und in das Sortiment des Handels aufgenommen, wenn sie einen Beitrag zur Erreichung der eigenen Ziele des Handelsunternehmens leisten können: Das sind Umsatz und Deckungsbeitrag
bzw. Spanne. Im Einzelnen können auch andere Zielvorstellungen des
Handels wie z.B. Erhöhung der Kundenfrequenz oder Abwehr von Wettbewerbern vorliegen, die zu einer Aufnahme von Industrieprodukten in das
Sortiment führen. Ansonsten profilieren sich Handelsunternehmen gegenüber ihren Wettbewerbern im Handel zunehmend durch ein eigen-
ständiges Sortiment, das sich aus Eigenmarken und möglichst exklusiven,
nur bei ihnen erhältlichen Marken der Industrie oder nur bei ihnen erhältlichen Produktaufmachungen zusammensetzt.

Die Zeiten, in denen der Handel relativ willenlos die Rolle des „Absatzmittlers" übernahm, sind vorbei und es wäre unrealistisch zu glauben,
dass die Industrie den Handel wieder in die Absatzmittlerrolle zurück-
drängen könnte. Im Gegenteil, mittlerweile geraten die meisten Hersteller – von wenigen Ausnahmen einmal abgesehen – in den letzten Jahren
zunehmend in die Position eines Lieferanten oder Zulieferers des Handels. Die Auswirkungen sind ähnlich den Bedingungen der Zulieferer in
der Automobilindustrie: Einflussnahmen auf das Produktsortiment,
Knebelung bei der Preisgestaltung, Schaffung von Abhängigkeiten.

*Der Handel ist kein passi-
ver Absatzmittler mehr*

*Parallelen zum
Industriegütermarketing*

Trade-Marketing als Business-to-Business-Marketing heißt, dass ein
Hersteller heute zwei Marketing-Ansätze beherrschen muss: Business-
to-Consumer Marketing und Business-to-Business-Marketing (siehe
Abb. 2.1). Gleichzeitig muss er sich darauf einstellen, dass seine Consu-

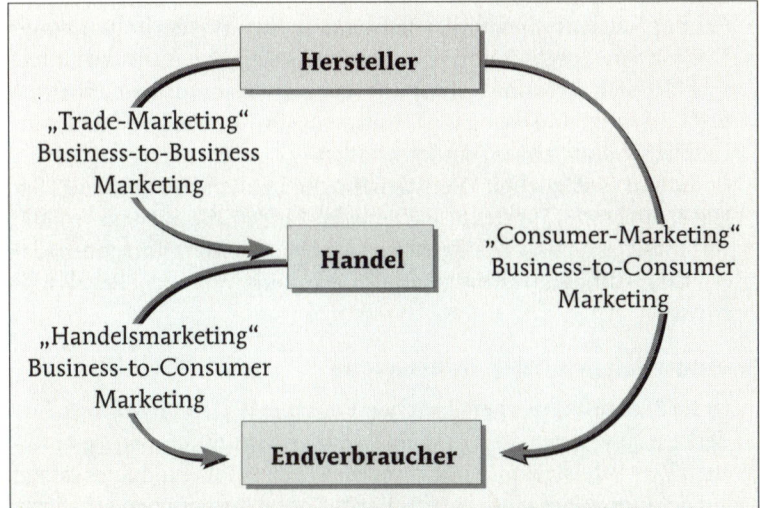

Abb. 2.1: *Der Hersteller muss zwei Marketing-Ansätze beherrschen und
der Handel muss, um erfolgreich zu sein, eine Domäne der
Industrie erlernen: Business-to-Consumer-Marketing*

mer-Marketing Maßnahmen zusammen mit den Consumer-Marketing Maßnahmen des Handels auf den Endverbraucher treffen.

Trade-Marketing als Business-to-Business-Marketing kann von den gleichen charakteristischen Besonderheiten auf der Anbieter- und Nachfragerseite ausgehen, wie das Marketing für Industriegüter (vgl. Backhaus 1997, S. 3 f) wie nachfolgende Ausführungen zeigen:

Besonderheiten auf der Nachfragerseite:

- **Abgeleitete Nachfrage:** Die Nachfrage des Handels nach Produkten der Industrie resultiert aus der Nachfrage seiner eigenen Kunden, den „Shoppern".
- **Organisationen als Nachfrager:** Nicht einzelne Privatpersonen sind Nachfrager, wie dies im Consumer-Marketing der Fall ist.
- **Buying Center:** Es liegt ein multipersonaler Beschaffungsprozess vor (vgl. Godefroid 2001, S. 68 ff.). Beteiligt sind das Category Management, beziehungsweise Einkauf und Verkauf, sowie gegebenenfalls die Geschäftsleitung.
- **Formalisierter Beschaffungsprozess:** Der Beschaffungsprozess ist von der Disposition im einzelnen Ladengeschäft über die Bestellung im Zentrallager oder dezentral beim Lieferanten formalisiert und heute IT-gestützt.
- **Nationale und internationale Ausschreibungen:** Der Beschaffung von Handelsmarken und besonders auch Artikeln aus dem Non-Food Bereich (vgl. Teil B, Kap. 2.5) liegen oft nationale und internationale Ausschreibungen zugrunde.
- **Art der Kaufentscheidung, wie Erstkauf oder Wiederholungskauf:** Der zeitliche, organisatorische und administrative Aufwand unterscheidet sich wesentlich darin, ob ein Handelsunternehmen einen Erstkauf tätigt und dazu eine Listungsentscheidung fällt oder ob routinemäßig Waren nachgeordert werden.
- **Bedarf an zusätzlichen Dienstleistungen in allen Kaufphasen:** Hier gibt es ein breites Spektrum an Dienstleistungen, die mit dem Produkt verbunden sind und die der Handel fordert, z.B. Marktforschungsdaten für Listungsentscheidungen, Mitarbeiterschulungen, Regalservice usw.

Besonderheiten auf der Anbieterseite:

- **Hohe Bedeutung des persönlichen Verkaufs (Personal Selling):** Das Verkaufsgeschehen ist in vielen Teilen geprägt durch den persönlichen Verkauf. Die Einlistung eines wichtigen neuen Produktes erfolgt auf der Grundlage eines persönlichen Kontaktes zwischen Einkäufer des Handels und Key Account Manager der Industrie. In vielen Branchen ist auch die routinemäßige Bestellung von Waren immer noch an den persönlichen Verkauf durch den Außendienstmitarbeiter gebunden, so z.B. bei der Direktbelieferung der Apotheken durch die Pharmaindustrie.

- **Bildung so genannter „Selling Center" oder auch Kundenteams:** Sie setzen sich aus Mitarbeitern aus den Bereichen Marketing, Warenwirtschaft, Produktion, Finanzen, Logistik und Trade-Marketing zusammen und werden durch den zuständigen Key Account Manager geführt.
- **Gute Marktkenntnisse, oft sogar personalisierte Märkte.**

Besonderheiten in der gemeinsamen Beziehung der Marktpartner:

- **Dauerhafte langjährige Geschäftsbeziehungen:** Diese bestehen ohne Zweifel auch in der Beziehung Hersteller-Handel. Allerdings: „In vielen Branchen, vor allem jedoch im Lebensmittelhandel, waren ... die Hersteller-Handels-Beziehungen lange Zeit weitgehend durch Verhältnisse geprägt, die von 'gepflegter Distanz' ('arm`s length') bis hin zu Gegnerschaft reichten." (Laurent 1996, S. 57) Neue Mitarbeiter im Vertrieb der Industrie werden systematisch in dieses Beziehungsgeflecht eingeführt. Für Außenstehende ist es relativ schwierig in die Vielzahl der notwendigen Kontakte zu kommen.
- **Einflussnahme des Kunden auf die Gestaltung des Leistungsprogrammes der Anbieter („Customer Integration"):** Um sich gegenüber seinen Mitbewerbern zu differenzieren, nimmt der Handel verstärkt Einfluss auf das Leistungsprogramm der Industrie. Zunehmend werden Produktaufmachungen oder auch Verkaufsförderungsaktivitäten verlangt, die exclusiv nur einem Handelsunternehmen zur Verfügung gestellt werden (vgl. Becker 1998, S. 705).
- **Umfassender gegenseitiger Informationsfluss und -austausch:** Der Informationsfluss zwischen Industrie und Handel ist traditionell eher reduziert. Durch vertikale Kooperationen, insbesondere die Anstrengungen im Rahmen von ECR („Efficient Consumer Response") und den gemeinsamen Bemühungen die Lieferkette („Supply Chain") zu optimieren, hat sich die Situation jedoch positiv verändert.

3 Trade-Marketing: Lösung der Zielkonflikte zwischen Handel und Industrie?

3.1 Entwicklung der Hersteller-Händler-Beziehung

Die Beziehung zwischen Hersteller und Handel war und ist durch die Machtposition, die der eine oder andere Partner im Laufe der Zeit im Absatzkanal innehatte, gekennzeichnet.

Im Verkäufermarkt hatte
der Handel die klassische
Rolle des Absatzmittlers

Bis Anfang der 60er-Jahre war die Situation des Verkäufermarktes in fast allen Branchen vorherrschend. Der Handel hatte die klassische Rolle des Absatzmittlers im Vertriebskanal, die Hersteller hatten eine sehr starke Produktionsorientierung und dominierten den Handel.

Mitte der 60er-Jahre wandelte sich die Situation vom Verkäufermarkt zum Käufermarkt. Eine Orientierung an den Verbraucherbedürfnissen wurde erforderlich, die „Geburtsstunde des Marketing" war gekommen. *„Marketing ließ sich in dieser Phase vor allem als eine operative Beeinflussungstechnik kennzeichnen. Im Mittelpunkt standen die Instrumente des Marketing-Mix."* (Meffert 1994, S. 4) Konsumentenorientierte Pull-Maßnahmen und handelsorientierte Push-Maßnahmen kennzeichneten die Situation.

Preisbindung der
zweiten Hand

Der Handel verharrte dabei weiterhin in der Rolle des Absatzmittlers. Die bestehende Preisbindung der zweiten Hand, bei der die als Wiederverkäufer auftretenden Abnehmer sich bindend verpflichteten, einen vom Anbieter festgelegten Preis zu verlangen, förderte diese Rolle des Handels, da ihm damit ein wesentlicher Wettbewerbsparameter genommen war.

Rückgang der
Einzelhandelsläden

Allmählich jedoch wurden erste Konzentrationstendenzen sichtbar und das Ladensterben setzte ein. Zudem brachte die Einführung der Selbstbedienung ein ungeheures Potenzial zum Abbau kostenintensiven Personals mit sich, eröffnete erhebliche Rationalisierungspotenziale und führte auch zu einer Ausweitung der Verkaufsfläche pro Outlet (vgl. Jauschowetz 1995, S. 19).

Aufhebung der
Preisbindung 1973

Am 31.12.1973 wurde die Preisbindung der zweiten Hand aufgehoben (§ 15 GWB), der Handel erhielt auch offiziell seine Preisautonomie zurück. Betriebstypen wie der Discount mit Markenprodukten wurden möglich. Kleinere Lebensmitteleinzelhandelsunternehmen, die dem schärfer werdenden Wettbewerb nicht standhalten konnten, gaben auf oder wurden gekauft.

Jahr	1950	1961	1971	1981	1990
Anzahl Geschäfte im LEH	210.000	187.414	160.374	88.511	69.000
% Veränderung		– 10,8	– 14,4	– 44,8	– 22,0

Abb. 3.1: Veränderung der Anzahl der Geschäfte am Beispiel des Lebensmitteleinzelhandels in Deutschland (vgl. Rehe 1975, o.S.; Nielsen Universen 1985; Nielsen Universen 1990)

Zusätzlich entwickelte sich **Mitte der 70er-Jahre** das SB-Warenhaus als großflächiger Betriebstyp, deren erste Vertreter z.B. MASSA und ALLKAUF waren. Die Konzentrationsentwicklungen verbunden mit dem Sterben der LEH-Geschäfte setzen sich also fort. *„Konzentration bedeutet nicht nur* *die Entwicklung zu immer wenigeren, größeren Geschäften, sondern auch den Prozess, dass immer wenigere, größere Organisationen wenigere und größere Läden kontrollieren."* (Jauschowetz 1995, S. 19)

Handelsmarken gewannen als strategisches Profilierungsinstrument von großen Filialunternehmen verstärkt Bedeutung (vgl. Schenk 1996, S. 40). Und der Handel setzte zunehmend sein Handelmarketing-Instrumentarium ein, um sich gegenüber seinen Kunden und im Wettbewerb mit anderen Handelsunternehmen zu profilieren.

Handelsunternehmen profilieren sich über Handelsmarken

    Die Hersteller fingen an, auf diese Entwicklungen zu reagieren. Eine der wesentlichen Initiativen war, dass in vielen Vertriebsorganisationen als zusätzliche Verkaufsebene das Key Account Management eingeführt wurde. Waren bislang kooperative Beziehungen von der Industrie zum Handel nicht erwünscht oder nicht einmal vorstellbar und die Einstellung der Industrie von vertikalen Machtstrategien geführt, werden auch erste Ansätze kooperativer vertikaler Marketingstrategien sichtbar (vgl. Laurent 1996, S. 57; vgl. Oehme 2001, S. 454 f.).

Einführung von Key Account Management innerhalb der Vertriebsorganisationen der Hersteller

Mit **Beginn der 90er-Jahre** kann eine weitere Entwicklungsphase festgestellt werden. Der Konzentrationsprozess im Handel ist so weit fortgeschritten, dass 1992 die 5 größten Unternehmen 52 Prozent des Umsatzes auf sich vereinen (vgl. Nielsen/LZ o.J., S. 55). Diese Situation erfordert den immer größeren Einsatz von Handelsmarketing-Aktivitäten. Insbesondere der Bereich der Werbung wird zu einem großen Teil von der Industrie finanziert. Deren Werbekostenzuschüsse (WKZ) überschreiten bei 206 Marken der deutschen Konsumgüterindustrie bereits in 46 Prozent der Fälle die des endverbraucherbezogenen Marketing, wie eine empirische Studie aus dem Jahr 1991 zeigt (vgl. Tomczak/Gussek 1992, S. 796).

1992 vereinen die 5 größten Handelsunternehmen 52 Prozent des Umsatzes auf sich

Handelsmarketing gewinnt zunehmend an Bedeutung

    Die Ergebnisse der ersten kooperativen Entwicklungen in der Logistikoptimierung kommen aus den USA nach Deutschland. Dort hat Procter & Gamble zusammen mit dem weltgrößten Handelsunternehmen WalMart gemeinsam ein Projekt zur Verbesserung der Logistik bei gleichzeitiger Reduzierung der Kosten und Verbesserung der Warenverfügbarkeit durchgeführt (vgl. Biehl 43/1995, S. 38 f.) **Efficient Consumer Response (ECR)** und **Category Management** werden zu den zentralen Kooperationsthemen für die nächsten Jahre.

Efficient Consumer Respone (ECR) / Category Management

    Auch in Deutschland werden die ersten Trade-Marketing Aktivitäten, die allerdings eine starke Betonung auf fallweisen, operativen Maßnahmen haben, in der Praxis durchgeführt. Es ist gleichzeitig eine Anerkennung der Position des Handels im Absatzkanal bei den Industrieunternehmen (vgl. Jauschowetz 1995, S. 251; vgl. Laurent 1996, S. 183; vgl. Zentes 1989, S. 224 – 229).

Der **Ausgang der 90er-Jahre** und der Beginn des neuen Jahrhunderts sind gekennzeichnet durch die Entwicklungen in der Informationstech-

Kommunikations-
technologie und Internet
schaffen neue Absatz-
möglichkeiten

nologie. Der Einfluss des Internet auf die Aktivitäten von Handel und Industrie sind enorm. Für den Handel scheint die Beherrschung des Internet eine Lösung für die Positionierung gegenüber den Kunden und die immer notwendiger werdende Kundenbindung darzustellen. Der Transport der Waren zum Kunden zu vertretbaren Kosten erweist sich aber als neuer großer Problembereich.

Die Industrie auf der anderen Seite probiert, inwieweit das Internet als neuer Vertriebsweg geeignet ist, die Bindung vom Handel zu lösen und direkt Kontakt mit den Kunden aufzunehmen.

Das Internet verändert aber auch die Prozesse zwischen Handel und Industrie. Über händlereigene Extranets verändert sich der Datenfluss. Und sehr schnell rücken das standardisierte Informationsaustauschsystem CPFR (Collaborate Planning, Forecasting and Replenishment) sowie händlergegründete Marktplätze wie WWRE oder herstellergegründete wie GNX ins Zentrum des Interesses (vgl. Teil D, Kap. 3).

Die Handelskonzentration
scheint sich ihrem Höhe-
punkt zu nähern

Die Konzentration scheint sich ihrem Höhepunkt zu nähern, wenn im Jahr 2001 die Top 5 der Handelsunternehmen 61 Prozent des Gesamtumsatzes im LEH von 378,6 Mrd. DM auf sich vereinen – und ein Unternehmen wie TENGELMANN, bislang auf Platz 4 im deutschen Handel, beginnt sich aus Ertragsgründen von wesentlichen Unternehmensteilen zu trennen.

Auf internationaler Ebene werden Positionen verändert. Nr. 1 im Welthandel ist unverändert WALMART mit 210 Mrd. Euro Umsatz und die wirtschaftliche Macht deutscher Handelsunternehmen lässt nach, wenn der Konzern METRO mit 47 Mrd. Euro Umsatz von Platz 2 weltweit auf Platz 4 (vgl. LZ 12/2001) rutscht.

Bereinigung der
Markenportfolios
auf Herstellerseite

Internationale Großkonzerne auf Herstellerseite starten massiv die Bereinigung ihrer Markenportfolios, um den internationalen Entwicklungen auf Handelsseite zu folgen (vgl. Biester 2000, S. 41 f.).

Der Eintritt in das neue Jahrtausend kann in Anbetracht dieser internationalen Entwicklungen und der gesellschaftlichen Veränderungen auch dadurch gekennzeichnet werden, dass es neuen Raum für kluge zielgruppenorientierte regionale und nationale Konzepte sowohl auf Handels- als auch auf Herstellerseite geben kann. Die Explosion der

Neues Potenzial für eine
kooperative Zusammen-
arbeit zwischen
Handel und Industrie

„Onkel Ali Geschäfte", Convenience auf Produkt- und Handelsseite oder emotionaler Erlebniskauf sind nur einige Stichworte, die viel Potenzial für eine weitere kooperative Zusammenarbeit zwischen Handel und Industrie bieten.

3.2 Zielkonflikte im Absatzkanal

systemimmanente
Konflikte

Den aufgezeigten konfliktären Hersteller-Händler-Beziehungen liegen innere systemimmanente Konflikte zugrunde. Es ist zum einen die Frage, welcher der Beteiligten im Absatzkanal bei den Bemühungen um den gleichen Kunden/Endverbraucher welche Entscheidungen trägt, wer welche Funktionen übernimmt und wie schlussendlich die Gewinnaufteilung erfolgt.

Mit der **Handelsspanne** wird die Gegenleistung für die Übernahme mehr oder weniger scharf definierbarer und abgrenzbarer Handelsfunktionen festgelegt (zu den Handelsfunktionen vgl. z.B. Haller 1997, S. 20 ff.). Die Höhe dieser Spanne reduziert der Handel selbst durch immer weiter sinkende Endverbraucherpreise. Der Ausgleich des Spannenverlustes erfolgt durch kontinuierlich steigende Konditions- und sonstige entgeltliche oder geldwerte Forderungen an die Industrie (vgl. Teil D, Kap. 2).

Die Handelsspanne wird durch immer weiter sinkende Endverbraucherpreise reduziert

Insbesondere auch der Aspekt der Gewinnsituation gibt immer wieder Anlass für Forderungen des Handels. Die Gewinne der großen Industriekonzerne sind überragend im Vergleich zu denen des Handels, die im Schnitt in Deutschland bei 0,5 Prozent liegen. Aktuell bezogen auf die Ergebnisse im Jahr 2000 wird in der Presse fast nur von erheblichen (z.T. zweistelligen) Steigerungen der Umsätze und Gewinne der Industrie berichtet. So sind folgende Schlagzeilen zu lesen: „HENKEL-Konzern mit Rekordergebnissen" (LZ 8/2001, S. 14); „NIVEA weist ein Rekordergebnis vor" (LZ 9/2001/S. 17); „L`ORÉAL-Konzern meldet Rekordjahr" (LZ 9/2001, S. 10); „NESTLÉ ist auf gutem Kurs" (LZ 8/2001, S. 14); „BENCKISER hat gut verdient" (LZ 9/2001, S. 10) usw. Diese positiven Meldungen dürfen nicht darüber hinwegtäuschen, dass mittelständische Unternehmen mit z.T. ganz anderen Umsatz- und Gewinnsituationen kämpfen müssen und den Forderungen des Handels oft ohnmächtig gegenüberstehen.

Gewinnsituation von Industrie und Handel

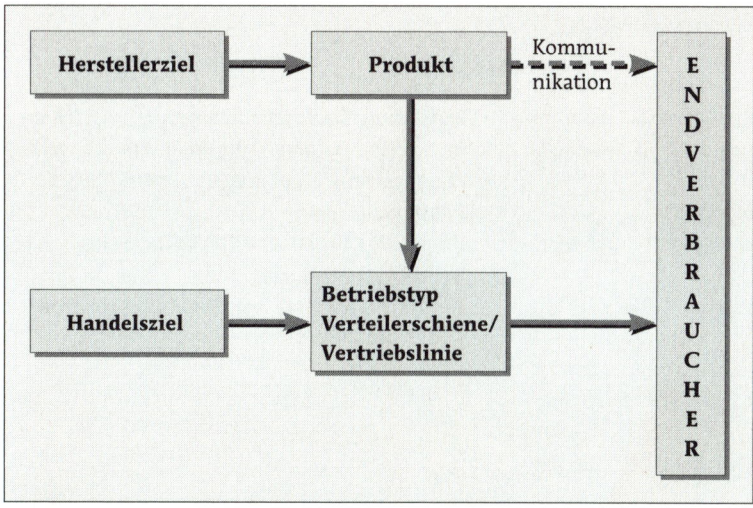

Abb. 3.2: *Das Produkt des Herstellers fließt als Rohstoff in die Betriebstypengestaltung des Händlers ein*

Verfolgung   Der weitere systemimmanente Konflikt liegt in der Verfolgung unter-
unterschiedlicher Ziele schiedlicher Ziele in den Marketing-Mix Instrumenten. Bei den Herstel-
                   lern sind es produktbezogene Ziele und bei den Händlern betriebsstät-
                   tenbezogene Ziele (vgl. Meffert 1994, S. 165 f.).

                   So spielt z.B. bei der Sortimentsgestaltung des Handels das einzelne
                   Produkt des Herstellers nur eine unbedeutende Rolle. Es ist gewisser-
                   maßen wie ein Rohstoff, der in die Gestaltung eines Betriebstyps eingeht
                   (siehe Abb. 3.2; vgl. Jauschowetz 1995, S. 36).

                   Die Tabelle in Abb. 3.3 zeigt die Ziele des Handels in den verschiedenen
                   Marketing-Mix-Instrumenten und die Ziele der Industrie, die diese im
                   Rahmen eines zielführenden „channel management" durchsetzen wür-
                   de (vgl. Jauschowetz 1995, S. 236; vgl. Thies 1976, S. 41; vgl. Hambuch
                   1993, S. 419).

Ziele des Handels	Ziele der Industrie
Sortimentspolitik/Category Management	
• Klares Image der Vertriebsschiene/ Vertriebslinie über Sortimentsschwerpunkte (Category Management) • Sortimentsprofilierung durch Schlüsselmarken der Hersteller (NIVEA, PERSIL, PAMPERS, MARL-BORO, ODOL, RAMA usw.) oder durch eigene Handelsmarken • Umschlagsstarke Artikel; neue Produkte nur bei hoher Spanne und Aussicht auf Zusatzumsatz • Produkt- und sortimentsbezogene Aktivitäten	• Aufbau von Produkt- und Markenimage • Listung des gesamten Sortiments • Produktbezogene verkaufsfördernde Aktivitäten nach inhaltlicher und zeitlicher Vorgabe des Herstellers • Aktive Neuproduktpolitik; kontinuierliche Aufnahme sämtlicher Innovationen • Nur Herstellermarken • Priorität Produkt- und Kategoriewachstum
Preispolitik	
• Profilierung gegenüber den Wettbewerbern im Handel durch immer günstigeres Preis-Leistungsverhältnis • Betriebstypenbezogene Preispolitik • Untermauerung der Preiskompetenz durch Markenartikel • Lockvogelangebote, Sonderpreise („Every day low price" ...) • Angebot verschiedener Preislagen innerhalb eines Sortiments mittels konkurrierender Hersteller- und Handelsmarken • Einkaufspreise so niedrig wie möglich; jährliche Konditionserhöhungen • Warengruppen- und herstellerbezogene Ertragsrechnungen	• Festsetzung des Endverbraucherpreises im Rahmen der Positionierung des Produktes/der Marke • Durchsetzung eines stabilen Endverbraucher-Preisniveaus • Kurzfristige Reaktion auf Preisänderungen von Wettbewerbsprodukten • Aufhalten/Bremsen kontinuierlich steigender Konditionsforderungen

Distributionspolitik	
• Listung von Artikeln berücksichtigt die Größe der Geschäfte	• Hohe (gewichtete) Distribution möglichst für das ganze Sortiment
• Reduzierung bzw. Optimierung der Logistikkosten	• Reduzierung bzw. Optimierung der Logistikkosten
• Regalplatz und –breite nach Preislage, Rohertrag und Umschlagsgeschwindigkeit	• Bevorzugte Regalplatzierung möglichst mit mehreren Facings in Augen- und Griffhöhe
• Mehrfachplatzierung nur bei besonders hohen Ertragsaussichten	• Dauerhafte Mehrfachplatzierungen
• Platzs parende Produktverpackungen	• Lagerdruck
• Aufwandsenkende Transportverpackungen	

Kommunikationspolitik	
• Herstellerwerbung in den Medien des Handelsunternehmens	• Produktwerbung möglichst in Massenmedien
• Abverkaufsunterstützende POS-Aktivitäten individuell auf das Handelsunternehmen abgestimmt	• Herstellerindividuelle abverkaufunterstützende Aktivitäten am POS
	• Werbewirksame Verpackung

Abb. 3.3:   Die wichtigsten Ziele des Handels und der Industrie im Marketing-Mix im Vergleich

Trade-Marketing wurde vor mehr als zwanzig Jahren von den ersten Unternehmen eingeführt. Die Zielkonflikte waren damals, wie aufgezeigt, vergleichsweise gering. Es ging darum „adäquate Rein- und Rausverkaufsinstrumente zu entwickeln, um beim Einzelhändler wirtschaftliche und dauerhafte Produktpräsentationen zu erreichen" (Fuchs/Unger 1999, S. 118).

Mit Zunahme der Probleme wurde Trade-Marketing von den internationalen Großkonzernen, wie z.B. Procter & Gamble, Kraft Jacobs Suchard, Nestlé, Unilever oder Henkel weiterentwickelt, um eine Abschwächung der Zielkonflikte durchzusetzen.

Die Frage, ob Trade-Marketing zu einer Lösung dieser systemimmanenten Konflikte führt, ist mit „Nein" zu beantworten. Trade-Marketing kann allerdings einen Beitrag leisten, die finanziellen und zwischenmenschlichen Reibungsverluste zu reduzieren und insgesamt bessere Ergebnisse für beide Beteiligten im Absatzkanal zu produzieren.

Trade-Marketing kann die systemimmanenten Konflikte nicht grundsätzlich lösen

Trade-Marketing kann zudem kein Ersatz oder Ausgleich für unzureichendes oder fehlerhaftes Consumer-Marketing sein. In der Praxis werden auch heute noch Instrumente des Trade-Marketing dazu genutzt, kurzfristig nicht lösbare Probleme des Consumer-Marketing auszugleichen. Eine bei den Herstellern gern und oft geübte Praxis ist es, auf sinkende Absätze von Produkten mit zusätzlichen Verteilern für den Handel zu reagieren. Dieses Verhalten entzieht aber dem Unternehmen Mittel, die es zur Lösung der Markenprobleme dringend benötigt.

4   Trade-Marketing: Aufgabe des Vertriebs von heute

4.1   Status quo der Verantwortung für die Marketing-Mix-Instrumente

Die Verantwortlichkeit für die Steuerung der Marketing-Mix-Instrumente sollte in den Händen der Marketing-Verantwortlichen liegen (vgl. Kotler/Bliemel 2001, S. 25). In den meisten Unternehmen ist das Marketing ein Consumer-Marketing. Zu den Marketingverantwortlichen gehören, neben den Marktforschern, natürlich die Abteilung „Marketing" und der Vertrieb.

Wie sich in der Praxis die Aufgaben, die aus den vier Marketing-Mix- Elementen resultieren, zwischen der Abteilung „Marketing" (oft auch richtigerweise als „Produktmanagement" bezeichnet) und der Abteilung „Vertrieb" differenzieren, zeigt Abb. 4.1. Es gibt keine klaren Kompetenzgrenzen zwischen beiden Bereichen, die Übergänge im Umfang der Verantwortlichkeiten sind fließend:

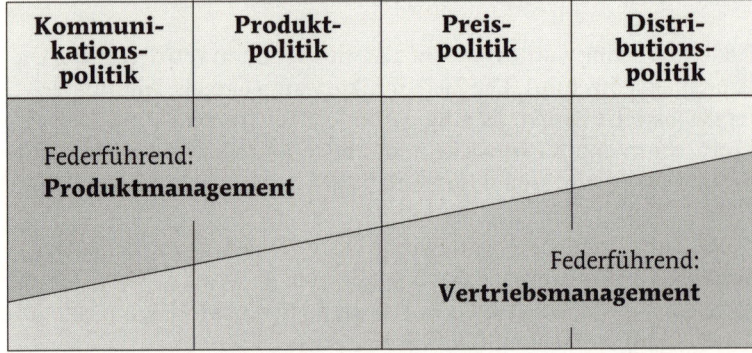

Kommuni-kations-politik	Produkt-politik	Preis-politik	Distri-butions-politik
Federführend: **Produktmanagement**		Federführend: **Vertriebsmanagement**	

Abb. 4.1:   Produktmanagement und Vertriebsmanagement sind beide verantwortlich für die Gestaltung des Consumer-Marketing

Das Produktmanagement ist verantwortlich für die Produktpolitik, wobei zunehmend Wünsche der Handelskunden bzgl. differenzierender Produktaufmachungen vom Vertrieb an das Produktmanagement herangetragen werden.

endverbraucherbezogene Kommunikation und handelsbezogene Kommunikation

Die Kommunikationsaktivitäten müssen unterschieden werden in endverbraucherbezogene Kommunikation, für die das Produktmanagement zuständig ist und handelsbezogene Kommunikation, die in vielen Unternehmen in der Verantwortlichkeit der Abteilung „Handelsmarketing" liegt.

Ebenso sind Promotionaktivitäten oftmals im Produktmanagement angesiedelt, wenn sie endverbraucherbezogen sind. Für POS-Aktivitäten und Aktivitäten gegenüber den Mitarbeitern im Handel ist dagegen Handelsmarketing verantwortlich. Die Abteilung Handelsmarketing arbeitet eng mit dem Produktmanagement zusammen. Unterstellt ist „Handelsmarketing" üblicherweise der Vertriebsleitung (vgl. Kap. 1 bezüglich der Bezeichnung „Handelsmarketing").

Beide Abteilungen stimmen die Preisgestaltung unter verschiedenen Gesichtspunkten ab: Produktmanagement aus Kosten-, Wettbewerbs- und Endverbraucher-Nachfragegesichtspunkten; Vertrieb aus Handels-Nachfragegesichtspunkten. Die Konditionenpolitik als Bestandteil der Preispolitik wird in der Praxis vollständig vom Vertrieb bestimmt.

verschiedene Gesichtspunkte der Preisgestaltung

Die operativen Entscheidungen zur Distributionspolitik liegen allein in den Händen der Vertriebsabteilung, während grundsätzliche strategische Entscheidungen mit dem Produktmanagement und natürlich der Unternehmensleitung abgestimmt werden. Beispielsweise die Entscheidung für direkte oder indirekte Distribution oder Entscheidungen zu vertraglichen Bindungen im vertikalen Absatzkanal oder auch die Entscheidung, eigene Reisende oder selbstständige Handelsvertreter für die Außendienstarbeit einzustellen.

Die Anforderungen an die Distribution, die sich aus der Positionierung eines Produktes ergeben und die vom Produktmanagement vorgegeben sind, werden vom Vertrieb befolgt. So wird der Vertrieb ein exklusives Produkt mit entsprechend hoher Preislage nur ausgewählten Vertriebspartnern anbieten. Alle operativen vertriebsbezogenen Entscheidungen aber trifft das Vertriebsmanagement unabhängig.

Die Aufgaben im Marketing, die stark endverbraucherbezogen sind, liegen daher mit Schwerpunkt in den Händen des Produktmanagements, die, die auch stark handelsbezogen sind, in den Händen des Vertriebsmanagements.

In vielen Konsumgüterunternehmungen werden außerdem dem Bereich Marketing vor allem strategische Aufgaben zugeordnet, „während sich der Vertrieb mit der operativen Umsetzung vorgegebener Konzepte, dem Verkauf fertiger Produkte und bestenfalls noch mit der Verkaufsförderung, der Logistik und dem Kundendienst (also Tätigkeiten des sog. Außendienstes) zu befassen hat" (Ahlert/Borchert 2000, S. 13).

Besonders im Rahmen der Produktpolitik wird deutlich, dass das Produktmanagement „plant und denkt" und der Vertrieb „umsetzt und handelt". Es besteht daher heute noch in den meisten Firmen eine Trennung zwischen „nicht betroffenen Entscheidern" und „nicht entscheidenden Betroffenen" (Ahlert/Borchert 2000, S. 13). Um die Konflikte, die sich daraus ergeben, weiß jeder Bescheid, der die Praxis erlebt hat. Den Konflikt intensiviert oft das Gehaltssystem, das in den Unternehmen anzutreffen ist. Der Vertrieb als „nicht entscheidender Betroffener" wird leistungsabhängig bezahlt, während Marketingmitarbeiter als „nicht betroffene Entscheidende" Festgehalt erhalten.

Das Produktmanagement „plant und denkt", während der Vertrieb „umsetzt und handelt"

4.2 Organisatorische Implikationen von Trade-Marketing

Für Unternehmen, die von der Notwendigkeit von Trade-Marketing überzeugt sind, stellt sich die Frage, wie eine Implementierung von Trade-Marketing und die Integration von Consumer-Marketing und Trade-Marketing erfolgen kann.

Implementierung von Trade-Marketing

Ein erster Schritt muss sicherstellen, dass alle Beteiligten eine gedankliche Abkehr von den tradierten Vorstellungen über die „Macht" des Herstellers im vertikalen Marketing vollzogen haben.

Im nächsten Schritt muss sich, von der Geschäftsleitung der herstellenden Unternehmen angefangen, in sämtlichen Unternehmensbereichen ein festes Bewusstsein dafür entwickeln, dass der Handel als Kunde betrachtet werden muss, der zukünftig im Rahmen des Trade-Marketing mit einem eigenständigen Marketing-Konzept bearbeitet werden wird.

Weiterhin muss von allen im Unternehmen das Commitment vorhanden sein, die jetzt notwendigen Veränderungen auch mitzutragen.

Welche Verantwortungsbereiche das Vertriebsmanagement im Rahmen des Trade-Marketing übernimmt, wird im folgenden Kapitel skizziert. Die Implikationen auf die Vertriebsorganisation werden im Verlauf der weiteren Ausführungen, insbesondere aber ab Teil E, deutlich werden.

Integration von Consumer-Marketing und Trade-Marketing

Es gilt natürlich auch, eine Integration von Consumer-Marketing und Trade-Marketing zu erreichen.

Wie diese Integration für ein Unternehmen erfolgen muss, wird von individuellen Faktoren beeinflusst. Diese Faktoren liegen beispielsweise in der Anzahl der Produkte/Marken, Marktbedeutung, Struktur der Kunden, finanziellen Situation, in den Organisationstrukturen im Unternehmen selbst, in der Kompetenz und dem Know-how der Mitarbeiter usw. Entsprechend wird sich für jedes Unternehmen eine individuelle organisatorische Lösung anbieten. Der Team-Gedanke und eine kundenbezogene Vernetzung verschiedener Funktionsbereiche wird dabei eine tragende Rolle spielen.

Beispielhaft sei hier auf die organisatorischen Veränderungen hingewiesen, die PROCTER & GAMBLE durchgeführt hat (vgl. Leitz/Ney 2000, S. 26 ff).

Die Betreuung der Handelskunden erfolgt durch sog. Customer Business Development Teams (CBT) unter der Leitung eines CBT-Teamleaders.

Die Aufgaben des Marketing-/Brand-Managements konzentrieren sich auf Markenführung, Marktforschung, Neuproduktentwicklung, und endverbrauchergerichtete Kommunikation.

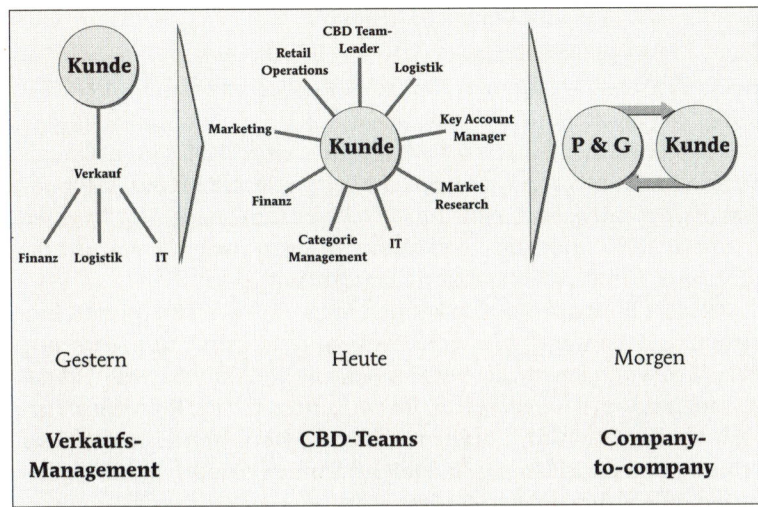

Abb. 4.2: *Evolution in der Zusammenarbeit zwischen Procter & Gamble und den Handelskunden (Quelle: Leitz/Ney 2000, S. 28)*

4.3 Verantwortungsbereiche des Vertriebsmanagements

Untersucht man die vielfältigen Aufgaben, für die das Vertriebsmanagement im Trade-Marketing verantwortlich ist, so kristallisieren sich drei übergeordnete Verantwortungsbereiche heraus: Kunden und Vertriebsschienen, Vertriebsorganisation und Mitarbeiter und Ergebnis.

„Kunden und Vertriebsschienen" sind die „Objekte", auf die das Trade-Marketing zielt. „Vertriebsorganisation und Mitarbeiter" bilden die organisatorischen und personellen Voraussetzungen. „Ergebnis" spricht die wirtschaftlichen Erfolge von Trade-Marketing an.

Ergebnis	
Vertriebsabteilung	**Kunden / Vertriebsschienen**
• Organisation der Kundenbearbeitung • Mitarbeiter • Förderung der Kundenbearbeitung	• Trade-Marketingkonzeption für A-Kunden und deren Vertriebsschienen • Vertriebsschienenbezogene Trade-Marketingkonzeption für B- und C-Kunden

Abb. 4.3: *Verantwortungsbereiche des Vertriebs im Trade-Marketing*

4.3.1   Kunden und Vertriebsschienen

individuelle Planung nach   Das Vertriebsmanagement ist verantwortlich für die Erstellung von Tra-
einzelnen Vertriebs-   de-Marketingkonzeptionen für einzelne Kunden und einzelne Vertriebs-
schienen   schienen (vgl. zu den Vertriebsschienen Teil B Kap. 1.3.2 und Kap. 2.3).

Bei der enormen Umsatzbedeutung und breit gefächerten Struktur der
Vertriebsschienen von A-Kunden wie beispielsweise METRO, REWE oder
EDEKA ist es notwendig, eine individuelle Planung nach einzelnen Vertriebsschienen innerhalb dieser Organisationen vorzunehmen und diese in einen Kunden-Gesamtplan zu integrieren.

Kleinere B- und C-Kunden können nach Art der Vertriebsschiene zusammengefasst werden. Im Ergebnis könnte z.B. ein Trade-Marketingplan für die Kunden mit der Vertriebsschiene SB-Warenhäuser/Verbrau-
chermärkte und ein weiterer z.B. für die Kunden mit der Vertriebsschiene
(große) Supermärkte erstellt werden. Obwohl hier eine vertriebsschienenbezogene Planung sinnvoll ist, können trotzden kundenindividuelle Ziele berücksichtigt werden.

Wie eine solche Trade-Marketingkonzeption entwickelt wird, ist Inhalt von Teil C: „Trade-Marketingkonzeption". Hier werden die einzelnen Schritte im Trade-Marketingprozess erläutert bis hin zu der Erstellung eines Trade-Marketingplans.

Welche Instrumente in der Praxis dem Vertrieb zur Verfügung stehen,
um seine Ziele bei Kunden zu erreichen, ist Inhalt von Teil D: „Instrumente im Trade-Marketing".

4.3.2   Vertriebsabteilung

Organisation der   Struktur und Organisation der Vertriebsabteilung muss den Anforde-
Vertriebsabteilung   rungen der Kunden, insbesondere aber denen, die sich aus der Erfüllung
der Trade-Marketingpläne ergeben, genügen.

Ausgehend vom Kunden ist es Aufgabe der Vertriebsabteilung, sich
mit der „Organisation der Kundenbearbeitung" zu beschäftigen, also
z.B. der Frage nach der Organisation der Betreuung von Großkunden
oder der der Kundenbetreuung in der Fläche. In Teil E wird die „Organisation der Kundenbearbeitung" im Einzelnen diskutiert.

Weiterhin sind innerhalb einer Vertriebsabteilung durch das Vertriebsmanagement Fragen der Mitarbeiterorganisation zu verantworten.
Welcher quantitative und qualitative Mitarbeiterbedarf besteht eigentlich? Welche Aufgaben haben die Mitarbeiter zu erledigen? Wie erfolgt
die Mitarbeiterbeschaffung? Welche Kriterien werden bei der Mitarbei-
terauswahl zugrunde gelegt? Wie erfolgt der Einsatz neuer Mitarbeiter?
usw.

Ein weiterer Aufgabenbereich des Vertriebsmanagements ist die „Förderung der Kundenbearbeitung". Es geht hier sowohl um Fördermaß-
nahmen für die Mitarbeiter durch geeignete Motivationssysteme oder
Trainings- und Schulungsprogramme, als auch um Maßnahmen, durch
deren Einsatz die Arbeit beim Kunden unterstützt und erleichtert werden

soll. Diese reichen vom einfachen zweiseitigen Salesfolder bis hin zum Einsatz von CAS-Systemen. Teil F beschäftigt sich mit diesem Aufgabenkomplex.

4.3.3　Ergebnis

Der dritte Bereich, für den das Vertriebsmanagement verantwortlich ist, ist die Erreichung der verabschiedeten Ergebnisse bzw. Ziele, wie Distributionsziele, Platzierungsziele, Ziele bezüglich Umschlagsgeschwindigkeiten usw. Hinzu kommt die Erreichung von Absatz- und Umsatzzielen, Zielen bezüglich Erlösschmälerungen oder Retouren usw. In Teil C, Kap. 4 werden die Zielbereiche im Trade-Marketing aufgeführt.

5　Trade-Marketing: Stellung in der Unternehmens- und Marketingplanung

Basis für die strategische Marketingplanung ist die strategische Unternehmensplanung, der folgende Teilaufgaben zuzuordnen sind (vgl. Meffert 1994, S. 25):

Inhalte der strategischen Unternehmensplanung

- Formulierung der Mission/Vision des Unternehmens,
- Marktabgrenzung sowie Definition der strategischen Geschäftsfelder (SGF),
- Bestimmung der strategischen Stoßrichtung und Festlegung der für die einzelnen strategischen Geschäftsfelder verfügbaren Ressourcen.

Die nachgelagerte strategische Marketingplanung befasst sich mit

Inhalte der strategischen Marketingplanung

- der Festlegung der Geschäftsfeldziele und Geschäftsfeldstrategien,
- den Strategien gegenüber den verschiedenen Marktteilnehmern,
- der Festlegung der notwendigen Marketingbudgets.

Zu den Geschäftsfeldstrategien gehört z.B. die Entscheidung, ob das Unternehmen in einem Geschäftsfeld Neuprodukte entwickelt und als „Pionier" auftritt oder ob es führende Wettbewerber imitiert und die Rolle eines „Folgers" einnimmt. Eine weitere wichtige Entscheidung ist die Frage, welche Wettbewerbsvorteile angestrebt werden sollen. Sind es Kostenvorteile, Qualitätsvorteile, Programmbreitenvorteile usw. (vgl. Meffert 1994, S. 126 ff.).

Zu den Marktteilnehmern zählen die Endabnehmer, die Wettbewerber, sonstige Anspruchsgruppen, wie beispielsweise Mitarbeiter, Verbraucherorganisationen, Eigenkapitalgeber usw. (vgl. Meffert 1994, S. 188 ff.) und die Absatzmittler, sofern sie in den Distributionsprozess eingeschaltet sind.

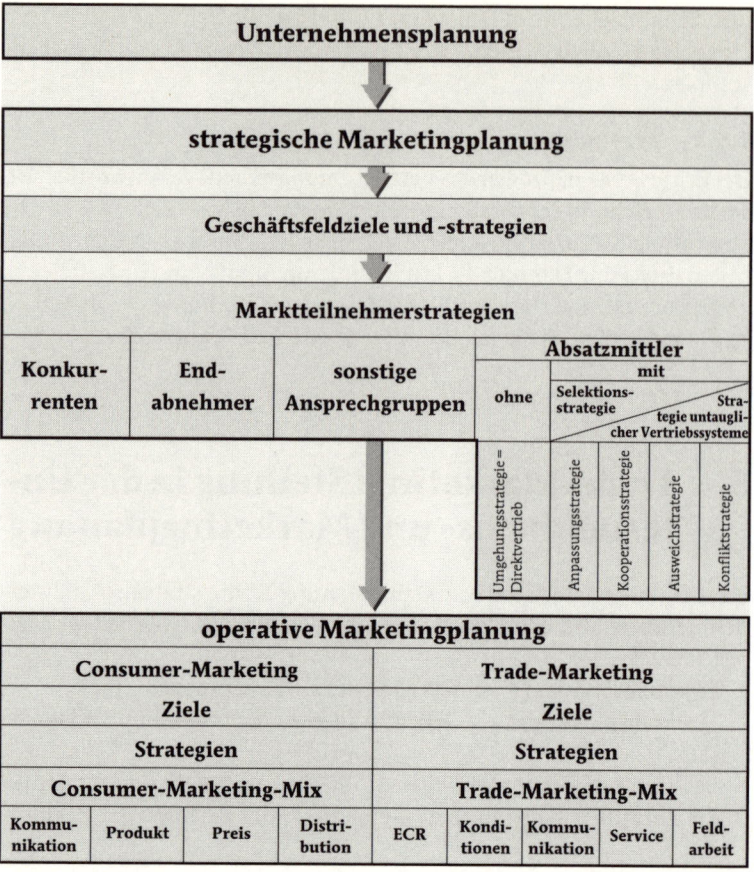

Abb. 5.1:   Stellung von Trade-Marketing in der Unternehmens- und Marketingplanung

Einsatz von Absatzmittlern   Hat sich ein Unternehmen für den Einsatz von Absatzmittlern, also die sog. indirekte Distribution entschieden, sind in der Folge eine Reihe von weiteren vertriebsbezogenen Grundsatzentscheidungen zu treffen. Es muss geklärt werden

- welcher Absatzweg/welche Absatzwege in den Vertrieb der Ware eingeschaltet werden sollen (Einweg- oder Mehrwegabsatz/„multichannel distribution"),
- mit wie vielen Handelspartnern innerhalb des ausgewählten „channels" gearbeitet wird (Anzahl der Handelspartner/Selektionsstrategie),
- ob und in welcher Form vertragliche Regelungen mit den am Absatz beteiligten Organisation getroffen werden sollen (Strategie vertikaler Vertriebssysteme),
- weiterhin, welche grundsätzliche Art des Verhaltens gegenüber dem Handel bzw. gegenüber einzelnen Handelsorganisationen festzulegen ist (absatzmittlergerichtete Strategie).

Auf die strategische Marketingplanung folgt die operative Marketingplanung. Das ist die Erstellung einer Consumer-Marketing Konzeption durch das Produktmanagement und die Erstellung einer Trade-Marketingkonzeption durch das Vertriebsmanagement

Abb. 5.1 zeigt die Position des Trade-Marketing in der Unternehmens- und Marketingplanung.

6 Vertriebsbezogene Grundsatzentscheidungen als Basis des Trade-Marketing

Die strategische Marketingplanung verlangt eine Reihe von Grundsatzentscheidungen zum vertikalen Marketing, die von der Unternehmensleitung zu treffen sind.
Das ist die Entscheidung über:
* Direkte/ indirekte Distribution,
* Einweg- oder Mehrwegabsatz („multi-channel distribution"),
* Anzahl der Handelspartner,
* Vertikale Vertriebssysteme ,
* Absatzmittlergerichteten Verhaltensstil.

Grundsatzentscheidungen zum vertikalen Marketing

Gegenstand der strategischen Entscheidung	Ausprägungsmöglichkeiten	
Grundform des Vertriebssystems	Direkter Vertrieb – Indirekter Vertrieb Einwegabsatz – Mehrwegabsatz/ „multi-channel distribution"	
Selektionsstrategie	Anzahl der Handelspartner: exklusiv – selektiv – intensiv – ubiquitär	**langfristige strategische Entscheidungen**
Strategie vertraglicher Vertriebssysteme	Vertriebsbindungssystem – Alleinvertriebssystem – Vertragshändlersystem – Franchisesystem	
Absatzmittlergerichtete Verhaltensstrategie	Ausweichen – Kooperation – Anpassung – (Konflikt)	

Abb. 6.1: Überblick über die distributionspolitischen Grundsatzentscheidungen und ihre strategischen Ausprägungsmöglichkeiten

Diese strategischen Entscheidungen sind der Konzipierung und Realisierung von Trade-Marketing vorgelagert. Im Rahmen der Grundlagen zum Trade-Marketing wird nachfolgend eine kurze Einführung dazu gegeben.

Zunächst jedoch werden Einflussgrößen aufgeführt, die auf die Auswahl von Distributionssystemen einwirken.

6.1   Einflussgrößen des Distributionssystems

Eine Vielzahl von Faktoren beeinflusst die Wahl des unternehmensspezifischen Distributions- oder Vertriebssystems. Diese Faktoren können systematisiert werden in:

Determinanten auf die Wahl des unternehmensspezifischen Distributions- oder Vertriebssystems

- Produktbezogene Determinanten
- Unternehmensinterne Determinanten
- Externe Determinanten

Nachfolgend werden die einzelnen Determinanten dargestellt und mit einigen wenigen Beispielen erläutert (vgl. dazu die Ausführungen bei: Ahlert 1996, S.178; Ammann 2000, S. 50 ff.; Bruhn 1997, S. 257 f.; Kotler/Bliemel 2001, S. 1085 ff; Schmidt 2000a, S. 115 ff.).

Produktbezogene Determinanten

- Chemisch-physikalische Eigenschaften wie Größe des Produktes, Gewicht, Verderblichkeit, Sperrigkeit, Transportempfindlichkeit, Lebensdauer, Lagerfähigkeit
- Technisch-funktionale Eigenschaften wie Wartungsanfälligkeit, Erklärungsbedürftigkeit, Grad der Standardisierung, Beratungsbedarf und Stückwert des Produktes
- Kulturelle und soziale Eigenschaften wie Wertigkeit, Image, Exklusivität, Geschenkneigung usw.

Die Verderblichkeit von Frischeprodukten wie Gemüse erfordert eine indirekte Distribution über den Lebensmittelhandel; die Sperrigkeit von Fertiggaragen verlangt, dass diese vom Hersteller direkt beim Kunden angeliefert werden; wobei in den Verkaufsprozess Absatzhelfer wie Ingenieure oder Architekten eingeschaltet sein werden.

Die Wartungsanfälligkeit und Erklärungsbedürftigkeit beispielsweise von Rasenmähern führt i.d.Regel zu einem Vertrieb über den Garten-Fachhandel. Beratungsbedarf und Stückwert von Küchenmöbeln führt i.d.Regel zu einem Vertrieb über den Möbel-Fachhandel; aber auch direkte Distribution ist erfolgreich, wie das Beispiel der Firma VORWERK zeigt. Hochwertige und exklusive Produkte werden meist selektiv über den Fachhandel vertrieben. Direkter Vertrieb über eigene Filialen wird immer häufiger. Haut-Couture-Mode wird in eigenen Filialen angeboten, wie auch Modeschmuck wie z.B. BIJOU-BRIGITTE oder Kosmetik wie im BODY SHOP.

Unternehmensinterne Determinanten

Einflussgrößen hier sind Unternehmensziele- und strategien, Größe des Unternehmens, Finanzkraft, Produktsortiment und Art der vorhandenen Distributionssysteme. Kleinere Unternehmen werden beispielsweise eher erfolgreich mit entspechend kleinen Handelspartnern zusammenarbeiten als mit großen, deren Forderungen sie gegebenenfalls nicht gewachsen sind.

Ein breites in sich geschlossenes Produktsortiment etwa kann zu der Überlegung führen, die Produkte selbst direkt zu vertreiben. Ein solches breites Sortiment unterhält zum Beispiel die Firma HAKA-Werk, Waldkirchen.

Externe Determinanten

Zu den externen Determinanten, die den Ansatzweg beeinflussen, zählen Kunden, Distributionspartner, Wettbewerber und Umfeldfaktoren.

Kunden

Die Erwartungen der Kunden beeinflussen ganz entscheidend die zu wählende Vertriebsform.

Die Erwartungen der Kunden beeinflussen ganz entscheidend die zu wählende Vertriebsform

- Wie hoch ist die Bereitschaft zu Warte- oder Lieferzeiten?
- Wollen die Kunden das Produkt in einer Verkaufsstelle in räumlicher Nähe kaufen können?
- Haben die Kunden den Wunsch nach Angebotsvielfalt und auch nach komplementären Produkten?
- Wie hoch sind die üblichen Abnahmemengen?
- Führen zusätzliche Dienstleistungen zu einer Steigerung der Kundenzufriedenheit und Kundenbindung?
  Zusätzliche Dienstleistungen können verschiedenster Art sein wie z.B. Beratung, Wartung und Reparatur, aber auch die Gestaltung der Atmosphäre, in der der Kauf durchgeführt wird.

Distributionspartner:

- Welche Handelsunternehmen stehen überhaupt zur Verfügung?
- Welche demographischen Merkmale liegen vor bezüglich: Anzahl, Standort, Art und Größe des durch sie erreichten Marktes, Fähigkeit zur Übernahme der notwendigen Handelsfunktionen?

Welche Handelsunternehmen stehen mit welcher Ausprägung überhaupt zur Verfügung?

- Welche psychographischen Merkmale haben potenzielle Absatzmittler? Beispielsweise in Bezug auf die Einstellung gegenüber den zu verkaufenden Produkten, die Bereitschaft zur Kooperation, Lieferantentreue usw.?
- Die Frage nach den Distributionspartnern zielt neben den Handelsunternehmen auch auf die Frage, inwieweit eigene oder fremde Absatzhelfer wie eigene Außendienstmitarbeiter, Handelsvertreter oder beispielsweise Promotionagenturen die Distributionsaufgaben unterstützen.
- Wie ist das Leistungsspektrum solcher Absatzhelfer, bei welcher Qualität und zu welchen Kosten?

Wettbewerber

*Wie ist auf den Wettbe-
werb zu reagieren?*
Die Einbeziehung der Wettbewerber führt ebenfalls zu vielfältigen Überlegungen.

- Soll ganz bewusst Abstand von den Wettbewerbern genommen werden oder will man sich direkt neben ihnen positionieren.

  So ist BURGER KING oft direkt neben MCDONALDS zu finden. AVON verkauft seine Kosmetikprodukte in den meisten Ländern der Welt im Direktvertrieb, um sich bewusst nicht neben andere Kosmetikprodukte zu stellen.

- Welche Stellung haben die Wettbewerber in ihrem Absatzkanal und welche Stellung (unter welchem Aufwand) kann das eigene Unternehmen dort einnehmen?

- Welches Verhalten werden die Wettbewerber zeigen, wenn der Hersteller versucht, den Vertrieb über den gleichen Absatzkanal aufzubauen? Wird der Wettbewerber versuchen, vertragliche Vereinbarungen mit dem Handel abzuschließen, um zumindest für eine gewisse Zeit Exklusivität im Regal oder z.B. für Promotionaktivitäten zu erhalten?

Umfeldfaktoren

Dazu zählen:

- **Allgemeine Wirtschaftslage:** Die Attraktivität der preisaggressiven Betriebsform „Discountgeschäft" in den letzten Jahren ist sicherlich auch auf das verlangsamte Wirtschaftswachstum und damit verbunden das geringere verfügbare Einkommen vieler privater Haushalte zurückzuführen

- **Ökologiebewusstsein:** Direktbezug beim Landwirt, besonders wenn es sich um einen Bio-Bauern handelt, wird für viele Verbraucher immer interessanter. Und auch Betriebsformen wie das Reformhaus oder der Bio-Laden gewinnen zunehmend an Akzeptanz.

- **Technische Veränderungen:** Über Kommunikationsmittel wie TV entstehen neue Verkaufsmöglichkeiten für Hersteller und für den Handel durch das Teleshopping. Und natürlich hat das Internet die Möglichkeit eröffnet, online einzukaufen usw.

- **Rechtliche Vorschriften und Einschränkungen:** Der Gesetzgeber schreibt beispielsweise in Bezug auf Arzneimittel (Arzneimittelgesetz) und auch Waffen (Waffengesetz) die Form des indirekten Vertriebs vor.

  Der Gesetzgeber betreibt eine qualitative Absatzmittlerselektion wenn er vorschreibt, dass Sach- und Fachkunde des Handels vorgeschrieben ist z.B. beim Vertrieb von Milch, dem Vertrieb von Arzneimitteln und Drogeriewaren, dem Verkauf von Hackfleisch und z.B. auch dem Verkauf von Waffen.

  Letztlich betreibt der Gesetzgeber auch eine quantitative Absatzmittlerselektion, wenn er weiterhin vorschreibt, dass alle interessierten

Absatzmittler beliefert werden müssen, wenn es sich um ein Produkt handelt, das eine absolute oder relative marktführende Stellung hat (§ 26 Gesetz gegen Wettbewerbsbeschränkungen/ GWB).

6.2 Direkter oder indirekter Absatz

Der Hersteller muss festlegen, ob er selbst den Absatzweg seiner Produkte gestaltet und sich direkt an seine Kunden wendet oder ob er Handelsunternehmen einschaltet, die für ihn seine Produkte verkaufen. Das heißt, er muss sich zwischen indirekter Distribution und direkter Distribution, den beiden Grundformen des Vertriebs, entscheiden.

6.2.1 Formen der direkten Distribution

Bei der direkten Distribution an private Endverbraucher gibt es vielfältigste Ausprägungsformen. Je nachdem, ob man den Direktvertrieb aus der Perspektive des Anbieters oder des Nachfragers betrachtet, ergeben sich unterschiedliche Aussagen darüber, welche Vertriebsformen dem direkten Vertrieb zuzurechnen sind (vgl. Holland 1998, S. 60f.). Im Folgenden wird eine anbieterorientierte Sichtweise zugrunde gelegt.

Bei der Auflistung der verschiedenen Formen des Direktvertriebs bietet es sich an, der Systematisierung von Boy zu folgen, der in die drei Basisvarianten „stationärer Vertrieb", „mobiler Vertrieb" und „Vertrieb durch Medien" unterscheidet (vgl. Boy 1986, zitiert in Meffert 1994, S. 169).

- **Stationärer Vertrieb**

Unter „stationärem Vertrieb" werden alle die Formen des direkten Vertriebs verstanden, bei denen der Hersteller stationär gebunden den Verbrauchern seine Produkte anbietet. Die Verbraucher müssen m.a.W. die Verkaufsstellen des Herstellers aufsuchen, um die Waren zu erhalten. Die wichtigsten Formen des stationären Vertriebs zeigt die Tabelle in Abb. 6.2.

Stationärer Vertrieb	
Filialverkauf	
Filialen sind räumlich voneinander getrennte Verkaufsstellen, die unter gemeinsamem Eigentum und gemeinsamer Leitung stehen	z.B. WMF, ROSENTHAL, BETTY BARCLAY, SALAMANDER, BALLY, BIJOU BRIGITTE usw.
Verkaufsniederlassungen	
Ausgliederung der Verkaufsabteilung, um räumlich näher beim Kunden zu sein	z.B. im Automobilbereich: MERCEDES

Fabrikverkauf	
Verkauf der Ware in räumlicher Nähe zur Fabrik des Herstellers	Bekanntester Fabrikverkauf ist sicherlich Boss in Metzingen (vgl. zum Fabrikverkauf: Drews 1998);
Factory Outlets Center (FOC)	
Waren mehrerer Hersteller werden auf einer Fläche von 1000 qm und mehr durch Betreibergesellschaften angeboten	FOCs sind in Deutschland selten. Beispiele sind B 5 DESIGNER OUTLET CENTER in Wustermark (eröffnet Mai 2000), OCI DESIGNER OUTLET ZWEIBRÜCKEN (eröffnet 8.3.2001) oder das FOC im ehemaligen Messehaus in Leipzig (vgl. zu der Bedeutung der FOCs in den USA: Ruda 1998, S. 38 ff; vgl. zu der Bedeutung der FOCs in England: Puhlmann 1997, S. 36ff)
Shop-in-Shop Systeme	
Untervermietung von meist exponierten Geschäftsflächen im Handel an den Hersteller	z.B. WOLFORD (Strumpfmoden), ESPRIT SPORTWEAR
Automatenverkauf	
Verkauf von Waren durch Automaten	z.B. Zigaretten, Getränke, Süßwaren, Snacks, Blumen, Kaugummi, Kondome usw.
	Soweit Waren des tägl. Bedarfs, insb. Lebensmittel, in Automaten verkauft werden, wird vom sog. „Vending Markt" gesprochen. Über Automaten wurden 1999: 1,5 Mrd. Dosen und Flaschen Kaltgetränke, 1,8 Mrd. Portionen Heißgetränke, 700 Mio Stück verpackte Lebensmittel verkauft. (vgl. Klammer-Schoppe/Schulz 2001, o.S.; vgl. zu der Bedeutung der Automaten im „Automatenland" Japan: Puhlmann 1995, S. 38 ff; vgl. zu der Bedeutung von „Vending" als Vertriebskanal für Hersteller: o.V. LZ 40/1998, S. 50ff)

Abb. 6.2: Formen des stationären Direktvertriebs

- **Mobiler Vertrieb**

Mobiler Vertrieb kennzeichnet im Gegensatz zum stationären Vertrieb solche Vertriebsformen, in denen der Hersteller bzw. seine Mitarbeiter „mobil" sind und sich mit den Kunden an bestimmten Orten trifft. Beispielsweise werden die Kunden zu Hause aufgesucht oder der Hersteller trifft sich mit ihnen in einer bestimmten Räumlichkeit, z.B. im Hotel oder man begibt sich gemeinsam an einen bestimmten Ort (Kaffeefahrten).

Mobiler Vertrieb	
Vertreterverkauf	
Zum Vertreterverkauf zählen alle Formen, in denen ein Außendienstmitarbeiter auf Bestellung oder aus eigener Initiative den (potenziellen) Kunden zu Hause aufsucht	z.B. AVON mit Kosmetik; VORWERK mit Staubsaugern, Küchengeräten und Küchenmöbeln; HAKA-WERK mit Wasch- und Reinigungsmitteln sowie Kosmetik; Versicherungen und Bausparverträge werden in bedeutendem Umfang direkt vertrieben; Bücher, Lexika, Zeitschriften; Textilien-Sammelbesteller usw.
	Der VORWERK-Konzern erreichte 1999 mit Direktverkäufen einen Umsatz von rund 2,5 Mrd. DM. Mit Raumpflegegeräten allein in Deutschland 749 Mio DM und mit Küchengeräten 113 Mio. DM.

	Weltweit sind rund 25.000 VORWERK-Berater im Einsatz, davon 8.350 im Inland. (vgl. www.vorwerk.de)
Verkaufsfahrer Verkaufsfahrer beliefern ihre Kunden in einem bestimmten Rhythmus direkt zu Hause. Bestellungen erfolgen schriftlich oder telefonisch.	z.B. EISMANN und BOFROST als Lieferanten von Tiefkühlkost EISMANN, eine hundertprozentige Tochter der SCHÖLLER HOLDING GMBH, Nürnberg, beschäftigt 1.500 Verkaufsfahrer als Handelsvertreter, der Kundenstamm umfasst 2,5 Mio. Haushalte in Deutschland und 1,5 Mio. HH in anderen Ländern, der Umsatz hat 1999 die Milliardengrenze erreicht (vgl. Biester 2000, S. 50) BOFROST informiert, im Wirtschaftsjahr 1999/00 1,3 Mrd. DM Umsatz in Deutschland bei 3,1 Mio. Kunden mit 116 Niederlassungen und 3.200 Verkaufsfahrzeugen zu machen (vgl. o.V., o.J., S. 1).
Mobile Verkaufsstellen/ Verkaufswagen Waren werden an wohnortnahen Halteplätzen (in Gebieten mit dünnen Ladennetzen) in Wagen angeboten.	Bekanntestes Beispiel ist FAMILIY FROST, ein Tochterunternehmen der SCHÖLLER GmbH, Nürnberg, das in den neuen Bundesländern und 7 europäischen Ländern (Spanien, Portugal, Tschechien, Polen, Ungarn, Slowenien, Kroatien) zum Einsatz kommt. Umsatz 1999: 270 Mio. DM mit insgesamt 3.000 Beschäftigten und 1.500 Verkaufsfahrzeugen
Home-Parties/ Party Verkauf Produkte werden in der Wohnung des Kunden durch eine(n) Berater(in) und in Anwesenheit von mehreren Teilnehmern vorgestellt und verkauft.	Vertriebsform, die sich besonders für Waren wie Kosmetika, Körperpflegeprodukte, Textilien, Schmuck und Haushaltswaren durchgesetzt hat. Erster und bekanntester Veranstalter von solchen Home-parties ist TUPPERWARE, andere sind z.B. AMWAY (Hersteller von Wasch- und Reinigungsprodukten), PIERRE LANG (Modeschmuck); JAFRA KOSMETIK, MARY KAY COSMETICS; AMC (Haushaltswaren insb. Kochtopfsets). TUPPERWARE hat in Deutschland mehr als 60.000 und weltweit 800.000 Beraterinnen, Umsatz über 900 Mio. US \$.
Kaffeefahrten Kombination von Werbe- und Verkaufsveranstaltungen mit Omnibusfahrten als Kurzfahrten verbunden, mit einer Einladung zu Kaffee und Kuchen.	Das Umatzvolumen von Kaffeefahrten soll 1988 370-380 Mio. DM betragen haben (vgl. Engelhardt/Witte 1990, S. 54). Der BDV (Bundesverband Deutscher Vertriebsfirmen) wurde 1967 von 25 Firmen des Direktvertriebs gegründet. Lt. der BDV Verkaufsfahrtenstudie von 1992 soll es 5,5 Mio Teilnehmer an Verkaufsfahrten gegeben haben, 60 Prozent aller Teilnehmer sind unter 65 Jahren; 82 Prozent der Teilnehmer sind „Stammkunden" (vgl. o.V. 1992).
Sonstige Formen wie Märkte, Messeverkauf, Hotelverkauf.	z.B. Wochenmärkte für den Verkauf von landwirtschaftlichen Erzeugnisse.

Abb. 6.3: Formen des mobilen Direktvertriebs

- **Vertrieb durch Medien**

Zu dem Vertrieb durch Medien zählen solche Direktvertriebsformen, in denen der Hersteller mittels eines Mediums Kontakt zu seinem Kunden aufnimmt, seine Waren präsentiert und den Verkaufsabschluss konkretisiert, d.h., der Kunde bestellt die Ware.

Vertrieb durch Medien	
Direct-Mail Verkauf	
Verkauf von Produkten an Konsumenten durch adressierte bzw. auch nicht-adressierte Werbesendungen.	Hersteller verschiedener Branchen setzen für den Verkauf ihrer Waren Direct-Mails im B-to-B Bereich ein. Im B-to-C Bereich wird dieser Vertriebsweg noch selten eingesetzt; beispielsweise von Verlagen zur Bestellung von Probezeitschriten.
Telefonverkauf	
Verkauf von Waren per Telefon.	Aktive telefonische Werbung und Verkauf, d.h., der Hersteller ruft den Kunden an, wird grundsätzlich als unzulässig angesehen und seit 1970 als sittenwidrig nach § 1 UWG eingestuft. Der Hersteller/Anrufer muss konkrete Gründe vorweisen können, warum der Telefonanruf ausnahmsweise erlaubt ist.
Katalogverkauf	
Verkauf von Waren durch einen Katalog, in dem die Ware dem Kunden präsentiert wird.	Waren im Wert von 40,2 Mrd. DM sollen über Katalog geordert worden sein. OTTO mit 29,7 Mrd. DM Umsatz und QUELLE mit 12 Mrd. DM Umsatz sind die größten Versandhäuser (vgl. o.V. sales profi 10/98, S. 6) – allerdings werden diese Unternehmen dem Handel zugerechnet. Von Herstellern werden Kataloge relativ wenig eingesetzt. Ausnahme ist z.B. die franz. Kosmetikfirma YVES ROCHER oder die Firma HAEBERLE mit NÜRNBERGER LEBKUCHEN
Teleshopping/ DRTV Direct-Response-TV	
Produkte und Dienstleistungen werden im Fernsehen präsentiert, durch Einblenden einer Bestelloption, i.d.R. eine Telefonnummer, kann vom Verbraucher direkt geordert werden.	Diese Form des Direktvertriebs wird zunehmend genutzt. Eigene Verkaufssender, deren Programme sich durch die Übertragung von Produktpräsentationen definieren, sind etabliert; wie HOT (Home Order Television AG – 476 Mio. DM Umsatz, 1,3 Mio Kunden, 17.000 Produkte), QVC (Quality Convenience Value GmbH – 300 Mio. DM Umsatz, 1,25 Mio Kunden – 18.000 Artikel), RTL-SHOP und TM3.
Faxverkauf	
Verkauf von Waren per Faxmailings.	Wie der Telefonverkauf ist diese Form des medialen Verkaufs ebenfalls verboten.
E-Commerce	
„Transaktionen ... durch die ein Kaufvorgang von Waren und Dienstleistungen online initiiert wird oder eine kostenpflichtige online-Dienstleistung in Anspruch genommen wird." (Barowski/Müller 2000, S. 60)	Das Interesse an diesem neuen Vertriebsweg ist enorm sowohl bei Handel als auch bei Herstellern. Umsatzmäßiger Schwerpunkt liegt allerdings im B-to-B Bereich. Im B-to-C Bereich konzentriert sich das Warenangebot auf Bücher, Reisen, Software, Hardware, Finanzdienstleistungen etc. Neben dem indirekten Vertrieb einen weiteren Vertriebsweg mit direktem Zugang zum Konsumenten aufzubauen, hat sich bislang für Hersteller aufgrund des massiven Eingreifens des Handels praktisch nicht realisieren lassen.

Abb. 6.4: Formen des Direktvertriebs durch Medien

Werden Medien eingesetzt, durch die der Hersteller Kontakt mit dem Kunden aufnimmt und seine Waren präsentiert, es aber nicht vorgesehen ist, dass der Kunde die Ware direkt bestellen kann oder bestellen soll, werden nicht dem Bereich des Vertriebs durch Medien zugerechnet. In diesen Fällen handelt es sich um Dialogmarketing.

6.2.2 Formen der indirekten Distribution

Indirekte Distribution liegt vor, wenn in den Absatzweg Absatzmittler eingeschaltet sind.

Einschaltung von Absatzmittlern

„Absatzmittler sind wirtschaftlich und rechtlich selbstständige Betriebe, deren Tätigkeitsschwerpunkt bzw. Hauptzweck die Übertragung wirtschaftlicher Verfügungsmacht über wirtschaftliche Güter gegen Entgelt ist." (Specht 1998, S. 14) Oder, wie es in einer anderen Definition formuliert ist, Absatzmittler sind Institutionen, die im eigenen Namen und auf eigene Rechnung Güter kaufen und weiterverkaufen (vgl. Nieschlag, Dichtl, Hörschgen, S. 1033). Absatzmittler sind also Handelsunternehmen.

Die Zahl der Stufen, d.h., die Zahl der eingeschalteten Absatzmittler, bestimmt die „Länge" des Absatzkanals (vgl. Meffert 1998, S. 597; vgl. Kotler/Bliemel 2001, S. 1082).

Die Zahl der eingeschalteten Absatzmittler, bestimmt die „Länge" des Absatzkanals

Ein „Nullstufenkanal" bedeutet damit direkte Distribution; es sind keine Handelsstufen eingeschaltet. „Einstufenkanal" heißt, dass eine Handels-Zwischenstufe eingeschaltet ist. Da private Endverbraucher nur im Einzelhandel und nicht im Großhandel einkaufen können, muss es sich bei dieser Stufe um einen Einzelhändler handeln. Dieser Einzelhändler wird vom Hersteller direkt, ohne Einschaltung des Großhandels beliefert. Bei einem „Zweistufenkanal" ist sowohl ein Großhändler als auch ein Einzelhändler eingeschaltet. Je nach Branche und Land gibt es Distributionsformen, in denen die Anzahl der Stufen über drei und mehr Stufen hinausgeht (vgl. Kotler/Bliemel 2001, S. 1082).

6.3 Einwegabsatz/Mehrwegabsatz – „multi-channel Distribution"

„Einwegabsatz" und „Mehrwegabsatz" unterscheidet nach der „Zahl der von einem Produzenten für eine Produktgruppe gleichzeitig benutzten Distributionskanäle ..." (Specht 1998, S. 15).

Benutzt der Hersteller nur einen Distributionskanal, liegt Einwegabsatz vor.

Kombiniert der Hersteller dagegen mehrere Distributionskanäle wird von „Mehrwegabsatz" oder „multi-channel" Distribution" gesprochen. *„Mit dem Instrument des Mehrwegabsatzes zielen die Herstellerbetriebe darauf ab, die heute immer stärker segmentierten Märkte auch distributionspolitisch besser abdecken zu können."* (Schmidt 2000a, S. 110; vgl. dazu die Ausführungen bei Kotler/Bliemel 2001, S. 1111 ff.)

Neben der erhöhten Marktabdeckung kann der Mehrwegabsatz kundengerechter sein, da einzelne Absatzkanäle bestimmten Kundengrup-

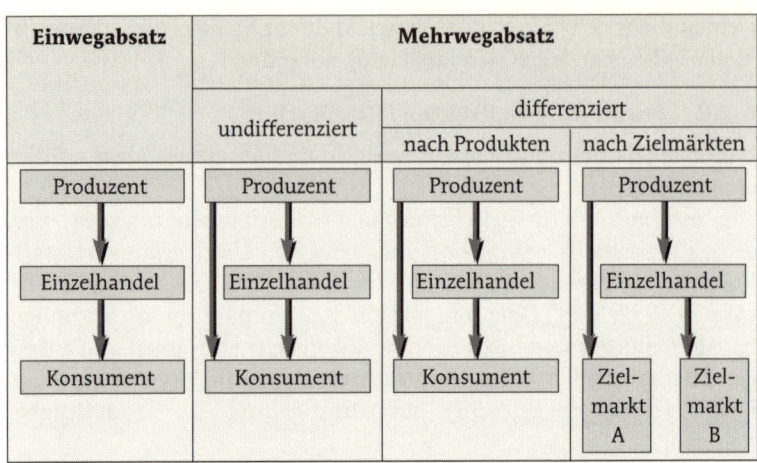

Einwegabsatz	Mehrwegabsatz		
	undifferenziert	differenziert	
		nach Produkten	nach Zielmärkten
Produzent	Produzent	Produzent	Produzent
Einzelhandel	Einzelhandel	Einzelhandel	Einzelhandel
Konsument	Konsument	Konsument	Ziel-markt A / Ziel-markt B

Abb. 6.5:   Einweg- und Mehrwegsysteme der Distribution
           (nach Specht 1998, S. 17)

Mehrwegabsatz kann kundengerechter sein

pen spezifische Leistungen anbieten können und damit den Kundennutzen erhöhen. Weiterhin können Wirtschaftlichkeitsüberlegungen eine Rolle für Mehrwegabsatz spielen und es kann ein Risikoausgleich stattfinden. *„Werden verschiedene Absatzkanäle eingesetzt, lassen sich Abhängigkeiten im vertikalen Marketing reduzieren."* (Schlögel 2001, o.S.)

Diesen Chancen stehen eine Reihe von Risiken gegenüber: Verwirrung der Kunden, Kontrollverlust durch zunehmende Komplexität und Suboptimierung, wenn auf der Suche nach einer Lösung, die allen Vertriebskanälen gerecht wird, die Unterschiede der Kanäle nicht beachtet und nivelliert werden.

Konflikte zwischen den Absatzkanälen

Das zentrale Problem sind jedoch die Konflikte zwischen den Absatzkanälen. *„Bereits die Einführung einer neuen Leistung in nur einem Absatzkanal kann Konflikte verursachen. Die Umgestaltung der Distribution oder die Aufnahme eines neuen Kanals wirken noch weit reichender. Vor diesem Hintergrund kann es im Management von Mehrkanalsystemen nicht darum gehen, Konflikte von vornherein zu vermeiden. Vielmehr muss es das Ziel sein, ein 'optimales Konfliktniveau' und eine situative 'Systemhygiene' zwischen den Absatzkanälen zu realisieren."* (Schlögel 2001, o.S.)

Differenzierung der Absatzwege nach Produkten oder nach Zielmärkten

Um Konflikte zu reduzieren, erfolgt im Rahmen von Mehrwegsystemen fast immer eine Differenzierung der Absatzwege nach Produkten oder nach Zielmärkten. Auch undifferenzierter Mehrwegabsatz ist grundsätzlich möglich, wenn auch in der Praxis nicht häufig (vgl. Schmidt 2000 a, S. 110 ff.).

Im IT-Bereich z.B. ist aufgrund der verschiedenen Abnehmer (gewerbliche und private) und der verschiedenen Produkte ein Mehrwegabsatz von Anfang an üblich und im Prinzip unproblematisch gewesen (vgl. Kotler/Bliemel 2001, S. 1113 ff. bezüglich Multikanalkonflikt bei IBM).

Im Falle kurzlebiger Gebrauchsgüter (z.B. Textilien, Lederwaren, Porzellan) und auch bei Konsumgütern besteht die große Gefahr, dass sich der Handel benachteiligt fühlt und mit Auslistung droht, wenn die Produkte ein und derselben Marke dem Zielmarkt privater Endverbraucher direkt in eigener Regie und parallell dazu indirekt angeboten werden. Mehrwegabsatzsysteme kommen bei diesen Gütern relativ selten vor. Es gibt aber auch hier mittlerweile einige wenige Beispiele: *Benachteiligung des Handels*

- Direkte Distribution in eigenen Filialen und gleichzeitig Verkauf über den Fachhandel einschließlich Warenhäusern z.B. bei ROSENTHAL, WMF, BETTY BARCLAY,
- Direkte Distribution in eigenen Filialen und gleichzeitig Verkauf über den Lebensmittelhandel z.B. bei MAGGI und NESCAFÉ.

Akzeptiert werden diese Formen des Mehrwegabsatzes, wenn die Preisstellung im direkten Absatzkanal der der Preisstellung durch den Handel entspricht oder über dieser liegt. Auch sind gewisse Unterschiede im Produktsortiment zu beobachten.

Im Falle direkter Distribution in Factory Outlet Centern und gleichzeitigem Verkauf über den Fachhandel ist zwischen den beiden Absatzkanälen ein erheblicher Preisunterschied von bis zu 80 Prozent zu beobachten. Diese Form wird durch den Fachhandel, wenn überhaup,t nur dann akzeptiert, wenn der Hersteller im FOC ein zum Fachhandel unterschiedliches Produktsortiment anbietet (2b-Ware, Ware aus vergangener Saison usw.).

Ein paralleler Vertrieb in Form direkter Distribution über das Internet/E-Commerce und gleichzeitigem Verkauf über den Handel konnte sich bislang nur in wenigen Branchen durchsetzen, wie z.B. in der IT-Branche, Reisebranche, Verlagswesen oder der Musikbranche.

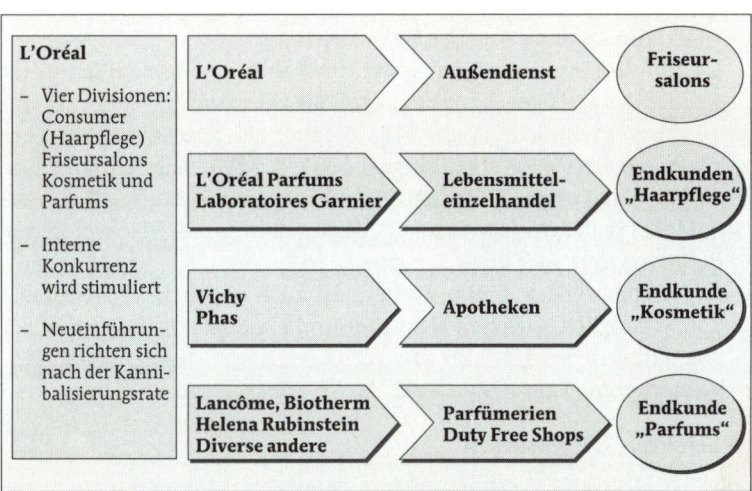

Abb. 6.6:   *Trennung der Leistung nach Kundengruppen und Absatzkanälen bei L`Oréal (Quelle: Schögel 2001)*

Abbildung 6.6 zeigt, wie L`ORÉAL seine Marken und Leistungen nach einzelnen Kundengruppen differenziert und über getrennte Absatz-kanäle distribuiert.

6.4   Anzahl der Handelspartner

Im Rahmen der Grundsatzentscheidung über die Gestaltung des Ver-triebssystems ist eine weitere Dimension die sog. Selektionsstrategie (vgl. Specht 1992, S. 139 f., vgl. Bruhn 1997, S. 255 f.) d.h., die Festle-gung der Anzahl der eingeschalteten (Einzel-)Handelsbetriebe.

Folgende vier Varianten bzgl. der Distributionsdichte werden unter-schieden.

• Exklusive Distribution

wenige ausgewählte Handelsbetriebe „mit überdurchschnittlichem Niveau"

Im Falle exklusiver Distribution vertreibt der Hersteller seine Produkte über wenige ausgewählte Handelsbetriebe „mit überdurchschnittli-chem Niveau" (Becker 1998, S. 534), oft an exponierten Standorten in Innenstadtlage. Die ausgewählten Partner erhalten das alleinige Recht, die Produkte in einer bestimmten Region (= Gebietsschutz) exklusiv zu vertreiben. Der Hersteller fordert im Gegenzug oft, dass der Händler kei-ne anderen Waren zumindest in der Warengruppe des betreffenden Herstellers führt.

Mit exklusiver Distribution verfolgt ein Hersteller das Ziel, dass seine Produkte im Handelsgeschäft bestens präsentiert werden und sich das Handelspersonal voll auf die Beratung und den Verkauf seiner Waren konzentrieren kann. Der Hersteller hat große Kontroll- und Steuerungs-möglichkeiten in Bezug auf Preisstellung der Produkte, verkaufsfördern-de Maßnahmen sowie sonstige Serviceleistungen.

Distribution über wenige ausgewählte Händler findet sich häufig im Segment hochpreisiger Güter des „aperiodischen, teilweise des einmali-gen Bedarfs" (Schmid 2000a, S. 118), die auch als „Speciality Goods" be-zeichnet werden (vgl. Kotler/Bliemel 2001, S. 721). Beispiele sind: Da-menoberbekleidung (DOB) (z.B. ESCADA), Kosmetik/Duft (z.B. SHISEI-DO), Möbel (z.B. ROLF BENZ oder z.B. MARKTEX) und z.B. Friseurprodukte (z.B. BIOSTETIQUE oder VIDAL SASSOON).

Die exklusive Distribution (und meist auch die selektive Distributi-on) ist vertraglich zwischen Hersteller und Händler abgesichert. In der Kosmetikindustrie sind es die sog. „Depotverträge", durch die ein Han-delsunternehmen autorisiert wird, das Kosmetik-Depot zu führen.

• Selektive Distribution

nur Händler, die bestimmte Kriterien erfüllen

Selektive Distribution erfolgt auf der Grundlage bestimmter meist quali-tativer Kriterien, die der Händler zu erfüllen hat (z.B. Standort, Einzugs-gebiet, Ladengestaltung, Wettbewerbsprodukte, fachliche Qualifikation des Verkaufspersonals, – aber auch Abnahmemenge und Umsatz als quantitative Kriterien). Wichtiges Selektionskriterium sind auch Marketingaktivitäten, wie z.B. Kooperationsbereitschaft oder werbliche Maßnahmen (vgl. Meffert 1998, S. 599). Der Hersteller hat relativ gute Einfluss- und Kontrollmöglichkeiten auf den Händler

Selektive Distribution ist zu finden bei relativ hochwertigen Produkten wie z.B. Textilien (z.B. Boss Herrenmoden, Lucia Damen-Strickmoden), Uhren/Schmuck (z.B. Swatch), Elektrohaushaltsgeräten (z.B. Braun); Haushaltswaren (z.B. Alesi).

- **Intensive Distribution**

Die intensive Distribution hat eine hohe Marktabdeckung zum Ziel. *„Eine qualitative oder quantitative Beschränkung au seiten der Absatzmittler ist dabei nicht vorgesehen."* (Meffert 1998, S. 599) Intensive Distribution ist üblich bei Produkten des täglichen Bedarfs (convenience products). *„Damit versucht der Hersteller, dem Wunsch der Kunden nach mühelosem Einkauf entgegenzukommen und die Streuverluste seiner Massenwerbung zu verringern."* (Schmid 2000a, S. 112)

keine qualitative oder quantitative Beschränkung

- **Ubiquitäre Distribution**

Die ubiquitäre Distribution geht in der Anzahl der Distributionspunkte über die intensive Distribution hinaus. Eine „Überallerhältlichkeit" ist hier das Ziel. Beispiele für Produkte mit ubiquitärer Distribution sind bei einigen der bekanntesten Markenartikel zu finden z.B. Coca Cola, Marlboro oder Tempo-Taschentücher. Sie sind nicht nur im Lebensmittelhandel oder in Drogeriemärkten, Warenhäusern oder Tankstellen erhältlich. Man findet sie auch in Automaten, Hotels, Diskotheken, Kiosken, Kinos usw.

„Überallerhältlichkeit"

6.5   Strategie vertraglicher Vertriebssysteme

„Zur Realisierung herstellereigener Marketingkonzeptionen sowie zur Stabilisierung und Rationalisierung der Absatzwege setzen die Produzenten häufig vertragliche Vertriebssysteme ein." (Specht 1998, S. 177).

Die Bandbreite möglicher vertraglicher Bindungen ist sehr groß. *„Sie können auf einzelne Betriebsprozesse beschränkt sein, wie z.B. die Verpflichtung, bestimmte Konkurrenzprodukte nicht zu führen, bestimmte Teile oder das gesamte Produktionsprogramm des Herstellers zu listen, sich an bestimmten Werbemaßnahmen zu beteiligen oder sie können sich auf die Einräumung bestimmter exklusiver regionaler Vertriebsrechte erstrecken."* (Schmidt 2000b, S. 174)

Die Bandbreite möglicher vertraglicher Bindungen ist sehr groß

Zu den vertraglichen Vertriebsbindungssystemen mit Absatzmittlern zählen: Vertriebsbindungssystem, Alleinvertriebssystem, Vertragshändlersystem und Franchisesystem.

• Vertriebsbindungssystem

vergleichsweise geringstes Maß an vertraglichen Regelungen

Das Vertriebsbindungssystem, weist das vergleichsweise geringste Maß an vertraglichen Regelungen auf. Im Gegensatz zum Selektivvertrieb, bei dem der Hersteller seine Geschäftspartner nach bestimmten Kriterien aussucht, ist ein Vertriebsbindungssystem dadurch gekennzeichnet, „dass bestimmte Wirtschaftssubjekte von der Belieferung mit den Produkten des Herstellers – auch durch Dritte – ausgeschlossen werden sollen" (Brauer 1989, S. 167). *„Im Mittelpunkt steht die Absicherung eines bestimmten Status in der Ausprägung der festgelegten Selektionskriterien, etwa eine räumliche Begrenzung des Absatzgebietes, eine Bindung an bestimmte Gruppen von Abnehmern oder die Sicherstellung von Leistungsmerkmalen wie Beratung und Service."* (Bruhn 1997, S. 256) Eine Kombination verschiedener Selektionsklauseln sichert ab, dass nur solche Händler eingeschaltet werden, die die verlangten Anforderungen erfüllen (vgl. Specht 1998, 179 f.).

• Alleinvertriebssystem

quantitative Begrenzung der Verkaufsstellen

„Werden im Rahmen einer derartigen Bindung den Absatzmittlern (also z.B. Groß- und Einzelhändlern) bestimmte Gebiete oder Kundengruppen ausdrücklich vorbehalten, spricht man von Alleinvertriebssystem." (Meffert/Kimmeskamp 1983, S. 226) Das heißt, beim Alleinvertriebssystem tritt neben die qualitative Selektion die quantitative Begrenzung der Verkaufsstellen. Der Handel teilt das gesamte Absatzgebiet in Bezirke auf und räumt in jedem Bezirk nur jeweils einem Absatzmittler – unter möglicherweise mehreren qualitativ geeigneten – das Alleinvertriebsrecht ein (vgl. Ahlert 1981, S. 81).

Im Gegenzug dazu verpflichtet sich der Handel in großem Umfang gegenüber dem Hersteller: Umfassende Sortimentslistung und Lagerhaltung, Abstimmung des Handelsmarketing mit dem Hersteller und Ablehnung von Konkurrenzprodukten (vgl. Bruhn 1997, S. 256; vgl. Meffert 1998, S. 619 f.).

• Vertragshändlersystem

weitgehende Beeinflussung aller absatzpolitischer Instrumente des Händlers durch den Hersteller

Die Vertragshändlerschaft ist ebenfalls eine auf Dauer angelegte vertragliche Kooperation, mit der allerdings eine weitgehende Beeinflussung aller absatzpolitischer Instrumente des Händlers durch den Hersteller verbunden ist. Vielfältige Bezeichnungen lassen sich in der Literatur und in der Praxis für den Vertragshändler finden. Sie reichen von: „Alleinvertreter" über „Werksvertreter", „Händlervertreter", „Generalvertreter" bis hin zum „Eigenhändler" usw. (vgl. Brauer 1989, S. 178).

Ebenso vielfältig sind auch die Definitionen, was genau unter einem Vertragshändler zu verstehen ist. Nach Ulmer ist ein Vertragshändler ein Kaufmann, dessen Unternehmen in die Vertriebsorganisation eines Herstellers von Markenwaren folgendermaßen eingegliedert ist: Auf Basis eines auf Dauer gerichteten Vertrages mit dem Hersteller von Markenwaren oder mit einem von diesem eingesetzten Zwischenhändler verpflichtet sich der Händler, im eigenen Namen und auf eigene Rechnung die Vertragswaren im Vertragsgebiet ständig zu vertreiben und ihren Absatz zu fördern, die Funktionen und Risiken seiner Handelstätigkeit hieran auszurichten und im Geschäftsverkehr das Herstellerzeichen neben der eigenen Firma herauszustellen. Dadurch nimmt er am Goodwill des Herstellers teil und bringt seine Zugehörigkeit zum Vertriebsnetz des Herstellers zum Ausdruck.

Vertragshändler finden sich häufig im Automobilbereich, z.B. arbeiten VW/AUDI und BMW mit Vertragshändlern (vgl. Thurow 1993, S. 314 ff.).

Solche Vertragshändlersysteme können auch als Unterfall des Franchisings bewertet werden (vgl. Specht 1998, S.182).

• Franchising

Franchising stellt die engste Form der möglichen vertraglichen Bindung zwischen Hersteller und Händlern dar (vgl. Meffert/Kimmeskamp 1983, S. 226 ff). Franchising wird durch den deutschen Franchise-Verband folgendermaßen definiert: *„Franchising ist ein vertikal-kooperativ organisiertes Absatzsystem rechtlich selbstständiger Unternehmen auf der Basis eines vertraglichen Dauerschuldverhältnisses. Dieses System tritt am Markt einheitlich auf und wird geprägt durch das arbeitsteilige Leistungsprogramm der Systempartner sowie durch ein Weisungs- und Kontrollsystem zur Sicherstellung eines systemkonformen Verhaltens.*" (vgl. o.V. 1997a, S. 241 f.)

engste Form der möglichen vertraglichen Bindung zwischen Hersteller und Händler

Im Gegensatz zum Vertragshändler hat der Händler im Franchising keine eigene Firma, die neben der Fima des Franchisegebers im Namen erscheinen könnte (vgl. zu weiteren Unterschieden zwischen diesen beiden Formen eines vertraglichen Vertriebssystems: Brauer 1989, S. 177).

In dem arbeitsteiligen Leistungsprogramm des Franchising gehören zu den wichtigsten Aufgaben des Franchisegebers, Produkt-, Firmen- bzw. Markenzeichen zur Verfügung zu stellen und die Nutzungsrechte an diesen zu gewähren. Auch werden Werbemaßnahmen zentral durch den Franchisegeber erbracht. Darüber hinaus soll dem Franchisenehmer beim Betriebsaufbau geholfen werden und er soll laufend auf allen Unternehmensgebieten beraten werden. Der Franchisenehmer führt das Geschäft nach vorgegebenen Richtlinien. Zu seinen Pflichten gehört darüber hinaus z.B. die Wahrung der Betriebs- und Geschäftsgeheimnisse, die regelmäßige Meldung von Daten und wirtschaftlichen Ergebnissen und die Abführung der Franchisegebühr (vgl. Meffert 1998, S. 621 ff.).

arbeitsteiliges Leistungsprogramm zwischen Franchisegeber und Franchisenehmer

Das bekannteste und umsatzmäßig bedeutendste Franchisesystem sind die Fast-Food-Restaurants von MCDONALDS. Nach der Anzahl der vergebenen Verträge hat FOTO-PORST mit 2.582, gefolgt von EISMANN mit 1.344 Franchisenehmern die meisten Franchise-Verträge (vgl. Sondermann 1997, S. 13).

6.6   Absatzmittlergerichtete Strategie

Ein Hersteller kann entscheiden, mit großen, mächtigen Handelspartnern zusammenzuarbeiten oder aber diesen ganz bewusst auszuweichen. Weiterhin muss er entscheiden, welches Verhalten er gegenüber dem Handel zeigt.

Die möglichen absatzmittlergerichteten Strategien sind:

- Ausweichstrategie
- Kooperationsstrategie
- Anpassungsstrategie
- Konfliktstrategie

Welche absatzmittlergerichtete Strategie ein Hersteller wählt, hängt in der Regel von der eigenen Unternehmensgröße und der Marktbedeutung seiner Produkte ab.

• Ausweichstrategie

Hersteller mit Produkten nur mittlerer Marktbedeutung meiden i.d.R. mächtige Handelsorganisationen

Hersteller, die diese Strategie verfolgen, haben das Ziel, großen mächtigen Handelsorganisationen auszuweichen. Sie wollen oder können aus Machtgründen nicht mit ihnen zusammenarbeiten. Es handelt sich meist um kleinere Firmen mit Nischenprodukten oder Firmen mit Produkten, die in der Marktbedeutung nur einen mittleren Platz einnehmen. Diese Hersteller sehen große Chancen im Verkauf ihrer Produkte über den Fachhandel und über kleinere Handelsorganisationen. Meist ist die sog. „Fachhandelstreue" mit dieser Strategie verbunden. Wenn es zu einer Zusammenarbeit mit kleineren Handelsorganisationen z.B. des Lebensmittelhandels kommt, kann ein solches Unternehmen eher ein Gleichgewicht der Kräfte erreichen.

Aber auch im Verkauf ihrer Produkte im Ausland oder über die verschiedenen Möglichkeiten, die der Direktvertrieb bietet, ergibt sich für solche Unternehmen meist ein beachtliches Umsatzpotenzial (vgl. Staudacher 1993, S. 36).

Für viele Hersteller in der Kosmetikindustrie beispielsweise ist die Ausweichstrategie ein valides Vorgehen.

• Kooperationsstrategie

Hersteller und Handelsunternehmen verfolgen identische Zielsetzungen

Im Rahmen dieser Strategie streben beide, Hersteller und Handelsunternehmen, eine Zusammenarbeit an. *„Die Kooperationsstrategie basiert auf der Überlegung, dass Industrie und Handel trotz des systemimmanenten Konfliktpotenzials teilweise identische Zielvorstellungen verfolgen."* (Staudacher 1993, S. 36)

Kooperationsstrategie ist möglich bei kleineren Herstellern, die im Sinne der zuvor aufgezeigten Ausweichstrategie mit kleineren Handelsorganisationen oder dem Fachhandel zusammenarbeiten.

Bei den umsatzstarken Herstellern handelt sich um solche, die durch ihre starken Marken für den Handel und dessen Sortimentsgestaltung

unabkömmlich sind (z.B. BEIERSDORF, PROCTER & GAMBLE, HENKEL, UNI-
LEVER, FERRERO, KJS usw.). Auch für kleinere, nationale Hersteller ist diese Strategie gegenüber den führenden Handelsunternehmen geeignet,
wenn ihre Marken in einem Segment oder in einer Nische führend sind
(z.B. HIPP oder HARIBO).

Für das Gelingen dieser Strategie ist es unabdingbar, dass beide, Hersteller und Handel, wirklich den Willen zu einer Kooperation haben. In
der Praxis erstreckt sich kooperative Zusammenarbeit auf definierte Teil-
gebiete, wie z.B. Supply Chain Management oder Co-Marketingaktionen. Erfolgreiche Kooperationsprojekte bringen beide Partner in eine
win-win-Situation, wie dies bei den ECR-Projekten sichtbar wird.

Die Bezeichnung „Kooperationsstrategie" lässt fälschlicherweise den
Eindruck aufkommen, dass „Kooperation" in wesentlichen Bereichen
der geschäftlichen Zusammenarbeit und über längere Zeiträume erfolgt.
Dies ist in der Praxis nicht der Fall. Spätestens bei den Konditionsforderungen wird jährlich neu gerungen. An diesem entscheidenden Punkt in
der Geschäftsbeziehung kann kaum von einer Kooperation die Rede sein.

Es käme dem Sachverhalt in der Praxis gegebenenfalls näher, insgesamt von einer „Akzeptanzstrategie" zu sprechen. Gegenseitige Akzeptanz ist die Voraussetzung, dass auf definierten Gebieten kooperativ Projekte bearbeitet werden. Akzeptanz ist auch die Voraussetzung, die Kon-
ditionskonflikte zu einer Lösung zu bringen.

*Der Begriff „Akzeptanz-
strategie" wird den
Verhältnissen in der
Praxis gerechter*

• Anpassungsstrategie

Wie der Name bereits sagt, passt sich der Hersteller den Wünschen und
Forderungen des Handels an, insbesondere was die Konditionen anbelangt. Die eigenen Marketingziele des Herstellers verlieren mehr und
mehr an Bedeutung. Investitionen in Werbung zur Aufrechterhaltung
und Ausbau der Marke werden unmöglich oder erfolgen auf einem zu
niedrigen Niveau, um im Wettbewerb erfolgreich zu sein.

*Der Hersteller passt sich
den Bedingungen des
Handels an*

Die Konsequenz einer Anpassungsstrategie ist meist die Auslistung
von Produktprogrammteilen. Diese Situation kann schlussendlich in einer völligen Abhängigkeit des Herstellers von (einzelnen) Handelsunternehmen münden, um die endgültige Auslistung zu vermeiden.

Mittlere und kleine Hersteller können zu dieser Strategie gezwungen
werden. Aber auch großen Hersteller müssen sich anpassen, soweit es
sich um kleine und unbedeutende Marken in ihrem Portfolio handelt.

• Konfliktstrategie

Im Rahmen dieser Strategie versucht ein herstellendes Unternehmen gegenüber dem Handel einseitig seine Ziele – meist Konditionsziele – durchzusetzen. Es ist „der Kampf um die Führerschaft im Absatzkanal" (Staudacher 1993, S. 37). So hat PROCTER & GAMBLE gegenüber dem Handel auf
spektakuläre Weise seine neue Preisstrategie durchgesetzt, auch unter In-
kaufnahme von temporären Auslistungen (vgl. Schobert 1996, S. 264 ff.).

*„Kampf um die Führer-
schaft im Absatzkanal"*

zeitlich befristete operativ-taktische Maßnahme

Selbst für Großkonzerne ist diese Strategie nur zeitlich begrenzt einsetzbar. Kleinere Hersteller können sich aus finanziellen Gründen einen Konflikt mit dem Absatzmittler kaum leisten. Konfliktstrategie ist grundsätzlich möglich, bleibt aber für die meisten Unternehmen ein, wenn überhaupt, sehr kurzfristig einsetzbarer und eher theoretischer Ansatz.

Daher ist die Konfliktstrategie nicht den strategischen Marketingentscheidungen zuzuordnen, sondern gehört zu den operativ-taktischen Maßnahmen. (Sie wird an dieser Stelle erwähnt, da sie zu den absatzmittlergerichteten Strategien gehört und üblicherweise zusammen mit den anderen strategischen Ansätzen erörtert wird.)

Teil B

Der Handel als B-to-B-Kunde im Trade Marketing

Die im Marketing geforderte Orientierung am Kunden setzt voraus, dass umfangreiche Kenntnisse über die Situation des Kunden, dessen Bedeutung und Bedürfnisse vorhanden sind.

Als umsatzstärkster unter allen Handelsbereichen wird der Lebensmittelhandel (LEH) beispielhaft genauer dargestellt. Durch Fusionen und Aufkäufe haben sich Handelsunternehmen von regionalen im einzelnen wirtschaftlich unbedeutenden Unternehmen zu national- und international tätigen Wirtschaftskonzernen entwickelt. Die volkswirtschaftliche Bedeutung ist erheblich. Auch im internationalen Vergleich hat der deutsche LEH eine herausragende Stellung.

Kernthemen des LEH, die Einfluss auf Trade-Marketing Konzeptionen nehmen, werden skizziert. Herausforderungen an den LEH, bei denen er auch Unterstützung durch die herstellende Industrie erwartet, werden aufgezeigt.

1 Bedeutung und Struktur des Handels in Deutschland

1.1 Daten zur wirtschaftlichen Bedeutung

stetig steigende Einzelhandelsumsätze

Die folgenden Ausführungen sollen anhand der Umsatzentwicklung und der Beschäftigtenzahlen einen Überblick über die volkswirtschaftliche Bedeutung des Handels geben. Die Stellung des Lebensmittelhandels wird beispielhaft genauer dargestellt, da er innerhalb der verschiedenen Handelsbereiche der umsatzstärkste ist.

Der Einzelhandelsumsatz in Deutschland nahm in den letzten 4 Jahrzehnten einen fast explosionsartigen Verlauf:

Jahr	Alte Bundesländer Mrd. DM	Index 1960 = 100	Alte Bundesländer in % vom BSP
1960	87,6	100	30,7
1970	186,8	213	27,7
1980	416,6	476	28,3
1990	711,0	812	29,3
Jahr	**Alte und neue Bundesländer Mrd. DM**	**Index 1960 = 100**	**Alte und neue Bundesländer in % vom BSP**
1995	940,1	1073	27,2
1996	952,3	1087	26,9
1997	947,6	1081	25,8
1998	961,8	1097	25,4
1999	981,0	1120	25,3

Abb. 1.1:   Entwicklung des Einzelhandelsumsatzes 1960 bis 1999 (Quelle: EHI 2000, S. 79)

Fast 11 Prozent der Erwerbstätigen sind im Handel beschäftigt

Der im gesamten Einzelhandel getätigte Umsatz erreicht fast 1 Billion DM und entspricht damit einem Viertel des Bruttosozialproduktes. Die Anzahl der Beschäftigten im Handel ist erheblich. Von insgesamt rund 35,9 Mio. Erwerbstätigen 1997 in der Bundesrepublik Deutschland sind mehr als 3,9 Mio. im Handel beschäftigt. Das sind fast 11 Prozent der Erwerbstätigen. Die folgende Tabelle in Abb. 1.2 zeigt die Anzahl der im Handel Beschäftigten in den Bereichen Einzelhandel und Großhandel. Zum Vergleich sind die Beschäftigten einiger ausgewählter Wirtschaftszweige der Industrie und des Baugewerbes bzw. des Handwerks aufgeführt.

Branche	Beschäftigte in 1000	
Einzelhandel	2.692,7	(Stand Ende 1997)
Großhandel	1.250,1	(Stand Ende 1997)

Ernährungsindustrie	550,5	(Stand 1999)
Textil- und Bekleidungsindustrie	197,5	(Stand 1999)
Papier, Verlag, Druck	407,2	(Stand 1999)
Chemieindustrie	477,5	(Stand 1999)
Metallindustrie	855,0	(Stand 1999)
Maschinenbau	981,2	(Stand 1999)
Fahrzeugbau	903,1	(Stand 1999)
Dienstleistungen	66,4	(Stand 1999)
Handwerk	6.372,4	(Stand 30.9.94)
Bauhauptgewerbe	1.110,0	(Stand 1999)

Abb. 1.2:   Anzahl der Beschäftigten in ausgewählten Bereichen (Quelle: Institut der dt. Wirtschaft 2000; Tabellen 76,77, 79, 80, 82)

Betrachtet man die verschiedenen Warenbereiche im Einzelhandel, ist der Nahrungs- und Genussmittelhandel der mit Abstand bedeutendste.

Der Handel mit Nahrungs- und Genussmitteln ist mit Abstand der bedeutendste

Jahr Warenbereich	1992	1994	1996	1998	1999
Nahrungs- u. Genussmittel	250,5	250,5	259,6	261,6	266,6
Textilien, Bekleidung, Schuhe, Lederwaren	143,1	139,5	137,1	131,4	131,9
Einrichtung, elektro-techn. Erzeugnisse*	143,0	151,6	144,7	140,0	142,0
Kraftfahrzeuge	140,9	145,3	157,7	169,5	173,7
Persönl. Bedarf**/ Apotheken	119,6	121,8	129,9	134,9	141,6
Sonst. Waren	117,7	115,7	123,3	124,4	125,2
EH Gesamt	**914,8**	**924,4**	**952,3**	**961,8**	**981,0**

Abb. 1.3:   Einzelhandelsumsätze nach Warenbereichen in Mrd. DM
(Quelle: EHI 2000, S. 82)
  *   ohne Comp-. u. Bürotechn., incl. Bau- u. Heimwerkerbedarf
 **   Kosmetik- u. Drogerieartikel, Bücher, Schreibwaren, Blumen, Uhren, Schmuck, Spielwaren, Fahrrad- u. Sportartikel

Die Tabelle zeigt, wie sich im Zeitverlauf 1992 bis 1999 der Umsatz im Einzelhandel in den verschiedenen Warenbereichen entwickelt hat.

Weit mehr als ein Viertel aller Handelsumsätze von fast 1 Billion DM werden mit Nahrungs- und Genussmitteln gemacht.

Mit rund 18 Prozent Anteil sind Kraftfahrzeuge – allerdings mit weitem Abstand – der zweitwichtigste Warenbereich im Einzelhandel.

Der Warenbereich Einrichtung und elektrotechnische Erzeugnisse einschließlich Bau- und Heimwerkerbedarf stagniert, bleibt aber mit 14,6 Prozent Anteil der drittwichtigste Ausgabenbereich der Konsumenten im Einzelhandel. Der Handel mit Textilien, Bekleidung, Schuhen und Lederwaren ist umsatzmäßig mit – 7,8 Prozent im Zeitraum 1992 bis 1999 rückläufig. Hohe Wachstumraten von mehr als 18 Prozent zeigen die kumuliert dargestellten Segmente „Persönlicher Badarf" und „Apotheken". Von insgesamt 141,6 Mrd. DM in 1999 entfallen 86,0 Mrd. DM auf den „Persönlichen Bedarf" und 55,6 Mrd. DM auf „Apotheken".

Einen Eindruck über wichtige Strukturdaten des Einzelhandels gibt nachfolgende Tabelle mit Daten aus dem Jahr 1992/93:

Wirtschaftsklassen	Anzahl Unternehmen *	Beschäftigte insgesamt *	Beschäftigte je Untern. *	Umsatz 1992 insg. in Mio. DM
Einzelhandel m.Waren versch. Art	37.728	904.455	24,0	266.644
Fach-Einzelhandel mit Nahrungsmitteln usw.	43.523	191.859	4,4	30.416
Apotheken, Fach-, Einzelhandel mit med. Artikeln usw.	26.485	224.104	8,5	54.565
EH m.Textilien, Bekleidung, Schuhe, Lederwaren	60.429	488.871	8,1	85.001
EH mit Möbeln, Einrichtungsgeg., Hausrat	20.897	185.309	8,9	50.101
EH m. elektr. Haushalt-, Rundfunk u. TV-Gerät. usw.	20.017	111.542	5,6	28.074
EH m. Metallwaren, Anstrichm. Bau- und Heimw.	9.880	96.540	9,8	29.385
EH mit Büchern, Zeitschr., Schreibwaren	11.383	61.227	5,4	9.791
Versandhandel	10.069	99.122	9,8	40.747
Einzelhandel insgesamt	**388.414**	**2.865.963**	**7,4**	**684.871**

* Anzahl am 30.4.1993

Abb. 1.4:   *Strukturdaten des Einzelhandels in Deutschland (Quelle: EHI 2000, S. 77)*

Eine Darstellung der wirtschaftlichen Bedeutung des Handels darf natürlich den Großhandel, der an Wiederverkäufer und Weiterverarbeiter verkauft, nicht außer Acht lassen.

	Großhandel	Einzelhandel
Umsatz Mrd. DM	1079	633
Anzahl der Unternehmen	140.00	444.000
Beschäftigte in Tsd.	970	2.639

Abb. 1.5:   *Daten zum Groß- und Einzelhandel im Vergleich 1999*
            (Quelle: o.V. 2001 d)

Einen Eindruck über Strukturdaten des Großhandels vermittelt nachfolgende Tabelle:

Wirtschaftsklassen	Anzahl Unternehmen *	Beschäftigte insgesamt *	Beschäftigte je Unternehmen *	Umsatz 1992 insg. in Mio. DM
GH mit landw. Grundstoffen u. lebenden Tieren	9.401	64.928	6,9	72.036
GH mit Nahrungsmitteln, Getränken u. Tabakwaren	18.322	274.975	15,0	236.000
Davon u.a. mit				
• Obst, Gemüse, Kartoffeln	3.084	31.311	10,2	27.729
• Fleisch, Geflüg., Wild	2.725	33.511	12,3	33.157
• Milcherz., Eiern, Sp.-Öl	1.087	15.172	14,0	17.873
• Getränken	5.871	54.767	9,3	29.232
• Tabakwaren	744	10.511	14,1	17.162
GH mit Gebrauchs- u. Verbrauchsgütern	37.396	419.426	11,2	248.378
Davon u.a. mit				
• Textilien, Bekl., Schuhe	7.346	66.796	9,1	38.066
• Elektr. HH-Geräte, Rundfunk-, Fernsehger.	7.356	94.508	12,8	65.219
• Kosmet. Erzeugnisse	1.032	11.012	10,7	4.487
• Pharmazeut. Erzeugnisse	3.851	73.430	19,1	53.091
Großhandel insgesamt	**118.150**	**1.457.235**	**12,3**	**1.099.774**

* Anzahl am 30.4.1993

Abb 1.6: Strukturdaten des Großhandels in Deutschland (Quelle: EHI 2000, S. 186)

1.2 Die Struktur des Handels

drei grundlegende Handelsbereiche

Die Struktur des Handels lässt sich in folgende drei Handelsbereiche systematisieren (vgl. Laurent 1996, S. 47 f.):

- **Konzentrierte Handelssysteme:** Filialbetriebe, Waren- und Versandhäuser
- **Kooperative Handelssysteme:** Freiwillige Ketten, Einkaufsverbände, Kooperationen und sonstige organisierte Betriebsverbünde
- **Nicht-organisierter selbstständiger Handel**

Zu den „Filialbetrieben" oder „Filialsystemen" werden z.B. die METRO-GRUPPE oder die LIDL & SCHWARZ-GRUPPE gerechnet. Als „Filialsysteme" werden Handelsunternehmen bezeichnet, die mindestens 5 unter einheitlicher Leitung stehende Verkaufsfilialen an unterschiedlichen Standorten haben.

vertikale Kooperation

„Freiwillige Ketten" stellen eine Form der vertikalen Kooperation dar, bei der Groß- und Einzelhandelsunternehmen meist gleichartiger Branchen zur gemeinsamen Durchführung unternehmerischer Aufgaben vorwiegend unter einheitlichem Organisationszeichen zusammenarbeiten. „Freiwillige Ketten" werden auch als „freiwillige Gruppe" oder als

„Handelskette" bezeichnet. Beispiele für eine freiwillige Kette sind die SPAR-GRUPPE oder die MARKANT AG.

horizontale Zusammen-
schlüsse im Groß- bzw.
im Einzelhandel

„Einkaufsverbände" oder „Einkaufsgemeinschaften" bezeichnen horizontale Zusammenschlüsse im Groß- bzw. im Einzelhandel. Unternehmen bündeln auf freiwilliger Basis bestimmte Aktivitäten. Zunächst ist es die Bündelung der Einkaufsmengen, später wird die Kooperation ggf. auf weitere Aktionsfelder ausgeweitet. Die EDEKA-GRUPPE und die REWE-GRUPPE sind Vertreter solcher Einkaufsgemeinschaften.

Beide, „freiwillige Ketten" und „Einkaufsgemeinschaften" werden auch als „Verbundgruppe" bezeichnet. Unter einer „Verbundgruppe" wird der Zusammenschluss rechtlich und wirtschaftlich selbstständig bleibender Handelsunternehmen zum Zweck der zwischenbetrieblichen Kooperation vor allem in den Bereichen Beschaffung, Absatz, Investition, Finanzierung und Verwaltung verstanden.

Verbundgruppen bestehen in allen Branchen und haben eine erhebliche Bedeutung für die Umsätze in der jeweiligen Warengruppe. Einzelne Verbundgruppen haben ihre Mitglieder über Deutschland hinaus im europäischen und auch bereits im außereuropäischen Raum.

Die folgende Tabelle gibt einen Überblick über wichtige Verbundgruppen (vgl. Haller 1997, S. 235):

Verbundgruppe	Mitgl./Geschäfte	Umsatzangaben	Sonstiges	Internet-Quelle
Lebensmittel				
EDEKA, Hamburg	5.110 Kaufleute/ 10.682 Märkte	61,1 Mrd. DM international	Umsatz Edeka Gruppe mit Beteiligungen	www.edeka.de
REWE, Köln	3.450 Kaufleute/ 9.443 Märkte	73,7 Mrd. DM international	11.738 Märkte Gesamt in Europa	www.rewe.de
SPAR, Schenefeld	5.354 Verkaufsstellen	14,9 Mrd. DM		www.spar.de
Textil, Bekleidung				
KATAG, Bielefeld	>400	4 Mrd.		www.katag.de
KMT RHEINTEXTIL, Köln	350 Standorte	n.b.		www.kmt-mode.de
UNITEX, Neu-Ulm	500 Anschlusshäuser	n.b.		www.unitex-einkaufsverband.de
Schuhe				
ARISTON, Düsseldorf	615 Mitglieder	552,8 Mio DM	1.526 Verkaufsstellen	www.ariston.de/
GARANT SCHUH AG, Düsseldorf	4.580 Fachhändler	>2 Mrd.DM	europaweit tätig	www.garantschuh.de/
NORD-WEST RING, Mainhausen	1.500	1,6 Mrd .Euro		www.nwr.de
SALAMANDER BUND, Kornwestheim	ca. 1.500 Anschlussfirmen	n.b.	international	www.sabu.de

Sportartikel				
INTERSPORT, Heilbronn	> 4.000 Geschäfte	5,3 Mrd. Euro (1999)	weltweit größte Sportart. EH-Kette	www.inter sport.de
Spielwaren				
IDEE+SPIEL, Hildesheim	> 1.000 Fachgeschäfte	810 Mio DM Verkaufsumsatz		www.shop.idee-und-spiel.de
VEDES, Nürnberg	1.500 Mitgl./ 2.500 Geschäfte	1,7 Mrd DM	größte europ. Einkaufsgen. für Spielwaren u. Freizeitartikel	www.vedes-shop.de
Hausrat/Eisenw./ Gartenmöbel				
EK GROSSEINKAUF, Bielefeld (Kaufring)	2.613	2,795 Mrd DM Zentral-/ 8,2 Mrd. DM Außenumsatz	in D,F,B,NL,L, A,CH	www.ek-grosseinkauf.de
E/D/E Wuppertal	1.500 mittelst. Handelsunterneh.	2,74 Mrd.Euro Verbandsumsatz	Benelux, I, UK, IR, CH, A, F, N, P, Slow, HU, Tschech	www.ede.de
Möbel				
EUROPA-MÖBEL, St. Augustin	143*	2,93 Mrd DM		www.europa-moebel.de
GARANT-MÖBEL, Rheda-Wiedenbrück	1.400 Verkaufsstellen	3,2 Mrd. DM Außenumsatz		www.garant-moebel.de
VKG, Pforzheim	1.279	2.824 Mio DM Außenumsatz	in D, Bulg, F, N ,A, CH, SP	www.einrich ten.de
Bürobedarf				
BÜRORING, Haan	370 Mitglieder	312,5 Mio. DM		www.bueroring.de
Foto, Optik				
OPTIKER GILDE, Hagen	2.000 Partner	n.b.	Europaweit vertreten	www.optiker-gilde.de
FOTOCO-/ EUROPA FOTO, Eschborn	270 Fachunternehmen	1,25 Mrd DM	international	www.fotoco.de
RINGFOTO, Nürnberg	2.400 Fachgesch.	427 Mio DM (1998)	Nr.1 weltweit	www.ringfoto.de

Abb. 1.7: Verbundgruppen in Deutschland mit nationaler und z.T. internationaler Bedeutung

1.3 Betriebstypen des Handels

Innerhalb der drei dargestellten Handelsbereiche: konzentrierte Handelssysteme, kooperative Handelssysteme und nicht-organisierter selbstständiger Handel lassen sich die verschiedenen Betriebstypen unterscheiden. Unter einem „Betriebstyp" oder einer „Betriebsform" wird eine Kategorie von Handelsbetrieben verstanden, die über eine gleiche oder ähnliche Kombination von Merkmalen verfügt, die über einen längeren Zeitraum beibehalten werden (vgl. Ausschuss für Begriffsdefinitionen, Katalog E 1995). „Mit der Wahl der Betriebsform legt der Handelsbetrieb seine Struk-

„Mit der Wahl der Betriebsform legt der Handelsbetrieb seine Struktur, sein Leistungsspektrum und seinen Auftritt am Markt fest."

tur, sein Leistungsspektrum und seinen Auftritt am Markt fest. Durch Veränderungen im Umfeld entsteht im Zeitablauf eine Dynamik der Betriebsformen. Dies bedeutet, dass permanent neue Typen entstehen, die bestehenden Anpassungen unterworfen werden. Obsolete Betriebstypen scheiden aus dem Markt aus. " (Haller 1997, S. 35)

1.3.1 Betriebstypen des Großhandels

Konsumgütergroßhandel und Produktionsverbindungshandel

Die Merkmale, durch die ein Betriebstyp des Großhandels charakterisiert wird, sind die Art der gehandelten Waren, der Umfang des Warensortiments, die Bedienungsform und die Absatzform. Nach der Art der gehandelten Waren, Konsumgüter oder Produktionsgüter, werden der **Konsumgütergroßhandel** und der **Produktionsverbindungshandel** (PVH) unterschieden. Der Produktionsverbindungshandel liefert Güter an Organisationen, „die damit ihrerseits Güter für die Fremdbedarfsdeckung erstellen oder die sie selbst wiederum unverändert bzw. nach 'handelsüblichen' Manipulationen an solche Organisationen verkaufen" (Engelhardt/Kleinaltenkamp 1988, S. 5). Die gelieferten Güter sind Roh- Hilfs- und Betriebsstoffe, Halbfabrikate, Betriebsmittel und Investitionsgüter. Die Bedeutung des PVH ist erheblich. Von 846 Mrd. Großhandelsumsatz im Jahr 1985 entfielen 603 Mrd. DM auf den Binnen-Großhandel. Davon wiederum entfielen 419 Mrd. DM auf den PVH und die restlichen 184 Mrd. DM auf den Großhandel mit Konsumgütern (vgl. Engelhardt/ Kleinaltenkamp 1988, S. 2).

Nach Art und Umfang des Warensortiments wird der Großhandel unterschieden in

Sortimentsgroßhandel und Spezialgroßhandel

- **Sortimentsgroßhandel** – Großhandelsbetriebe mit eher breitem und flachem Sortiment und
- **Spezialgroßhandel** – Großhandelsbetriebe mit eher schmalem und tiefem Sortiment.

Selbstbedienungsgroßhandel und Zustellgroßhandel

Nach der Bedienungsform des Großhandels ist zwischen Selbstbedienungsgroßhandel (Cash & Carry) und Liefer- bzw. Zustellgroßhandel zu unterscheiden.

- In **Cash- und Carry Betrieben** – auch als **Selbstbedienungsgroßhandel** bezeichnet, kommissiert der Käufer die Ware selbst, zahlt an der Kasse und übernimmt den Transport der Ware. Im Jahr 1999 gab es 384 C & C Märkte mit einem Umsatz von 23,8 Mrd. DM (vgl. EHI 2000, S. 188). Branchenprimus ist METRO mit 83 Märkten, gefolgt von FEGRO/SELGROS mit 35 Märkten (Stand 1.1.2000, vgl. EHI 2000, S. 194).
- Der **Zustellgroßhandel** beliefert die angeschlossenen Einzelhandelsgeschäfte.

Nach der Absatzform werden der Streckengroßhandel und der Lagergroßhandel unterschieden.

- „Beim **Streckengroßhandel** entfallen mehr als 50 Prozent von den Großhandelsumsätzen auf Streckengeschäfte (Eigengeschäfte), bei denen die Ware vom Vorlieferanten zum Abnehmer befördert wird, ohne dass sie – obgleich vom Handelsunternehmen als Wareneingang verbucht – von diesem eingelagert wurde." (Stat. Bundesamt 2001, o.S.)

Streckengroßhandel

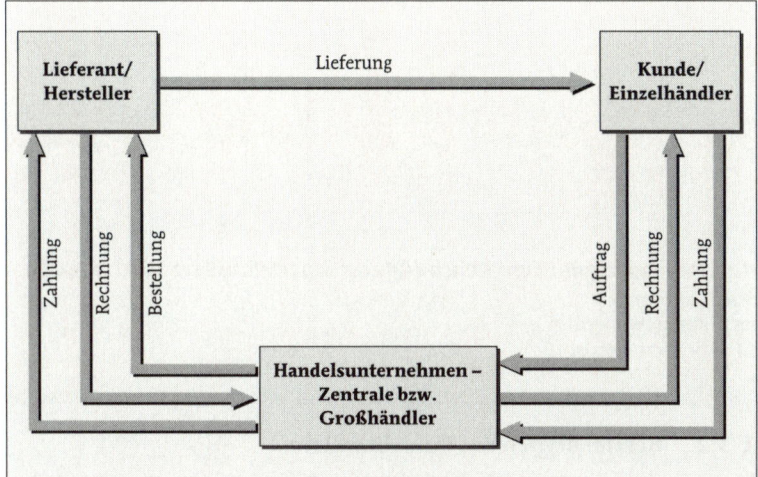

Abb. 1.8: Ablauf des Streckengroßhandels

- Soweit es die Erfassung durch das Statistische Bundesamt anbelangt, werden unter **Lagergroßhandel** solche Unternehmen verstanden, bei denen von den Großhandelsumsätzen höchstens 50 Prozent auf Streckengeschäfte entfallen.

Lagergroßhandel

Aus den USA kommend, gibt es als neuere Form des Großhandels den sog. **Rack-Jobber** oder **Regalgroßhändler**. Rack-Jobber sind Hersteller oder Großhändler, „denen in Handelsbetrieben Verkaufsraum oder Regalflächen zur Verfügung gestellt werden und die dort für eigene Rechnung Waren anbieten, die das vorhandene Sortiment ergänzen" (Haller 1997, S. 35).

Rack-Jobber

Der dabei erbrachte Leistungsumfang ist unterschiedlich und reicht vom Einkauf bis zur Preisauszeichnung. Das Handelsunternehmen erhält eine Provision. Rack Jobber-Funktionen übernehmen beispielsweise Pressegrossisten, Spielwaren- und Buchhersteller beziehungsweise -großhändler.

Betrachtet man den Leistungsumfang, der von den verschiedenen Betriebstypen des Großhandels erbracht wird, ergibt sich das in Abb. 1.9 dargestellte Bild.

Distributions-funktion Betriebsform	Transak-tions-funktion	Lage-rung	Trans-port	Finan-zierung	Sorti-ments-bildung	Quali-tätskon-trolle	Informa-tions funktion
Sortiments-großhandel	⊙	+	+	+	+	+	+
Spezial-großhandel	⊙	+	+	+	⊙	+	+
Strecken-großhandel	⊙	–	–	–	+		+
Zustell-großhandel	⊙	⊙	⊙	+	+	+	+
Cash & Carry-Großhandel	⊙	⊙	–	–	+	+	+
Rack-Jobber	⊙	⊙	⊙	⊙	⊙	⊙	+

Abb. 1.9: Betriebsformen des Großhandels mit Funktionen (Quelle: Scharf/Schubert 2001, S. 303)
⊙ = spezifisches Betriebsmerkmal
+ = Funktion kann übernommen werden
– = Funktion wird nicht übernommen

1.3.2   Betriebstypen des Einzelhandels

Im Einzelhandel gibt es die vielfältigsten Betriebstypen. Zur Übersicht-lichkeit bietet es sich an, diese nach Betriebsform-Grundtypen mit ihren verschiedenen Betriebstypen-Ausprägungen zu unterscheiden.

Betriebsform-Grundtypen	Betriebstypen-Ausprägungen
Stationärer Einzelhandel	Fachgeschäft, Fachmarkt, Fachdiscounter, Spe-zialgeschäft, Boutique, Gemischtwarenge-schäft, Warenhaus, Kaufhaus, Verbraucher-markt, SB-Warenhaus, Supermarkt, Kiosk, Tankstelle, Nachbarschaftsgeschäft (früher: „Tante Emma- Laden"; heute: „Onkel Ali-La-den"), Restpostengeschäft usw.
Ambulanter Einzelhandel	Hausierer, Markthandel, Straßenhändler, Ver-kaufswagen
Virtueller Einzelhandel	e-commerce
Vesandhandel	Spezialversandhandel, Sortimentsversandhan-del; Kombination von beidem
Handwerkshandel	Handel mit Fertigwaren in Bäckereien, Frisör-geschäften, Fleschereien usw.

Abb. 1.10: Betriebstypen im Einzelhandel: Grundtypen und Ausprägungen

Betriebstypen als „Vertriebsschiene" oder „Vertriebsform"

Soweit es den stationären Einzelhandel anbelangt, hat es sich „eingebür-gert", die Betriebstypen auch als „Vertriebsschiene" oder „Vertriebs-form" zu bezeichnen. Gelegentlich wird auch von „Vertriebslinie" gesprochen. Dieser Begriff soll jedoch, wie in Teil B, Kap. 2.3 ausgeführt wird, den „Marken" des Handels vorbehalten werden.

Die Merkmale, die einen Betriebstyp im Einzelhandel, d.h., eine Vertriebsschiene kennzeichnen, sind:

Merkmale einer Vertriebsschiene

- **Standort** bezüglich Lage und Zugänglichkeit
- **Verkaufsfläche** bezogen auf die Größe
- **Sortiment** in
  - Anzahl Produktlinien = Kategorien,
  - Umfang der Kategorien = Breite und
  - Zusammensetzung = Tiefe
- **Art des Kundenkontaktes**, d.h., Bedienung, Selbstbedienung, Kombination dieser beiden Formen; virtuell im Internet
- **Preislage** hoch, mittel oder diskontierend
- **Serviceangebot**, wobei dies meist in Verbindung mit der Preislage zu sehen ist, auch die Ladengestaltung kann zu den Serviceangeboten gerechnet werden oder auch z.B. die Heimlieferung
- **Zielgruppe:** (gewerbliche oder private Kunden)

Zur Bildung eines Betriebstyps müssen mehrere dieser Merkmale dauerhaft miteinander kombiniert werden.

Da die Vertriebsschienen des Lebensmittelhandels (LEH) besonders ausdifferenziert sind, werden sie nachfolgend beispielhaft vorgestellt. Vergleicht man die verschiedenen Publikationen mit Definitionen zu den Betriebstypen, so sind zum Teil beachtliche Unterschiede festzustellen. So liegt z.B. die Verkaufsfläche für ein SB-Warenhaus nach der Amtlichen Statistik bei mindestens 3.000 qm, nach internationalen Vereinbarungen, denen z.B. das Europäische Handelsinstitut oder die Marktforschungsinstitute ACNⁱᴇʟꜱᴇɴ und M+M ᴅᴀᴛᴀ folgen, dagegen bei 5.000 qm (vgl. zu einer Darstellung der Betriebstypen im LEH: Arend-Fuchs 1995, S. 36ff; vgl. zu einer umfassenden Beschreibung aller Betriebstypen im Einzelhandel: Haller 1996, S. 36 ff.).

Vertriebsschienen des Lebensmittelhandels

Nachfolgend eine Kurzbeschreibung der Betriebstypen des LEH (vgl.: „Betriebsformen-Definitionen" in: EHI 2000, S. 302 f.; „Definition der Vertriebslinien" in: LZ 2000, S. 58; vgl. „Sortimentsdistribution" in: EHI 2000, S. 235 ff.)

- **Lebensmittel SB-Laden:** Einzelhandelsgeschäft mit weniger als 200 qm Verkaufsfläche, das Lebensmittel in Selbstbedienung anbietet.
- **Lebensmittel SB-Markt:** Einzelhandelsgeschäft mit 200 bis 400 qm Verkaufsfläche, das auch Frischwaren sowie kleines Nonfood-Sortiment in Selbstbedienung führt.
- **Supermarkt:** Lebensmittel-Selbstbedienungsgeschäft mit Innenstadtlage; 400 – 800 qm Verkaufsfläche; rund 7.000 – 11.000 Artikel; Preislage: eher hoch; Nonfood nicht über 25 Prozent.

- **Großer Supermarkt** (früher Kleinverbrauchermarkt): Um dem allg. europäischen Gebrauch zu entsprechen, werden die Kleinverbrauchermärkte jetzt den Supermärkten zugerechnet. Es handelt sich um Lebensmittel-Selbstbedienungsgeschäfte mit einer Verkaufsfläche zwischen 800 und 1.500 qm.
  Ein durchschnittlicher Supermarkt (Supermärkte und große Supermärkte) führte im Jahr 2000 nach der EHI-Erhebung 9.058 Artikel im Gesamtsortiment auf einer durchschnittlichen Grundfläche von 830 qm.
- **Verbrauchermarkt**: Stadtrandlage; 1.500 bis 5.000 qm Verkaufsfläche; das Sortiment ist breit und tief mit rund 13.000 bis 18.000 Food-/Nonfood1-Artikeln und 7.000 bis 22.000 Nonfood2-Artikeln; die Preislage ist mittel. (Bezüglich der Unterscheidung in Nonfood 1 und Nonfood 2 siehe Kap. 2.4) Ein durchschnittlicher Verbrauchermarkt führte nach der EHI-Erhebung im Jahr 2000 26.670 Artikel im Gesamtsortiment auf einer durchschnittlichen Grundfläche von 2.750 qm.
- **SB-Warenhaus:** SB-Geschäft in dezentraler Lage („auf der grünen Wiese"), mit großem Parkplatzangebot; über 5.000 qm Verkaufsfläche; das Sortiment ist breit und tief; die Anzahl Food/NF1-Artikel beträgt rund 18.000 bis 22.000 Artikel; erheblich ist die Anzahl der NF2-Artikel mit rund 16.000 bis 45.000 Artikeln. Ein durchschnittliches SB-Warenhaus führte nach der EHI-Erhebung im Jahr 2000 51.420 Artikel im Gesamtsortiment auf einer durchschnittlichen Grundfläche von 6.600 qm.
- **Discounter:** Lebensmittelgeschäft, das nach dem Discountprinzip arbeitet, d.h., begrenztes Sortiment mit umschlagsstarken Artikeln, einfacher Ladenausstattung und niedrigen Preisen. Discounter differenzieren sich in Harddiscounter und Softdiscounter (vgl. Roeb o.J., S. 32).
  - **Harddiscounter:** sehr niedriges Preisniveau; stark reduziertes Sortiment von 500 bis 1.000 Artikeln mit Schwerpunkt bei Eigenmarken; Innenstadtlage mit Verkaufsfläche von 300 bis 400 qm oder aber Standort im Gewerbegebiet mit 600 bis 800 qm und großem Parkplatzangebot. Typische Harddiscounter sind ALDI, LIDL & SCHWARZ oder NORMA.
  - **Softdiscounter:** 2000 bis 2.500 Artikel mit Schwerpunkt auf Markenartikeln, häufig Integration von Metzgern und Bäckern in einer Filiale; Preisniveau zwangsläufig über demjenigen der Harddiscounter; Standortschwerpunkt ist die Innenstadtlage. Typischer Softdiscounter ist PLUS.
- **Nonfood-Discount-Geschäft:** Discountgeschäft, das im Schwerpunkt oder ausschließlich Nonfood-Artikel, insbesondere Hartwaren und/oder Textilien führt.
- **Fachmarkt:** In der Innenstadt und auch Stadtrandlage; großflächig ohne bestimmte Begrenzung der Verkaufsfläche; breites und tiefes

Sortiment aus einem Warenbereich, z.B.: Kinderausstattung, Spielzeug, Drogeriewaren, Sportartikel, Möbel, Media-Hifi, Bauwesen, Getränke, Gartenbereich usw.; das Angebot ist weitgehend in Selbstbedienung, dem Kunden wird jedoch auch Beratung und Service angeboten; Preislage niedrig bis mittel.

- **Warenhaus:** Geschäft in City-Lage mit breitem Sortiment, vor allem in den Bereichen Bekleidung, Textilien, Haushaltswaren, Möbel, Einrichtung, Schmuck, Unterhaltung, Sport und Lebensmittel, die nach Warengruppen getrennt in Fachabteilungen angeboten werden. Laut Definition des Statistischen Bundesamtes muss der Anteil von Nahrungsmitteln weniger als 35 Prozent betragen. Die Verkaufsmethode reicht von Bedienung bis zur Selbstbedienung. Überwiegend werden die Waren im Wege der herkömmlichen Bedienung abgesetzt (vgl. Statistisches Bundesamt 2001, Definitionen).
- **Kaufhaus:** Geschäft mit warenhausähnlichem Sortiment, allerdings geringerer Breite und Tiefe und meist auch niedrigerem Preisniveau. Kaufhäuser haben keine Lebensmittelabteilung.
- **Textil-Kaufhaus:** Kaufhaus, das einen Sortimentsschwerpunkt bei Textilien und Sportartikeln hat.
- **Technisches Kaufhaus:** Kaufhaus mit tiefem Sortiment im Elektro-, Elektronik- und Technik-Bereich.

Die Tabelle in Abb. 1.11 zeigt abschließend die Entwicklung der wichtigsten Einzelhandels-Betriebstypen:

Betriebsform	1993	1994	1997	1998
Waren- und Kaufhäuser	32,5	30,4	35,0	33,7
SB-Warenhäuser und Verbrauchermärkte	36,1	35,2	54,5	53,9
Supermärkte	105,5	103,4	62,3	58,7
Restl. Nahrungs- und Genussmittelgeschäfte	65,6	66,3	–	–
Ladengeschäfte insg.	641,6	634,8	–	–
Restl. Stat. Einzelhandel	103,3	107,4	–	–
Stationärer Einzelhandel	744,9	742,2	–	–
Versandhandelsuntern.	36,0	34,6	38,3	37,5
Ambulanter Handel	5,7	5,8	–	–
Einzelhandel insg.	**786,6**	**782,4**	**952,3**	**961,8**

Abb. 1.11: Einzelhandelsumsätze nach Betriebsformen in Mrd. DM
(Quelle: EHI 2000, S. 81/ EHI 95, S. 54)
Angaben für 1997 und 1998 aus EHI 2000 (Gesamtdeutschland!), Angaben für 1993 und 1994 aus EHI 1995 (alte Bundesländer)

2   Beispiel Lebensmittelhandel

2.1   Fakten zum Lebensmittelhandel in Deutschland

Der Lebensmittelhandel in der BRD ist geprägt durch einen besonders hohen Konzentrationsgrad. Mehr als die Hälfte des Umsatzes ist seit Anfang der 90er-Jahre in den Händen von fünf Handelsunternehmen. Mit 10 Unternehmen sind mehr als 80 Prozent und mit 20 Unternehmen 94 Prozent der Umsätze abgedeckt:

Marktanteil	1992	1994	1996	1998	1999	2000
Top 5	52 %	59 %	59 %	63 %	60 %	61 %
Top 10	70 %	78 %	81 %	84 %	83 %	84 %
Top 20	81 %	88 %	92 %	93 %	94 %	94 %
Top 30	87 %	95 %	96 %	97 %	98 %	98 %
Top 40	91 %	97 %	98 %	98 %	99 %	99 %
Gesamt-umsatz d. LEH in Mrd. DM	320,0	334	346	351,7	367,7	378,6

Abb. 2.1:   *Entwicklung des Konzentrationsgrades des Lebensmittelhandels in Deutschland 1992 bis 2000 (Quellen: Laurent 1996, S. 46; LZ/ACN o.J. S. 50; LZ/ACN 1997, S. 48; LZ 1999, S. 12; LZ 2000, S. 12; LZ 2001, S. 12)*

Die 20 größten Organisationen des Lebensmittelhandels in Deutschland im Jahr 2000 zeigt nachfolgende Tabelle:

Handelsunter-nehmen	Umsatz Mio. DM	Markt-anteil	Handelsunter-nehmen	Umsatz Mio. DM	Markt-anteil
METRO-GRUPPE	60.972	16,1 %	GLOBUS	6.561	1,7 %
REWE-GRUPPE	54.946	14,5 %	DOHLE-GRUPPE	5.876	1,6 %
EDEKA-GRUPPE	47.639	12,6 %	WAL-MART	5.500	1,5 %
ALDI-GRUPPE	37.750	10,0 %	NORMA/ROTH	4.100	1,1 %
KARSTADT-QUELLE	31.300	8,3 %	BARTELS-LANGNESS	3.800	1,0 %
TENGELMANN-GRUPPE	26.889	7,1 %	DM	2.746	0,7 %
LIDL & SCHWARZ	24.000	6,3 %	COOP SCHLESW.-HOLST.	2.600	0,7 %
SPAR-GRUPPE	14.938	3,9 %	MÜLLER	2.544	0,7 %
LEKKERLAND-TOBACCOLAND	11.727	3,1 %	IHR PLATZ	2.310	0,6 %
SCHLECKER	8.500	2,2 %	WOOLWORTH	2.250	0,6 %

Abb. 2.2:   *Top-20-Unternehmen des Lebensmittelhandels (Quelle: www.lebensmittelzeitung.de/marketfacts)*

Die Stärkung der Marktbedeutung durch Zukauf von Unternehmen und die Bereinigung des Portfolios durch Verkauf von weniger interessanten Unternehmensteilen kennzeichnet alle großen und größeren Handelsorganisationen. Zu den „Highlights" bei den Fusionen und Unternehmensübernahmen bzw. -käufen zählen, soweit deutsche Unternehmen involviert sind (vgl. EHI 2000, S. 72 f.).

* Übernahme des Versandunternehmens QUELLE durch die KARSTADT AG 1999,   *Fusionen und Unternehmensübernahmen*
* Übernahme der SPAR HANDELS AG durch die französische Gruppe INTERMARCHÉ 1997,
* Übernahme der Filialunternehmen ALLKAUF und KRIEGBAUM durch die METRO AG im Jahr 1998,
* Übernahme von WERTKAUF (1997) und INTERSPAR (1998) durch das weltgrößte Handelsunternehmen WAL-MART.

Insgesamt gibt es im Jahr 2001 noch mehr als 94.000 Geschäfte, die dem LEH zugerechnet werden (vgl. GfK 2001 Abb. 2.3). Davon gehören fast 42.000 dem sog. traditionellen Lebensmittelhandel an, d.h., es sind Lebensmittel SB-Läden, Lebensmittel SB-Märkte und Supermärkte. Nächst wichtige Vertriebsschiene, was die Anzahl der Geschäfte anbelangt, ist der Discounter, der mit 14,3 Prozent Platz 2 in der Rangreihe der

Vertriebsschienen		1993	1995	1997	1999	2001
Anzahl der Geschäfte						
Discounter	absolut	9.490	10.850	12.150	13.050	13.520
(incl. ALDI)	in %	9,0	10,5	12,3	13,5	14,3
VM (ab 800 qm)	absolut	3.400 [*1]	6.200 [*2]	6.800	7.400	7.380
	in %	3,2	6,0	6,9	7,6	7,8
Trad. LEH	absolut	66.300	57.900	51.300	46.100	41.260
	in %	62,7	56,3	51,9	47,6	43,6
Drogeriemärkte	absolut	6.285	7.910	9.310	10.830	12.330
(incl. SCHLECKER)	in %	5,9	7,7	9,4	11,2	13,0
restl. Drogerie-	absolut	10.405	9.990	9.175	8.625	8.455
fachhandel	in %	9,8	9,7	9,3	8,9	8,9
Kauf- u.	absolut	780	750	705	675	305 [*3]
Warenhäuser	in %	0,7	0,7	0,7	0,7	0,3
Getränke-	absolut	8.650	8.910	9.060	9.790	10.910
abholmärkte	in %	8,2	8,7	9,2	10,1	11,5
C & C Märkte	absolut	355	380	385	395	385
	in %	0,3	0,4	0,4	0,4	0,4
Alle Geschäfte		**105.665**	**102.890**	**98.885**	**96.865**	**94.545**

[*1] VM bis 1000 m² Verkaufsfläche   [*2] VM bis 800 m² Verkaufsfläche   [*3] ab 2001 ohne WOOLWORTH

Abb. 2.3:   Entwicklung der Anzahl der Geschäfte in ausgewählten Vertriebsschienen 1993 – 2001 (Quelle: IRI/GfK Grundgesamtheiten 2001, S. 11, 13, 15, 16, 51, 56 – 60)

zahlenmäßigen Bedeutung einnimmt, dicht gefolgt von den Drogeriemärkten mit 13 Prozent Anteil. Verbrauchermärkte mit mehr als 800
qm stehen anzahlmäßig auf Platz 5. Hier ist im Jahr 2000 erstmals eine
Stagnation des Flächenwachstums zu beobachten .

Ganz anders stellen sich die Verhältnisse dar bei einer Betrachtung dieser Vertriebsschienen nach umsatzmäßiger Bedeutung:

Vertriebsschienen		1993	1995	1997	1999	2001
Umsatz der Geschäfte		Mrd. DM	Mrd. DM	Mrd. DM	Mrd. DM	Mrd. DM
Discounter	absolut	53,0	62,3	68,9	73,4	77,9
(incl. ALDI)	in %	19,4	22,4	24,8	25,8	27,1
VM (ab 800 qm)	absolut	65,4 [*1]	90,5 [*2]	91,5	99,0	100,7
	in %	24,0	32,6	32,9	34,8	35,0
Trad. LEH	absolut	108,1	75,5	66,3	57,4	52,0
	in %	39,7	27,2	23,8	20,2	18,1
Drogeriemärkte	absolut	10,2	12,5	13,8	16,4	18,9
(incl. SCHLECKER)	in %	3,7	4,5	5,0	5,8	6,6
restl. Drogerie-	absolut	9,1	7,9	7,8	7,6	7,5
fachhandel	in %	3,3	2,8	2,8	2,8	2,6
Kauf- u.	absolut	1,5	1,5	1,5	1,5	1,5 [*3]
Warenhäuser	in %	0,6	0,5	0,5	0,5	0,5
Getränke-	absolut	5,9	6,2	6,1	6,1	6,4
abholmärkte	in %	2,2	2,2	2,2	2,1	2,2
C & C Märkte	absolut	19,4	21,3	22,2	22,7	22,5
	in %	7,1	7,7	8,0	8,0	7,8
Alle Geschäfte		**272,6**	**277,7**	**278,1**	**284,1**	**287,4**

[*1] VM bis 1000 m² Verkaufsfläche   [*2] VM bis 800 m² Verkaufsfläche   [*3] ab 2001 ohne WOOLWORTH

Abb. 2.4:   *Umsatzentwicklung ausgewählter Vertriebsschienen im LEH im Zeitraum 1993 - 2001
(Quelle: IRI/GfK Grundgesamtheiten 2001, S. 11, 13, 15, 16, 51, 55 - 60)*

Umsatzmäßig wichtigste Vertriebsschiene ist der Verbrauchermarkt
(VM), gefolgt vom Discount, der bereits für fast ein Drittel aller Umsätze im Lebensmittelhandel steht. Der traditionelle Lebensmittelhandel
steht umsatzmäßig an dritter Stelle. Die Umsatzbedeutung der Drogeriemärkte ist unterproportional im Verhältnis zu der Anzahl der Geschäfte. Der Vergleich der Umsatzentwicklung mit der Entwicklung der
Geschäftsanzahl zeigt, dass die großen Konzerne Umsatzwachstum nicht
über Wachstum auf bestehender Fläche, sondern nur über Expansion erreicht haben.

Das internationale Engagement der Top Händler Deutschlands wird aus
der nachfolgenden Tabelle deutlich. Sie zeigt, in welchen Auslandsmärkten welche deutschen Handelsunternehmen tätig sind:

Land	Betreiber
Europäische Union	
Österreich	METRO, REWE, ALDI, EDEKA, TENGELMANN, SCHLECKER
Belgien	METRO, ALDI, LIDL
Dänemark	METRO, ALDI, EDEKA
Spanien	METRO, REWE, TENGELMANN, LIDL, SCHLECKER
Frankreich	METRO, REWE, ALDI, EDEKA, LIDL, SCHLECKER, NORMA
Großbritannien	METRO, ALDI, LIDL
Griechenland	METRO, LIDL
Italien	METRO, REWE, TENGELMANN, LIDL, SCHLECKER
Luxemburg	METRO, ALDI
Portugal	METRO, LIDL
restliches Europa	
Schweiz	METRO
Tschechische Republik	METRO, REWE, EDEKA, TENGELMANN, LIDL, GLOBUS, NORMA
Ungarn	METRO, REWE, TENGELMANN
Polen	METRO, REWE, EDEKA, TENGELMANN, DOHLE
Rumänien	METRO
Slowakische Republik	METRO, REWE, LIDL, GLOBUS
Türkei	METRO
außerhalb Europas	
China	METRO
USA/CAN	METRO, ALDI, TENGELMANN

Abb.2.5:   Aktivitäten deutscher Handelsunternehmen im Ausland
(Quelle: Wolfskeil 1999a, LZ 26/1999, S. 36)

2.2   Bedeutung des Lebensmittelhandels im internationalen Vergleich

Die Umsätze, die von den größten Unternehmen des deutschen Lebensmittelhandels getätigt werden, nehmen im internationalen Vergleich der
Handelsunternehmen eine Spitzenstellung ein. Allerdings verliert der
deutsche Handel zunehmend an Bedeutung im internationalen Ranking:

Führende Handels-unternehmen in der Welt	Ursprungsland	Umsatz in Mio. Euro im Jahr 2000
WAL-MART STORES INC.	USA	199.096
CARREFOUR GROUP	F	64.791
KONINKLIJKE AHOLD N.V.	NL	52.471
THE KROGER CO.	USA	50.990
METRO AG	D	48.235

ALBERTSON'S INC.	USA	38.999
KMART CORP.	USA	38.531
TESCO PLC.	GB	34.400
SAFEWAX INC.	USA	33.275
REWE ZENTRALE AG	D	33.193
COSTCO COMP. INC.	USA	32.905
ALDI GRUPPE	D	31.000
ITM ENTERPRISES SA	F	30.600
ITO-YOKADO CO. LTD.	J	30.235
THE DAIEI INC.	J	28.296
JUSCO CO. LTD.	J	26.678
J. SAINSBURY PLC.	GB	25.603
EDEKA ZENTRALE AG	D	24.669
TENGELMANN GRUPPE	D	24.432
AUCHAN GROUP S.A.	F	23.620

Abb. 2.6: Die 20 größten Handelsunternehmen der Welt (Quelle: www.lz-net.de/marketfacts/rankings/top30handelwelt.html)

Im Gegensatz zu den deutschen Unternehmen zeichnen sich die meisten Handelsorganisationen des Auslands durch eine wesentlich höhere Profitabilität aus. So erzielte WAL-MART im Geschäftsjahr 1999/00 einen EBIT (Earning before Income Tax) von rund 6,1 Prozent bezogen auf die Umsatzerlöse. Die französische CARREFOUR-GRUPPE erreichte im Geschäftsjahr 1999 einen EBIT von 4,0 Prozent, die holländische AHOLD-GRUPPE erzielte im gleichen Geschäftsjahr einen EBIT von 4,2 Prozent, The KROGER COMPANY als weltweit viertgrößtes Unternehmen erzielte einen EBIT von 3,9 Prozent. Die METRO AG auf Platz 5 im internationalen Ranking erreicht einen EBIT von 2,1 Prozent (vgl. zu allen Daten: www.lznet.de, onvista).

Was den Konzentrationsgrad anbelangt, ist die Situation in Deutschland weder einmalig noch im Vergleich mit anderen Ländern besonders außergewöhnlich.

In Europa ist sowohl in Schweden als auch in Frankreich und den Niederlanden der Konzentrationsgrad der Top-3- sowie der Top-5-Handelsgruppen höher als in Deutschland. Der LEH in Großbritannien und Spanien befindet sich praktisch auf dem deutschen Konzentrationsniveau. Erstaunlich ist, dass der Konzentrationsgrad in den USA noch relativ gering ist (siehe auch Abb. 2.7).

Ein Ende der Konzentrationsbewegung in Deutschland ist aufgrund dieses internationalen Vergleichs nicht unbedingt abzusehen.

Kennzeichen globaler Handelsunternehmen Inwieweit sind deutsche Handelsunternehmen globale Unternehmen oder nationale Unternehmen? Und welche Unternehmen des Auslands kann man als global und welche eher als national bewerten?

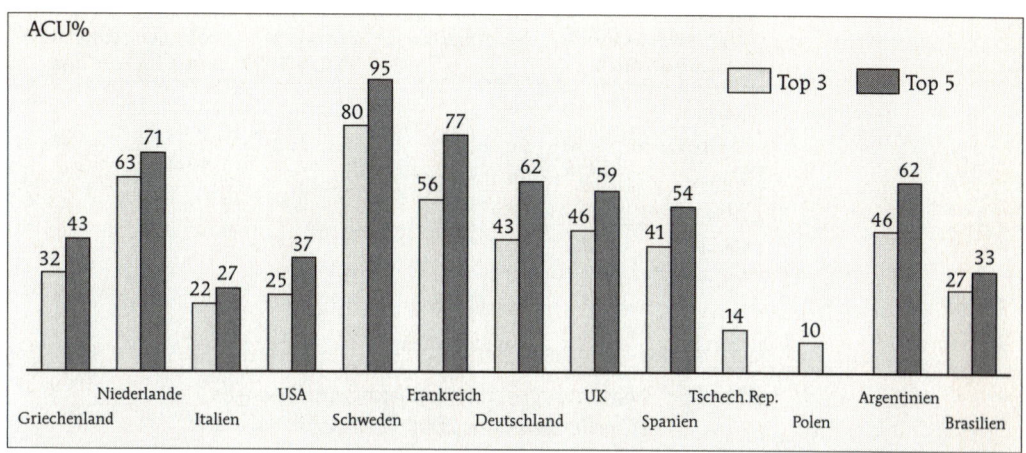

Abb. 2.7: Konzentrationsgrad des LEH in ausgewählten Ländern (Quelle: Internet, IRI/GfK, Thema des Monats 11/2000 – www.iri-gfk.de – und IRI/GfK Grundgesamtheiten 2001, S. 82 ff.)

Als globale Handelsunternehmen können solche bezeichnet werden, die in 10 oder mehr Ländern tätig sind und mindestens 25 Prozent ihrer Umsätze außerhalb ihres Heimatmarktes haben. Nationale Unternehmen sind gekennzeichnet durch Aktivitäten in ca. 5 Auslandsmärkten und weniger als 20 Prozent ihrer Umsätze kommen aus dem internationalen Geschäft. Um in Zukunft bestehen zu können, werden sich nationale Händler globalisieren oder spezialisieren müssen – oder werden sie andernfalls gekauft?

Die Tabellen in den Abb. 2.8 und 2.9 mit globalen und nationalen Handelsunternehmen entstammen aus einem unveröffentlichten Vortragsmanuskript der Firma ACOSTA-INTERNATIONAL, einem der weltweit führenden Distributeure von Konsumgütern (vgl. zur Unternehmensdarstellung www. acosta.com).

Globale Handels-organisationen	Stammsitz	Umsatz in Mrd. $ 1999	Anzahl Auslandsmärkte	Umsatzanteil im Ausland
WAL-MART	USA	165	10 Länder	18 %
CARREFOUR	Frankreich	86	30 Länder	–
METRO/MAKRO	Deutschland	50	21 Länder	35 %
AHOLD	Holland	40	22 Länder	83 %
ALDI	Deutschland	38	10Länder	43 %
TESCO	Großbritannien	29	9 Länder	11 %
COSTCO	USA	26	5 Länder	21 %
DELHAIZE	Belgien	20	10 Länder	85 %

Abb.2.8: Global agierende Handelsorganisationen (Quelle: Seminara 2000, o.S.)

Nationale Handels-organisationen	Stammsitz	Umsatz in Mrd. $ 1999	Prozent vom Um-satz im Ausland
KROGER	USA	45	0
ITO YOKADO	Japan	43	20
EDEKA	Deutschland	37	2
ALBERTSONS	USA	36	0
KMART	USA	35	0
SAFEWAY	USA	32	14
REWE	Deutschland	32	10
SAINSBURY	Großbritannien	28	12

Abb. 2.9:   National agierende Handelsorganisationen
            (Quelle: Seminara 2000, o.S)

Implikationen einer
verstärkten Globalisierung
des Handels

Welche Implikationen hat eine verstärkte Globalisierung des Handels?
- Die Sortimente des Handels werden sich aus internationalen Marken, nationalen/lokalen Marken und nationalen sowie internationalen Handelsmarken zusammensetzen.
- Die Preisgestaltung von Industrie und Handel für internationale Marken wird transparenter und vergleichbarer über die Märkte hinweg.
- Ebenso wird die Konditionsgewährung der Hersteller von internationalen Marken transparenter und wird sich zwischen den Ländermärkten vereinheitlichen.
- Kooperationen wie sie im Rahmen von ECR zwischen Handel und Industrie bestehen, werden unter Rahmenbedingungen akzeptiert, die international einsetzbar sind.
- Servicepartner von Handel und Industrie müssen international ausgerichtet sein.
- Hersteller mit internationalen und nationalen Marken müssen die Marketingorganisation und die Vertriebsorganisation auf diese internationale Ausrichtung des Handels einstellen.
- Die Internationalisierung des Handels wird dann erfolgreich werden, wenn ein unverändert gültiger Leitsatz des Handels beachtet wird: „THINK GLOBAL, ACT LOCAL"

2.3   Die Vertriebslinie: Die „Marke" des Lebensmittelhandels

„Vertriebsschiene =
grundsätzliche Art eines
Verkaufsgeschäftes

Mit dem Begriff **Vertriebsschiene**, der heute ein gebräuchliches Synonym für den Begriff **Betriebstyp** ist, wird die grundsätzliche Art eines Verkaufsgeschäftes gekennzeichnet. Von der VERTRIEBSSCHIENE ist die **Vertriebslinie** zu unterscheiden.

Mit **Vertriebslinie** soll die durch eine Firmenbezeichnung markierte Vertriebsschiene eines bestimmten Handelsunternehmens bezeichnet werden. Beispielsweise ist HL eine Vertriebslinie der REWE-GRUPPE in der Vertriebsschiene Supermarkt. Oder FAMILA und KAUFPARK sind die zwei Vertriebslinien der BARTELS-LANGNESS-Gruppe in der Vertriebsschiene Verbrauchermarkt.

Vertriebslinie = durch eine Firmenbezeichnung markierte Vertriebsschiene eines bestimmten Handelsunternehmens

Vergleicht man ein Handelsunternehmen mit einem Hersteller von Konsumgütern, so ist die Vertriebsschiene vergleichsweise das generische Produkt, das der Handel erzeugt und vermarkten will. (vgl. Haller 1997, S. 415) Die Vertriebslinie dagegen ist die „Marke" des Handels. Durch sie kann er sich bei seinen Shoppern innerhalb des Gesamtangebots der Wettbewerber in der Vertriebsschiene profilieren.

Durch Aufkäufe regionaler Handelsorganisationen haben viele Unternehmen des LEH mehrere Vertriebsschienen und innerhalb der Vertriebsschienen meist auch mehrere „Vertriebslinien" oder Marken.

Unternehmen/ Vertriebsschiene	METRO	REWE	EDEKA/AVA	DOHLE-GRUPPE
Große Supermärkte		MINIMAL KAFU, LÖB,	E-NEUKAUF, SB-HALLE, COMET, REICHELT	MINIPREIS, TIP, RING-CENTER U.A.
Verbraucher- markt	EXTRA, COMET	GLOBUS KAUFPARK REWE-CENTER MERKUR	DIXI, DELTA E-CENTER, EZB, HERKULES, V-MARKT	SAGASSER ULLRICH U.A.
SB-Warenhaus	REAL	TOOM	MARKTKAUF	DODENHOF DÜGRO KAUF-CENTER, U.A.
Discounter		PENNY, MONDO	NP, DISKA, TREFF, KONDI	LIMIT
Drogeriemarkt		IDEA, BIPA	ELKOS, V-SPECIAL	
Baumarkt	PRAKTIKER, WIRICHS	TOOM, KLEE, FRIC FRICK	MARKTKAUF, DIXI, CEREC HERKULES	DÜGRO, KÖHLER-FENDT
Elektrofachmarkt	MEDIA-MARKT, SATURN, FLACHSMARKT	PROMARKT		MEDIA WORLD

Abb. 2.10: Vertriebslinien von LEH-Organisationen in ausgewählten Vertriebsschienen (Quelle: Lebensmittel Zeitung 2001, S. 16, 18,20,21,26 / www.rewe.de)

Nur relativ wenige Vertriebslinien/Marken sind national mit „guter" Distribution „verfügbar". Dazu gehören (vgl. zu den Angaben über die Anzahl der Filialen/Märkte: LZ 2001):

national distribuierte Marken des Handels

- **Vertriebsschiene Discount:** ALDI (3.560 Filialen), LIDL (2.000 Filialen), PENNY (2.459 Filialen zusammen mit der Discount-Marke NETTO), PLUS (2.701 Filialen)

- **Vertriebsschiene Drogeriemarkt:** Schlecker (8.755 Filialen), dm (516 Filialen)
- **Vertriebsschiene Warenhaus:** Kaufhof Galeria (114 Häuser), Karstadt-Quelle (190 Häuser incl. KaDeWe, Alsterhaus und Wertheim)
- **Vertriebsschiene SB-Warenhaus:** real (246 Filialen)

Einige Marken sind im Ausland distribuiert, d.h. international verfügbar (vgl. dazu auch die Übersicht der Handelsunternehmen, die im Ausland tätig sind in Abb. 2.5). Zu den nationalen Marken, die auch im Ausland vertrieben werden gehören:
- **Vertriebsschiene Discount:** Aldi, Lidl
- **Vertriebsschiene Drogeriemarkt:** Schlecker
- **Vertriebsschiene C & C:** Metro

Einige weitere Marken sind ebenfalls im Ausland distribuiert, haben aber in Deutschland selbst noch keine nationale Verfügbarkeit:
- **Vertriebsschiene Discount:** Norma (1.124 Filialen einschl. der Rodi-Filialen)
- **Vertriebsschiene SB-Warenhaus:** Globus (34 Märkte einschl. der Marke Maxus), HIT (73 Märkte)
- **Vertriebsschiene Verbrauchermarkt:** Tengelmann

Die meisten Vertriebslinien oder „Marken" des Handels haben keine flächendeckende Distribution und sind regional begrenzt

Die meisten Vertriebslinien oder „Marken" des Handels haben keine flächendeckende Distribution und sind regional begrenzt „erhältlich", wie nachfolgende Beispiele zeigen:
- Die AVA-Gruppe, die (mit 50 Prozent minus einer Aktie vgl. LZ 2001, S. 20) zur Edeka-Gruppe gehört, ist mit ihren Vertriebslinien Marktkauf (113 SB-Warenhäuser), Marktkauf/dixi (54 großen Verbrauchermärkten) und Marktkauf-Baumärkten (142 Baumärkten) bundesweit vertreten. Bei genauerer Betrachtung zeigen sich starke regionale Schwerpunkte in Nordrhein-Westfalen und in Baden-Württemberg.
- Die 34 Warenhäuser der Globus-Gruppe (umsatzmäßig Nr. 11 im LEH) sind im Schwerpunkt im Saarland und in Rheinland-Pfalz zu finden. Ein weiterer neuer Schwerpunkt hat sich in den neuen Bundesländern im Grenzbereich Thüringen, Sachsen, Sachsen-Anhalt gebildet.
  Die 9 Alpha Tecc-Elektrofachmärkte der Globus-Gruppe sind über ausgewählte Bundesländer verteilt (vgl. zu der Anzahl der Märkte: LZ 2000, S. 25).
- Die HIT-Märkte, SB-Warenhäuser und Verbrauchermärkte der Dohle-Handelsgruppe (umsatzmäßig Nr. 12 im LEH) sind mit 32 Märkten schwerpunktmäßig in Nordrhein-Westfalen zu finden. In Rheinland-Pfalz und Hessen gibt es 12 bzw. 10 Märkte, und in Bremen/Nie-

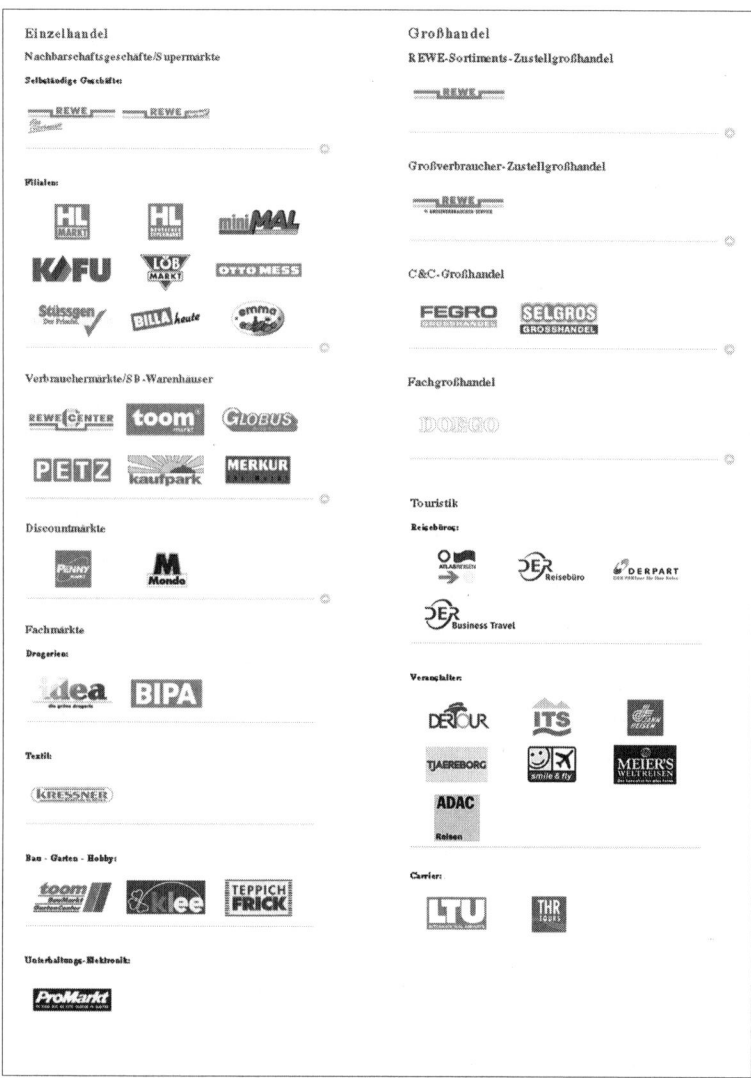

Abb. 2.11: Vielfalt von Vertriebsschienen und ihren „Marken"-Vertriebs-
linien: Die REWE-Handelsgruppe (Quelle: www.rewe.de)

dersachsen und Mecklenburg/Vorpommern je 4 Märkte, sowie in Ba-
den-Württemberg 2 und in Sachsen 1 Markt (vgl. www.hit.de/sei-
te646.htm).
• Die 8 HELA SB-Warenhäuser und Verbrauchermärkte der DISTRIBUTA-
GRUPPE (umsatzmäßig Nr. 29 im LEH) sind in den Ländern Saarland,
Rheinland-Pfalz, Baden-Württemberg, Bayern, Sachsen-Anhalt und
Sachsen zu finden (vgl. zu der Anzahl der Märkte: LZ 2000, S. 32; vgl.
www.hela.de/standorte/stao_karte.htm).

Zusammenfassend kann gesagt werden, dass die Art und Anzahl von Vertriebsschienen, in denen Handelsorganisationen tätig sind, sehr verschieden organisiert sind.

4 grundsätzliche Distributionsformen

Weiterhin lässt sich feststellen, dass die Distribution der Vertriebslinien sehr unterschiedlich ist. Es lassen sich 4 Distributionsformen unterscheiden:
1. Die Mehrheit der Vertriebslinien/Marken ist regional distribuiert,
2. Einige Marken haben eine nationale Distribution
3. Einige nationale Marken sind auch im Ausland verfübar
4. Einige regionale Marken sind im Ausland verfügbar

Aus Konsumentensicht werden die Vertriebslinien eher profillos und austauschbar erlebt

Aus Konsumentensicht werden die Vertriebslinien eher profillos und austauschbar erlebt, wie eine repräsentative Studie der GfK, Nürnberg, zeigt (vgl. W&V 16/2000, S. 34). Die Verbraucher sind zwar sehr wohl in der Lage, zwischen den einzelnen Ladentypen Discounter, Supermarkt oder SB-Warenhaus zu unterscheiden, die Handelsketten innerhalb ihres Segmentes werden aber als ähnlich und somit austauschbar betrachtet. *„Generell werden also Discounter als preisgünstig, SB-Verbrauchermärkte als besonders gut im Sortiment und Supermärkte als teuer (allerdings mit gutem Sortiment und guter Einkaufsatmosphäre) eingeordnet. Problematisch ist, dass sich ähnlich positionierte Handelsketten nicht als Marke etabliert haben ... Nur bei den Discountern kann sich mit Aldi eine Kette von der Konkurrenz abgrenzen.“* (W&V 16/2000, S. 34)

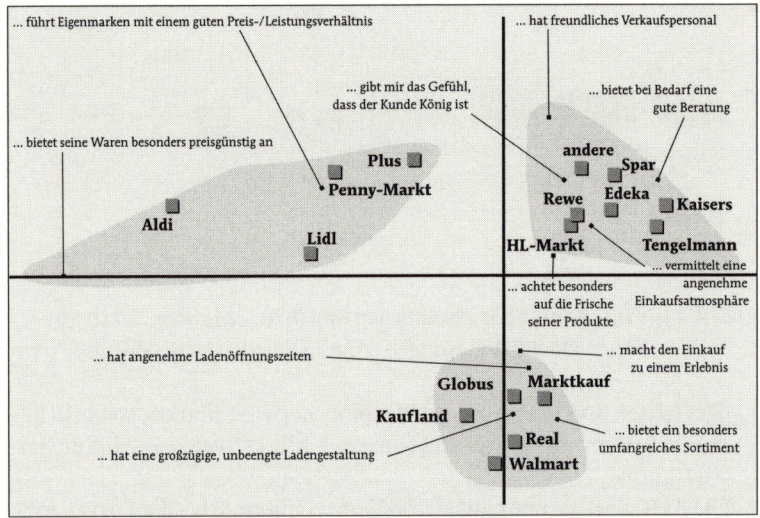

Abb. 2.12: *Die Positionierung des LEH aus der Sicht der Verbraucher in den Image-Dimensionen: Kundenorientierung, Einkaufsatmosphäre, Sortiment, Preis und Convenience (Quelle: GfK Marktforschung, in: W & V, 16/2000, S. 34)*

Wettbewerb wird zwischen den Handelsunternehmen seit vielen Jahren im Schwerpunkt über den Parameter „Preis" betrieben. Systematisch wurden die Verbraucher erzogen, „ihre Einkaufsstätten auf der Suche nach dem günstigsten Preis ständig zu wechseln" (W & V, 16/2000, S. 34). *„Die Vertriebslinien brauchen künftig ein stärkeres, unverwechselbares Profil, eine klare Identität. Eine Marke, die dem Kunden ein Qualitätsversprechen gibt und dies in jeder Hinsicht einhält."* (Ziegelmeier 1999, S. 14)

PROFILIERUNG VON VERTRIEBSLINIEN ALS UNVERWECHSELBARE, NICHT AUSTAUSCHBARE MARKEN UND BEREINIGUNG DES MARKENPORTFOLIOS VON UNRENTABLEN, NATIONAL NICHT AUSBAUBAREN VERTRIEBSLINIEN/MARKEN IST EINE DER DRINGLICHEN AUFGABEN DES HANDELS.

2.4 „Food-" und "Nonfood"-Sortimente

Die Sortimente, die der Lebensmittelhandel anbietet, werden in „Food" und „Nonfood" unterschieden. „Food"-Produkte sind Nahrungs- und Genussmittel. Dazu gehören z.B. Frischwaren (Fleisch, Wurst, Wild und Geflügel, Fisch, Obst und Gemüse, Brot und Backwaren, Molkereiprodukte), Tiefkühlkost, Eis, Konserven, Getränke und Genussmittel und das sog. Trockensortiment (Nährmittel, Suppen/Soßen, Gewürze, Konfitüren/Marmeladen/sonst. Brotaufstriche, Zucker, Süßwaren, Dauerbackwaren, Cerealien, Reform- und Diätkost, Babykost usw.).

„Nonfood" wird in Nonfood 1 (NF1) und Nonfood 2 (NF2) differenziert. Die Grenzen zwischen beiden Bereichen sind allerdings fließend und können nicht exakt gezogen werden.
* Nonfood 1 sind Wasch-, Putz- und Reinigungsmittel, Hygiene- und Kosmetikartikel, sowie Pflanzen und Tierprodukte
* Zu Nonfood 2 zählen Hartwaren und Textilien.
  Zu den Hartwaren gehören: Haushaltswaren, Porzellan, Glas, Keramik, Geschenkartikel, Uhren, Schmuck, Schirme, Artikel aus dem Do-it-Yourself Bereich (DIY), Radio, Fernsehen, Video, Computer, Schallplatten, CD und Musikkassetten, Haushaltsgeräte, Lampen, Foto, Film und Optikwaren, Bücher, Papier- und Schreibwaren, Zeitungen/Zeitschriften, Sportartikel, Spielwaren, Autozubehör bis hin zu Camping- und Gartenartikel und Autos.
  Zu den Textilien gehören: Herren-, Damen- und Kinderoberbekleidung, Tages- und Nachtwäsche, Kurzwaren, Haushalts- und Heimtextilien, Schuhe und Lederwaren.
Der LEH bietet neben den Reformprodukten auch Arzneimittel an, die sog. OTC-Produkte (OTC: over-the-counter). Damit handelt der LEH praktisch alle Warengruppen, die von der Industrie für den Verbrauch durch den privaten Endverbraucher produziert werden.

Der LEH handelt praktisch alle Warengruppen, die von der Industrie für den privaten Endverbraucher produziert werden

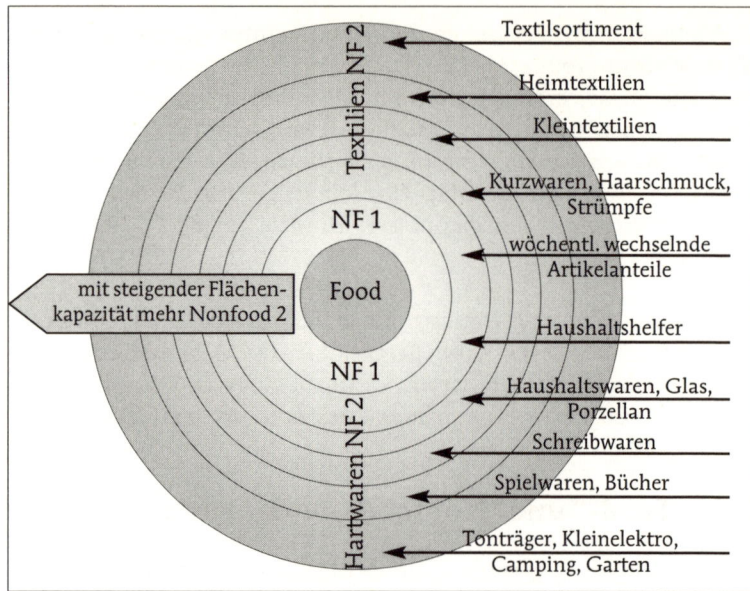

Abb. 2.13: Mit steigender Fläche nimmt der Umfang der
          Nonfood-Sortimente zu (Quelle: Markant AG, Schoch 1999)

Folgende Übersicht zeigt für die Vertriebsschiene SB-Warenhaus, die durchschnittlichen Artikelzahlen in den einzelnen Sortimentsgruppen, die Artikelanteile in Prozent von der Gesamtartikelanzahl, sowie die entsprechenden Umsatzanteile. Dies für die Jahre 1997, 1991 und 2001.

Warengruppe	Artikelanzahl			Artikelanteile in %		
	1979	1991	2000	1979	1991	2000
Fleisch, Wurst, Fisch, Geflügel	287	407	493	1,5	1,6	1,0
Obst und Gemüse	76	100	296	0,4	0,4	0,6
Brot und Backwaren	208	215	354	1,0	0,9	0,7
Molkereiprodukte, Speiseöle, Mayonn. Feinkostsalate, Eier	561	774	1522	2,9	3,1	3,0
Frische Convenience Produkte	–	–	114	–	–	0,2
A. Summe Frischwaren	**1.132**	**1.496**	**2.779**	**5,8**	**6,0**	**5,4**
B. Summe Tiefkühlkost/ Eis	**285**	**423**	**677**	**1,5**	**2,0**	**1,3**
Nährmittel, u.a. Backmisch., Beilagen, Puddingpulver	337	464	1.111	1,7	1,8	2,2
Suppen, Soßen, Gewürze, Brotaufstrich, Zucker	546	1.086	1.886	2,9	4.3	3,7
Fleisch-, Wurst-, Fischkonserven	250	364	438	1,3	1,4	0,9
Obst-, Gemüse- und Sauerkonserven	227	296	571	1,2	1,2	1,1
Dauerbackwaren, Süßwaren, Knabberartikel	523	801	1.583	2,8	3,1	3,1

Reform- u. Diätkost, Babynahr.	257	555	867	1,3	2,3	1,7
Wein, Sekt, Sprituosen	392	713	991	2,0	2,8	1,9
Biere, AfG (Alkoholfr. Getränke)	147	315	680	0,8	1,3	1,3
Kaffee, Tee, Kakao, Tabakwaren	301	451	593	1,6	1,8	1,2
Nicht-apothekenpflichtige Arzei-mittel OTC (Over-the-Counter)	–	–	423	–	–	0,8
C. Summe Trockensortiment	**2.980**	**4.945**	**9.142**	**17,1**	**21,7**	**17,8**
A – C Summe Food	**4.397**	**6.964**	**12.598**	**22,9**	**27,7**	**24,5**
Wasch-, Putz-, Reinigungsmittel, Schuh-, Kleiderpflege	485	446	845	2,5	1,8	1,6
Hygieneartikel/-papiere, Säug-lingspflege, Watte, Verbandsst.	343	321	583	1,3	1,7	1,1
Haar-, Haut-, Mund- u. Körperpfl.	633	1.568	2.595	3,3	6,2	5,0
Sonnen- u. Insektenschutz, Kosmetika, Fußpflegemittel	–	–	1.847	–	–	3,6
Tiernahrung/ Tierpflege	177	398	948	0,9	1,6	1,8
D. Summe Nonfood I	**1.480**	**2.733**	**6.818**	**8,0**	**10,9**	**13,3**
Textilien, Heimtextilien, Kurzw.	2.417	2.797	10.967	12,4	11,1	21,3
Schuhe, Lederwaren, Koffer,	634 *	789 *	2.279	3,3	3,1	4,4
Haushaltswaren, Bilderrahmen, Galanteriewaren	2.339	2.458	4.881	12,2	9,8	9,5
Camping, Garten, Sport	394 °	418 °	715	2,1	1,7	1,4
Unterhaltungselektronik	435	873	1.840	2,3	3,5	3,6
Elektrogeräte- u. –artikel	681	813	899	3,6	3,2	1,7
Elektrogroßgeräte	–	–	21	–	–	0,04
Schmuck, Foto, Uhren, Brillen	1.225 +	2.289 +	244	6,4	9,1	0,5
Spielwaren	1.005	590	2.609	5,2	2,3	5,1
Papier-, Büro-, Schreibw. Bücher	343	1.549	3.707	4,3	6,1	7,2
EDV, Kommunikation	–	–	480	–	–	0,9
DIY, u.a. Werkzeuge, Eisenkurz-waren, Farben, Lacke	2.200	1.377	1.320	11,4	5,5	2,6
Autozubehör u. sonst. Fahrzeuge, Fahrräder	586	765	1.551	3,1	3,0	3,0
Blumen/Pflanzen, Samen, Düngemittel, Insektizide	209	182	180	1,1	0,7	0,4
Sonst. Nonfoods wie Möbel, Sanitär	204	585	309	1,1	2,3	0,6
E. Summe Nonfood II	**13.172**	**15.484**	**32.004**	**69,1**	**61,0**	**62,2**
D – E Summe Nonfood	**14.810**	**18.218**	**38.822**	**77,1**	**72,3**	**75,5**
A – E Gesamtsortiment	**19.207**	**25.182**	**51.420**	**100,0**	**100,0**	**100,0**

* ohne Koffer/Schirme   ° nur Sport   + mit Schirmen u. sonst. pers. Bedarf, Film, Optik

Abb. 2.15: Überblick über die Entwicklung der Anzahl Produkte in den verschiedenen Food-Waren-gruppen in den Jahren 1979, 1991 und 2000 im SB-Warenhaus (Quelle: EHI 1995, S. 241 – 245 / EHI 2000, S. 244 – 246)

*Die Bedeutung von Food
und Nonfood ist in den
Handelsunternehmen sehr
unterschiedlich*

Die Bedeutung von Food und Nonfood ist in den Handelsunternehmen sehr unterschiedlich. Einige Handelsunternehmen haben ihren
Schwerpunkt im Food-Bereich, andere wiederum sind stark auf das Nonfood-Sortiment ausgerichtet. So hat die METRO-GRUPPE mit 56 Prozent

Handelsunternehmen	Gesamtumsatz in Mio. Euro 2000	Food-Umsatz in Mio. Euro	in % vom Gesamt- umsatz	Food- Markt Anteil*
EDEKA/AVA-GRUPPE	24.357	20.351	84 %	16,1 %
REWE-GRUPPE	28.093	19.327	69 %	15,2 %
ALDI-GRUPPE	19.301	16.020	83 %	12,6 %
METRO-GRUPPE	31.174	13.601	44 %	10,7 %
LIDL & SCHWARZ	12.271	9.914	81 %	7,8 %
TENGELMANN-GRUPPE	13.748	8.804	64 %	6,9 %
SPAR-GRUPPE	7.638	6.904	90 %	5,5 %
LEKKERLAND-TOBACCOLAND	5.996	5.618	94 %	4,4 %
SCHLECKER, EHINGEN	4.346	4.129	95 %	3,3 %
DOHLE-GRUPPE	3.004	2.545	85 %	2,0 %
Gesamtumsatz Top 5	115.196	79.213	68,8 %	62,5 %
Gesamtumsatz Top 10	162.933	107.213	65,8 %	84,6 %
Gesamtumsatz Top 50	192.558	126.791	65,8 %	100,0 %

Abb. 2.16a: Die 10 größten Organisationen des LEH im Food-Bereich (Quelle: Lebensmittel Zeitung 2001, S. 10) * Food-Umsatz der Top 50 definiert als Gesamt-Food-Markt

Handelsunternehmen	Gesamtumsatz in Mio. Euro 2000	Nonfood-Umsatz in Mio. Euro	in % vom Gesamt- umsatz	Nonfood- Markt Anteil*
METRO-GRUPPE	31.174	17.573	56 %	26,7 %
KARSTADT-QUELLE	16.003	14.692	92 %	22,3 %
REWE-GRUPPE	28.093	8.767	31 %	13,3 %
TENGELMANN-GRUPPE	13.748	4.944	36 %	7,5 %
EDEKA/AVA-GRUPPE	24.357	4.006	16 %	6,1 %
ALDI-GRUPPE	19.301	3.281	17 %	5,0 %
LIDL & SCHWARZ	12.271	2.357	19 %	3,6 %
GLOBUS	3.355	1.510	45 %	2,3 %
WALMART	2.812	1.406	50 %	2,1 %
WOOLWORTH	1.150	978	85 %	1,5 %
Gesamtumsatz Top 5	113.375	49.982	44,1 %	76,0 %
Gesamtumsatz Top 10	162.933	59.514	36,5 %	90,5 %
Gesamtumsatz Top 50	192.558	65.768	34,2 %	100,0 %

Abb. 2.16b: Die 10 größten Organisationen des LEH im Nonfood-Bereich (Quelle: Lebensmittel Zeitung 2001, S. 10) *Nonfood-Umsatz der Top 50 definiert als Gesamt-Nonfood-Markt

einen eindeutigen Schwerpunkt im Non-Food-Bereich, während REWE und EDEKA den Hauptanteil ihres Umsatzes mit Food Produkten erwirtschaften.

Abbildung 2.16 zeigt die 10 größten Handelsunternehmen im Food-, sowie die 10 größten Handelsunternehmen im Nonfood-Bereich.

Was den Nonfood-Bereich anbelangt, verstärkt sich bei dieser Betrachtung die Konzentration auf einige wenige Organisationen. Die Top 5 Anbieter im Nonfood-Segment vereinen 76 Prozent Marktanteil im Nonfood-Markt auf sich. Die Top 10 Anbieter sogar 90 Prozent Marktanteil. Im Food-Bereich erreichen die TOP 5 13 Prozentpunkte weniger, nämlich „nur" rund 63 Prozent Marktanteil und die TOP 10 erreichen 5 Prozentpunkte weniger mit „nur" rund 85 Prozent Anteil vom Gesamtumsatz.

2.5 Profil durch Eigenmarken

Handelsmarken – auch als **Händler-** oder **Eigenmarken** bezeichnet (englisch: private brand, store brand oder auch private) – sind, gemäß einer Standarddefinition: *„Waren- oder Firmenkennzeichen, mit denen ein Handelsunternehmen oder eine Handelsorganisation Waren versieht, bzw. versehen lässt."* (Katalog E 1995, S. 73)

Handelsmarken auch Händler- oder Eigenmarken

Eine Variante zu der Handelsmarke stellt die sog. **Gattungsmarke** dar. Sie wird auch als: No-name, Weiße Ware, Generika oder generic bezeichnet. Die Gattungsmarke hebt sich von der Handelsmarke ab „durch eine einfachere Produktgestaltung und durch einen bewusst sehr niedrigen Preis" (vgl. Schenk 1994, S. 62 f.).

Gattungsmarke

Handelsmarken sind keine Erfindung heutiger Handelsunternehmen. Sie existieren seit Jahrhunderten. Im mittelalterlichen Handwerk und Handel war ihre Bedeutung als Haus- und Hofmarken unbestritten (vgl. Schenk 1994, S. 58).

„Als Reaktion auf den 'Siegeszug des Markenartikels' gelangten seit den 30er-Jahren des 20. Jahrhunderts wiederum zahlreiche Handelsmarken auf den Markt." (Bruhn 2001, S. 74) Bedeutung erreichten die Handelsmarken allerdings erst ab Mitte der 60er-Jahre.

Bedeutung erreichten die Handelsmarken ab Mitte der 60er-Jahre

Folgende Phasen der Entwicklung von Handelsmarken lassen sich unterscheiden (vgl. Bruhn 1996, S. 10 und die dort angegebene Literatur).

In der ersten Phase, Mitte der 60er- bis Mitte der 70er-Jahre dienten Handelsmarken den sich zunehmend konzentrierenden großen Handelsunternehmen und Verbundgruppen als Profilierungsinstrument, vornehmlich um kooperative Zugeständnisse durch die Hersteller und eine höhere Wertschöpfung zu erreichen

In der zweiten Phase Mitte der 70er- bis Anfang der 80er-Jahre wurden insbesondere in den Warengruppen des Lebensmittelhandels die preiswerten/billigen Gattungsmarken eingeführt. Primäres Ziel war eine Betriebstypenprofilierung, nämlich die des Betriebstyps Supermarkt gegen den Discounter.

Die Position der Gattungsmarken verfestigte sich in den 80er-Jahren, in denen eine Markenpolarisierung erfolgte (Bruhn 1996, S. 10). Die Bedeutung der billigen Gattungsmarken stieg, hochpreisig positionierte Markenartikel wurden verstärkt nachgefragt und gleichzeitig wurden die Artikel auf mittlerem Qualitäts- und Preisniveau verdrängt („Verlust-in-der-Mitte-Phänomen", vgl. Becker 1998, S. 359).

hohe Qualitätsorientie-
rung der Handelsmarken

Seit Beginn der 90er-Jahre kommt es zu einer „Profilierung der Handelsmarken" (Bruhn 1996, S. 10) durch eine verbesserte Aufmachung und vor allem eine hohe Qualitätsorientierung.

Profilierung der
Vertriebsschiene im
Wettbewerbsumfeld

Mit dem Zeitablauf haben sich auch die Funktionen der Handelsmarken gewandelt. Der wesentliche Grund für Handelsmarken war und ist die Profilierung des eigenen Unternehmens, bzw. der Vertriebsschiene im Wettbewerbsumfeld. Handelsmarken sind eine strategische Waffe im Marketing-Mix, dessen Bedeutung kontinuierlich zunimmt.

Betrachtet man Handelsmarken aus Sicht des Hersteller, so müssen zwei Positionen unterschieden werden: Zum einen die des Herstellers, der, neben der Produktion seiner eigenen Marken, auch für den Handel Handelsmarken produziert. Zum anderen die des Herstellers, der sich im Wettbewerb mit Handelsmarken um den Regalplatz im Handel befindet. Das Dilemma ist unausweichlich, wenn er diese Handelsmarken vielleicht sogar selbst produziert hat!

Sicht des Herstellers, im Wettbewerb um Regalplatz im Handel	Sicht des Herstellers, der für den Handel Handelsmarken produziert	Handelssicht	Konsumenten/ Shoppersicht
• Verdrängung der eigenen Marke • Sinkende Anteile an Werbemaßnahmen des Handels • Intensivierung des Preiswettbewerbs • Abwanderung von Käufern • Rückgang der Distributionsdichte • Umsatzverluste • Marktanteilsverluste • Kostensteigerung • Gewinnreduzierung	• Intensivierung einer kooperativen Zusammenarbeit mit dem Handel • Verstärkung der Bindung zwischen Handel und Hersteller • Voraussetzung für Discountvertrieb (z.B. ALDI) • Abbau von Überkapazitäten/Auslastung freier Kapazitäten • Fixkostendegression • Risikoreduzierung • Gewinn	• Profilierung der Vertriebslinie(n) durch eigenständige Sortimentsgestaltung und eigenständiges attraktives Preisniveau • Geschäftsstättentreue der Konsumenten • schnelle Reaktion auf Konsumentenwünsche • Spannensicherung und Ertragssteigerung • Solidarisierung in der Verbundgruppe • Schutz eigener Warenzeichen	• Möglichkeit der Substitution teurerer Markenartikel • Erwerb von Produkten mit gutem Preis-Leistungs-Verhältnis • Noch mehr Angebot und noch mehr Auswahl

Abb. 2.17: Die Wirkung von Handelsmarken aus der Sicht von Herstellern, Handel und Konsumenten

Die Wirkungen von Handelsmarken aus Sicht der Beteiligten Handel, Hersteller und Konsumenten lassen sich wie in Abb. 2.17 dargestellt kennzeichnen.

Die Bedeutung von Handelsmarken ist mittlerweile erheblich. Der Marktanteil beträgt, zieht man ALDI in die Betrachtung mit ein, wertmäßig knapp 23 Prozent und mengenmäßig 28,7 Prozent im Jahr 2000 (vgl. Otto 2000a, S. 50). Ohne ALDI beträgt der wertmäßige Marktanteil insgesamt 16,4 Prozent. *Die Bedeutung von Handelsmarken ist mittlerweile erheblich*

Abbildung 2.18 zeigt für das Jahr 2000 den Marktanteil von Handelsmarken im LEH gesamt sowie in den Vertriebsschienen: Discounter (ohne ALDI), Supermärkte und SB-Warenhaus. Neben den Discoun-

Warengruppe	LEH gesamt ohne Aldi	Discounter	Supermarkt	SB-Warenhaus
Total Food	**16,5**	**40,1**	**11,6**	**7,6**
Tierfutter & Hygiene	28,8	70,5	22,1	9,2
Nassfertigprodukte	28,5	53,6	21,4	15,7
Gelbe Linie SB	27,1	46,2	19,9	14,7
TKK & Eis	26,4	53,5	20,7	13,8
Weiße Linie	25,3	51,5	19,0	12,6
Tabakwaren	18,3	51,4	13,1	6,7
Brotaufstrich	16,8	48,4	9,1	6,2
Spirituosen	14,5	32,6	11,5	6,4
Alkoholfreie Getränke	14,3	47,6	8,0	5,9
Feinkost	13,7	43,9	6,6	5,6
Wein & Sekt	11,9	21,9	10,3	6,8
Heißgetränke	11,8	33,8	7,2	4,0
Bier	9,8	37,1	7,3	1,2
Süßwaren	9,3	22,0	5,3	3,4
Total Nonfood	**15,6**	**51,9**	**13,3**	**5,7**
Papierhygiene	36,0	69,7	27,8	21,5
Haushaltseinwickler	35,9	72,1	30,8	19,9
Haushaltsartikel	19,4	55,7	19,4	10,2
Reinigungs- & Pflegemittel	13,8	49,3	9,0	4,3
Waschmittel	12,6	47,0	8,2	2,7
Gesundh. & Fitnessprod.	8,9	37,3	6,4	2,6
Babypflege & -nahrung	8,9	57,3	11,8	2,8
Körperpflegemittel	6,6	40,7	4,8	1,4
Mundpflege	5,3	22,0	2,4	1,2
Körperpflegemittel	6,6	40,7	4,8	1,4

Abb. 2.18: Handelsmarken-Anteil im Jahr 2000 nach ausgewählten Warengruppen (Quelle: Otto 2001a, LZ 15/20001, S. 50)

tern erreichen die Handelsmarken in den Supermärkten die höchsten Marktanteile. In den Geschäften über 800 qm, wie dem hier gezeigten SB-Warenhaus, aber auch in den Verbrauchermärkten ist die Bedeutung geringer.

großes Angebot an Handelsmarken gerade in kleineren Geschäften unter 800 qm

Ein Grund für die Stärke von Handelsmarken gerade in kleineren Geschäften unter 800 qm wird in dem großen Angebot an Handelsmarken der EDEKA-, der REWE- als auch der SPAR-GRUPPE liegen. Auf gegebener geringer Fläche führen die Einzelhändler dieser Verbundgruppen die Verbund-Eigenmarken. Das Platzangebot für Herstellermarken ist dann natürlich sehr begrenzt, während auf größerer Fläche wie im SB-Warenhaus doch noch ein erhebliches Angebot platziert werden kann.

Innerhalb der einzelnen Warengruppen ist die Bedeutung ebenfalls sehr unterschiedlich. Insbesondere die hohen Marktanteile von Handelsmarken bei unproblematischen Haushaltsprodukten wie Papierhygiene und Haushaltseinwickler oder den Tierprodukten sind auffällig. Aber auch die niedrigen Anteile z.B. bei Süßwaren oder körperbezogenen Produkten wie Körperpflegemittel sind nicht ohne weiteres erklärbar.

Verschiedene Ursachen beeinflussen das Verbraucherverhalten wie z.B. die Stärke der Herstellermarke, insbesondere deren Imagewirkung, das Vertrauen in die Qualität der Produkte und auch der Preisabstand, der zwischen der Herstellermarke und der Handelsmarke besteht.

mit Niedrigpreis-Markenartikeln treibt der Handel gleichzeitig seine Eigenmarken preislich in die Enge

Insbesondere letzter Aspekt ist bemerkenswert, versucht doch der Handel mit Niedrigpreis-Markenartikeln die Shopper in sein Geschäft zu locken und treibt damit gleichzeitig seine Eigenmarken preislich in die Enge. Vergleiche zeigen, dass in Einzelfällen Markenartikel preislich schon unterhalb von vergleichbaren Handelsmarken angeboten werden (vgl. Dietz 1999, S. 18). Dass die Shopper dann die Herstellermarke bevorzugen ist nicht verwunderlich.

Die folgende Übersicht zeigt eine Auswahl von im Food-Bereich lediglich von einigen wenigen Handelskonzernen angebotenen Handelsmarken. Die METRO z.B. soll insgesamt 128 Marken im Food-Bereich anbieten (vgl. Dietz 1999, S. 19). Die MARKANT AG führt insgesamt 18 Eigenmarken. Ähnlich wie im Food-Bereich ist auch das Angebot an Nonfood-Handelsmarken erheblich. So hat die MARKANT AG hat für ihre Gruppenmitglieder 23 Nonfood-Marken im Angebot (vgl. Markant o.J., S. 28 ff).

70 Prozent der Verbraucher sehen Handelsmarken auf einer Stufe mit Markenprodukten

Die Umsatzbedeutung der eigenen Marken ist beachtlich. Die METRO AG soll mehr als 10 Prozent des Food-Umsatzes mit Eigenmarken erzielen (vgl. Dietz 1999, S. 19). Die REWE soll allein mit der Bio-Marke FÜLLHORN 1999 über 200 Mio. DM Umsatz erzielt haben (vgl. Bottler 2000, S. 68). Nachfragebedingt wird sich der Erfolg der Handelsmarken in den nächsten Jahren fortsetzen. 68 Prozent von ihnen greifen laut ACNIELSEN zu den günstigen Handelsmarken. 70 Prozent sehen Handelsmarken auf einer Stufe mit Markenprodukten. Der Anteil der markentreuen Kunden dagegen sank von 66 Prozent auf 60 Prozent (vgl. o.v., LZ 15/2001, S. 49).

Handelsun- ternehmen	Handelsmarke mit Einstiegspreislage	Spannensicherung durch Handelsmarke
EDEKA	Euroshopper; Mibell (Mopro); Blütenweiß (WPR); Sandra (Hygiene); Domino (Tiernahrung); Hanseaten (Kaffee); Ratskrone (Bier)	Bancetto (ital. Kost); Rio Grande (TK-Früchte, Obstkonserven, Säfte); King`s Gold (Reis, Snacks); Gelati (Eis); Bio Wertkost (Bio: ca. 150 Artikel); Gutfleisch (Bio)
GLOBUS	Diverse Fair-Discount Marken (ca. 1.500 Artikel)	Excellent (Food), Natuvell (Drogerieware); Rutan (Tiernahrung);Terra Pura (Bio)
MARKANT	Monte Castello (Pasta); Sommergarten (Konfitüren); Globetrotter (Getränke); Frischgold (Margarine); Firstline (Hygiene)	Keine spezielle Mittelpreis-Marke
METRO	Tip	Casa Roma (Pasta); Luxana (Hygiene); Don Caval (span. Sekt); Goldkelch (Gebäck); Grünes Land (Bio, ca. 150 Artikel)
REWE	Ja!	Salto (TKK); Premium Salto (Premium TKK) Erlenhof (Nahrungsmittel); La Mamma (Teigwaren/Tomatenprodukte); Today (Körperpflege); Füllhorn (Bio, ca: 200 Artikel); Vitus (Reform); Weidegold (Käse); Vaihinger (Frucht-und Gemüsesäfte); Alvarez (Sherry); Femina (Damenhygiene); Jakordia (Zigaretten); Magnum (Zigaretten); Casani (Convenience)
SPAR	Die Sparsamen	Bunte Spar-Marke, La Coparelle, Fiorini, Captain Cook
TENGELMANN	A & P (ca. 500 Artikel)	Naturkind (Bio)

Abb. 2.19: Ausgewählte Food-Eigenmarken führender Handelsunternehmen
(Quelle: vgl. Lebensmittel Zeitung Spezial 4/99, S. 21; vgl. Bautz 2001, S. 52)

Auch der internationale Vergleich zeigt, dass Handelsmarken in Deutschland noch erhebliches Potenzial haben können. Der Vergleich ist besonders mit solchen Ländern interessant, die eine in etwa mit Deutschland vergleichbare Handelsstruktur besitzen, also eine relativ hohe Konzentration aufweisen und nicht, wie z.B. die MIGROS in der Schweiz oder TESCO in Großbritannien, ausschließlich Eigenmarken anbieten.

Land	Mengenanteile in %	Wertanteile in %
Niederlande	23,1	17,7
Spanien	21,4	15,1
Frankreich	20,8	17,1
Deutschland	18,5	12,1
Schweden	13,2	10,0

Abb. 2.20: Handelsmarken-Anteile in Europa im Jahr 1999
(Quelle: ACNielsen 7/2000, S. 10)

Welchen Weg werden
Handelsmarken in
Zukunft einschlagen?

Welchen Weg werden Handelsmarken in Zukunft einschlagen? Einige Branchenkenner prognostizieren, dass der Lebensmittelhandel mit hochwertigen Exklusivmarken weiter in das Premiumsegment vorstoßen wird und damit eine echte Konkurrenz zu den Marken der Markenartikeler aufbaut (vgl. Bottler 2000, S. 68 f.).

Das Entwickeln von markenähnlichen Produkten allein wird allerdings nicht ausreichen, diese zu begehrten Marken zu machen. Den meisten Handelsunternehmen fehlt bislang bei der Vermarktung ihrer eigenen Marken das Marketing Know-how, insbesondere die richtige Kommunikationsstrategie (vgl. Happel, 2000, S. 44 ff.).

Handelsmarken werden ei-
ne Bedrohung für Zweit-
und Drittmarken, kleine
Marken sowie für schlecht
profilierte Marken sein

Handelsmarken werden in jedem Fall und dies in der Zukunft stärker als in der Vergangenheit, eine Bedrohung für Zweit- und Drittmarken, kleine Marken sowie für schlecht profilierte und nicht ausreichend unterstützte Marken sein. *„Handelsmarken werden gewinnen in Sortimentsbereichen mit geringer 'echter' Innovation der Marken, bei banalisierten Warengruppen, Sortimenten, in denen der Produktvorteil für den Konsumenten nicht mehr erkennbar ist, bei anonymen Produkten, für die kein Markenbewusstsein vorhanden ist oder bei denen die Markenartikler die Preisschraube überziehen."* (Otto 2000b, S. 50)

2.6   Der Preis

Das Marketing-Instru-
ment der Profilierung und
Positionierung ist der Preis

Das Marketing-Instrument der Profilierung und Positionierung ist der Preis. In keinem Land der Welt wird dieses Instrument allerdings so sehr strapaziert wie in Deutschland.

„Dauerniedrigpreise", „Schnäppchen", „Tiefstpreise", „Preisknüller" „Aktionspreise" aber auch „Rollback", „Smart-Price", „Every Day Low Prices" und „Great Value" beherrschen das Vokabular des Handels im Umgang mit seinen Kunden.

Selbst eher hochpreisige Betriebstypen werden nicht müde, ihre Angebote preisgünstig anzupreisen. *„It is striking to any observer how price plays a much larger role in the positioning of stores than in the positioning of product brands. Even supposedly high-quality chains, such as Sainsbury´s continually remind shoppers of their commitment to price. Sainsbury´s slogans – 'Good food costs less at Sainsbury´s', and 'Value to shout about' – carry price messages … More generally, 90 % of all retail advertising in Europe is price related and 70 % is exclusively on price."* (Corstjens/Corstjens 2000, S. 124)

Wie hat sich das Preisniveau der Food-Markenartikel im Lebensmittelhandel entwickelt? Im Großen und Ganzen sind die Preise innerhalb der letzten zehn Jahre bis 1998 stabil geblieben.

In einer Studie konnte ACNIELSEN auf der Basis einer Reihe führender Markenartikel im Zeitraum 1989 bis 1998 einen Index-Wert von 102 ermitteln.

Markenartikel	durchschnitl. VK-Preis 1989	durchschnitl. VK-Preis 1998	Index 1989 = 100
Marke A/ Margarine 500g Becher	1,64	1,72	105
Marke B/ Nudeln 500 g	1,62	1,54	95
Marke C/ Fertiggericht 50 g	1,19	1,16	97
Marke D/ Nussnougatcreme 400g	2,93	2,57	88
Marke E/ Senf 250 ml Glas	1,90	2,39	126
Marke F/ Schokoriegel 45 g	0,47	0,48	102
Marke G/ Schokoladenei	0,96	0,89	93
Marke H/ Cola Dose 0,33 l	0,61	0,67	110
Marke I/ Tomatenketchup 750 ml	3,18	3,65	115
Marke K/ Konfitüre 450 g	2,68	3,09	115
Marke L/ Butterkeks 200g	1,92	1,94	101
Marke M/ Zahnpasta 75 ml	2,33	1,81	78
Marke N/ Hautcreme 150 ml	3,13	3,32	106
Marke O/ Taschentücher 15 x 10	2,85	3,30	116
Marke P/ Babycreme 150 ml	4,74	4,41	93

Abb. 2.21: Entwicklung der durchschnittlichen VK-Preise von Markenartikeln im LEH im Zeitraum 1989 bis 1998 (Quelle: o.V., ACNielsen Handels-Info, 3/1999, S. 23)

Im Umfeld der wachsenden Handelsmarkenanteile sowie der rigorosen Preiskämpfe insbesondere bei den Discountern spricht diese Entwicklung der Preise für die Marken und die Preispolitik der Markenartikelhersteller.

Die auffällige Preisentwicklung der Nussnougatcreme, die im Jahr 1998 22 Prozent unter dem Durchschnittpreis von 1989 lag, hat ihren Grund: Sie war fast ein Jahrzehnt im scharfen Wettbewerb mit den Handelsmarken und anderen Markenartikeln und stand in fast jedem Handzettel als Lockvogel (vgl. o.V. 3/1999, S. 23).

Besonders Markenartikel erlitten aber Ende 1998 und im folgenden Jahr 1999 Preisverluste bis zu 30 Prozent. Preiskämpfe haben verheerende Spuren im Lebensmittelhandel hinterlassen. Hier ein kurzer Abriss der Chronik (vgl. Mehler 1999, S.7 ff.): *Chronik der Preiskämpfe im Lebensmittelhandel*

- 1998/ Januar 1999: WALMART, REAL und TOOM bieten „Dauerniedrigpreise"; PLUS „überarbeitet" seine Preispolitik; LIDL kontert; REWE legt 350 Artikel dauerhaft im Preis niedriger.
- Februar 1999: ALDI senkt die Preise im Süßwarensortiment; LIDL reagiert mit „24mal billiger-Aktion"; SPAR setzt die Preise von rund 1.000 Artikeln um bis zu 20 Prozent herunter.
- März/April 1999: TENGELMANN greift das Preissenkungsprogramm wieder auf und schiebt wöchentlich einige Artikel nach; REWE macht in ganzseitigen Tageszeitungs-Anzeigen auf das „Tiefergelegt-Programm" (HL) bzw. „Tiefpreisruck" (MINIMAL) aufmerksam.

- Mai Juni 1999: Tengelmann „schlachtet" die Preise und senkt 250 Wurst- und Fleischartikel im Preis; Rewe senkt dauerhaft 51 Markenartikel zum Teil um mehr als 30 Prozent im Preis; zwei Tage nach dem Rewe-Vorstoß reagiert Lidl und passt 30 Artikel an.
- Juli 1999: *„In den Zentralen des Lebensmittelhandels werden kurzfristig Sondersitzungen einberufen, um Preise, Spannen und Stücknutzen neu zu kalkulieren und erste Maßnahmen auszuhegen. Die Markenartikelindustrie beteuert ihre Unschuld, dementiert jegliche Konditionseingeständnisse gegenüber der Rewe. … Dort hat man einen Wettbewerber als Sündenbock ausgemacht: die Metro. Sie habe das Gebot der Fairness unterlaufen, sich nicht an das Verbot des Verkaufs unter Einstandspreis gehalten. … Aldi indes warnt den Wettbewerb vor einer Eskalierung des Preiskampfes."* (Mehler 1999, S. 10)
- August 1999: Spar senkt nochmals mehr als 1.000 Artikel im Preis; real (Metro) und Kaufland (Lidl) unterbieten sich mit Tiefpreisen. Das Bundeskartellamt analysiert die Preise von Rewe und real.
- September 1999: Aldi senkt 23 Produkte im Preis; Rewe verlängert die Niedrigpreisaktion bis Jahresende und schiebt neue Produkte, u.a. auch Eigenmarken nach. Des Bundeskartellamt zieht den Verdacht, Rewe und Metro hätten unter Einstand verkauft, zurück.
- Oktober/November 1999: Die Rewe spricht von einem erwarteten Umsatzverlust in dreistelliger Millionenhöhe. Die Dauerniedrigpreisaktionen haben nicht den erhofften Umsatzzuwachs gebracht. *„Kurze Zeit später senken die Kölner in ihren Toom-Märkten weitere 4.000 Artikel um bis zu 20 Prozent."* (Mehler 1999, S. 11)

Der Preiskrieg des Handels führte also so weit, dass das Bundeskartellamt eingeschaltet wurde, um das Thema des „Verkaufs unter Einstandspreis" zu klären. In der Bekanntmachung Nr. 147/2000 v. 12.10.2000 veröffentlicht das Bundeskartellamt Grundsätze zur Anwendung des § 20 Abs. 4, Satz 2 GWB (Verkauf unter Einstandspreis). Es gilt das Verbot des „systematischen und sachlich nicht gerechtfertigten Verkaufs unter Einstandspreisen" für „marktmächtige Unternehmen", da es nach § 20 Abs. 4, Satz 1 GWB verboten ist, „kleine und mittlere Wettbewerber durch Ausnutzung überlegener Marktmacht unbillig zu behindern." Das Kartellamt stellt allerdings auch fest: „Verdrängungsabsicht und die nachhaltige Beeinträchtigung des Wettbewerbers sind nach dem Willen des Gesetzgebers (Bericht des Ausschusses für Wirtschaft) keine Voraussetzung der Kartellrechtswidrigkeit." Weiterhin klärt das Kartellamt: *„Die Beweislast für die sachliche Rechtfertigung liegt bei dem unter seinem Einstandspreis verkaufenden Unternehmen."*

In der Branche werden die Richtlinien mehrheitlich als nicht wirksam eingeschätzt, da trotz der Auslegungsgrundsätze Unklarheiten und Abgrenzungsschwierigkeit der Inhalte bestehen. Preiskämpfen wird dadurch jedenfalls kaum Einhalt geboten werden.

Preissenkungen sind das Instrument der Wahl, mit dem der Händler versucht, seinem Konkurrenten Käufer abspenstig zu machen. Gleichzeitig stellt aber jede Preissenkung eine Erlösschmälerung dar. Der Rohertrag (als Differenz von Netto-VK-Preis zu Einstandskosten) reduziert sich. Und aus dem Rohertrag müssen sämtliche Kosten (mit Ausnahme der Wareneinstandskosten!) sowie der Gewinn gedeckt werden.

Preissenkungen sind das Instrument der Wahl, mit dem der Händler versucht, seinem Konkurrenten Käufer abspenstig zu machen

Beispiel	Normalpreis	Aktionspreis ./. 20%	Anmerkung
Brutto-VK-Preis	2,950 Euro	2,360 Euro	20% Preisabsenkung
Netto-VK-Preis	2,543 Euro	2,034 Euro	
Netto/Netto Einstandspreis	1,980 Euro	1,980 Euro	ohne zusätzlichen Aktionsrabatt oder Sonderpreisvergütung der Industrie
Rohertrag	0,563 Euro	0,054 Euro	absoluter Verlust von 0,509 Euro
Nettospanne	22,1 %	2,7 %	

Abb. 2.22: Auswirkungen von Aktionspreisen des Handels auf die Nettospanne

In diesem Beispiel müsste der Aktionspreis zu mehr als der zehnfachen Absatzmenge führen, um die Rohertragsverluste sicherzustellen und zumindest die Kosten des Artikels, insbesondere Handling- und Lagerkosten, zu decken.

Solche Absatzausweitungen sind in den meisten Fällen aber unrealistisch. Der Händler muss daher über zwei andere Wege versuchen, seine Verluste auszugleichen.
- Er muss mehr Käufer als üblich in seinen Laden ziehen (als Kundenanzahl pro Tag und Woche) und
- diese Kunden müssen mehr Artikel kaufen als nur die beworbenen preisaktionierten Waren (ausgewiesen durch den durchschnittlichen Betrag des Kassenbons).

Wenn, wie im Sommer 1999, alle Händler die Preise senken, ändert sich an der Verteilung der Marktanteile praktisch gar nichts, nur der Rohertrag senkt sich dramatisch und damit das Betriebsergebnis der Handelsunternehmen (vgl. Wolfskeil 1999, S. 12).

Wenn alle Händler die Preise senken, ändert sich an der Verteilung der Marktanteile nichts

Neuerdings gibt es Bestrebungen im Handel, solchem Verfall von Preisen entgegenzuwirken. Es wird sogar mit der Auslistung gedroht! So wurde die Schokoladenmarke ALPIA des Kölner Süßwarenherstellers STOLLWERCK von der AVA-Tochter MARKTKAUF ausgelistet. Der Grund: Der Discounter LIDL bewarb ALPIA für 55 Pfennig. Wer solche Ladenpreise ermöglicht, hat in den Regalen eines SB-Warenhauses nichts mehr verloren! Wenn ein Großflächenbetreiber wie die AVA auf eine Dauerpreis-Strategie setzt, dann wird diese angreifbar, gerade bei Markenartikeln, wenn der Abstand gegenüber der Konkurrenz – und dazu zählt auch der Discounter – zu groß wird (vgl. Hanke 2000, S. 4).

2.7 „Shopper": Die Kunden des Handels

Shopper =
Kunde des Handels

Consumer =
Kunde des Herstellers

Die Ausführungen zum Handel dürfen nicht beendet werden ohne über das Wichtigste gesprochen zu haben: den **Kunden** oder „**Shopper**" des Handels. Diese neudeutsche Bezeichnung hat den Vorteil klarzustellen, dass des es sich hier um den Kunden eines Handelsunternehmens handelt, während unter dem „Kunden" oder dem „Consumer" üblicherweise der Verbraucher aus Sicht eines Herstellers verstanden wird.

Die „Consumer" von Produkten und Marken, die im Handel zu Shoppern" werden, haben in den letzten Jahrzehnten einen erheblichen Wandel in ihrem Verhalten und ihren Einstellungen durchlaufen. Dieser Wandel schlägt sich natürlich auch in den Anforderungen der Shopper an ihre Einkaufsstätten nieder.

grundlegender Wandel der
Erwartungen der Shopper
in den letzten 50 Jahren

Welche Grundeinstellungen kennzeichnen diesen Wandel? Nachfolgend ein kurzer Überblick der letzten fünfzig Jahre (vgl. Pietersen et al 2001, S. 23):

- 50er-Jahre: Befriedigung der Grundbedürfnisse (Verkäufermarkt)
- 60/70er-Jahre: „Wirtschaftswunder", der Begriff der „Überflussgesellschaft" wird geboren (Käufermarkt).
- 80/90er-Jahre: Entwicklung des „hybriden Kunden", der Konsument weist zunehmend hedonistische, dem eigenen Lust- und Genussprinzip folgende Züge auf, gleichzeitig aber trifft er seine Einkaufsentscheidungen speziell bei Gütern des täglichen Bedarfs aus sehr rationellen, ökonomischen Überlegungen heraus.
- Jahrtausendwende: Bei steigender Konsumorientierung entwickelt sich der „multioptionale Verbraucher". *„Die Konsumenten spalten sich in unzählige Gruppen auf, sie werden zunehmend mehrdimensional und zeichnen sich durch ständigen Wandel aus. Der multioptionale Verbraucher hält sich für alles alle Optionen offen. ... Sein Kaufverhalten wird immer unberechenbarer."* (Zerres/ Eggert 1998, S. 346) Zudem stellt dieser neue Konsumententypus besonders hohe Ansprüche. *„Produkte, die er konsumiert, müssen über den eigentlichen Produktnutzen hinaus weitere Eigenschaften wie bespielsweise eine Wellness- oder Bio-Komponente beinhalten, in ihrer Portionierung den sich veränderten Haushaltsgrößen Rechnung tragen oder auch zeitsparend bei der Zubereitung sein."* (Pietersen et al 2001, S. 23)

Wie verhalten sich nun
diese Konsumenten, wenn
sie zu Shoppern werden?

Wie verhalten sich nun diese Konsumenten, wenn sie zu Shoppern werden? Marktforschungsinstitute wie ACNIELSEN oder GFK analysieren das Einkaufsverhalten der Shopper.

ACNɪᴇʟsᴇɴ erfasst mit dem Hᴏᴍᴇsᴄᴀɴ™ Consumer Panel (8.400 Haushalte) bzw. ähnlich die GғK mit dem GғK CᴏɴsᴜᴍᴇʀSᴄᴀɴ (12.000 Haushalte) das Einkaufsverhalten für Fast Moving Consumer Goods (FMCG) und ermittelt auf Basis quantitativer Daten die Kundenbindungs-Qualität zu Vertriebsschienen/Vertriebslinien (vgl. dazu Teil D, Kap. 3.4.2). Parameter für die Kundenbindungs-Qualität sind

Käuferreichweite = Prozentanzahl der Haushalte von allen deutschen Haushalten, die in dieser Vertriebsschiene bzw. Vertriebslinie einkaufen

Parameter für die Kunden-bindungs-Qualität

Kundenfrequenz = Anzahl der Einkäufe pro Haushalt im Jahr und
Kassenbonwert = Euro-Wert des durchschnittlichen Einkaufs.

Die folgende Tabelle zeigt die Kundenbindung nach Vertriebsschienen im Jahr 2000:

Kundenbindung in ausge-wählten Vertriebsschienen

Einkaufsverhalten nach Vertriebsschienen	Käuferreich-weiten in %	Anzahl Einkäufe pro Haushalt / p.a.	durchschnittl. Kassen-bonwerte/ DM
SB-Warenhaus	75 %	22	61,25
Große Verbrauchermärkte	66 %	23	42,24
Kleine Verbrauchermärkte	75 %	26	30,85
Supermärkte	78 %	29	25,96
Discounter (o. Aʟᴅɪ)	87 %	39	27,66
Drogeriemärkte	83 %	17	18,31
Frische-Fachgeschäfte *	86 %	58	10,50
Tankstellen-Shops	20 %	6	24,41

* Bäcker, Metzger, Obst + Gemüse, Wochenmarkt

Abb. 2.23: Einkaufsverhalten nach Vertriebsschienen
   (Quelle: o.V., ACNielsen Handels-Info 9/2001, S. 17)

Betrachtet man den durchschnittlichen Bonwert als Maß dafür, wie es einer Vertriebsschiene gelingt, den Verbraucher zum Kauf zu animieren, so ist dies der Vertriebsschiene SB-Warenhaus am besten gelungen. Immerhin suchen 75 Prozent aller Haushalte mindestens einmal im Jahr diesen Geschäftstyp auf, im Durchschnitt beträgt die Frequenz sogar 22-mal p.a., also praktisch jede zweite Woche. Der Kassenbonwert beträgt durchschnittlich DM 61,25 und ist der höchste von allen Vertriebs-schienen – bedingt natürlich durch Breite und Tiefe des Angebots im SB-Warenhaus.

Auch die Frische-Fachgeschäfte sind nicht zu unterschätzen, zwar ist der durchschnittliche Bonwert sehr gering, aber immerhin gehen 86 Prozent der Haushalte in diesen Geschäftstyp und das durchschnittlich mehr als einmal die Woche.

Die meisten Haushalte besuchen jedoch ein Discountgeschäft (87 %) und das mit durchschnittlich 39-mal auch sehr häufig im Jahr.

Das Frisch-Fachgeschäft, der Discounter und das SB-Warenhaus sind danach die wichtigsten Vertriebsschienen für die Shopper.

Kundenbindung zu ausge-
wählten Vertriebslinien

Über die Kundenbindung zu ausgewählten Vertriebslinien gibt die nachfolgende Tabelle Auskunft. Bei der Interpretation der Reichweiten ist zu berücksichtigen, dass z.B. GLOBUS einen regionalen Schwerpunkt hat und WALMART nur mit 94 SB-Warenhäusern vertreten ist, während z.B. REAL 246 SB-Warenhäuser hat (vgl. Teil B, Kap. 2.3)!

Einkaufsverhalten nach Vertriebslinien	Käuferreich-weiten in %	Anzahl Einkäufe pro Haushalt/ p.a.	durchschnittl. Kassen-bonwerte/ DM
ALDI (Discount)	77	24	39,75
LIDL (Discount)	60	17	32,99
REAL (SB-WH/ METRO)	43	15	62,80
EDEKA-Schiene (SM/VM)	43	21	27,57
PLUS (Discount/ TENGELMANN)	42	20	22,35
PENNY (Discount/ REWE)	40	20	26,22
MINIMAL (VM/ REWE)	28	16	33,22
WALMART (SB-WH)	16	10	54,71
GLOBUS (SB-WH)	10	13	73,23
SCHLECKER (Drogeriemarkt)	59	10	18,04
DM-Drogeriemarkt	25	10	18,60

Abb. 2.24: Einkaufsverhalten nach Vertriebslinien
(Quelle: o.V., ACNielsen Handels-Info 9/2001, S. 18)

Nach diesen Ergebnissen ist ALDI die begehrteste Vertriebslinie mit der höchsten Reichweite und den meisten Einkäufen pro Jahr sowie einem vergleichsweise sehr hohem Kassenbonwert.

immense Bedeutung des
POS (Point of Sale)
für die zu fällenden
Kaufentscheidungen

Andere Studien zeigen, welche immense Bedeutung der POS (Point of Sale) für die zu fällenden Kaufentscheidungen hat. Immerhin werden 75 Prozent aller Kaufentscheidungen europaweit am POS getroffen!

In Deutschland führte POPAI (POINT OF PURCHASE ADVERTISING INSTITUT, vgl. www.popai.de) mit ACNIELSEN diese Studie in SB-Warenhäusern durch. Fünfhundert Käufer wurden mit strukturierten Fragebögen befragt, wie sie ihre Kaufentscheidung treffen.

Es zeigte sich, dass in Deutschland der Einkauf etwas intensiver geplant wird. Durchschnittlich „nur" 55 Prozent der Kaufentscheidungen werden am POS gefällt (vgl. o.V. 8/1999, S. 12).

Die folgende Tabelle zeigt die Ergebnisse der sog. „Instore-Decision-Rate" für einige ausgewählte Warengruppen. Es fällt auf, dass bei sensiblen, High-Interest-Produktbereichen wie Babynahrung der POS für die Kaufentscheidung weniger relevant ist, für andere Produktbereiche, die dem

Low-Interest Bereich zugerechnet werden, wie z.B. Schokolade und Pralinen, ist der POS absolut ausschlaggebend.

Im Low-Interest Bereich ist der POS ausschlaggebend

Warengruppe	Entscheidung im Geschäft	davon: Vage geplanter Kauf	davon: Substituierender Kauf	davon: Ungeplanter Kauf	Gezielt geplanter Kauf
Schokolade, Pralinen	69,0 %	5,8 %	3,3 %	59,8 %	31,0 %
Joghurt, Quark	52,7 %	8,9 %	7,3 %	36,4 %	47,3 %
Babynahrung	21,4 %	7,1 %	0,0 %	14,3 %	78,6 %
Alkoholfreie Getränke	41,5 %	5,3 %	6,3 %	30,0 %	58,5 %
Körperpflege, Haarpflege	47,5 %	5.1 %	1,0 %	41,5 %	52,3 %
Hygieneartikel	40,5 %	10,3 %	4,8 %	25,4 %	59,5 %
Zeitung, Bücher	64,0 %	13,7 %	2,5 %	47,8 %	36,0 %
Total, alle Warengruppen	**55,4 %**	**9,9 %**	**4,0 %**	**41,5 %**	**44,6 %**

Abb. 2.25: Instore-Decision Rate ausgewählter Warengruppen 1998
(Quelle: o.V., ACNielsen Handels-Info 8/1999, S. 13)

Was ist nun über den Shopper selbst und seine Einstellungen und Motive bekannt?

Was ist nun über den Shopper selbst und seine Einstellungen und Motive bekannt?

Unter der Bezeichnung: „Smart Shopper" führte die Werbeagentur GREY 1995 einen Begriff auch in Deutschland ein, der einen neuen „Typus" von Konsument beschrieb (vgl. Appleton o.J.). Es sind eher jüngere Singles oder Paare, die versuchen, hochpreisige und langlebige Konsumgüter-Marken zu sehr günstigen Preisen zu erzielen. Immerhin wird der Anteil der Smart Shopper an der deutschen Konsumbevölkerung auf etwa 30 Prozent geschätzt und ein Ausweitung auf 50 Prozent wird vermutet.

Das Smart-Shopper Phänomen ist entstanden aus dem Umsatzdruck von Industrie und Handel und der daraus resultierenden Preispolitik des Handels. Für den Verbraucher ergibt sich in Anbetracht der ständigen Sonderangebote bei Markenartikeln sehr schnell die Frage: Warum soll ich heute für einen Markenartikel 400 Euro zahlen, wenn er morgen 190 Euro kostet?

Smart-Shopper

Smart-Shoper sind sehr markenbewusst, aber nicht markentreu. *„Ein Stück von Jil Sander für 100 Mark ist gut, ein Joop-Teil für 50 Mark ist besser."* (Braunschweig 1997, S. 60) Das Motto der Smart-Shopper ist dann auch: „More value for less money."

„More value for less money"

Eine 1997 durchgeführte Befragungswelle bestätigt, dass es sich bei der Haltung der Smart-Shopper um eine langfristige Einstellungsänderung zu Marken handelt (vgl. Braunschweig 1987, S. 59).

- 96 Prozent sind der Meinung, dass ein Markenname allein nicht mehr einen höheren Preis rechtfertigt.

- 92 Prozent ärgern sich, wenn sie einen Artikel zum vollen Preis gekauft haben, der zwei Wochen später runtergesetzt ist und
- 87 Prozent meinen, dass die meisten Produkte gute Qualität haben und dass sie deshalb das preisgünstigste kaufen sollten.

Wenn ein Qualitätsunter-schied nicht erkennbar ist, greift der Smart-Shopper zur Handelsmarke

Besonders die letzte Aussage erklärt die Umsatzentwicklungen bei Handelsmarken; denn wenn ein Qualitätsunterschied nicht erkennbar ist, greift der Smart-Shopper zur Handelsmarke.

DIE ZUKÜNFTIGEN CHANCEN FÜR HANDELSMARKEN KÖNNEN SICH VERSTÄRKEN, WENN MAN BEDENKT, WELCHE BEDEUTUNG DER POS FÜR DIE KAUFENTSCHEIDUNG HAT UND WENN DER HANDEL DIESE BEDEU-TUNG IM RAHMEN SEINES CATEGORY MANAGEMENTS UND SEINES HANDELSMARKETING VOLL AUSSCHÖPFT.

Die Smart Shopper unterscheiden sich von den damals schon bekannten „Schnäppchenjägern", deren Anteil in der Bevölkerung auf 35 Prozent geschätzt wird. Die Grenzziehung zwischen beiden Shopper-Typen liegt in der Motivation und im Einkaufsverhalten. Ein Schnäppchenjäger sucht nach den Angeboten, die sowieso in der unteren Preisklasse liegen. Der Smart Shopper ist ein besonders qualitätsorientierter Käufer, der allerdings versucht, die Leistung preiswerter zu kaufen. Oder anders formuliert: *„Der Smart Shopper fährt nach Metzingen, der Schnäppchenjäger geht zu Metzen den Ramschläden des ... verstorbenen Werner Metzen."* (Braunschweig 1997, S. 58)

Kombiniert man die Merkmalsausprägungen Markenorientierung und Preisorientierung, so stellen sich insgesamt vier Shopper-Typen dar: Smart-Shopper, Schnäppchenjäger, Qualitätskäufer und der sog. desorientierte Bedarfskäufer. Der Qualitätskäufer ist überwiegend männlich, gut verdienend, legt Wert auf Qualität und zahlt auch dafür.

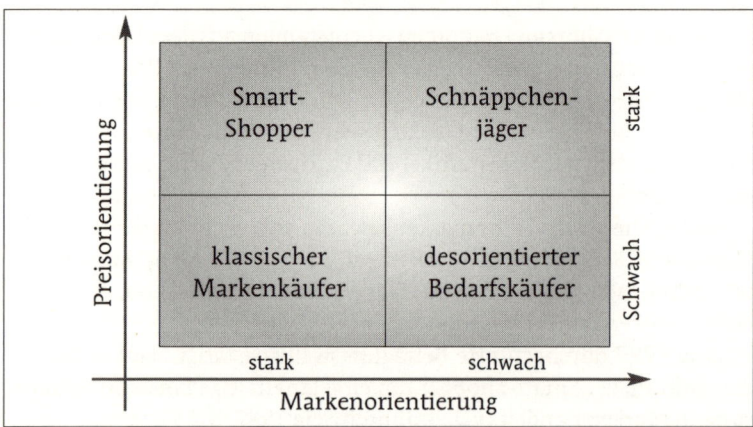

Abb. 2.26: Shopper-Typen in den Dimensionen Preis- und Markenorientie-rung (nach Pabst/Brambach 1999, S. 166)

Einen kurzen Überblick über die wesentlichen Merkmale der drei wichtigsten Shopper-Typen gibt folgende Tabelle:

Smart-Shopper	Schnäppchenjäger	Qualitätskäufer
30 % der Shopper Ausweitung auf 50 % erwartet	35 % der Shopper	35 % der Shopper
Alter: Schwerp. 20 - 39 Jahre	Alter: > 40 Jahre	Alter: Schwerp. 20 - 39 Jahre
Einkommen: < 2.000 Euro	Einkommen: < 2.000 Euro	Einkommen: > 2.000 Euro
• Starke Preis-Leistungs-Orientierung • Skeptischer Blick in die Zukunft	• Rezession hat sie finanziell getroffen • Unsicherheit über die Zukunft • Viel Zeit zum Einkaufen • Hohe Akzeptanz von Discountern und Handelsmarken	• Überwiegend Männer • Qualitätsorientiert • Optimistisch • Starkes Vertrauen in Herstellermarken

Abb. 2.27: Shopper-Profile (vgl. Braunschweig 1997, S. 59; vgl. Pietersen et al 2001, S. 32)

Ursprünglich war das Phänomen Smart-Shopper auf den hochwertigen Textilbereich, Schmuck/Uhren oder z.B. Kosmetik begrenzt. Die Preispolitik der Hersteller und des Handels hat dazu geführt, dass sich auch die Markentreue zu Produktbereichen, die im LEH gekauft werden, dramatisch verändert; denn auch hier haben die Shopper durch die vielen Sonderangebote die gleiche Erfahrung gemacht: „More value for less money" ist möglich, wenn man die Angebote der verschiedenen Geschäfte vergleicht.

Die folgende Tabelle in Abb. 2.28 zeigt die Entwicklung der Markentreue bei ausgewählten Fast Moving Consumer Goods (FMCG). In einem Zeitvergleich von 1993 mit 2001, also von fast 10 Jahren hat sie sich in manchen Produktbereichen fast erschreckend reduziert. *Entwicklung der Markentreue*

Untersuchungen bestätigen auch, dass die Shopper ihre Einkaufsstätten häufig wechseln. Im Durchschnitt sind es 14 Einkäufsstätten, die Konsumenten aufsuchen (vgl. Milde 1996, S. 10). Davon: 2,1 Verbrauchermärkte, 2,0 Discounter, 1,9 Supermärkte, 1,5 Drogeriemärkte, 1,2 Kauf- und Warenhäuser, 1,0 Getränkeabholmärkte und 4,5 sog. restliche Geschäfte.

Für den Handel bedeuten der Smart-Shopper, der nach den günstigsten Marken sucht und der Schnäppchenjäger, der die billigsten Produkte will, ganz neue Fragestellungen bei der Gestaltung ihres Handelsmarketing, insbesondere der Sortimentspolitik und der Bindung der Shopper an ein Geschäft. Denn mit der sinkenden Markentreue ist natürlich auch eine sinkende Einkaufsstättentreue verbunden. Der Smart-Shopper kauft dort, wo er hochwertige Markenartikel – und das schließt in der Zukunft auch verstärkt Handelsmarken ein – am günstigsten erhalten kann, der Schnäppchenjäger dort, wo er das billigste Produkt bekommt. *Mit der sinkenden Markentreue ist natürlich auch eine sinkende Einkaufsstättentreue verbunden*

Warengruppe/ WG	Anteil der markentreuen Konsumenten		
	2001	**1993**	**+/- in Prozent**
Maschinen-Geschirrspülmittel	89,3	93,6	– 4,6
Eis-HH-Packung	81,8	72,9	12,2
Haarspray	80,5	92,9	– 13,3
Zigaretten	79,8	80,7	– 1,1
Rasierwasser	72,2	82,5	– 12,5
Deodorant	70,9	76,2	– 7,0
Haarshampoo	70,1	69,2	1,3
Mineralwasser	67,4	75,2	– 10,4
Cola *	62,5	86,7	– 27,9
Dekorative Kosmetik *	57,3	86,7	– 33,9
Tafelschokolade *	55,2	82,9	– 33,4
Joghurt	53,4	75,0	– 28,8
Bier *	44,0	79,6	– 44,7
Alle erhobenen WG	**69,3**	**78,3**	**– 11,5**

Abb. 2.28: Veränderung der Markentreue nach Produktbereich, Gesamtbevölkerung ab 14 Jahren
* keine direkte Vergleichbarkeit, da Änderung in der Abfrage
(Quelle: Plettner 2001, o.S.; Verbraucheranalyse 2001/Bauer Media KG/Plettner)

Hersteller und Handel werden damit in der Zukunft immer stärker unter Ertragsproblemen leiden.

Inwieweit die Entwicklung von Kundenbindungskonzepten auf Handels- und Herstellerseite z.B. in Form von Kundenkarten diesem Konsumentenverhalten nachhaltig entgegenwirkt, bleibt abzuwarten. Mehr Disziplin in der Preisgestaltung sowohl bei den Marken des Herstellers als auch bei den Marken des Handels, den Vertriebslinien, wird unerlässlich werden.

Forderungen an Markenartikelhersteller — Um weitere Verluste in der Markentreue zu verhindern, haben die Markenartikelhersteller ihre Art der Markenführung neu aufzustellen. Darüber hinaus werden die Hersteller neue attraktive Produkte mit USP (Unique Selling Proposition = einzigartiger Verkaufsvorteil) entwickeln müssen, um der Preis- und Ertragserosion durch Handelsmarken und Verbraucherverhalten entgegenzuwirken.

Forderungen an den Handel — Ebenso wird der Handel zur Sicherung akzeptabler Spannen neue interessante Vertriebskonzepte erarbeiten müssen, die den veränderten Gewohnheiten und Ansprüchen der Verbraucher entgegenkommen und die Durchsetzung höherer Preisniveaus ermöglichen.

Teil C

Trade-Marketingkonzeption

In einer Trade-Marketingkonzeption werden die Vorstellungen des Vertriebs, durch welche Aktivitäten und Maßnahmen der Handel beeinflusst und die eigene Position in der Warengruppe verbessert werden können, niedergelegt. Diese Vorstellungen orientieren sich an angestrebten Zielen, die auf einer sorgfältigen Analyse basieren. Für die Realisierung der Vorstellungen werden geeignete Strategien ausgewählt und die adäquaten Trade-Marketinginstrumente festgelegt.

Niedergelegt werden die Ergebnisse der Trade-Marketingkonzeption in einem Trade-Marketing Plan.

1   Einleitung

unternehmensindividuelle
und abgesicherte Marke-
tingkonzeption

Marketing lässt sich *„nur dann konsequent verwirklichen, wenn dem unternehmerischen Handeln eine unternehmensindividuelle und abgesicherte Marketingkonzeption zugrundeliegt"* (Meffert 1998, S. 59).

Eine Marketingkonzeption nun *„kann aufgefasst werden als ein schlüssiger, ganzheitlicher Handlungsplan ('Fahrplan'), der sich an angestrebten Zielen ('Wunschorten') orientiert, für ihre Realisierung geeignete Strategien ('Routen') wählt und auf ihrer Grundlage die adäquaten Marketinginstrumente ('Beförderungsmittel') festlegt"* (Becker 1998, S. 5).

Ebenso muss natürlich dem Trade-Marketing eine Konzeption zugrunde liegen, die wie ein „Fahrplan", die Arbeit der Vertriebsmitarbeiter bestimmt.

Definition von
Trade-Marketing

In Anlehnung an die obige Marketingdefinition kann eine Trade-Marketingkonzeption folgendermaßen definiert werden:

In einer Trade-Marketingkonzeption werden die Vorstellungen des Vertriebs, durch welche Aktivitäten und Maßnahmen der Handel beeinflusst und die eigene Position in der Warengruppe verbessert werden kann, niedergelegt.

Diese Vorstellungen orientieren sich an angestrebten Zielen, die auf der Basis einer sorgfältigen Analyse formuliert wurden. Für die Realisierung der Vorstellungen werden geeignete Strategien ausgcwählt und auf ihrer Basis die adäquaten Trade-Marketinginstrumente festgelegt.

Ziele
„Wo wollen
wir hin?"

Strategien
„Wie kommen wir hin?"

Maßnahmen
im Trade-Marketing Mix
„Was setzen wir dafür ein?"

Abb. 1.1:   Die Trade-Marketingkonzeption entspricht im Aufbau einer
Marketingkonzeption (vgl. Becker, 1998, S. 4)

Grundlage für die Erarbeitung einer Trade-Marketingkonzeption ist die sorgfältige Analyse und Beurteilung der Trade-Marketingsituation.

Im Rahmen dieser Analyse werden sowohl die unternehmensinternen als auch die unternehmensexternen Faktoren, die das Trade-Marketing beeinflussen, ermittelt.

Aus den unternehmensexternen Faktoren werden diejenigen herausgefiltert, die eine „Chance" oder auch ein „Risiko" darstellen. Aus den
unternehmensinternen wiederum diejenigen Faktoren, die als „Stärke"
oder als „Schwäche" zu bewerten sind. (vgl. Meffert 1998, S.63 ff.)

In der sog. **SWOT-Analyse** (Strengths-, Weaknesses-, Opportuni-   *SWOT-Analyse*
ties-, Threats-Analyse) werden dann die Ergebnisse aus den beiden vor-
genannten Analysen verbunden.

Als Resultat erhält das Unternehmen eine Aussage über die wesentli-   *Key Issues*
chen zu klärenden kritischen Aufgaben. Sie werden auch als „Problemfragen" (vgl. Kotler/Bliemel 2001, S. 161) oder **Key Issues** bezeichnet.
Weiterhin bekommt das Unternehmen Aufschluss über die Ressourcen,
die für die Erledigung dieser Aufgaben zur Verfügung stehen bzw. welche
Ressourcen noch beschafft werden müssen.

Die Key Issues sind damit die Basis für die Formulierung der Ziele, die
mit der Trade-Marketingkonzeption erreicht werden sollen.

Die Erarbeitung der detaillierten Maßnahmen einschließlich deren
Kosten, die Festlegung der für die Durchführung verantwortlichen Personen und die Verabschiedung der Budgets, die zur Verfügung gestellt
werden, sind die abschließenden Schritte. Es folgt die Realisation der
Maßnahmen und die Kontrolle über die erzielten Ergebnisse.

2   Situationsanalyse

Die Trade-Marketingkonzeption basiert auf einer ausführlichen Analyse
der aktuellen Situation. Die **Situationsanalyse** ist eine Bestandsaufnah-
me mit dem Ziel, zu einer Beurteilung der Lage des eigenen Unternehmens, aber auch der Lage der Wettbewerber zu kommen und daraus re-
sultierend Chancen und Risiken, aber auch Stärken und Schwächen zu
dokumentieren. Daher *„ist eine möglichst vollständige und genaue Erfassung der Umweltzustände und Daten (...) für die Präzisierung der Marketingziele und für den Einsatz der Instrumente von entscheidender Bedeutung."* (Meffert 1998, S. 61) Weiterhin ist es wichtig, nur solche Daten
in die Analyse einfließen zu lassen, die wirklich einen Bezug zu der Vertriebsarbeit haben. Es besteht sonst die Gefahr, dass man angesichts der
Flut der Informationen die wesentlichen Informationen übersieht (vgl.
Fuchs 2000, S. 61)

Im Rahmen der Situationsanalyse müssen folgende Bereiche berück-   *Inhalte der*
sichtigt und untersucht werden: *Situationsanalyse*

• Markt und Konsumenten,
• Vertriebsschienen und Vertriebslinien,
• Handelskunden,
• Wettbewerber,

- Umwelt,
- unternehmensinterne Situation.

Im Zuge der Situationsanalyse für eine Marketingkonzeption ist es üblich, die **Produktsituation** zu analysieren (vgl. Kotler/Bliemel 2001, S. 157 f.). Die Marketingkonzeption obliegt allerdings dem Produktmanagement und die Analyse der Produktsituation muss daher – im Sinne der Aufgabenteilung – nicht in die Analyse für eine Trade-Marketingkonzeption aufgenommen werden. Soweit für die Bearbeitung der Handelskunden relevant, fließen produktbezogene Informationen in die Analyse der Vertriebsschienen/Vertriebslinien, bzw. in die Analyse der Handelskunden ein. Sollte das Unternehmen allerdings Handelsmarken produzieren, so wären diese in die unternehmensinterne Situationsanalyse aufzunehmen.

Wichtigste Informations-quellen für die   Wichtigste Informationsquellen für die Situationsanalyse sind die eigenen Vertriebsmitarbeiter, Marktforschungsinstitute wie ACNielsen und GfK, Informationen, insbesondere auch Daten, die die Kunden zur Verfügung stellen, Fachzeitschriften, internes Vertriebsinformationssystem, die Marketingkollegen und Veröffentlichungen von Industrie- und Handelskunden.

Viele der Informationen, die der Vertrieb im Trade-Marketing benötigt, insbesondere Daten und Informationen über den Zielmarkt und die Konsumenten, sind im Produktmanagement für das Consumer Marketing vorhanden und sollten dem Vertrieb zur Verfügung gestellt werden.

2.1   Markt und Konsumenten

In diesem ersten Teil der Situationsanalyse werden Informationen über den Zielmarkt des Unternehmens, wie z.B. Marktgröße, Marktentwicklung oder Marktsegmente aufgezeigt. Darüber hinaus werden Angaben über Konsumentenstrukturen, Konsumentenbedürfnisse und Konsumentenverhalten gemacht (vgl. Kotler/Bliemel 2001, S. 157).

Der Analyseabschnitt „Markt und Konsumenten" ist im Prinzip identisch mit dem entsprechenden Abschnitt der Situationsanalyse im Consumer-Marketing – und wichtiger Bestandteil der Situationsanalyse im Trade-Marketing und der sich anschließenden Chancen-Risiko Analyse. So bieten etwa Produkte in wachsenden Märkten mit hohem Bekanntheitsgrad dem Vertrieb andere Vermarktungsmöglichkeiten und erfordern den Einsatz eines anderen Trade-Marketing-Mix als z.B. Produkte in stagnierenden Nischenmärkten mit geringem Bekanntheitsgrad.

Von besonderem Interesse ist das Kaufverhalten der Konsumenten in den Geschäften des Handels   Von besonderem Interesse ist jedoch das Kaufverhalten der Konsumenten in den Geschäften des Handels. Welche Vertriebsschienen werden wie oft aufgesucht? Wie gelingt es einer Vertriebsschiene / Vertriebslinie Kunden zu binden? In welchen Vertriebsschienen und Vertriebslinien kaufen die Konsumenten bevorzugt die Produkte des betrachteten Unternehmens? Welchen Effekt haben Maßnahmen am POS auf das

Kaufverhalten? (Siehe auch Teil B, Kap. 2.7 und Teil D, Kap. 3.4.2) Diese Informationen helfen, dass, gemeinsam mit dem Handel, die Produkte des betrachteten Unternehmens in den Warengruppen des Handels richtig eingesetzt werden, die Nachfrage der Konsumenten bestmöglichst erfüllt wird und die Markenführung bis an den POS begleitet werden kann.

2.2 Vertriebsschienen und Vertriebslinien

Die Analyse der Vertriebsschienen und Vertriebslinien sowie die der Handelskunden stellt aufwandsmäßig den Schwerpunkt der Situationsanalyse dar.

Schwerpunkt der Situationsanalyse

Es stellen sich sowohl quantitative als auch qualitative Fragen, die für das Engagement eines Herstellers in einer Vertriebsschiene/Vertriebslinie wichtig sind:

Fragen zur Analyse der Vertriebsschienen und Vertriebslinien

- Welche Bedeutung und welche Dynamik werden die einzelnen Vertriebsschienen in der Zukunft haben?
- In welche Vertriebsschienen werden unsere Kunden in Zukunft ihre Schwerpunkte legen?
- Welche neuen Entwicklungen – auch aus dem Ausland – zeichnen sich bei den Vertriebsschienen ab?
- Welche bestehenden Vertriebslinien werden sich in den Vertriebsschienen behaupten können?
- Welche Vertriebslinien werden den Besitzer wechseln?
- Welche auf den Shopper bezogenen Informationen liegen uns über die Vertriebslinien vor?
- Welche Informationen über die Positionierung, Handelsmarketing-Strategie etc. einer Vertriebslinie liegen uns vor?
- Welchen Status haben Category-Management-Aktivitäten in unserer Warengruppe in den Vertriebslinien?
- Welche Bedeutung haben wir im Category-Management-Prozess?
- Welche Bedeutung haben die Handelsmarken in unserer Warengruppe in der Vertriebslinie?
- Wie werden sich die Handelsmarken in unserer Warengruppe entwickeln?
- Welche Aktivitäten erwarten wir für die Handelsmarken?
- Welche Erfolge / welche Akzeptanz haben unsere Neuprodukte in den Vertriebslinien?
- Werden Neuproduktaktivitäten von uns erwartet?
- Mit welchen Neuprodukten könnten wir uns in den Vertriebslinien profilieren?

- Welche Neuprodukte werden von Wettbewerbern kommen und welche Konsequenzen hat das für unser Sortiment?
- Welchen Erfolg hatten unsere POS-Aktivitäten? – und die der Wettbewerber?
- Wie können wir unseren Auftritt am POS noch verbessern?
- Welchen Erfolg hatten unsere Co-Marketing Maßnahmen?
- Durch welche Maßnahmen können wir den Handel unterstützen, das Profil seiner Vertriebslinie noch besser herauszustellen?
- Welche Konditionsforderungen werden auf uns zukommen?
- Haben wir für jede Vertriebslinie die Möglichkeiten ausgeschöpft, Kosten einzusparen?
- Welche Bedeutung hat unser Außendienst in den Vertriebslinien?
- Wie können wir die Effizienz der Arbeit der Feldorganisation in den Vertriebslinien noch verbessern?

Bei der Analyse der quantitativen Daten nun sollte sowohl ein Vergleich der verschiedenen Vertriebsschienen erfolgen als auch ein Vergleich der wichtigsten Vertriebslinien innerhalb einer Vertriebsschiene.

tabellarische Übersichten von Vertriebsschienen und Vertriebslinien

Die nachfolgenden Tabellen sind ein Vorschlag, wie die Fülle an Informationen in eine Übersicht gebracht werden können. Bietet das Unternehmen in den gleichen Vertriebsschienen verschiedene Produkte innerhalb einer Warengruppe an, so müssten für den Vergleich der verschiedenen Vertriebsschienen untereinander die Tabellen entsprechend erweitert werden. Bietet das Unternehmen dagegen verschiedene Produkte in verschiedenen Warengruppen an, so ist jeweils eine eigene Tabelle für den Vergleich zu erstellen.

- **Vergleich der verschiedenen Vertriebsschienen untereinander**

Diese Analyse wird sich auf die wichtigsten wirtschaftlichen Ergebnisse und Kennzahlen konzentrieren. Sie wird zeigen, welche Bedeutung die verschiedenen Vertriebsschienen für den Hersteller haben, welche Vertriebsschienen verstärkt bearbeitet werden müssten, wo Ansatzpunkte für Verbesserungen sind und ggf. auch, ob es Hinweise dafür gibt, dass sich die Bearbeitung bestimmter Vertriebsschienen nicht mehr lohnt.

Vertriebsschiene (VS)	alle VS	SB-Warenhaus	Verbraucher-markt	Droge-rie-markt	weitere VS
• Umsatz des Herstellers absolut • Umsatzentwicklung vs. Vorjahr • Umsatzentwicklung im Dreijahresvergleich					

• Offtake/Abverkauf letzte Periode • durchschnittl. Abverkauf letzte 12 Monate				
• Aktueller Lagerbestand im Handel • durchschnittl. Lagerbestand letzte 12 Monate • durchschnittl. Bestandslücken 3-Jahresvergl. • Umschlagshäufigkeit / Reichweite				
• Eigener Marktanteil (MA) in der VS • Marktanteilsentwicklung vs. Vorjahr • MA-Entw. im Dreijahresvergleich				
• MA des Hauptwettbewerbers in der VS • Marktanteilsentwicklung vs. Vorjahr • MA-Entw. im 3-Jahres Vgl.				
• MA Handelsmarke in der VS • Marktanteilsentwicklung vs. Vorjahr • MA-Entw. im Dreijahresvergleich				
• Erlösschmälerungen • Listungsgebühren • Werbekostenzuschuss (WKZ)				
• durchschnittl. VK-Preis/ • durchschnittl. VK-Preis Aktion				
• Deckungsbeitrag des Herstellers				

Abb. 2.1: Vergleich wichtiger wirtschaftlicher Ergebnisse/Kennzahlen der belieferten Vertriebsschienen

- **Betrachtung verschiedener Vertriebslinien innerhalb einer Vertriebsschiene**

Die Informationen, die in dieser Analyse erhoben werden, sind detaillierter und beinhalten über wirtschaftliche Ergebnisse und Kennzahlen hinaus auch Maßnahmen und Aktivitäten, die in den Vertriebslinien durchgeführt wurden. Es bietet sich an, die wichtigsten Vertriebslinien, also A-Vertriebslinien, einzeln aufzuführen. Alle anderen Vertriebslinien sollten in einer weiteren Gruppe zusammengefasst oder ggf. noch in B- und C-Vertriebslinien unterschieden werden.

die wichtigsten Vertriebslinien einzeln aufführen

Vertriebslinien (VL) in der Vertriebsschiene (z.B. VS Drogeriemarkt)	alle Drogerie-märkte	VL Schlecker	VL dm	VL Müller	weitere Drogerie-märkte
• Umsatz des Herstellers absolut • Umsatzentwicklung vs. Vorjahr in % • Umsatzentw. im Dreijahresvergleich in %					
• Offtake/Abverkauf letzte Periode					

• durchschnittl. Abverkauf letzte 12 Monate					
• Aktueller Lagerbestand im Handel • durchschnittl. Lagerbestand letzte 12 Monate • durchschnittl. Bestandslücken 3-Jahresvergl. • Umschlagshäufigkeit/ Reichweite					
• Umsatz der Warengruppe (WG) • Umsatzentw. der WG vs. Vorjahr • Umsatzentw. der WG Dreijahresvergleich					
• Eigener Marktanteil • Marktanteilsentwicklung vs. Vorjahr • Marktanteilsentwicklung im Dreijahresvergleich					
• MA Hauptwettbewerber • Marktanteilsentwicklung vs. Vorjahr • MA-Entw. im Dreijahresvergleich					
• MA Handelsmarke • Marktanteilsentwicklung vs. Vorjahr • MA-Entw. im Dreijahresvergleich					
• Anzahl gelistete Produkte/geführte Produkte • Anzahl Facings gesamt • durchschnittl. Anzahl Facings pro Produkt • Regalplatzbeschreibung • Out-of-stocks					
• Erlösschmälerung • Listungsgebühr/ Werbekostenzuschuss • Prozentualer Anteil WKZ vom Gesamt-WKZ					
• durchschnittl. VK-Preis/ durchschnittl. VK-Preis Aktion					
• Promotion-Aktivitäten • Co-Marketing-Aktionen • Zweitplatzierungen • Werbliche Maßnahmen am POS • Sonst. Maßnahmen im Geschäft • Merchandisingaktivitäten • Aufgaben /Aktivitäten der Feldorganisation					
• Direkte Produktrentabilität (DPR) • Flächenproduktivität					
• Deckungsbeitrag d. Herstellers					

Abb. 2.2: Vergleich der Bedeutung verschiedener Vertriebslinien in einer Vertriebsschiene

Für die Interpretation der Ergebnisse ist es hilfreich, soweit wie möglich auch Informationen über die Produkte der Wettbewerber und über
die Handelsmarken zu haben. In obiger Tabelle in Abb. 2.2 sind, um erste
Anhaltspunkte zu erhalten, der wichtigste Wettbewerber und die Handelsmarken bei den Marktanteilen separat aufgeführt. Eine Vertiefung
der Analyse der Wettbewerber und Handelsmarken erfolgt in Kap. 2.4
„Wettbewerber".

2.3 Handelskunden

Unter der Situationsanalyse der Handelskunden wird hier die Analyse
der Handelszentralen, d.h., deren Unternehmensleitungen mit ihren
Unternehmenszielen und -strategien verstanden. Auch hier ergibt sich
neben den eher quantitativen Fakten eine Vielzahl von qualitativen Fragestellungen:

*Welche Strategien verfol-
gen die Handelskunden?*

Fragen zur Kundenanalyse

- Zu welcher größeren Organisation/ welchem internationalen Ein-
  kaufsverbund gehört er? – Mit welcher Konsequenz für uns?
- Welche Ziele hat der Kunde? – Und wie beeinflussen diese die Zu-
  sammenarbeit?
- Wie ist der Kunde organisiert? – Und ergeben sich daraus Schwach-
  stellen in der Zusammenarbeit?
- Wie wird er sich national/international weiterentwickeln? – Mit
  welchen Konsequenzen für uns?
- Wie positioniert er sich in seinem Wettbewerbsumfeld?
- Wer sind seine wichtigsten Wettbewerber?
- Welche Handelsmarketingpolitik verfolgt er?
- Welche Bedeutung haben wir bei dem Kunden?
- Wie ist unser persönlicher Kontakt zum Kunden?
- Welche Stärken und Schwächen hat der Kunde?
- Wie ist die finanzielle Situation des Kunden?
- Welche geschäftlichen, persönlichen oder sonstigen Veränderun-
  gen stehen bei dem Kunden an?
- Wie ist die Einstellung des Managements zu unseren Initiativen
  und Aktivitäten im Rahmen des Trade-Marketing?
- Wo sind Schwachstellen in der Zusammenarbeit mit dem Kunden?
  – Wie können wir die Zusammenarbeit mit dem Kunden intensi-
  vieren?
- Wer produziert Handelsmarken für den Kunden? – Was würde es
  für uns bedeuten, für diesen Kunden zu produzieren?

> • Erfüllen wir die Anforderungen an die logistischen Prozesse?
> • Welche Veränderungen stehen an im Bereich Supply Chain Management? – Mit welchen Konsequenzen für uns?

detaillierte Betrachtung der Vertriebsschienen und Vertriebslinien des Kunden

Zur Kundenanalyse gehört im quantitativen Teil die detaillierte Betrachtung der Vertriebsschienen/Vertriebslinien des Kunden. Die Daten sind aus der Analyse der Vertriebsschienen/-linien zu übernehmen.

Kundenanalyse nach Vertriebsschienen/ Vertriebslinien Kunde:	Alle VS/VL	VS: SB-Warenhaus VL:	VS: Verbr. markt VS:	Weitere VS . . .
• Positionierung der VL • Shopper-Profil				
• Gesamtumsatz der VS/VL • Umsatzentw. im Dreijahresvergleich • Marktanteilsentwicklung der VS/VL im VS-Portfolio des Kunden • MA-Entw. im VS-Portfolio				
• Umsatz der Warengruppe (WG) • Umsatzentw. der WG vs. Vorjahr				
• Eigener Marktanteil in der WG • MA-Entw. in der WG vs. Vorjahr • MA d. Hauptwettbewerb. in der WG • MA-Entw. des Wettb. vs. Vorjahr • MA d. Handelsmarke in der WG • MA-Entw. der Handelsmarke vs. Vorjahr				
• Anz. gelistete Produkte / geführte Prod. • Anzahl Facings gesamt • durchschnittl. Anzahl Facings pro Produkt • Regalplatzbeschreibung • Out-of-stocks der wichtigsten Produkte letzte 12 Monate				
• Erlösschmälerungen • Listungsgebühr/ Werbekostenzuschüsse • prozentualer Anteil Werbekostenzuschuss von Gesamt-WKZ				
• durchschnittl VK-Preis norm./ durchschnittl VK-Preis Aktionen				
• Promotion-Aktivitäten • Co-Marketing-Aktionen • Zweitplatzierungen • Werbliche Maßnahmen am POS				

• Sonst. Maßnahmen im Geschäft • Merchandisingaktivitäten • Aufgaben/Aktivitäten der Feldorganisation				
• Stand der Zusammenarbeit im Supply Chain Management				
• Direkte Produktrentabilität / Flächenproduktivität				
• Deckungsbeitrag des Herstellers				

Abb. 2.3: Kundenanalyse nach Vertriebsschienen/Vertriebslinien

In der Zusammenfassung nach Kunden ergibt sich ein ganz anderer Blickwinkel. Insbesonders interessant ist die Antwort auf die Frage, welche Position der Hersteller in den Vertriebslinien hat, die für den Kunden wichtig bzw. weniger bedeutend sind. Daraus wiederum stellt sich die Frage nach der Zukunft dieser Vertriebslinien bei dem Kunden und den Konsequenzen für den Hersteller.

Diese kundenbezogene Betrachtung ist natürlich auch eine Grundlage für die Jahresgespräche und sonstigen Verhandlungen mit dem Kunden.

2.4 Wettbewerber

Für den Hersteller sind Wettbewerber andere Hersteller, die Produkte in der Warengruppe seiner Produkte anbieten und natürlich auch der Handel mit seinen Handelsmarken.

Aus qualitativer Sicht sind z.B. folgende Fragen zu stellen.

Fragen zur Wettbewerbsanalyse

- Welche Stellung hat der Wettbewerber in der Vertriebsschiene/ der Warengruppe des Kunden?

- Wie sind die finanziellen Ressourcen einzuschätzen, um Kundenforderungen nachzukommen und Consumer-Marketing zu betreiben?

- Wie schätzt der Handel die Akzeptanz der Produkte und Consumer-Marketingaktivitäten des Wettbewerbers ein?

- Wie ist der Vertrieb des Wettbewerbers organisiert? Und wie ist die Qualität der Vertriebsmitarbeiter einzuschätzen?

- Welches Image hat die Vertriebsorganisation des Wettbewerbers bei den Kunden? – Welche vertriebsbezogenen Stärken und Schwächen weist der Wettbewerber auf? – Und wie schätzt der Kunde diese ein?

- Welchen Umfang hat das Trade-Marketing des Wettbewerbers?
- Wie akzeptieren die Kunden dessen Trade-Marketing Aktivitäten?
- Inwieweit führt der Wettbewerber kooperative Aktivitäten mit den Kunden durch?
- Wie gestaltet sich die Zusammenarbeit in der Supply Chain mit den Kunden?
- Welche Veränderungen stehen bei dem Wettbewerber an, die unsere Vertriebsarbeit und unser Trade-Marketing beeinflussen?

Der quantitative Teil der Wettbewerberanalyse beinhaltet einen Vergleich der eigenen Situation mit den wichtigsten Wettbewerbsprodukten/ Handelsmarken in den Vertriebsschienen, bzw. in den Vertriebslinien der Kunden.

Vertriebsschiene z.B. Elektromarkt	betrachtete Hersteller	Wettbewerber A	Wettbewerber B	Handelsmarke	weitere Wettbewerber
• Umsatz absolut • Umsatzentwicklung vs. Vorjahr • Umsatzentw. im Dreijahresvergleich					
• Offtake/Abverkauf letzte Periode • durchschnittl. Abverkauf letzte 12 Monate					
• Aktueller Lagerbestand im Handel • durchschnittl. Lagerbestand letzte 12 Monate • durchschnittl. Out-of-stocks letzte 12 Monate • Umschlagshäufigkeit • Reichweite					
• Marktanteil in der Warengruppe • MA-Entw. im Dreijahresvergleich					
• Anzahl gelistete Produkte • Anzahl geführte Produkte • Anzahl Facings gesamt • durchschnittl. Anzahl Facings pro Produkt • Regalplatzbeschreibung					
• Erlösschmälerungen • Listungsgebühr/ Werbekostenzuschuss abs. • prozentualer Anteil Werbekostenzuschuss von Gesamt-WKZ					
• durchschnittl. VK-Preis norm./ VK-Preis Aktion					

• Promotion-Aktivitäten						
• Co-Marketing-Aktionen						
• Zweitplatzierungen						
• Werbliche Maßnahmen am POS						
• Sonst. Maßnahmen im Geschäft						
• Merchandisingaktivitäten						
• Aufgaben/ Aktivitäten der Feldorganisation						
• Direkte Produktrentabilität (DPR)						
• Flächenproduktivität						
• Deckungsbeitrag						

Abb. 2.4: Vergleich der eigenen Situation mit der der wichtigsten Wettbewerber in einer Vertriebsschiene bzw. Vertriebslinie

2.5 Umwelt

Zuletzt muss auch die vertriebsrelevante „Umwelt" untersucht werden. Zur „Umwelt" gehören Bereiche wie: Neue Technologien und ihre Auswirkungen, rechtliche Veränderungen, nationale wirtschaftspolitische Einflüsse, Einflüsse und Trends aus dem europäischen Bereich sowie internationale Einflüsse und Trends.

In der nachfolgenden Übersicht sind einige Beispiele aufgeführt.

Umweltfaktor	Einfluss
Neue Technologien und ihre Auswirkungen	• e-procurement, d.h., Beschaffung/Verkauf im Internet über z.T. weltweit organisierte Marktplätze • CPFR: Collaborative Planning, Forecasting and Replenishment über weltweite Internet B2B-Marktplätze
Rechtliche Veränderungen	• Zur Diskussion: Schuldrechtsmodernisierungsgesetz • Wegfall des Rabattgesetzes und der Zugabeverordnung im Juli 2001
Nationale Einflüsse	• Geringfügig Beschäftigte • Ablehnung von Factory Outlet Centern
Einflüsse/ Trends aus dem europäischen Bereich	• Umstellung auf den Euro
Internationale Trends	• Home Meal Replacement • Urban Entertainment Center

Abb. 2.5: Einfluss der „Umwelt" im Rahmen der Sitationsanalyse im Trade-Marketing

2.6 Unternehmensinterne Situation

Für die Analyse der unternehmensinternen Situation sind im Wesentlichen die Bereiche Trade-Marketing, Finanzen, Organisation, Personal und technologische Ressourcen zu erfassen,

Die nachfolgenden Tabellen geben wieder einen Überblick über Fragen, die zu diesem Themenkomplex gestellt werden sollten:

Fragen zu Trade-Marketingfaktoren des Unternehmens

- Wie ist der Bekanntheitsgrad und das Ansehen des Unternehmens bei den Handelsunternehmen?

- Wie ist die Kundenzufriedenheit? – Und wie ist die Kundenbindung?

- Wie ist die Akzeptanz der Konditionenpolitik?

- Wie wird die Zusammenarbeit im Supply Chain Management beurteilt?

- Wie ist das Category Management Know-how? – Mit welchen Kunden arbeiten wir bezüglich Category Management zusammen?

- Wie sind Qualität und Akzeptanz der Promotionmaßnahmen?

- Wie werden unsere Neuprodukte vom Handel aufgenommen? – In welcher Form integrieren wir den Handel bei der Entwicklung von Neuprodukten?

- Wie und über welche Medien kommunizieren wir mit dem Handel?

- Führen wir Co-Marketing Aktionen durch? – Mit welchen Kunden? – Mit welchem Erfolg?

- Wie ist unser Regalservice? Führen wir Einzelhandelsdurchgänge durch? – Ist das bei unseren Kunden sinnvoll?

- In welchem Umfang halten wir bei den Kunden Mitarbeiterschulungen? – Wie bewerten die Kunden diese Aktivität?

Fragen zur finanziellen Situation des Unternehmens

- Wie ist die Prognose der Kostenentwicklung – in welchen Kostenarten, insbesondere Konditionen, WKZ, weitere Trade-Marketing-Mix-Maßnahmen?

- Welcher finanzielle Spielraum besteht, steigenden Kundenforderungen nachzukommen?

- Honorieren wir mit unseren Konditionen Druck oder Leistungen des Handels?

- Stehen unseren finanziellen und geldwerten Leistungen die erforderlichen Leistungen des Handels gegenüber?

- Welche finanziellen Möglichkeiten bestehen, Trade-Marketing-Mix-Maßnahmen zu optimieren und zu intensivieren?
- Welche finanziellen Möglichkeiten bestehen, Consumer-Marketing-Aktivitäten zur Markenbildung weiterhin aufrecht zu erhalten, bzw. zu verstärken?
- Welche Kosten verursacht die Vertriebsorganisation? Welche Ergebnisse erreicht sie?
- Sind die Möglichkeiten, Kosten einzusparen wirklich ausgeschöpft?
- Welche Möglichkeiten bestehen, effizienter zu werden?

Fragen zur Organisation des Vertriebs

- Entspricht die Organisationsstruktur des Vertriebs insgesamt den heutigen Kundenerfordernissen?
- Entspricht die Aufgabenstellung und Organisation des Key Account Managements den heutigen Kundenerfordernissen?
- Welche Anforderungen stellen die Kunden an die Betreuung in der Fläche – und wie erfüllen wir sie?
- Welche Aufgaben hat der Innendienst? Wie ist er in die Kundenbetreuung integriert – entspricht dies den Kundenerwartungen?
- Wie erfüllen wir Anfragen, Reklamationen, Wünsche unserer Kunden?
- Inwieweit können wir durch Einsatz externer Organisationen flexibler werden und schneller/besser auf Kundenerwartungen reagieren? – Wie ist der Einfluss auf Kosten und Ergebnisse?
- Wo sind Schnittstellenprobleme zu den Kunden / innerhalb der Vertriebsabteilung / zu anderen Abteilungen im Unternehmen – und wie können sie abgebaut werden?
- Wie führen wir die Mitarbeiter im Vertrieb? – Sind Balanced Scorecard und Benchmarking Steuerungsinstrumente, mit denen wir die Ergebnisse der Vertriebsarbeit inhaltlich verbessern könnten?
- Werden im CAS-System/Reporting alle wesentlichen Fakten korrekt berichtet?
- Welche Vorteile hätten wir durch den Aufbau eines Knowledge Managements?
- Entspricht unser Entlohnungssystem unseren Anforderungen an die Vertriebsmitarbeiter? – Und ist es im Wettbewerbsumfeld attraktiv?

Fragen zur personellen Situation im Vertrieb

- Wie ist der arbeitsbezogene Auslastungsgrad der Vertriebsmitarbeiter – und was muss daran ggf. verändert werden?

- Welche Anforderungen stellen Kunden heute an die Qualität der Vertriebsmitarbeiter – und wie ist die Qualität unserer Vertriebsmitarbeiter in den verschiedenen Funktionen?

- Welcher Trainings- und Schulungsbedarf besteht?

- Wie beurteilen die Kunden unsere Vertriebsmitarbeiter in den verschiedenen Funktionen?

- Was verstehen die Vertriebsmitarbeiter unter Kundenorientierung? – Entspricht dies den Vorstellungen der Unternehmens- und Vertriebsleitung? – Wie ausgeprägt ist diese Kundenorientierung der Vertriebsmitarbeiter?

- Wissen die Mitarbeiter exakt, welche Anforderungen an sie gestellt werden / welche Aufgaben sie zu erfüllen haben?

- Was motiviert die Mitarbeiter im Vertrieb? – Wie ausgeprägt ist ihre Motivationslage?

- Was tun wir, um die Motivation zu verbessern?

- Welche Ausstattung erhalten die Mitarbeiter für die Kundenbearbeitung? – Ist sie ausreichend und entspricht sie den Kundenerfordernissen?

Fragen zur technologischen Ausstattung des Unternehmens für die Kundenbearbeitung

- Welche technologische Unterstützung geben wir dem Vertrieb für dessen Arbeit beim Kunden? – Ist das ausreichend? – Welche Investitionen sind notwendig?

- Wie ist die Zusammenarbeit mit dem Kunden auf technologischer Basis? – Erfüllen wir die Anforderungen unserer Kunden insbesondere im Logistikbereich? – Wo sind Schwachstellen? – Was müssen wir tun / was müssen wir investieren, um sie abzubauen?

- Wie schnell, zuverlässig und umfassend ist unser internes Informationssystem?

- Stehen dem Vertrieb alle Daten zur Verfügung, die er für die Kundenbearbeitung benötigt?

Stellt das Unternehmen Handelsmarken her oder beabsichtigt es, die Herstellung von Handelsmarken anzubieten, sollte folgender Fragenkomplex bearbeitet sein:

Fragen zur Produktion von Handelsmarken

- Wie ist die Ausschöpfung der Produktionskapazitäten? – Erfordert die Produktion von Handelsmarken den Aufbau zusätzlicher Kapazitäten – Personal / Maschinen / Räume? – Ab welchen Mengen müssten Kapazitäten erweitert werden?
- Welches Umsatzvolumen erscheint realistisch / ist für uns interessant?
- Wie wollen wir von den Inhaltsstoffen abgesehen, die Handelsprodukte von unseren Produkten unterscheiden?
- Wie soll die Verpackung der Handelsmarken funktional gestaltet sein? – Wird eine Differenzierung in der Verpackung andere Abfüllmaschinen / Verpackungsmaschinen erfordern?
- Wie schnell könnten wir dem Handel produktionsreife Formulierungen / Produkte in Verpackung anbieten?
- Wie verändert die Produktion von Handelsmarken die auf unsere Produkte zuzurechnenden Fixkosten?
- Ist die Gewinnmarge, die aufgeschlagen werden kann, für uns interessant?
- Welche Synergien sind realistisch bei einer Produktion von Handelsmarken? – Insbesondere welche Auswirkungen werden auf unsere Marken zukommen?
- Ändert sich hierdurch unser Trade-Markeiting?

---

3 Zielbildung im Trade-Marketing

Die Situationsanalyse liefert die informatorische Basis für die Entwicklung der Trade-Marketingkonzeption. Aus der Fülle an Daten müssen nun diejenigen herausgefiltert werden, die das Unternehmen in seiner Zielerreichung fördert und damit die Grundlage der Zielbildung darstellen. Dazu werden die unternehmensexternen Daten einer Chancen-Risiko-Analyse und die unternehmensinternen Daten einer Stärken-Schwächen-Analyse unterzogen. Beide Analyseergebnisse werden in der SWOT-Analyse (Strengths-Weaknesses-Opportunities-Threats) verzahnt. Aus dieser wiederum werden in einem weiteren Analyseschritt die „Key-Issues" formuliert. Dies sind „Kernfragen", die in der Marketingkonzeption angegangen und bearbeitet werden sollten, weil sie das Unternehmen nach dem jetzigen Stand in die Zukunft tragen können.

Die unternehmensexternen Daten werden einer Chancen-Risiko-Analyse und die unternehmensinternen Daten einer Stärken-Schwächen-Analyse unterzogen

3.1   Chancen-Risiko-Analyse

Wo liegen zukünftig Chancen und Risiken für das Unternehmen?

Das Ziel der Chancen-Risiko-Analyse ist aus den unternehmensexternen Faktoren diejenigen herauszufiltern, die in der Zukunft eine Chance bzw. ein Risiko für das Unternehmen darstellen. Negative Ereignisse sollen möglichst verhindert werden, bzw. es muss ein Weg gefunden werden, sich mit ihnen angemessen auseinander zu setzen. Positive Ereignisse dürfen nicht übersehen werden und sollten möglichst verstärkt werden (vgl. Meffert 1998, S. 63 f.).

Chancen	Risiko
• Unsere Marke hat einen unverändert sehr hohen (gestützten) Bekanntheitsgrad und ein sehr gutes Image.	• Der Markt für Spielwaren sinkt mengenmäßig aufgrund der Geburtenrate.
• Unsere neuen Produkte sind von den Spielzeugfachmärkten und den SB-Warenhäusern sehr gut aufgenommen worden.	• Die Vertriebsschiene Spielwarenfachhandel verliert zusehends an Bedeutung.
• Unsere Regalplatzoptimierungsvorschläge für Kunde C waren erfolgreich. Der Kunde hat eine Umsatz- und Ertragssteigerung in der Warengruppe erzielt.	• Unsere Co-Marketing Aktionen in den Spielzeugfachmärkten haben die Kunden enttäuscht.
	• Unsere Lieferzeiten sind mit X Tagen zu lang.
• Kunde X und Kunde Z wollen uns als Category Captain einsetzen.	• Die meisten Wettbewerber geben in den SB-Warenhäusern höhere Konditionen.
• Wettbewerber Y wird seine Feldorganisation aufgeben.	• Ein wichtiger Wettbewerber wird von einem japanischen Unternehmen übernommen werden. Wir rechnen in Zukunft mit erheblichen Marketinginvestitionen.
• Wir haben eine Anfrage vorliegen, für den Kunden A zu produzieren.	• Unser Personaleinsatz in großen A-Häusern wird durch die neuen Regelungen für geringfügig beschäftigte Mitarbeiter in Frage gestellt.

Abb. 3.1:   *Auswahl möglicher vertriebsbezogener Chancen und Risiken für einen Hersteller von Spielwaren*

Durch eine Chancen-Risiko-Analyse wird also der strategische Handlungsrahmen in seiner kompletten Größe für die zukünftige Vertriebsarbeit erkannt und abgesteckt.

3.2   Stärken-Schwächen-Analyse

Das Ziel der Stärken-Schwächen-Analyse ist es zu klären, welche internen Ressourcen das Unternehmen hat oder in der Zukunft haben kann, um wiederum den Chancen- bzw. Risikoraum strategisch sinnvoll für sich zu nutzen bzw. zu vermeiden.

Nach der Chancen-Risiko-Analyse sind daher im nächsten Schritt die unternehmensinternen Ressourcen im Rahmen einer Stärken-Schwächen-Analyse zu bewerten. Methodisch bietet es sich an, die Stärken und Schwächen, wie dies vielfach getan wird, über ein Polaritätenprofil darzustellen (vgl. Becker 1998, S. 104). Dazu müssen die in der Situationsanalyse erhobenen Informationen in Kriterien zusammengefasst und einer qualitativen Bewertung unterzogen werden.

Kriterien	Beurteilung						Erfolgswichtigkeit		
	1	2	3	4	5	6	hoch	mittel	niedrig
Trade-Marketing Konzept									
• Ansehen bei den Handelskunden		X					X		
• Zufriedenheit der Handelskunden insgesamt mit dem Unternehmen		X							
• Bindung der Handelskunden an das Unternehmen			X				X		
• Akzeptanz der Konditionenpolitik			X				X		
• Zusammenarbeit im Supply Chain Management				X			X		
• Category Management Know-how	X						X		
• Promotionqualität					X		X		
• Erfolg der Neuprodukte im Handel		X					X		
• Kommunikation zum Handel			X					X	
• Co-Marketing Aktionen			X				X		
• Regalservice			X				X		
• Einzelhandelsdurchgänge					X				X
• Mitarbeiterschulung		X					X		
Finanzielle Situation									
• Finanzielle Stabilität			X				X		
• Kapitalverfügbarkeit				X			X		
• Zukünftige Investitionen in Trade-Marketing Maßnahmen			X				X		
• Zukünftige Investitionen in Consumer-Marketing Maßnahmen				X			X		
Personelle Vertriebssituation									
• Auslastung der Vertriebsmitarbeiter				X					X
• Qualität des Key Account Managements (KAM)				X			X		
• Qualität der Feldmitarbeiter		X						X	
• Qualität des Innendienstes			X					X	
• Kundenorientierung der Vertriebsmitarbeiter		X					X		
• Motivation der Vertriebsmitarbeiter			X					X	
• Ausstattung der Mitarbeiter für die Kundenbearbeitung			X					X	
Vertriebsorganisation									
• Ausrichtung der Organisation an Kundenerfordernissen			X				X		

Kriterien	Beurteilung						Erfolgswichtigkeit		
	1	2	3	4	5	6	hoch	mittel	niedrig
Vertriebsorganisation									
• Qualität der Bearbeitung von Anfragen, Reklamationen			X					X	
• Schnittstellenprobleme in der Zusammenarbeit Kunde – Vertrieb				X				X	
• Einsatz moderner Steuerungsinstrumente				X				X	
• Attraktivität des Entlohnungssystems	X							X	
Technologische Ausstattung									
• Einsatz von Laptops/CAS			X						X
• Einsatz von EDIFACT				X			X		
• Efficient Replenishment (CAO/VMI)				X			X		
• Geschäftsabschlüsse über B2B-Marktplätze						X	X		

Abb. 3.2: Kriterien für eine Stärken-Schwächen-Analyse

Benchmarking

Nach dieser Analysephase stellt sich die Frage, inwieweit die eigenen Ressourcen den Anforderungen des Marktes/der Kunden tatsächlich genügen und sich auch im Vergleich mit dem stärksten Wettbewerber ausnehmen. Dieser Abgleich mit den Marktanforderungen wird in der Praxis – da zeit- und kostenintensiv – eher selten durchgeführt werden.

Der Vergleich mit dem Ressourcenprofil des stärksten Wettbewerbers im Rahmen eines sog. Benchmarking (vgl. Becker 1998, S. 102) sollte in jedem Fall für so viele Kriterien wie möglich erfolgen. Nur so lassen sich jene Bereich identifizieren, in denen die Unternehmung spezifische Wettbewerbsvorteile aber auch –nachteile besitzt (vgl. Meffert 1998, S. 64).

Es bietet sich ggf. auch an, anstelle des stärksten Wettbewerbers in der eigenen Branche Wettbewerber aus anderen Branchen zu analysieren und sich mit ihnen zu vergleichen. Der Vorteil liegt darin, „über den eigenen Zaun zu sehen" und dadurch in Erfahrung zu bringen, welche Standards zu den verschiedenen Kriterien in anderen Branchen erreicht werden.

Die Erfolgswichtigkeit von Kriterien differenziert betrachten

Nicht alle Kriterien sind für den Erfolg bei einem Kunden oder bei einer Chance gleichbedeutend. Daher bietet es sich an, zusätzlich zu der Beurteilung auch noch die Erfolgswichtigkeit in den Dimensionen „hoch", „mittel" oder „niedrig" zu bewerten. Stellt man die Leistungsausprägung und die Erfolgswichtigkeit der Faktoren gegenüber, so ergeben sich insgesamt 6 Kombinationen" (vgl. Kotler/Bliemel 2001, S. 134 f.):

- **Verbesserungen nicht notwendig**: Hier ist die Leistung gering, sie ist aber auch nicht relevant für den Erfolg.
- **Etwas mehr Anstrengung wäre gut**: Hier ist die Leistungsausprägung gering und die Erfolgswichtigkeit mittelmäßig. Eine Verstärkung der Anstrengungen lohnt sich.

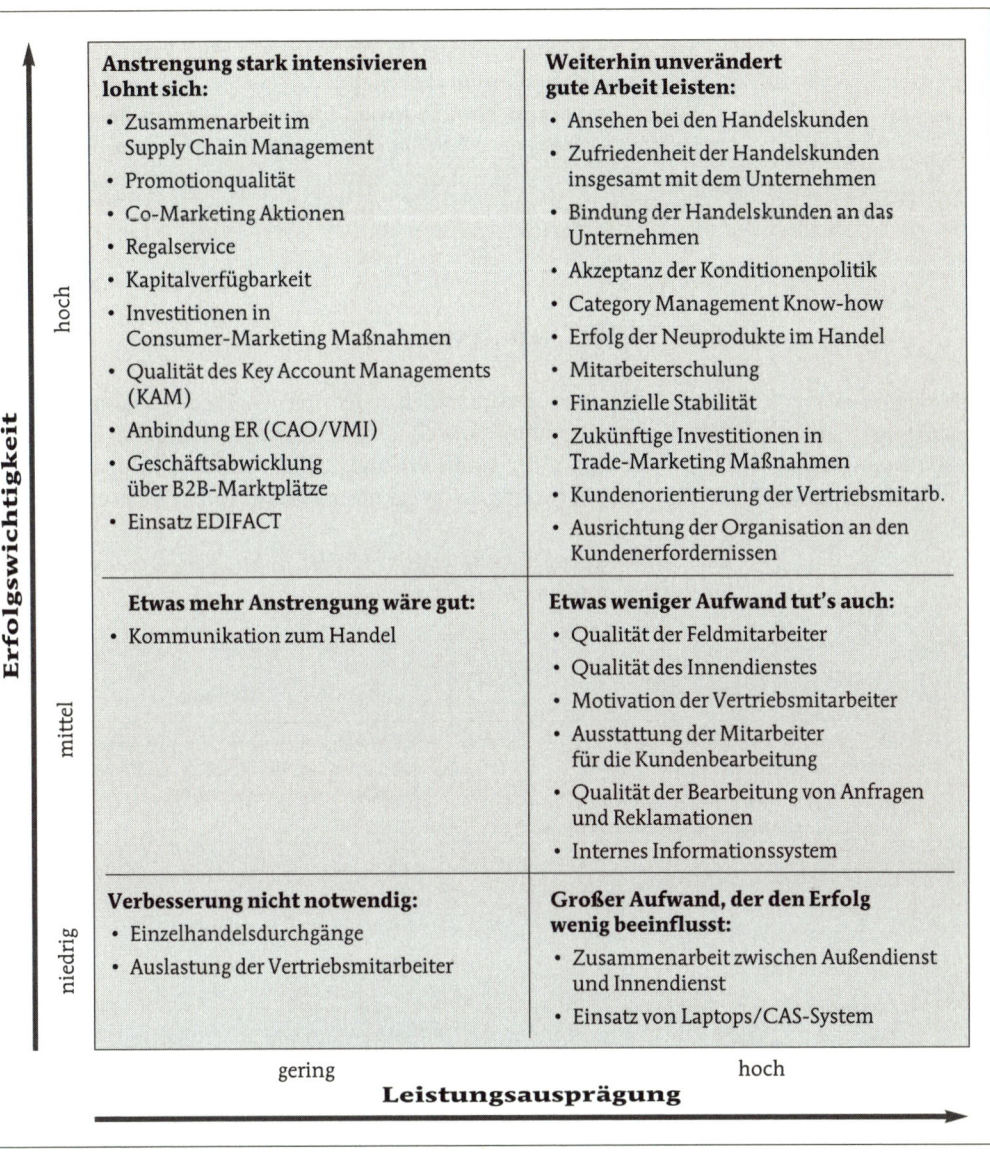

Erfolgswichtigkeit

hoch

Anstrengung stark intensivieren lohnt sich:

- Zusammenarbeit im Supply Chain Management
- Promotionqualität
- Co-Marketing Aktionen
- Regalservice
- Kapitalverfügbarkeit
- Investitionen in Consumer-Marketing Maßnahmen
- Qualität des Key Account Managements (KAM)
- Anbindung ER (CAO/VMI)
- Geschäftsabwicklung über B2B-Marktplätze
- Einsatz EDIFACT

Weiterhin unverändert gute Arbeit leisten:

- Ansehen bei den Handelskunden
- Zufriedenheit der Handelskunden insgesamt mit dem Unternehmen
- Bindung der Handelskunden an das Unternehmen
- Akzeptanz der Konditionenpolitik
- Category Management Know-how
- Erfolg der Neuprodukte im Handel
- Mitarbeiterschulung
- Finanzielle Stabilität
- Zukünftige Investitionen in Trade-Marketing Maßnahmen
- Kundenorientierung der Vertriebsmitarb.
- Ausrichtung der Organisation an den Kundenerfordernissen

mittel

Etwas mehr Anstrengung wäre gut:

- Kommunikation zum Handel

Etwas weniger Aufwand tut's auch:

- Qualität der Feldmitarbeiter
- Qualität des Innendienstes
- Motivation der Vertriebsmitarbeiter
- Ausstattung der Mitarbeiter für die Kundenbearbeitung
- Qualität der Bearbeitung von Anfragen und Reklamationen
- Internes Informationssystem

niedrig

Verbesserung nicht notwendig:

- Einzelhandelsdurchgänge
- Auslastung der Vertriebsmitarbeiter

Großer Aufwand, der den Erfolg wenig beeinflusst:

- Zusammenarbeit zwischen Außendienst und Innendienst
- Einsatz von Laptops/CAS-System

gering   hoch

Leistungsausprägung

Abb. 3.3:   *Stärken-Schwächen Analyse: Vergleich der Leistungsausprägung der verschiedenen Kriterien mit der Erfolgswichtigkeit*

- **Anstrengung stark intensivieren lohnt sich:** Hier ist die Leistungsausprägung gering, aber die Erfolgswichtigkeit erheblich. Bei diesen Kriterien müssen die Anstrengungen auf alle Fälle stark erhöht werden.
- **Großer Aufwand, der den Erfolg wenig beeinflusst:** Die Leistungsauprägung ist groß, die Erfolgswichtigkeit aber niedrig. Hier werden Ressourcen an der falschen Stelle erbracht oder treffender – vergeudet.

- **Etwas weniger Aufwand tut's auch**: Hohe Leistungsausprägung bei nur mittelmäßig wichtigen Erfolgskriterien. Hier kann der Aufwand etwas nachlassen, muss aber nicht.
- **Weiter unverändert gute Arbeit leisten**: In diesem Bereich ist die Leistungsausprägung hoch, genauso wie die Erfolgsausprägung. In diesem Bereich darf mit der Leistungserbringung nicht nachgelassen werden.

3.3 SWOT-Analyse

Verbindung der unternehmensinternen Ergebnisse mit den unternehmensexternen Faktoren

Eine Verbindung der unternehmensinternen Ergebnisse mit den unternehmensexternen Faktoren, also den Resultaten der Stärken-Schwächen- mit denen der Chancen-und-Risiken-Analyse führt zu der sog. SWOT-Analyse (Strengths-Weaknesses-Opportunities-Threats).

Die nachfolgende Tabelle zeigt eine SWOT-Analyse, die sich für unser Spielwarenunternehmen ergibt:

	Chancen	Risiken
Stärken	• Neue Produkte sind einer unserer Erfolgsfaktoren im Handel. • Unser Category Management Know-how ist professionell und für die Kunden von hohem Interesse. • Wenn der Wettbewerber seine Feldorganisation aufgibt, kann unser Außendienst die Instore- und Merchandising-Aktivitäten verstärken.	• Unsere Konditionen in den SB-Warenhäusern sind unverändert attraktiv, auch wenn der Wettbewerber seine erhöht hat.
Schwächen	• Der gute Bekanntheitsgrad unserer Marke muss durch Consumer-Marketing aufrecht erhalten werden. • Auf die Produktion von Handelsmarken sind wir bislang nicht vorbereitet. • Die Zusammenarbeit mit den Kunden wird gestärkt, wenn wir die „Enabling Technologies" beherrschen und Anforderungen im SCM genügen.	• Umsatzverluste im Spielwarenfachhandel müssen durch Neulistungen in anderen Vertriebsschienen durch unser Key Account Management aufgefangen werden. • Die Marketinginvestitionen des japanischen Wettbewerbers werden uns bald schaden, wenn wir nicht ebenfalls verstärkt in den Markt investieren. • Unsere Promotioneinsätze vor Ort müssen intensiviert und inhaltlich verbessert werden – auch wenn dafür in Zukunft keine bzw. weniger geringfügig Beschäftigte zur Verfügung stehen.

Abb. 3.4: Mögliche Ergebnisse der SWOT-Analyse eines Spielwarenherstellers

3.4 Schlüsselfragen

Die Bildung der sog. „Schlüsselfragen" ist der letzte Schritt, der notwendig ist, um die Zielformulierung vorzunehmen, d.h., den Prozess der Zielbildung abzuschließen. In diesen Schlüsselfragen (engl.: „Key Issues"), die auch als „Problemfragen" bezeichnet werden können (vgl. Kotler/Bliemel 2001, S. 161) werden die Erkenntnisse aus der SWOT-Analyse noch einmal komprimiert und führen fast zwingend zu der Zielformulierung.

Aus der SWOT-Analyse des Spielwarenherstellers würden sich folgende Schlüsselfragen ergeben:

sich aus der SWOT-Analyse des Spielwarenherstellers ergebende Schlüsselfragen

- Wie können wir eine Intensivierung des Consumer-Marketings finanzieren?
- Mit welchen Neuprodukten werden wir in Zukunft / im nächsten Geschäftsjahr im Handel erfolgreich sein?
- Wie können wir unser Category Management Know-how bei weiteren Kunden einbringen?
- Wie treiben wir die ECR-/SCM-Implementierung voran?
- Wie erreichen wir eine Distributionsausweitung außerhalb des Spielwarenfachhandels?
- Wie verbessern wir die Qualität unserer Promotioneinsätze vor Ort?
- Wie wollen wir in Zukunft dem Thema „Produktion von Handelsmarken" begegnen?

4 Trade-Marketingkonzeption

4.1 Ziele im Trade-Marketing

Auf Basis der SWOT-Analyse und der Schlüsselfragen kann nun die eigentliche Trade-Marketingkonzeption entwickelt werden. Im ersten Schritt folgt die Formulierung der Trade-Marketing Ziele. „*Ohne eine zielorientierte Ausrichtung droht die Unternehmens- und Marketingplanung zu einer reaktiven Anpassung an Umweltveränderungen mit der Gefahr des 'Durchwurstelns' ('Muddling Through') zu degenerieren.*" (Raffee, 1984, S. 67, in Meffert, 1998 S. 67)

Entwicklung der eigentlichen Trade-Marketingkonzeption

Diese Aussage gilt, aus den Erfahrungen der Praxis, ganz im Besonderen auch für die Arbeit der Vertriebsabteilungen. Sie ist geprägt von der Verfolgung kurzfristiger operationaler Handlungsziele, die sehr oft nicht in einen konzeptionellen Rahmen eingeordnet sind.

Oft fehlt ein konzeptioneller Rahmen

Die Formulierung von Zielen erhält im Vertrieb noch eine ganz besondere Bedeutung dadurch, dass sich die Beurteilung und Honorierung der Vertriebsmitarbeiter wie in keiner anderen Funktionsabteilung an der Erreichung von Zielen orientiert. Umso mehr muss sichergestellt sein, dass die Strategien und Maßnahmen, die durch den Vertrieb ergriffen werden, stimmig sind und eine Zielerreichung auch ermöglichen.

Die Zieldimensionen sollen sich an den Verantwortungsbereichen des Vertriebsmanagements im Trade-Marketing orientieren (vgl. Teil A, Kap. 4.3): „Vertriebsschienen / Kunden", „Vertriebsabteilung" und „Ergebnis". Es lassen sich daher ergebnisbezogene Ziele, vertriebsschienen- und kundenbezogene Ziele sowie vertriebsabteilungsbezogene Ziele unterscheiden.

Diese Ziele müssen, wie die gesamte Trade-Marketingkonzeption, mit den Gesamtunternehmenszielen und den Zielen im Consumer-Marketing abgestimmt sein.

Den einzelnen Zielbereichen lassen sich folgende Einzelziele zuordnen:

Ergebnisbezogene Trade-Marketingziele

- Umsatz / Absatzziele
- Erlösschmälerungen
- Retouren- und Gutschriften
- Kosten der Logistik/ SCM
- Kosten des Trade-Marketing Mix
- Kosten der Vertriebsorganisation
- Deckungsbeitrag (nach verschiedenen Kriterien wie Kunden, Vertriebsschienen, Gebieten usw.)

Vertriebsschienen- und kundenbezogene Trade-Marketingziele

- Kundenzufriedenheit
- Kundenbindung
- Kooperationsbereitschaft des Handels
- Marktanteile in Vertriebsschienen
- Marktanteile in Warengruppen des Kunden (= Bedeutung als Lieferant)
- Distributionsgrad (nummerisch, gewichtet)
- Regalplatz
- Lagerbestände / Reichweiten / Umschlagsgeschwindigkeit / Out-of-stocks/
- Lieferzeit / Lieferbereitschaft / Lieferzuverlässigkeit
- Sicherstellung des eigenen VK-Preisniveaus / Akzeptanz der erzielbaren Handelsspanne
- DPR / Flächenproduktivität

Vertriebsabteilungbezogene Trade-Marketingziele
- Qualifikation der Vertriebsmitarbeiter
- Image der Vertriebsmitarbeiter bei den Kunden
- Leistungsbereitschaft und Motivation der Vertriebsmitarbeiter

Es gibt langfristige Ziele, die eine strategische Bedeutung für das Trade-Marketing haben. So z. B. das Ziel, die Marktanteilssituation in einer Vertriebsschiene zu verbessern oder das Ziel, die Kundendeckungsbeiträge zu verbessern. Demgegenüber gibt es eine Vielzahl von operativen, kurzfristig zu erfüllenden Zielen im Trade-Marketing, wie z.B. der Hineinverkauf einer bestimmten Aktionsware zur kurzfristigen Umsatzsteigerung.

langfristige Ziele mit strategischer Bedeutung

Bei der Festlegung der Ziele ist zu überprüfen, ob die Ziele untereinander vereinbar sind (komplementäre Ziele) oder ob sie im Widerspruch zueinander stehen (konfliktäre Ziele) bzw. sich sogar gegenseitig ausschließen, es sich also um sog. antinome Ziele handelt. Eine konfliktäre Zielsituation wird sich ergeben, wenn z.B. die Distribution in neue Vertriebsschienen erweitert werden soll, gleichzeitig aber die Organisation des Key Account Managements personell gestrafft wird. Eine antinome Zielsituation liegt vor, wenn das Budget für Werbekostenzuschüsse (WKZ) an den Handel nicht erhöht wird, gleichzeitig aber eine Verstärkung kooperativer Werbung das Ziel ist.

Für sämtliche Zielformulierungen gilt die **SMAC-Regel**! Sie besagt, dass Ziele
- **s**pecific (spezifisch und zeitlich begrenzt)
- **m**easurable (messbar)
- **a**chievable (akzeptierbar, d.h. erreichbar und realistisch)
- **c**onsistent (vereinbar mit den Unternehmenszielen)
sein müssen.

Ziele müssen aus spezifischen, messbaren und akzeptablen Kriterien bestehen

Eine Zielformulierung, die lautet: „Wir müssen im nächsten Jahr unsere Ergebnisse in einigen Vertriebsschienen bei weitem verbessern," ist weder spezifisch, noch messbar, noch wird sie von den Mitarbeitern akzeptiert. Den SMAC-Kriterien würde entsprechen: „Ziel ist, im nächsten Geschäftsjahr unsere Umsätze in der Vertriebsschiene SB-Warenhaus des Kunden REWE um 30 Prozent zu steigern." (Zu der Formulierung von Leistungszielen vgl. Kotler 2001, S. 137 ff.)

Bezugnehmend auf den in den vorigen Kapiteln eingeführten Spielwarenhersteller, ist hier nicht bekannt, welche ergebnisbezogenen Ziele er im Einzelnen hat.

Aus den Schlüsselfragen lassen sich aber folgende Ziele für das Trade-Marketing ableiten:

- Erhöhe die Consumer-Marketing-Aktivitäten um X bis Y Prozent durch Kosteneinsparungen in Höhe von insgesamt Z Mio. Euro im Vertriebsbereich im Zeitraum April bis Dezember!
- Fördere die Kundenbindung und die Kooperationsbereitschaft bei sämtlichen A-Kunden durch das Angebot von Regalplatzoptimierungen einschließlich Unterstützung im Category Management!
- Verbessere die nummerische Distribution im SB-Warenhaus um 20 bis 22 Prozent, im Verbrauchermarkt um 35 bis 38 Prozent innerhalb der nächsten 12 Monate!
- Verbesserung der Beurteilung der Qualität der Promotioneinsätze durch die Abteilungsleiter der A-Kunden um mindestens 45 bis 50 Prozent innerhalb der nächsten 12 Monate!
- Vorlage einer entscheidungsreifen Konzeption zu den Pro- und Kontras der Produktion von Handelsmarken bis zum 31.3.!
- Ernennung eines ECR/SCM-Beauftragten bis 31.1 und Erarbeitung einer entscheidungsreifen ECR/SCM-Grobkonzeption bis 30.6.

4.2 Strategien

„Mit den Leistungszielen offenbart das Management, wie viel es erreichen will; die Strategie zeigt auf, was zur Zielerreichung getan werden muss, und die operative Taktik bestimmt, wie es getan wird." (Kotler/Bliemel 2001, S. 138)

In Teil A, Kap. 6 wurden bereits die von der Unternehmensleitung, Marketing und Vertrieb im Rahmen der Strategischen Marketingplanung gemeinsam zu treffenden grundsätzlichen, langfristig wirksamen Entscheidungen zur Gestaltung des Vertriebssystems besprochen: direkter oder indirekter Absatz, Einweg- oder Mehrwegabsatz, Anzahl der Handelspartner, Strategie vertraglicher Vertriebssysteme und absatzmittlergerichteter Strategiestil.

Darüber hinaus gilt es für eine Reihe weiterer Themen im Vertrieb strategische Entscheidungen zu treffen. Sie haben allerdings nur mittelfristige Wirkung und sind eher der operativen Trade-Marketingplanung zuzurechnen.

Es handelt sich dabei sowohl um Verhaltensweisen gegenüber dem Handel als auch Entscheidungen zur Organisation und zur Führung und Steuerung der Vertriebsabteilung. Das ist z.B. die Entscheidung, ob die Kundenbetreuung durch einen eigenen oder durch einen fremden Außendienst, z.B. durch Handelsvertreter oder Vertriebsagenturen erfolgen soll. Oder die Entscheidung über die Konditionsstruktur, die dem Handel angeboten wird.

Diese Entscheidungen haben, wie gesagt, eine mindestens mittelfristige Wirkung für die Vertriebsarbeit. Langfristig, wenn auch zum Teil nur mit mehr oder weniger großem finanziellem und personellem Aufwand, können neue Entscheidungen getroffen und durchgesetzt werden.

Wie schwierig z.B. eine Veränderung der Stimulierungsstrategie gegenüber dem Handel und dabei insbesondere eine Veränderung der Konditionsstrategie ist, zeigt das Beispiel von PROCTER & GAMBLE, die Anfang 1996 u.a. ein neues Konditionssystem einführten (vgl. Schobert 1996, S. 264 ff.). Diese Umstellung mündete z.B. bei dem Fuldaer Filialisten TEGUT, der immerhin ein Umsatzvolumen von 20 Mio. DM mit PROCTER & GAMBLE hatte, in einer kompletten Auslistung aller Produkte (vgl. o.V. LZ 96, S. 4); ALLKAUF, EDEKA und REWE reagierten ebenfalls mit umfangreichen Auslistungen (vgl. Hanke 1996, S.4).

Die nachfolgende Übersicht zeigt sowohl die langfristig als auch die mittelfristig wirksamen strategischen Entscheidungsgegenstände des Vertriebs mit ihren wesentlichen Ausprägungsmerkmalen:

	Gegenstand der strategischen Entscheidung	Ausprägungsmöglichkeiten
langfristige strategische Entscheidungen	Grundform des Vertriebssystems	direkter Vertrieb – indirekter Vertrieb Einwegabsatz – Mehrwegabsatz
	Selektionsstrategie	Anzahl der Handelspartner: Exklusiv – selektiv – intensiv – ubiquitär
	Strategie vertraglicher Vertriebssysteme	Vertriebsbindungssystem – Alleinvertriebssystem – Vertragshändlersystem– Franchising
	absatzmittlergerichtete Verhaltensstrategie	Ausweichen – Kooperation – Anpassung – (Konflikt)
mittelfristige strategische Entscheidungen	Stimulierungsstrategie	Trade-Marketing-Mix Instrumente: ECR – Konditionen – Kommunikation – Service – Feldorganisation
	Organisation der Kundenbearbeitung	Ausgestaltung von: Key Account Management – Feldorganisation – Innendienst
	Kundenbearbeitung: Make or Buy	Funktional – nach Gebieten – nach Produkten – nach Kunden – nach Vertriebsschienen
	Eigener oder fremder Außendienst	Reisende – Handelsvertreter – Vertriebsagentur
	Vergütungssystem	Festgehalt – Provision – Prämie
	Führungsrichtlinien	Einzelkämpfer – Team / Führungsstil / Coaching
	Motivationssystem	Monetäre – nicht-monetäre Motivationsinstrumente
	IT-Vertriebsunterstützungssysteme	CAS – CRM

Abb. 4.1: Langfristige und mittelfristige strategische Entscheidungen im Vertrieb

Bei einer grundlegenden strategischen Trade-Marketingplanung können sich aus der Situationsanalyse heraus Tatbestände ergeben, die zu einer strategischen Neuausrichtung führen.

Bei der Erstellung des jährlichen Trade-Marketing Plans wird ein Eingreifen in langfristig und mittelfristig festgelegte Strategien kaum notwendig werden. Hier werden zur Zielerreichung strategische Entscheidungen getroffen, die sich einer systematischen Darstellung entziehen.

mögliche strategische Optionen des Spielwaren- herstellers

Im Beispiel des Spielwarenherstellers könnten folgende strategische Optionen zur Zielerreichung diskutiert werden:

> **Ziel: Erhöhe die Consumer-Marketing Aktivitäten um X bis Y Prozent durch Kosteneinsparungen in Höhe von insgesamt Z Mio. Euro im Vertriebsbereich im Zeitraum April bis Dezember**
>
> Es gilt also zu klären, aus welchen Bereichen einmalig Gelder freigesetzt werden könnten, ohne dass mittelfristig eine Auswirkung auf die Kundenbeziehungen eintreten.
>
> Strategische Möglichkeiten sind z.B.:
>
> * Reduzierung der Trainings- und Schulungsaufwendungen
> * Reduzierung der Unterlagen der Vertriebsmitarbeiter für die Kundenbearbeitung oder auch
> * Reduzierung der handelsbezogenen Werbung

4.3   Maßnahmen / Budgets / Timing

Auf die Verabschiedung der Strategie folgt die detaillierte Ausarbeitung der einzelnen Maßnahmen, die jetzt durchgeführt werden müssen.

Je nach Komplexität der Aufgabe bietet es sich an, einen Projektplan anzulegen, der die einzelnen Schritte aufzeigt.

Weiterhin muss über die Kosten der Maßnahmen ein Budget erstellt werden. Es müssen Verantwortliche für die Durchführung der Maßnahmen benannt werden und das Timing, d.h., wann welche Schritte erledigt sind, damit die Maßnahmen termingerecht abgeschlossen werden, ist festzulegen.

Reduzierung der handels- bezogenen Werbung bei C-Kunden zugunsten des Consumer-Marketings

Die Maßnahmen, die der Spielwarenhersteller einleiten müsste, wären beispielhaft folgende. Angenommen, es wurde entschieden, dass zur Unterstützung der Finanzierung von Consumer-Marketing Aktivitäten die handelsbezogene Werbung, d.h., der WKZ, reduziert wird.

> **Maßnahmen:**
>
> * Aufforderung an die Key Account Manager (KAM) und auch an die Gebietsverkaufsleiter, die Höhe der Werbekostenzuschuss(WKZ)-Aufwendungen sowie die Anzahl und die Art der Werbung des letz-

ten Jahres aufzulisten und einen Vorschlag zu erarbeiten, welche Werbeaktivitäten und damit welche Kosten eingespart werden könnten.

- Information durch Abteilung Produktmanagement, welche Consumer Aktivitäten gestartet werden und welche Umsatzergebnisse bzw. Abverkaufsergebnisse für die jetzt intensiver unterstützten Produkte erwartet werden.
- Besprechung zwischen KAM, Gebietsverkaufsleiter und Vertriebsleitung, wie gegenüber den Kunden argumentiert wird.
- Gegebenenfalls Darstellung der Consumer Aktivitäten und der erwarteten Ergebnisse z.B. in einem Salesfolder.
- Durchsetzung der Maßnahme bei den Kunden, die WKZ erhalten.

5 Trade-Marketing Plan

5.1 Bestandteile des Trade-Marketing Plans

Der Trade-Marketing Plan setzt sich aus 3 Bausteinen zusammen:
- individuellen kundenbezogenen bzw. vertriebsschienenbezogenen Trade-Marketing Plänen,
- einem Vertriebsressourcenplan,
- einem Ergebnisplan.

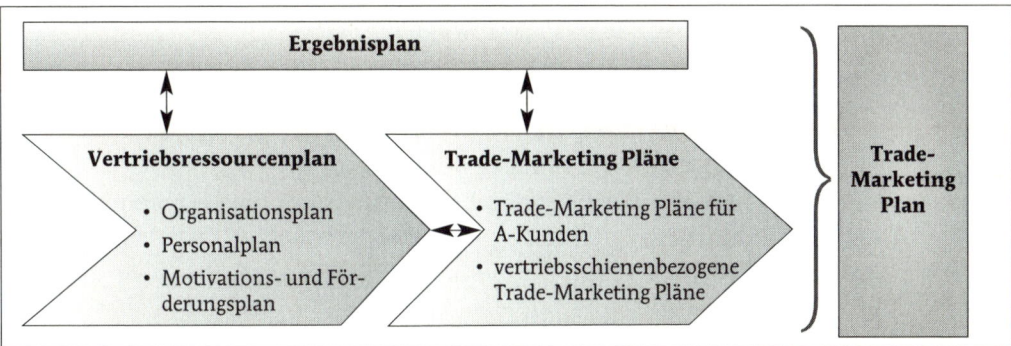

Abb. 5.1: Bausteine des Trade-Marketing Plans

Dieser Trade-Marketing Plan, der auch als Vertriebsplan bezeichnet werden kann, ergänzt den Consumer-Marketing Plan des Produktmanagements. Beide Pläne zusammen gewährleisten eine optimale Erfüllung der Unternehmens- und strategischen Marketingziele (vgl. Teil A, Kap. 5).

5.2 Kunden- und vertriebsschienenbezogene Trade-Marketing Pläne

separate kundenbezogene Trade-Marketing-Planung der Hersteller für A-Kunden und große B-Kunden

Die Umsatzbedeutung der wenigen großen Handelsorganisationen macht es sowohl erforderlich als auch durchführbar, dass die Hersteller jeweils eine separate kundenbezogene Trade-Marketing-Planung vornehmen. Für diese A-Kunden und ggf. auch noch für große B-Kunden sollte daher ein individueller Trade-Marketing Plan erstellt werden.

Aufgrund der aufgezeigten Bedeutung der verschiedenen Vertriebsschienen bei einem Großkunden muss innerhalb dieses kundenbezogenen Trade-Marketing Plans eine vertriebsschienenbezogene Differenzierung vorgenommen werden.

Um den sehr unterschiedlichen Anforderungen der Vertriebsschienen gerecht zu werden, werden die kleineren Handelskunden innerhalb individueller vertriebsschienenbezogener Trade-Marketing Pläne zusammengefasst.

Verantwortlich für die Erstellung der Trade-Marketing Pläne sind die zuständigen Key Acccount Manager.

Für den Aufbau eines kundenbezogenen Trade-Marketing Plans bietet sich folgende Gliederung an:

Trade-Marketing Plan Kunde A

1   ZUSAMMENFASSUNG

1.1 Status laufendes Geschäftsjahr

1.2 Aktuelle Vertriebssituation

1.3 Wichtigste SWOT-Ergebnisse und Schlüsselfragen

1.4 Prioritätsziele bei dem Kunden für das nächste Geschäftsjahr und Strategien

1.5 Prioritätsmaßnahmen und Kosten

1.6 Wirtschaftliche Ergebnisse/ Kundendeckungsbeitragsrechnung

2   VERTRIEBSSCHIENE A
     (z. B. SB-WARENHÄUSER UND VERBRAUCHERMÄRKTE)

2.1 Status laufendes Geschäftsjahr

2.2 Aktuelle Vertriebssituation

2.3 SWOT-Analyse und Schlüsselfragen

2.4 Ziele nächstes Geschäftsjahr

2.5 Vertriebsstrategie

Der „Status laufendes Geschäftsjahr" beinhaltet zur Übersicht ein „Zahlenwerk" mit Angaben über
- Soll (= Budget)
- Ist (= Ergebnisstand bei der Erstellung des Plans) und
- Jahresendschätzungen

der wichtigsten quantitativen Ziele, also Umsatz und Deckungsbeitrag, sowie Daten über die Bedeutung des Unternehmens, bzw. der Produktgruppe beim Kunden, bzw. in der Warengruppe des Kunden.

Weiterhin sollten die Ergebnisse abgeschlossener Projekte und Maßnahmen, besonders solcher Projekte, die als besonders wichtig zur Zielerreichung erklärt wurden (sog. Prioritätsprojekte), erläutert werden.

In der „aktuellen Vertriebssituation" werden, im Sinne der Situationsanalyse (vgl. Teil C, Kap. 2), die wichtigsten Informationen zum Markt, dem Kunden bzw. der Vertriebsschiene des Kunden, den Wettbewerbern, der Umwelt als auch der eigenen Situation bezogen auf die Aufgaben bei diesem Kunden, dargestellt.

Die „Schlüsselfragen" sollten auf die wirklich wichtigsten Fragen, die sich aus der SWOT-Analyse ergeben, konzentriert werden. In der Praxis ist es bei gegebenen Organisationsstrukturen und Personalbestand nicht möglich, innerhalb kurzer Zeit alle „Hebel" zu ziehen, um als richtig erkannte neue Ziele oder Maßnahmen durchzusetzen. Werden die Mitarbeiter „überfrachtet", besteht die große Gefahr, dass gar kein Ziel erreicht wird und die Mitarbeiter überfordert sind und demotiviert werden.

Die Trade-Marketing Pläne enthalten auch jeweils kunden-, bzw. kunden/vertriebsschienenbezogene Wirtschaftlichkeitsrechungen, in Form einer Kundendeckungsbeitragsrechnung bzw. Vertriebsschienendeckungsbeitragsrechung.

kunden/vertriebsschienenbezogene Wirtschaftlichkeitsrechungen

Die Informationen, die eine Kundendeckungsbeitragsrechung enthalten sollte, zeigt Abbildung 5.2. Analog zu der Kundendeckungsbei-

tragsrechnung ist der Aufbau einer Vertriebsschienendeckungsbeitragsrechnung.

Kundendeckungs-
beitragsrechnung

Eine Kundendeckungsbeitragsrechnung wird neben den aktuellen Ergebnissen für das laufende Geschäftsjahr auch einen Vergleich zum Vor-
jahr und dem Budget enthalten. Weiterhin wird sie um Plandaten für das
nächste Geschäftsjahr ergänzt werden.

Bruttoumsatz des Kunden	
./. Retouren/ Gutschriften	
./. Erlösschmälerungen (Rabatte, Bonus, Skonto)	
Nettoumsatz des Kunden	
./. variable Herstellkosten	
Kundendeckungsbeitrag I	
./. Kosten der Warenlogistik/ Frachtkosten	
./. Kosten der Informations- und Datenlogistik	**Kosten der Logistik**
./. Listungsgebühren (als Distributionskosten)	
./. Werbekostenzuschüsse/ WKZ	
./. Kosten der Regalpflege/ Merchandising	
./. VKF-Material/ Displays	**Kosten der Werbung**
./. Einsatz Verkaufsförderer	**und Verkaufsförde-**
./. Produktmuster/ Proben	**rung beim Kunden**
./. Personalschulung	
./. Sonst. Kosten der Werbung/ VKF	
./. Umsatzprovisionen	
./. Prämien	**Kosten des Vertriebs**
./. Reisekosten/ Bewirtungen	**beim Kunden**
./. Sonstige Vertriebskosten	
Kundendeckungsbeitrag II	

Abb. 5.2: Inhalte einer Kundendeckungsbeitragsrechnung

Für den Aufbau eines vertriebsschienenbezogenen Trade-Marketing
Plans bietet sich folgende Gliederung an:

Trade-Marketingplan Vertriebsschiene A –
als Zusammenfassung von B- bzw. C-Kunden
1. Status laufendes Geschäftsjahr
2. Aktuelle Vertriebssituation in der Vertriebsschiene
3. SWOT-Ergebnisse und Schlüsselfragen
4. Ziele in der Vertriebsschiene für das nächste Geschäftsjahr
(ggf. unter Ausweis wichtiger einzelner kundenspezifischer Ziele)
5. Vertriebsstrategie

6. Maßnahmenkatalog (ggf. auch einzelne kundenbezoge Maßnahmen) – Ausweis der Prioritätsprojekte
7. Budget / Timing / Verantwortlichkeiten
8. Wirtschaftliche Ergebnisse / Vertriebsschienendeckungsbeitragsrechnung

5.3 Vertriebsressourcenplan

Die Durchführung der Trade-Marketing Pläne ist, neben den finanziellen Ressourcen, abhängig von den organisatorischen Voraussetzungen für die Vertriebsarbeit, der quantitativen und qualitativen personellen Ausstattung der Vertriebsabteilung als auch von der Art und Weise, wie die Vertriebsmitarbeiter bei ihrer Arbeit motiviert und gefördert werden.

Ausstattung und Motivation der Vertriebsmitarbeiter

Viele Informationen über den Stand der Vertriebsabteilung können bereits aus der Stärken-Schwächen-Analyse entnommen werden. Weitergehende Anforderungen, die aus den Trade-Marketing Plänen resultieren, müssen von den leitenden Mitarbeitern im Vertrieb aus diesen Plänen heraus zusammengestellt werden. Verantwortlich für die Erstellung des Ressourcenplans ist sowohl die Vertriebsleitung als auch die Leitung der Feldorganisation (oft als Verkaufsleitung bezeichnet), sowie die Innendienstleitung.

Die Erstellung des Ressourcenplans mit den drei Unterplänen:
• Organisationsplan
• Personalplan
• Motivations- und Förderplan
stellt sicher, dass in der Vertriebsabteilung die Voraussetzungen gegeben sind, die Trade-Marketing Pläne zu realisieren. Sind vorhandene Vertriebsressourcen, z.B. das Know-how der Mitarbeiter nicht ausreichend, muss der Trade-Marketingplan ggf. verändert oder aber dieses Know-how muss z.B. extern eingekauft werden. Durch die Zusammenstellung aller notwendigen Maßnahmen in der Vertriebsabteilung in diesen drei Unterplänen ist weiterhin die Ermittlung der damit verbundenen Kosten und die Erstellung eines Vertriebsbudgets möglich. Jeder Teilplan enthält also neben der verbalen inhaltlichen Aussage auch eine Kostenaufstellung.

5.3.1 Organisationsplan

Der Organisationsplan enthält die Maßnahmen und Aktivitäten, die notwendig sind, um die
• Betreuung von Kunden / Vertriebsschienen
• Kundenbetreuung in der Fläche
sicherzustellen.

Daher beinhaltet der Organisationsplan beispielhaft folgende Themenkreise:

Organisationplan: Betreuung der Kunden / Vertriebsschienen

- Ist die Kundenbetreuung durch einzelne KAM ausreichend und zu-
  frieden stellend?
- Für welche Kunden muss ein Kundenteam eingesetzt werden?
- Muss der Kunde auf eine Betreuung nach Vertriebsschienen umge-
  stellt werden?
- Werden regionale KAM benötigt?
- Wie wirken sich organisatorische Veränderungen beim Kunden
  auf uns aus? Beispielsweise durch Einführung von ECR / Supply
  Chain Management oder Category Management?
- Sind wir den organisatorischen Anforderungen der Kunden ge-
  wachsen?
- Wie ist das Zusammenspiel zwischen Kunden und Innendienst?
- Wie fördert / verhindert der Betriebsrat notwendige organisatori-
  sche Anpassungen? – Mit welchen Konsequenzen?

Organisationsplan: Kundenbetreuung in der Fläche

- Entspricht die Aufteilung der Verkaufsgebiete den Erfordernissen
  der Kunden?
- Wie ist die Auslastung der Außendienstmitarbeiter, der Merchan-
  diser, Verkaufsförderer usw.?
- Bestehen freie Kapazitäten?
- Welche Aufgaben erfüllen die Mitarbeiter bei den verschiedenen
  Kunden / in den verschiedenen Vertriebswegen?
- Inwieweit kann der Innendienst den Außendienst entlasten?

In regelmäßigen Zeitabständen sollten zusätzlich folgende organisati-
onsbezogene Aspekte auf ihre Aktualität und Vereinbarkeit mit den Ver-
triebszielen überprüft werden:
- Organisation der Vertriebsabteilung,
- Führungsrichtlinien,
- Vergütungssysteme,
- Beurteilungssysteme,
- Kontrollinstrumente.

5.3.2   Personalplan

Im Personalplan werden insbesondere die quantitativen und qualitativen Mitarbeiterressourcen des Vertriebs zur Durchführung der Trade-

Marketingpläne untersucht und notwendige Veränderungen dargeestellt.

Der Personalplan beinhaltet beispielhaft folgende Themenkreise:

> **Personalplan**
> * Welche Mitarbeiter mit welchen Qualifikationen sind notwendig, um die Kundenanforderungen, bzw. unsere Aufgaben bei den Kunden / in den Vertriebsschienen zu erfüllen?
> * Wie erfolgt die Beschaffung der Mitarbeiter? – Wann stehen sie zur Verfügung
> * Wie erfolgt die Abstimmung mit dem Betriebsrat? Welche Probleme bestehen und sind hinderlich?
> * Wie erfolgt der Einsatz neuer Mitarbeiter an ihrem Arbeitsplatz?

5.3.3 Förder- und Trainingsplan

Die Vertriebsmitarbeiter werden auf verschiedene Weise bei ihrer Arbeit motiviert und unterstützt, um die Ziele der Kunden- und Vertriebsschienenpläne zu erreichen und veränderten Anforderungen zu genügen.

Folgende Formen der Unterstützung bieten sich an:

Formen der Mitarbeiterunterstützung

* Motivationssysteme,
* Training und Schulung,
* Maßnahmen, zur Erleichterung der Arbeit beim Kunden wie Salesfolder oder CAS/CRM.

Der Förder- und Trainingsplan beinhaltet beispielhaft folgende Themenkreise:

> **Förder- und Trainingsplan**
> * Immaterielle Motivationsinstrumente wie Auszeichnungen, Belobigungen usw.
> * Materielle Motivationsinstrumente wie Prämien, Provisionen, Sachpreise, Ausstattung des Arbeitsplatzes usw.
> * Art und Inhalt von Trainings- und Schulungsmaßnahmen
> * Verbesserung der Verkaufsgespräche und Verhandlungsführung
> * Kommunikationstechniken wie Körpersprache oder NLP usw.
> * Art und Anzahl der benötigten Salesfolder, Produkte, Proben, Preislisten usw.
> * Einsatz von CAS/CRM
> * Wie fördert / verhindert der Betriebsrat notwendige Förder- und Trainingsmaßnahmen? – Mit welchen Konsequenzen?

5.4   Ergebnisplan

ertrags- und kostenmäßige
Ergebnisse der
Vertriebstätigkeit

Der Ergebnisplan enthält zusammenfassend die ertrags- und kosten-mäßigen Ergebnisse der Vertriebstätigkeit. Ziel der Darstellungen sollte sein, möglichst übersichtlich Entwicklungen und Tendenzen für das Unternehmensmanagement darzustellen und erkennbar zu machen. Weiterhin wird der Ergebnisplan einen Kurzkommentar zu den finanziellen Ergebnissen enthalten. Die detailierten Darstellungen und Ergebnisse finden sich in den Trade-Marketingplänen und dem Vertriebsressourcenplan.

Beispielhaft könnte der Ergebnisplan folgende Übersichten enthalten:

Ergebnis nach Kunden, bzw. Kundengruppen		Ist letztes Jahr	Budget lauf. Jahr	% Verän-derung zum Vorjahr	Ergeb-nis zum Jahres-ende	% Verän-derung Budget	Budget nächs-tes Jahr	% Verän-derung zum Vorjahr
A-Kunde A	Umsatz Deckungsbeitrag							
A-Kunde B	Umsatz Deckungsbeitrag							
A-Kunde C	Umsatz Deckungsbeitrag							
Summe A-Kunden	Umsatz Deckungsbeitrag							
Summe B-Kunden	Umsatz Deckungsbeitrag							
Summe C-Kunden	Umsatz Deckungsbeitrag							
Gesamt-summe	Umsatz Deckungsbeitrag							

Abb. 5.3:   Darstellung des Vertriebsergebnisses nach Kunden bzw. Kundengruppen

Analog sollten die Ergebnisse, die in den einzelnen Vertriebsschienen erzielt werden, dargestellt werden.

Weiterhin enthält der Ergebnisplan eine gesamthafte Darstellung des Gesamt-Vertriebsergebnisses (vgl. Abb. 5.4). Im Aufbau entspricht die Ergebnisdarstellung der einer Kundendeckungsbeitragsrechnung.

Der Ergebnisplan des Vertriebs muss sich mit dem produktbezogenen Ergebnisplan, den das Produktmanagement erstellt, ergänzen. Die produktbezogenen Umsätze, Retouren/Gutschriften und Erlösschmälerungen sowie die variablen Herstellkosten müssen in der Summe den gleichen Betrag ergeben wie die Summe der kunden- bzw. vertriebsschienenbezogenen Ergebnisse (Abb. 5.3), bzw. das hier aufgezeigte Gesamtvertriebsergebnis!

Gesamtvertriebsergebnis	Ist letztes Jahr	Budget lauf. Jahr	% Veränderung zum Vorjahr	Ergebnis zum Jahresende	% Veränderung Budget	Budget nächstes Jahr	% Veränderung zum Vorjahr
Bruttoumsatz							
./. Retouren / Gutschriften							
./. Erlösschmälerungen							
Nettoumsatz							
./. variable Herstellkosten							
Vertriebsdeckungsbeitrag I							
./. Kosten der Logistik							
./. Kosten der Werbung und Verkaufsförderung bei den Kunden							
./. Kosten des Vertriebs							
Vertriebsdeckungsbeitrag II							

Abb. 5.4: *Schema für eine Gesamt-Vertriebsdeckungsbeitragsrechnung*

Teil D

Instrumente im Trade-Marketing

Durch den Einsatz von Trade-Marketing-Instrumenten will der Hersteller im horizontalen Wettbewerb eine bessere Position als sein Wettbewerber erreichen.

In der Praxis zeigt sich immer wieder, dass die Konditionen zum wichtigsten aller Instrumente gemacht werden – und schlussendlich in den Niedrigpreisofferten des Handels münden. Dies ist umso bedauerlicher, als ein reichhaltiges Instrumentarium im Trade-Marketing zur Verfügung steht. In ihrer Wirkung zielen die meisten der Trade-Marketing-Instrumente auch auf den gemeinsamen Kunden, den Endverbraucher. Dadurch fördern sie für den Handel Akzeptanz der Vertriebslinien und Kundenbindung.

Welche Instrumente dem Hersteller zur Verfügung stehen und welche Gestaltungsmöglichkeiten sich ihm mit diesen Instrumenten bieten, ist Inhalt von Teil D.

1   Überblick

In der Zusammenarbeit mit dem Handel wird eine Vielzahl von Instrumenten eingesetzt; denn beim *„Anspruch auf eine 'Preferred Supplier'-Position durch Trade Marketing muss der Hersteller dem Handelsunternehmen oder –system die Frage beantworten, warum sein Angebot eine bevorzugte Behandlung am Point of Sale rechtfertigt."* (Laurent 1996, S. 261; vgl. Tomczak/Gussek 1992, S. 784 ff.; insbesondere bezüglich der kritischen Anmerkungen zu dem Verhältnis von handels- und endverbraucherorientierten Maßnahmen)

In der Zusammenarbeit mit dem Handel stehen die Konditionen im Mittelpunkt

Im Mittelpunkt steht ohne Zweifel das Instrument: „Konditionen" und hier insbesondere die Rabatte und die Werbekostenzuschüsse. Welche Instrumente insgesamt dem Trade-Marketing zur Verfügung stehen, wird in der Literatur uneinheitlich beantwortet.

Autor / Instrument	Zentes 1989	Tomczak/ Gussek 1992	Oehme 1992	Diller 1992a	Böhlke 1995
Sortiment					+
Konditionen		+	+		+
Merchandising/Warenplatzierung/Service	+	+	+	+	+
Verkaufsförderung/Promotion	+	+	+	+	+
Ladengestaltung	(+)			+	
Werbung	+		+		
Einsatz von DPR			+		
Regaloptimierungsprogramme			+		
Informations- u. Know-how-Transfer					+
Schulung/Training	(+)			+	
Logistik (Produktverpackung, Umverpackung, Versandverpackung/Handling)	+	+			
Logistik		+	+		+
Ökologie-Kooperation					+
Management-Kooperation					+
Strategieberatung	(+)				
Marktforschung/Standortanalysen	(+)				
Datenverarbeitung	(+)				
Persönlicher Verkauf (ADM/KAM)		+			

Abb. 1.1:   Trade-Marketing-Instrumente nach Autoren, (+) = mittelständische Konzepte (Darstellung in Anlehnung an Laurent 1996, S. 262)

Die Übersicht in Abb. 1.1 zeigt einen Vergleich der Trade-Marketing-Instrumente nach Autoren (vgl. Zentes 1989, S. 225 ff.; vgl. Tomczak, Gussek 1992, S. 797; vgl. Oheme 2001, S. 455 f.; vgl. Diller 1992a, S. 1151; vgl. Böhlke 1995, Spalte 2488).

Der Vergleich zeigt, dass ein sehr umfangreicher Katalog an Instrumenten vorgeschlagen wird. Gemeinsam ist allen Autoren, dass sie im Merchandising/ Warenplatzierung, in der Verkaufsförderung und in der Logistik Ansatzpunkte zur Beeinflussung des Handels sehen.

umfangreicher Katalog an Instrumenten

Eine Systematisierung möglicher Instrumente im Trade-Marketing gestaltet sich aus heutiger Sicht anders. In den letzten Jahren ist unter der Abkürzung **„ECR" (Efficient Consumer Response)** eine neue Form der Zusammenarbeit zwischen Industrie und Handel möglich geworden. (vgl. Teil D, Kap. 2). Mit den 4 Bausteinen von ECR (**Efficient Replenishment, Efficient Assortment, Efficient Promotion** und **Efficient New Product Introduction**) werden wesentliche Gestaltungsparameter der Zusammenarbeit erfasst.

„ECR" (Efficient Consumer Response): neue Form der Zusammenarbeit zwischen Industrie und Handel

Unter Berücksichtigung dieser unter „ECR" zusammengefassten Bausteine können die Instrumente, die dem Vertrieb für das Trade-Marketing zur Verfügung stehen, folgendermaßen systematisiert werden:

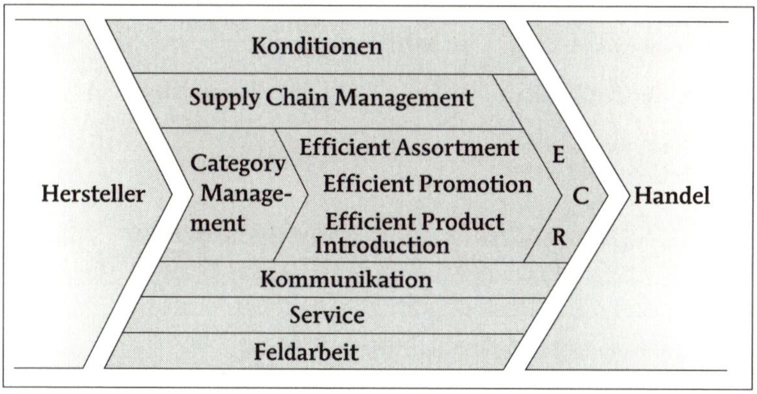

Abb. 1.2: Instrumente für das Trade-Marketing für Konsumgüter

Im Folgenden werden die Trade-Marketing-Instrumente im Einzelnen erläutert.

2 Konditionen

Unter den „Konditionen" werden hier entgeltliche oder geldwerte „Bedingungen" für die Zusammenarbeit verstanden.

entgeltliche oder geldwerte „Bedingungen" für die Zusammenarbeit

Betrachtet man diese Konditionen entlang der gemeinsamen Wertschöpfungskette, lassen sich **Hineinverkaufskonditionen, Herausver-**

kaufskonditionen sowie **Konditionen zur Logistikoptimierung** unterscheiden.

Bei diesem Ansatz werden auch solche „Konditionen" erfasst, die im Sprachgebrauch nicht als Konditionen bzw. Lieferungs- und Zahlungsbedingungen bezeichnet werden, wie z.B. Werbekostenzuschüsse, Inkasso oder Delkredere, die in der Praxis sehr wohl als Kondition zur Zusammenarbeit verstanden werden.

Folgendes Schaubild gibt einen Überblick über die Vielzahl der Konditionensarten:

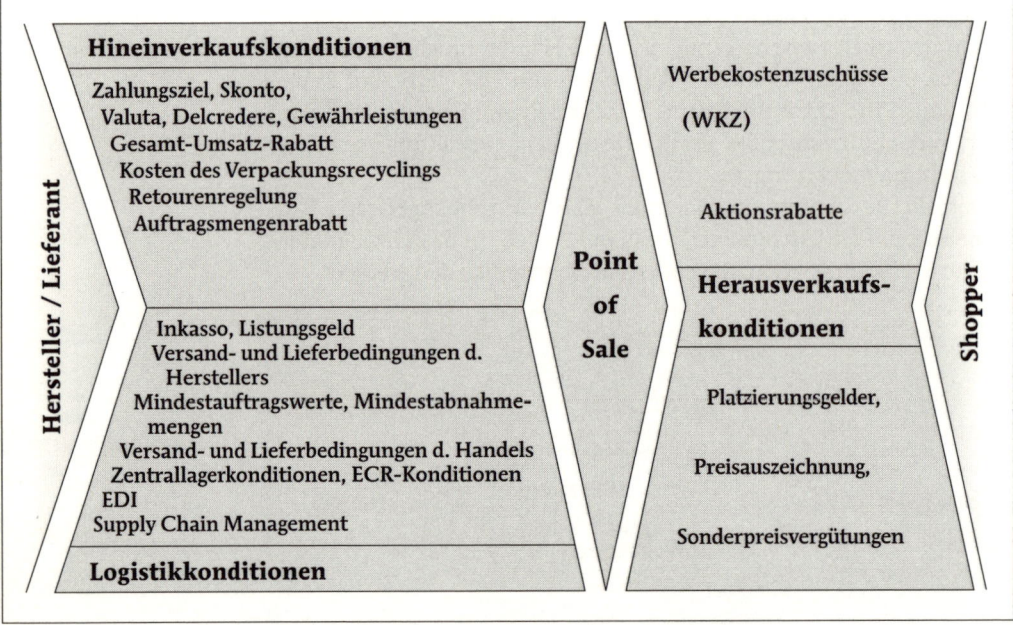

Abb. 2.1:   Konditionen in der Zusammenarbeit zwischen Industrie und Handel

Die Gestaltung von Konditionssystemen ist „Vorstandssache"

Die Gestaltung von Konditionssystemen als auch deren Veränderung gehört zu den strategischen Entscheidungen im Vertrieb (vgl. Teil C, Kap. 4.3). Deshalb sind sie „Vorstandssache". Veränderungen von Konditionen oder Konditionssystemen erfordern *„ein deutliches Commitment der Führungsmannschaft und ein integriertes Vorgehen auf allen Ebenen der Organisation"* (Meerkatt 1999, S. 61). Außerdem erweist es sich in der Praxis als notwendig, die Konditionengewährung regelmäßig einer Überprüfung zu unterziehen, um sicherzustellen, dass der abgesteckte Konditionsrahmen von allen eingehalten wird.

Wie enorm wichtig die kluge Gestaltung und intelligente Steuerung der Konditionen sind, zeigt sich an dem Volumen, das hierfür ausgegeben wird. So geht z.B. aus einer Studie von McKɪɴsᴇʏ hervor, dass die Trade Spendings 22 Prozent der Gesamtkosten eines Herstellers betragen

und damit die Ausgaben für Verkauf, Marketing und Verwaltung übertreffen (vgl. Biehl 1999b, S. 58).

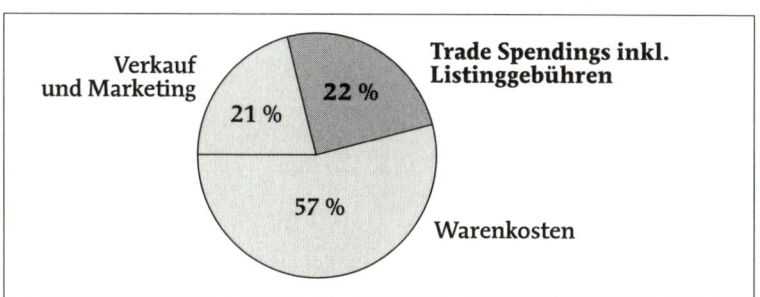

Abb. 2.2: *Verteilung der Trade Spendings
            (Quelle: Biehl 1999b, LZ 39/1999, S. 58)*

Wie sich die Praxis der Konditionsgewährung in Deutschland darstellt,
zeigt ebenfalls eine Untersuchung von MCKINSEY. Die Verhandlung der
Konditionen mit dem Handel ist für die Manager der Industrie eine der
schwierigsten Aufgaben, die sie zu lösen haben. MCKINSEY hat für 8 Staa-
ten der EU sowie für die USA und Kanada die „Machtspiele bei den Verhandlungen", die „Transparenz der Konditionsstaffelung" sowie die
„Komplexität der Gespräche" untersucht. In diesem internationalen
Vergleich liegt Deutschland deutlich am negativen Ende des Verhand-
lungsstils (vgl. Lehnen 1999, S. 28).

Land	Prozent
Deutschland	100 %
Italien	75 %
Frankreich	75 %
Spanien	75 %
Schweden	50 %
Dänemark	50 %
USA	50 %
Kanada	50 %
England	25 %
Niederlande	25 %

Abb. 2.3: *Ausmaß der Machtspiele bei Konditionsgesprächen
            (Quelle: Lehnen 1999, LZ 31/1999, S. 28)*

2.1 Hineinverkaufskonditionen

Zu den Hineinverkaufskonditionen zählen **Rabatte, Delkredere, Zah-
lungsziel/Skonto, Valuten, Gewährleistungen, Retourenregelung,
Kosten des Verpackungsrecyclings.**

Preisnachlass für bestimm-
te Leistungen oder aus son-
stigen, nicht direkt lei-
stungsbezogenen Anlässen

• **Rabatte**

Der „Rabatt" ist ein Preisnachlass, der für bestimmte Leistungen oder aus sonstigen, nicht direkt leistungsbezogenen Anlässen gewährt wird. Der Rabatt wird entweder in Geld (als Prozentsatz vom Umsatz z.B. oder in Form einer Festvergütung, z.B. Euro pro Stück) oder in Waren, gezahlt.

Folgende Grundtypen von Rabatten lassen sich unterscheiden (vgl. Lange 1993, S. 328 f.; vgl. Bendl 2000, S. 138 ff.):

- **Auftragsmengenrabatte** (synonym: Logistik-, Fracht-, Mengen- oder Bezugspunktrabatt): der Rabatt wird gewährt für eine bestimmte Abnahmemenge pro Lieferung, mit der der Hersteller gleichzeitig distributionslogistische, insbesondere Fracht- und Lagerkostenersparnisse realisieren kann. Durch die Errichtung von Zentrallägern hat das Thema des Auftragsmengenrabatts aktuelle Bedeutung bekommen. Der Bezugspunkt für den Hersteller ist das Zentrallager des Handels und nicht mehr, wie im Streckengeschäft, die einzelne Verkaufsstelle des Handels.
- **Aktionsrabatte**: die einen Anreiz zur Abnahme von höheren Mengen pro Lieferung oder Aktion bieten sollen (vgl. Teil D, Kap. 2.2).
- **Gesamt-Umsatz-Rabatte**: wie z.B. Bonus, Steigerungs- oder Zielumsatzabkommen haben das Ziel, dass der Kunde oder die Kundengruppe während eines bestimmten Zeitraums (meist ein Jahr) eine bestimmte Leistung erbringt. Diese Leistung ist meist die Erreichung eines bestimmten Umsatzniveaus oder eine Umsatzsteigerung. Aber auch die Erbringung einer bestimmten Leistung (z.B. Dauerzweitplatzierung) kann so honoriert werden.

Rabatte können weiterhin unterschieden werden in:

- **Dauerrabatte** oder **Einmalrabatte**
- **Wert-** oder **Mengenrabatte**
- **Sofortrabatte** (Rechnungsabzug) oder **Jahresrückvergütung** (Bonus)
- **Abnehmerrabatte**, (die z.B. der einzelnen Filiale zufließen) oder **Zentralrabatte** (die die Handelszentrale erhält).

Zu den Hineinverkaufsrabatten gehören die Auftragsmengenrabatte und die Gesamt-Umsatz-Rabatte, wohingegen die Aktionsrabatte den Herausverkaufsrabatten zuzurechnen sind.

In der Praxis hat sich, fast immer auf Initiative des Handels, eine Fülle von weiteren Rabattformen entwickelt, die oft auch als „Zuschüsse" oder „Prämien" bezeichnet werden, deren Eingliederung in die Systematisierung Hineinverkaufs- bzw. Herausverkaufskondition teilweise schwer fallen würde. Die fast grenzenlose Kreativität der Hersteller, in den meisten Fällen aber des Handels, bei der Entwicklung von Rabattarten, zeigen nachfolgende Beispiele:

„Konzentrationsrabatt", „Sortimentserweiterungsrabatt", „Frühbe-
zugsrabatt" (vgl. Kramer 1993, S. 356), „Hochzeitsbonus" oder „Hoch-
zeitsrabatte" für neue Partnerschaften wie ALLKAUF KG Dortmund, IN-
TERSPAR/CONTINENT, EDEKA Minden mit EDEKA Melsungen oder
REWE/STINNES-Baumärkte (vgl. LZ 42/96, S. 3; LZ 14/97, S.4, vgl. LZ
11/99, S. 4), „ECR-Bonus" für Vorleistungen der Handelsunternehmen
bei der Einführung von ECR (vgl. LZ 42/96, S. 4), „Jubiläumsrabatte"
(vgl. LZ 14/97, S. 4) für immer häufiger werdende Jubiläen, „Erstbe-
stückungsrabatt" (vgl. LZ 11/99, S. 4) usw.

Fülle von weiteren Rabattformen

Zum Thema wurde in den letzten Jahren die sog. „Bestpreis-Anglei-
chung", auch „best of" Prinzip genannt. Es handelt sich um Konditions-
angleichungen bei neuen Partnerschaften im Handel (z.B. KARSTADT/
QUELLE), die meist auch rückwirkend gefordert werden. Die Nachforde-
rungen von QUELLE sollen sich, besonders bei Textilherstellern, bis auf 8
Prozent belaufen haben (vgl. LZ 45/98a, S. 4).

- **Delkredere**

*„Mit dem Delkredere wird die Übernahme des Zahlungsausfallrisikos durch
eine Handelszentrale vergütet. Für den Hersteller entfällt die Notwendigkeit
zur eigenen Absicherung gegen Zahlungsausfälle."* (Bendl 2000, S. 135)

Es ist üblich, dass die Handelszentralen bzw. die Abrechnungszentrale mit dem Delkredere für den gesamten Forderungsbestand der angeschlossenen Häuser bei den Lieferanten haftet. Die Bewertung des Delkredere ist zudem abhängig von der Absicherung des Forderungsausfalls.
Haftet die Handelsorganisation für sich selbst oder ist die Haftung durch
einen Dritten, also eine Bank oder eine Versicherung, abgesichert (vgl.
Bendl 2000, S. 136)?

- **Zahlungsziel/Skonto**

Die Zahlungs- und Lieferungsbedingungen enthalten üblicherweise einen Zeitraum, innerhalb dessen Rechnungen bezahlt werden müssen.

Erfahrungen aus der Praxis zeigen, dass es Handelsunternehmen gibt,
die die vereinbarten Zahlungsziele (grundsätzlich und zum Teil für Monate) überziehen. Projiziert man solche Verhaltensweisen auf das Gesamtunternehmen und über einen Zeitraum von mehreren Jahren, so
kann die Vermutung angestellt werden, dass diese „Lieferantenkredite"
ein wichtiger Beitrag z.B. für die Expansion eines Unternehmens sein
können.

Damit die Zahlung möglichst schnell erfolgt, bietet der Lieferant sehr
oft einen Preisnachlass in Form eines Skontos an. Der Skonto honoriert
somit die rasche Bezahlung der Rechnung ab dem Zeitpunkt der Wa-
renauslieferung bzw. des Rechnungserhalts beim Abnehmer.

Rechnet man den Skonto auf einen Jahreszinssatz um, so ergeben sich
beachtliche Zinssätze, die weit über den üblichen Finanzierungszinssät-
zen liegen. So entsprechen 2 Prozent Skonto für 10 Tage einem Jahres-

Rechnet man den Skonto auf einen Jahreszinssatz um, ergeben sich beachtliche Zinssätze

zinssatz von 72 Prozent. In der Praxis wird der Skonto oft einbehalten, auch wenn die Zahlungsfrist überschritten ist. Eine Abschaffung oder Reduzierung des Skontos ist praktisch unmöglich und kommt einer Konditionenreduzierung gleich.

Durch die in großem Umfang vorkommende Zentralregulierung und den überwiegend papierlosen automatischen Datentransfer (EDI) erfolgt die Zahlungsabwicklung der Handelsorganisationen und Abrechnungszentralen jedoch in regelmäßigen Zyklen. Dies führt für die Lieferanten zu Zahlungseingängen, die sich zumindest in mehr oder weniger gleichbleibenden zeitlichen Abständen zur Rechnungserstellung bewegen.

• Valuten

Verlängerungen des Zahlungstermins über einen größeren Zeitraum

Valuten sind Verlängerungen des Zahlungstermins über einen größeren Zeitraum. Eine Valuta von 3 Monaten z.B. bedeutet, dass die Ware erst 3 Monate nach Erhalt gezahlt werden muss.

Valuten werden gewährt z.B. bei Geschäftseröffnungen oder für Saisonartikel oder auch bei Abnahme größerer Warenmengen. Aus Sicht der Hersteller spiegelt die Gewährung von Valuten die Sicherheit und Bequemlichkeit für den Handel wider, die eingekaufte Ware erst dann bezahlen zu müssen, wenn sie bereits an den Endverbraucher verkauft und der erzielte Erlös also bereits in den Kassen des Handels ist.

Allerdings nimmt die Gewährung von Valuten insbesondere bei größeren Herstellern unter Verweis auf ihre Lieferungs- und Zahlungsbedingungen zunehmend ab.

• Gewährleistung

Gewöhnlich nimmt der Handel bei Gewährleistungen Rückgriff auf die Lieferanten

Die Gewährleistung regelt sich auf der Grundlage der §§ 459, 460 BGB. Grundsatz ist, dass der Verkäufer einer Sache dem Käufer dafür haftet, dass die Sache zu der Zeit, als sie auf den Käufer überging, nicht mit Fehlern behaftet ist, die den Wert oder die Tauglichkeit für den gewöhnlichen oder vorausgesetzten Gebrauch aufheben oder mindern. Üblich ist, dass der Handel bei Gewährleistungen Rückgriff auf die Lieferanten nimmt.

Zur Vermeidung von Unklarheiten über die Abwicklung von Gewährleistungsansprüchen werden die Modalitäten in der Praxis im Vorfeld zwischen Lieferant und Kunde ausgehandelt.

• Retourenregelung

Neben Retouren aus Gewährleistungsgründen gibt es in der Praxis eine Reihe von weiteren Fällen, die zu Retouren führen.

Rücknahme von nicht verkauften Saisonartikeln

So z.B. die Rücknahme von nicht verkauften Saisonartikeln. In der Kosmetikbranche ist es z.B. üblich, dass nicht verkaufte „Look-Farben", d.h. Dekorativartikel (Lippenstift, Nagellack usw.), die in einer Verpackungssonderaufmachung (Display) als Saison-Modefarben in den Handel hineinverkauft werden, vom Lieferanten ohne besonderen Reklamationsgrund und ohne Abschlag zurückgenommen werden (dafür entfällt dann allerdings auch das Listungsgeld!).

Weiterhin nimmt die Industrie aus Kulanzgründen defekte, nicht mehr verkaufbare Ware selbst dann zurück, wenn das Verhalten des Handels oder der Shopper die Ursache dafür ist. So z.B. bei Bruch der Ware oder wenn die Ware verdorben ist. Andere Gründe, die zu Retouren führen, sind Falschlieferungen, z.B. falsche Mengen/Überlieferungen oder falsche Produkte oder defekte Waren aufgrund von Transportschäden. *Kulanzgründe*

Bei Herstellern, die zusammen mit dem Handel ihre logistischen Prozesse überarbeitet haben, wurde die Handhabung von Retouren als ineffizienter Prozess identifiziert (Handling und Kontrolle der Ware, Erstellen und Kontrollieren von Gutschriften oder Verrechnungen). Daher gingen einige Hersteller dazu über, dem Handel eine pauschale Vergütung für das Entfallen von Retouren anzubieten, soweit diese Retouren auf Transportschäden zurückzuführen und die Produkte dadurch in nicht mehr verkaufsfähigem Zustand waren. *auch pauschale Vergütungen sind möglich*

Eine grundsätzliche automatische Akzeptanz aller zugeschickten Retouren unabhängig davon, aus welchem Grund die Ware nicht mehr verkaufsfähig ist, ebenso wie der gelegentliche Wunsch des Handels nach Handlingpauschalen zur Abdeckung der Unkosten bei der Abwicklung von Retouren, müssen sehr wohl überlegt werden. In der Praxis hat der Lieferant allerdings relativ wenig Möglichkeiten solche Forderungen abzulehnen.

Je nach Produktart, den Möglichkeiten für die Aufarbeitung eines Produktes und damit der Chance, dieses wieder zu verkaufen sowie nach Maßgabe der anstehenden Frachtkosten ist außerdem festzulegen, ob Ware tatsächlich retourniert werden oder ob der Handel kostengünstiger die Vernichtung der Ware veranlassen soll. Wird Ware retourniert, so ist es üblicherweise der Lieferant, der die Trasportkosten trägt. *In der Regel trägt der Lieferant die Kosten retournierter Ware*

- **Kosten des Verpackungsrecyclings**

Auf Grundlage der sog. „Verpackungsverordnung" hat der Lieferant die Kosten für die Entsorgung von Verpackungen zu übernehmen. Er schließt dazu einen Vertrag mit der Duales System Deutschland (DSD) GmbH, Bonn und berechnet auf Basis der verkauften Produkte die pro Verpackungsmaterial zu zahlenden Gebühren. Sollte dies nicht der Fall sein, wird das Handelsunternehmen ggf. den Ausgleich übernehmen und dies dem Lieferanten gegen Gutschrift oder z.B. Rechnungskürzung belasten. *Der Lieferant hat die Kosten für die Entsorgung von Verpackungen zu übernehmen*

2.2 Herausverkaufskonditionen

Unter Herausverkaufskonditionen sollen solche Bedingungen für die Zusammenarbeit verstanden werden, die den Handel beim Abverkauf der Waren an seine Kunden, die Shopper, unterstützen. Dazu zählen die *Unterstützung des Handels beim Abverkauf der Waren an die Shopper*

Werbekostenzuschüsse, Aktionsrabatte, Platzierungsgelder, Sonderpreisvergütungen und die **Preisauszeichnung.**

In der Praxis ist eine exakte Zuordnung von bestimmten Aktivitäten zu bestimmten Konditionen problematisch. So kann es sein, dass der eine Lieferant für eine Zweitplatzierungsaktion mit Handzettelwerbung einen Werbekostenzuschuss bezahlt, während der andere Lieferant für die gleichen Aktivitäten einen als Aktionsrabatt bezeichneten Fixbetrag zahlt.

• Werbekostenzuschüsse (WKZ)

Zuschüsse der Industrie an den Handel für dessen Werbung

Werbekostenzuschüsse sind Zuschüsse, die die Industrie an den Handel für dessen Werbung zahlt, also z.B. für Handzettelwerbung, Anzeigen in Tageszeitungen, Rundfunk- und Fernsehspots des Handels, aber auch für kooperative Werbemaßnahmen in den verschiedenen Medien, so z.B. die gemeinsame TV-Werbung von OBI und BLACK & DECKER.

Neue Produkte werden vielfach nach Werbekostenzuschuss-Beiträgen gelistet

Bei der Listung von neuen Produkten ist die Gewährung von WKZ besonders notwendig; denn es gilt in den meisten Fällen die Devise: *„Neue Produkte werden nach Werbekostenzuschuss-Beiträgen gelistet."* (o.V. 1997, S. 14)

Wie eine empirische Untersuchung zeigt, ist der WKZ die Kondition, die am häufigsten von den befragten Unternehmen erbracht wird. *„Auch die Gesamtbetrachtung aller Konditionsarten weist die Werbevergütung sowohl in der Anwendungshäufigkeit als auch im Anteil am Konditionenbudget als die dominierende Konditionenart aus. Die Werbevergütung wird von allen Herstellern in gleichem Maße eingesetzt. Unterschiede konnten weder bei Unternehmen unterschiedlicher Marktposition noch Größe beobachtet werden."* (Bendl 2000, S. 167)

Vom Handel werden die Werbekostenzuschüsse als Bestandteil der Gesamtkonditionen gesehen. Aus dieser Sichtweise ist es auch verständlich, wenn z.B. die frühere TENGELMANN-Beschaffungsorganisation TIH zusammen mit dem Category Management der Sparten gefordert hat, *" ‘mindestens 50 % heutiger Pseudo-WKZ' in einen sog. Markt-Aktiv-Beitrag (MAB) umzuschichten"* (Hanke 1999, S. 4). Dieser MAB soll dann für TENGELMANN Bestandteil der Standardkonditionen werden, die für die Zukunft nicht mehr angreifbar sind.

• Aktionsrabatte

Rabatte für Verkaufsförderungsmaßnahmen durch den Handel

Hierunter sind Rabatte zu verstehen, die für Verkaufsförderungsmaßnahmen durch den Handel bezahlt werden. Als Gegenleistung wird eine zeitlich befristete „Aktion" mit dem Produkt durchgeführt, also z.B. eine Zweitplatzierung mit Preisreduktion der Ware oder z.B. eine Sonderplatzierung mit Laden- oder Handzettelwerbung. Solche Aktionen finden entweder in allen oder nur in ausgewählten Filialen statt.

Der Aktionsrabatt wird artikelbezogen oder maßnahmenbezogen festgelegt. Liegt dem Aktionsrabatt eine bestimmte Maßnahme zugrunde, wird er pro hineinverkauftem Stück oder in Form eines Fixbetrages gezahlt. In letzterem Fall ist die Nähe zum Werbekostenzuschuss gegeben.

Der Aktionsrabatt dient aber auch zum Hineinverkauf größerer Warenmengen zulasten der Wettbewerber des Herstellers.

• Platzierungsgelder

Platzierungsgelder werden dann gezahlt, wenn die vom Hersteller gewünschte oder vom Handel angebotene Platzierung eine signifikante Verbesserung gegenüber einer Standardplatzierung darstellt.

Honorierung einer signifikanten Verbesserung gegenüber einer Standardplatzierung

Es kann sich sowohl um temporäre zusätzliche Platzierungen handeln, also z.B. um Zweit- oder Mehrfachplatzierungen etwa am Gondelkopf, Palettenplatzierungen auf Sonderfläche oder Displayplatzierungen im Gang usw.

Möglich sind aber auch dauerhafte (Erst-)Platzierungen wie z.B. an Kassenplätzen bzw. Kassenschächten für Süß- und Tabakwaren.

• Sonderpreisvergütungen

Die Sonderpreisvergütung ist die Reduzierung des Verbraucherpreises über einen gewissen Zeitraum. Mit der Sonderpreisvergütung wird die Rohertragsminderung des Handels ausgeglichen, die durch die Preisreduktion bewirkt wird. Zu den Sonderpreisvergütungen zählen auch der **Einführungsrabatt**, der **Dauerniedrigpreis** sowie der **Aktionspreis** (vgl. Bendl 2000, S. 163).

Reduzierung des Verbraucherpreises über einen gewissen Zeitraum

Insbesondere beim Aktionspreis ist in der Praxis eine Vermengung von Aktionsrabatt und Sonderpreisvergütung gegeben.

Die Sonderpreisvergütung führt zu einem Phänomen, das in den USA mit „Forward Buying" bezeichnet wird: Der LEH beispielsweise nutzt die reduzierten Einstandspreise innerhalb der Aktionszeiträume, um Preisvorteile im Einkauf zu realisieren. Die zu Aktionspreisen erhältliche Ware wird nämlich in einem Umfang bestellt, dass die Bestände für mehrere Monate aufgefüllt sind (vgl. o.V. 1997, S. 114).

• Preisauszeichnung

Insbesondere im Non-Food Bereich und dort bei Textilien, aber auch im Food-Bereich wird von einigen Unternehmen eine Preisauszeichnung ab Werk durch den Lieferanten gefordert.

Preisauszeichnung ab Werk durch den Lieferanten

2.3 Logistikkonditionen

Neben dem Hinein- und Herausverkauf ist auch der Warenfluss einer Reihe von Konditionen unterworfen. Es sind dies die **Versand- und Lieferbedingungen der Lieferanten, Mindestauftragswerte und Mindestabnahmemengen, Versand- und Lieferbedingungen des Handels, Zentrallagerkonditionen** und **ECR-Konditionen**.

Konditionen für den Warenfluss

Die Listungsgebühr eröffnet den Weg in die Regale des Handels

Um überhaupt zu erreichen, dass ein Produkt in einer Handelsorganisation im Ordersatz geführt und physisch distribuiert wird, ist die Zahlung einer **Listungsgebühr** notwendig. Das sog. Listungsgeld ist damit Bestandteil der Distribution von Produkten und daher auch den Logistikkonditionen zuzurechnen.

In Zukunft wird auch die Abwicklung der Logistikprozesse im Rahmen des **Supply Chain Management** sowie die IT-gestütze Informationslogistik in Form des papierlosen Datentransfers über **EDI** zu den Konditionen der Zuammenarbeit mit dem Handel gehören.

Zu den Logistikkonditionen zählen neben den warenflussbezogenen Konditionen auch die Konditionen, die den Geldfluss verbessern, das ist das **Inkasso**.

• Versand- und Lieferbedingungen des Lieferanten

Regelung der Übernahme der Transportkosten

Zu den Logistikkonditionen gehören die „Versand- und Lieferbedingungen", in denen die Übernahme der Transportkosten geregelt wird, also z.B.: Lieferung frei Haus, Lieferung ab Werk usw. Diese Versand- und Lieferbedingungen sind üblicherweise Bestandteil der Allgemeinen Geschäftsbedingungen (AGB) des Herstellers.

Sofern der Lieferant keine frei Haus Lieferung vorsieht, wird der Handel Frachtvergütungen aushandeln.

• Mindestauftragswerte / Mindestabnahmemenge

Erreichung bestimmter Umsatzwerte

Hier werden vom Lieferanten pro Auftrag die Erreichung bestimmter Umsatzwerte oder entsprechender Abnahmemengen bei frei Haus Lieferung verlangt.

Hintergrund ist, dass im Hinblick auf die entstehenden Versand- bzw. Logistikkosten ein Mindestumsatz zur Deckung dieser Kosten erreicht werden muss. Liegen die georderten Mengen unterhalb des Mindestvolumens, wird eine Anpassung der Lieferbedingungen notwendig – in der Praxis ist dies allerdings nicht immer durchsetzbar.

Soweit es sich um Ware handelt, die z.B. in regalfähigen Aufreißkartons verpackt ist oder geblistert oder in Trays (z.B. Mopro-Produkte) angeliefert wird, ist die Mindestabnahmemenge durch die Verpackungseinheit vorgegeben. Bei der Listungsbesprechung mit dem Handel werden zudem Mindestabnahmemengen festgelegt.

• Versand- und Lieferbedingungen des Handels

Versand- und Lieferanforderungen des Handels an die Hersteller

Versandbedingungen, die der Hersteller als Auflage des Handels zu erfüllen hat und die zwischen den Handelsorganisationen sehr unterschiedlich ausfallen, sind z.B.:
• Artikel auf einer Palette müssen separiert werden,
• Aufträge dürfen auf einer Palette nicht gemischt werden,
• die Mindest- und Maximalmaße von Kartons werden vorgeschrieben,
• die Verwendung bestimmter Palettentypen wird vorgeschrieben,

- die Etikettenbeschriftung unterliegt Vorgaben,
- eine Dokumentation der Versandspezifikationen muss erfolgen usw.

- **Zentrallagerkonditionen**

Ausgangspunkt dafür ist die in den letzten Jahren kontinuierlich erfolgte Umstellung der dezentralen Belieferung der einzelnen Filialen des Handels durch den Hersteller im Sinne einer Distributionslogistik in eine Beschaffungslogistik durch den Handel mit Zentrallägern als Drehscheibe der Waren.

Von der Distrubutions- zur Beschaffungslogistik: Zentralläger als Drehscheibe der Waren

Das Zentrallager ist ein Lagerhaus, in dem Waren von Lieferanten zusammengeführt werden. Von diesem zentralen Ort aus wird die Ware an die angeschlossenen Häuser/Filialen des Handels ausgeliefert.

Mit der Zentrallagerkondition lässt sich der Handel die Übernahme der Logistikkosten vom Zentrallager zur Filiale bezahlen.

- **ECR-Konditionen**

Da insbesondere in der Logistik bei gezielter Abstimmung erhebliche Kosteneinsparungen erreicht werden können, ist dies der Bereich, in dem eine intensive Kooperation zwischen Hersteller und Handel im Rahmen von Efficient Consumer Response (ECR) stattfindet (Teil D, Kap. 3). Zumindest einen Teil der Einsparungen, die die Hersteller erzielen können, lässt sich der Handel durch ECR-Konditionen vergüten.

- **Listungsgelder**

Listungsgelder fallen an für die Aufnahme neuer Produkte in das Sortiment des Handels, d.h., die Eintragung in den Ordersatz. Diese Listung ist in allen Handelsorganisation die Voraussetzung für das Führen der Produkte in den angeschlossenen Häusern.

Listungsgelder für die Aufnahme neuer Produkte in das Sortiment des Handels

Die Listung eines Produktes im zentralen Ordersatz ist jedoch keine Garantie für die physische Distribution des Produktes in den angeschlossenen Häusern. Je nach Führungsstruktur verbleibt die Entscheidung über den Bezug des Produktes insbesondere bei dezentral organisierten Handelsorganisation wie z.B. der EDEKA oder der SPAR bei den Entscheidern vor Ort, d.h., den Geschäftsführern oder Filialleitern. Auch lassen sich Listungen nach „Muss-Listungen" und „Kann-Listungen" unterscheiden. Das Produkt, für das eine Muss-Listung erfolgt, muss von den angeschlossenen Betrieben geführt werden, während bei der Kann-Listung der Geschäftsführer oder Geschäftsstellenleiter vor Ort die Entscheidung über die Aufnahme trifft. Um die physische Distribution sicherzustellen, muss der Lieferant bei dezentral organisierten Handelsorganisationen und im Falle der Kann-Listung zusätzliche kostenintensive Aktivitäten wie z.B. Einzelhandelsdurchgänge oder Direktmarketing-Aktionen vornehmen (vgl. Teil D, Kap 6).

Listungsgelder werden üblicherweise in Form eines Euro-Betrages pro Produkt gezahlt. Es ist aber auch nicht unüblich, dass die Anzahl der neuen Produkte im Rahmen eines Gesamtjahres-Vermarktungsplanes festgelegt wird und das Handelsunternehmen eine Listungsgeld-Pauschale festlegt.

In einigen Fällen wird auch kein Listungsgeld gezahlt. Das ist abhängig von verschiedenen Kriterien wie z.B. der Warengruppe, bzw. bestimmten Produktarten innerhalb einer Warengruppe, der Festlegung von Umsatzzahlen, die erreicht werden müssen oder z.B. einer Rücknahmegarantie des Herstellers z.B. für saisonale Produkte oder Produkte mit MHD (Mindesthaltbarkeitsdatum).

Die Höhe dieses Betrages ist bei jeder Handelsorganisation und deren Vertriebsschiene bzw. Vertriebslinie unterschiedlich. Einfluss nehmen z.B. die vorgesehenen Investitionen des Herstellers in die Werbung für das Produkt. Sie verbessern seinen Verhandlungsspielraum für die Höhe des Listungsgeldes.

Einfluss nimmt auch die angestrebte Platzierung für das Produkt im Regal des Händlers. Beispiel: Ein Hersteller will ein Produkt einführen, das sich üblicherweise im Niedrigpreisbereich befindet und in der sog. „Kriech- oder Bückzone" des Regals platziert ist. Dieses neue Produkt des Herstellers befindet sich aber in einer Mittelpreis-Lage und soll in Augenhöhe platziert werden. In diesem Fall steigen die Listungskosten erheblich an, da die gesamte Platzierungsstruktur des Regals überdacht und physisch in den Geschäften überarbeitet werden muss.

*Die Einführng neuer Pro-
dukte macht ein Überden-
ken von Warengruppe oder
Sortiment erforderlich* Da die Regalkapazitäten des Handels begrenzt sind, ist es notwendig, dass mit der Aufnahme eines neuen Produktes das Sortiment in der Warengruppe überdacht wird. Selten führt die Aufnahme eines neuen Produktes zu keinerlei Veränderungen im Sortiment. Üblicherweise ist zu entscheiden, welches andere Produkt ausgelistet wird oder von welchem anderen Produkt die Anzahl der „Facings", also die Anzahl der im Regal nebeneinander stehenden Packungen der gleichen Sorte, reduziert werden. Die Warenwirtschaftssysteme des Handels lassen sofort erkennen, welche Artikel im Sortiment umsatz- und ertragsschwach sind und gegen neue Produkte, die zusätzliche Umsatz- und Ertragschancen versprechen, ausgetauscht werden können.

Das Listungsgeld berührt damit zwei Aspekte: Die Listungsgebühr, die vom Lieferanten des neuen Produktes zu zahlen ist und möglicherweise entgangener Umsatz, der durch andere Produkte erzielt worden wäre, deren Regalplatz nun das neue Produkt einnimmt. Der entgangene Umsatz kann diesen Lieferanten, aber sehr wohl auch einen ganz anderen Lieferanten treffen.

Aus Sicht des Handels muss man bei der Forderung nach Listungsgeldern die Anzahl der Neuprodukte und die Anzahl der „Flops" innerhalb kürzester Zeit nach Einführung (vgl. Teil D, Kap. 3.4.6) berücksichtigen. So ist es tatsächlich fraglich, ob neue Produkte zu zusätzlichem Umsatz und Ertrag führen und das Listungsgeld nicht vielmehr eine Art „*Risikoausgleich für evtl. entgangene Erlöse*" darstellt (Bendl 2000, S. 160).

Im Rahmen der Darstellung der Listungsgelder soll abschließend noch ein weitere Vergütung erwähnt werden, die mit der Aufnahme von Produkten in das Sortiment des Händlers zusammenhängt. Es ist der sog. **Sortimentsrabatt** bzw. **Kernsortimentsrabatt**. Diese Rabattart ist beispielsweise im LEH in einigen Warengruppen angesagt. Der Lieferant definiert in Abhängigkeit von der Vertriebsschiene und der Flächenkapazität der Häuser in der Vertriebsschiene des Händlers ein Kernsortiment. Führt der Handel das gesamte Kernsortiment, erreicht der Hersteller gegenüber den Verbrauchern eine bessere Markenpräsenz im Regal und kann Verbundeffekte erzielen. Außerdem wirkt er so dem *„Rosinenpicken des Handels in Form der ausschließlichen Listung der Schnelldreher eines Sortiments"* entgegen (Bendl 2000, S. 158).

Sortimentsrabatt bzw. Kernsortimentsrabatt

• EDI / Supply Chain Management

Der papierlose Datenaustausch mit EDI (Elektronic Data Interchange) bzw. EDIFACT und die Abwicklung der Logistikprozesse im Rahmen des Supply Chain Management (SCM) sei hier nur kurz erwähnt. Eine ausführliche Darstellung erfolgt in Teil D, Kap.3.

Die IT-basierte Zusammenarbeit auf den verschiedensten Gebieten erfolgt heute im Wesentlichen nur zwischen den großen Lieferanten und den großen Handelsorganisationen. Zukünftig wird der Einsatz der IT-Technologie zur Erzielung der damit verbundenen Rrationalisierungseffekte von allen Handelsorganisationen verlangt werden und zu einer Voraussetzung für eine Zusammenarbeit mit dem Handel werden. Kleine und mittelständische Lieferanten, die die Zeichen der Zeit nicht erkennen, werden mit Auslistungen rechnen müssen.

Kleine und mittelständische Lieferanten, die die Zeichen der Zeit nicht erkennen, werden mit Auslistungen rechnen müssen

• Inkasso / Zentralregulierung

„Der Inkasso wird dem Handel für die Übernahme spezieller Aufgaben der Geldlogistik vergütet. Die Handels- bzw. Abrechnungszentralen des LEH führen für die Hersteller die Abwicklung des Zahlungsverkehrs mit den ihnen angeschlossenen Einzelhäusern durch." (Bendl 2000, S. 131) Das heißt, von der Rechnungserstellung, Verbuchung des Zahlungseingangs bis hin zur Erteilung von Gutschriften ist die Abrechnungszentrale des Handelsunternehmens der eine zentrale Ansprechpartner für den Lieferanten.

Vergütung der Übernahme spezieller Aufgaben der Geldlogistik durch den Handel

Diese sog. Zentralregulierung (vgl. dazu auch Modrow 1992, S. 4 ff.) ist heute bei fast allen Handelsorganisationen und auch für kleinere und kleine Handelshäuser etabliert.

Durch elektronischen Datenaustausch mit EDI (Elektronic Data Interchange) unter Einsatz des nationalen Datenstandards SEDAS (für Bestellverkehr und Rechnungsaustausch) beziehungsweise zunehmend des internationalen Standards EDIFACT wird eine erhebliche Erleichterung zwischen Abrechnungszentralen und Lieferanten erreicht (EDIFACT = EDI for Administration, Commerce and Transport; Datenaustauschstandard der Vereinten Nationen, durch den der digitale, firmenübergreifende Geschäftsverkehr international einheitlich organisiert wird).

Die Kosten für die Zentral-
regulierung sind bei den
verschiedenen Abrech-
nungszenralen unter-
schiedlich hoch

Die Kosten für die Zentralregulierung sind bei den verschiedenen Abrechnungszenralen unterschiedlich hoch. Bezugspunkt ist üblicherweise der Netto-Rechnungswert, auf den ein prozentualer Inkassoaufschlag erhoben wird.

Die größte Zentralregulierungs-Organisation in Deutschland ist die MARKANT HANDELS UND SERVICE GMBH, Offenburg. Insgesamt 4.660 Industrieunternehmen wickeln ihre Rechnungen und Gutschriften an die über 100 der MARKANT angeschlossenen Handelsunternehmen über diese Zentrale ab. Zu den Handelsunternehmen gehören LIDL & SCHWARZ, die für ihre Vertriebslinie KAUFLAND über MARKANT abrechnen, SCHLECKER, WALMART, LEKKERLAND, DM und weitere Mitglieder.

Jedes MARKANT-Mitglied erhält statt einer Vielzahl einzelner Belege einmal pro Woche eine Sammelabrechnung, die Industrie erhält eine Sammel-Überweisung. Wöchentlich werden rund 311.000 Belege erfasst und archiviert, davon 196.000 Belege über EDI und immerhin noch 115.000 Belege in manueller Datenerfassung.

Insgesamt wird über die MARKANT, einschließlich des Geschäftes mit den eigenen Handelsmarken, ein Volumen von 32,45 Mrd. Euro abgewickelt. (Quelle: *www.markant-gmbh.de*)

2.4   Gestaltung des Konditionenangebots

„Böse Zungen behaupten, der Handel schöpfe seinen Gewinn fast nur aus den
Zuwendungen der Hersteller, weil er die Gegenleistung oft schuldig bliebe.
Fakt ist, dass eine Umverteilung der Etats in Richtung Handel stattfindet."
(Biehl 1999b, S. 58)

Fakt ist allerdings auch, dass gerade die Gestaltung des Konditionenangebots durch die Hersteller eine Reihe von Mängeln aufweist.

43 Prozent aller zugesagten
Konditionen werden ohne
konkrete Gegenleistungen
vereinbart

So geht aus einer Studie von MCKINSEY hervor, dass 43 Prozent aller zugesagten Konditionen ohne konkrete Gegenleistungen vereinbart wurden und versteckte Preiszugeständnisse waren (siehe Abb. 2.4). Darüber hinaus wurden die Konditionen innerhalb der Kunden sehr unterschiedlich gehandhabt.

Die Untersuchung von Bendl im Jahr 1999 bestätigt diese Ergebnisse: Nur 54 Prozent der an der schriftlichen Befragung teilnehmenden 98 Unternehmen (von insgesamt 1.500 angeschriebenen Unternehmen, vgl. Bendl 2000, S. 22), gaben an, dass Konditionen nur dann gewährt werden, wenn eine entsprechende Gegenleistung vom Handel erbracht wird (vgl. Bendl 2000, S. 84).

Weiterhin zeigte die Untersuchung, dass nahezu die Hälfte der Teilnehmer den Handelspartnern sowohl identische Konditionshöhen als auch Vergütungsarten bei gleicher Handelsleistung gewährten. *„Aller-*

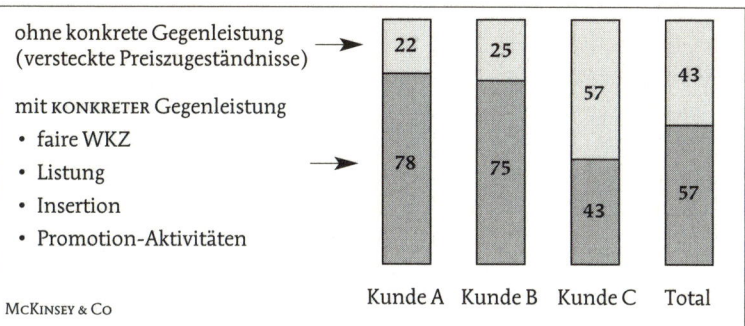

Abb. 2. 4: *Verteilung der Trade-Spendings nach Kunden
(Quelle: Biehl 1999b, LZ 39/1999, S. 58)*

dings setzt auch ein Drittel der Untersuchungsteilnehmer eine derartige Gleichbehandlung nicht um." (Bendl 2000, S. 99)

Aus ihren Beratungsprojekten heraus kommt die Unternehmensberatung UGW Management Consulting, Wiesbaden, u.a. zu folgenden Mängeln bei der Gestaltung des Konditionenangebots:

- *„Die Preis- und Konditionenstrategie ist nicht in die Unternehmensstrategie integriert.*
- *Es gibt keine oder eine nur unzureichende Kundensegmentierung.*
- *Controllingsysteme sind nur bedingt oder überhaupt nicht vorhanden."* (Pielenhofer, 2001, S. 5)

Welche Anforderungen sollten bei der Gestaltung von Konditionssystem berücksichtigt werden? Im Folgenden werden die neun Prizipien der Konditionssystemgestaltung von Bendl vorgestellt, da sie auf der derzeit umfangreichsten empirischen Untersuchung in Deutschland fußen: Leistungsbezogenheit, Systemtransparenz, Anwendungskonsequenz, Gleichbehandlung der Kunden, Kundensegmentierung, Individualität, Anpassung, Flexibilität und europaweite Harmonisierung (vgl. Bendl 2000, S. 79 ff.; bzgl. weiterer Gestaltungsvorschläge vgl. Pielenhofer 2001, S. 5; vgl. Meerkatt 1999, S. 61; vgl. Steffenhagen 1995, S. 19 ff.; vgl. Kramer 1995, S. 355 ff.).

Die Konditionengestaltung sollte folgenden Prizipien genügen.

Welche Anforderungen sollten bei der Gestaltung von Konditionssystem berücksichtigt werden?

• Leistungsbezogenheit

Leistungsbezogenheit bedeutet, dass Konditionen nur dann gewährt werden sollten, wenn eine entsprechende Gegenleistung erbracht wird. Im Sinne der Leistungsbezogenheit muss diese Gegenleistung über die normalerweise zu erbringenden Leistungen des Handels hinausgehen. Diese sind nämlich bereits in den Listenpreisen berücksichtigt (vgl. Steffenhagen 1995, S. 69). Hier stellt sich natürlich die Frage, die auch Gegenstand zahlreicher wissenschaftlicher Abhandlungen ist, welche Leistungen der Handel denn normalerweise zu erbringen hat.

Konditionen sollten nur dann gewährt werden, wenn eine entsprechende Gegenleistung erbracht wird

Bendl kommt zu dem Ergebnis, *„dass in der Literatur eine große Menge heterogener Ansätze vorliegt, die ausgehend von verschiedenartigen Auslegungen des Handels- bzw. Leistungsbegriffs, einem gesamtwirtschaftlichen oder einzelbetrieblichen Blickpunkt und abweichendem Detaillierungsgrad unterschiedliche Darstellungen der Handelsleistungen geben. Typischerweise erfolgen die Systematisierungen aus der Perspektive der Handelsunternehmen und zielen darauf ab, eine Basis für eine effiziente Gestaltung der Handelstätigkeiten zu schaffen."* (Bendl 2000, S. 80)

Betrachtet man die Handelsleistungen aber aus Sicht des Herstellers, so *„begründet sich eine konditionenrelevante Handelsleistung immer in einer nach dem Zielsystem eines Herstellers vorteilhaften Bewertung der Handeltätigkeit"* (Bendl 2000, S. 82).

Die Leistungsbezogenheit ist jeweils individuell durch den Hersteller

Mit anderen Worten ist eine Leistungsbezogenheit individuell durch den Hersteller festzulegen, ohne dass es eine übergeordnete Betrachtungsweise für eine angemessene oder unangemessene Leistungsvergütung gibt. Das heißt aber auch, dass der Hersteller die Handelsleistungen eindeutig definiert und vor allem auch messbar definiert, sodass eine Überprüfung der Leistungserbringung möglich ist.

Als Ansatzpunkte zur Messung der Leistung können die folgenden Kriterien herangezogen werden (vgl. Bendl 2000, S. 83), wobei für die Praxis die Kriterien 1 und 3 am besten realisierbar sind:

1. Die notwendigen Tätigkeiten und Kosten des Handels
2. Die sichtbaren Ergebnisse der Handelsleistungen
3. Die ermöglichten Tätigkeits- und Kosteneinsparungen beim Hersteller
4. Die konsumentengerichteten Wirkungen der Handelsleistungen

* **Systemtransparenz**

Vielfach sind die Konditionssysteme vieler Unternehmen nur schwer verständlich

Hierunter ist zu verstehen, *„dass die Regeln der Konditionenvergabe für die Abnehmer verständlich sind"* (Bendl 2000, S. 87). Die Praxis zeigt, dass dies bei den Konditionssystemen vieler Unternehmen nicht der Fall ist. Darüber hinaus zeigt die Praxis aber auch, dass in den Unternehmen selbst oft nur unzureichende Kenntnis über Art und Umfang der durch die Verkaufsabteilung gegebenen Konditionen besteht.

Bekanntestes Beispiel für die Klärung und Vereinfachung von Konditionsvergaberegeln ist die Veränderung des Konditionensystems bei PROCTER & GAMBLE. Das Konditionssystem wurde von 24 verschiedenen Konditionsarten auf den sog. Kunden-Entwicklungsfonds reduziert und gleichzeitig wurden die Listenpreise um durchschnittlich 20 Prozent gesenkt. Dies entspricht einem Umfang von über 0,5 Milliarden Euro an Rabatten (vgl. Schobert 1996, S. 269).

Indikatoren für die Verständlichkeit der Konditionen

Wie kann nun eine Systemtransparanz festgestellt werden? Indikatoren für die Strukturiertheit und die Verständlichkeit der Konditionen sind (vgl. Steffenhagen 1995, S. 24):

* eine begrenzte Anzahl unterschiedlicher Konditionsarten,

- ein erkennbarer Zusammenhang zwischen unterschiedlichen Leistungshöhen und Vergütungsabstufungen,
- eine klare Definition der mit dem Listenpreis abgegoltenen Standardleistungen,
- leichte Durchschaubarkeit der Abrechnungsmodalitäten.

Weiterhin:
- Wird die Konditionenregel allen Handelspartnern offen gelegt?
- Wie ist die unternehmensinterne Kenntnis über die aktuellen Konditionen?
- Sind die Auswirkungen der Konditionenvergabe auf Gewinn bzw. Deckungsbeitrag bekannt?

• Anwendungskonsequenz

Diese Regel besagt, dass die Konditionen, die einmal definiert wurden, auch konsequent gegenüber allen Kunden eingehalten werden müssen. *„So einleuchtend dieses Prinzip klingt, umso schwieriger gestaltet sich dessen Umsetzung in der Praxis. Sehr häufig setzen Hersteller die Konditionengewährung fort, obwohl die Handelspartner gegen die getroffenen Vereinbarungen offensichtlich verstoßen."* (Bendl 2000, S. 95)

• Gleichbehandlung der Kunden

Handelspartner mit gleichartiger und gleich hoher Leistung sollten bei der Konditionengewährung gleich behandelt werden (vgl. Steffenhagen 1995, S. 20); d.h., sie sollten die identischen Konditionsarten in gleicher Höhe erhalten.

In der Praxis werden die Kunden nicht immer gleich behandelt. Dieses Vorgehen wird als **„Konditionenspreizung"** bezeichnet. *„Konditionenspreizungen sind tickende Zeitbomben. Neben den üblichen Problemen, wie z.B. Entkoppelung von Leistung und Gegenleistung, Konditionenerosion oder absolute Höhe der gewährten Konditionen, erhalten sie bei Transfers eine neue Dimension."* (Schenscher/ Möller 1998, S. 64) Übernahmen und Fusionen im Handel offenbaren nämlich Differenzierungen in den Konditionen. Sind sie sachlich nicht gerechtfertigt, entstehen dem Hersteller, insbesondere was die persönliche Glaubwürdigkeit der Vertriebsmitarbeiter aber auch seine wirtschaftlichen Möglichkeiten anbelangt, erhebliche Probleme.

In der Praxis werden die Kunden nicht immer gleich behandelt

• Kundensegmentierung

Im Rahmen der Bildung von Konditionensystemen sollten Kunden mit ähnlichen Strukturen in Gruppen zusammengefasst werden, denen dann auch jeweils spezfische Konditionen angeboten werden. Insbesondere ist dies sinnvoll, wenn die einzelnen Abnehmer signifikante Leistungen erbringen, die entweder dem Absatz der Herstellerprodukte förderlich sind oder für die Produzenten Kosten senkend wirken. Hierbei ist insbesondere an eine Differenzierung nach Betriebstypen gedacht, wodurch ein Eingehen auf die Spezifika der Betriebstypen, insesondere auch deren Preispolitik möglich ist.

Problematisch wird dieser Gedanke in der Praxis allerdings dann, wenn über ein Zentrallager unterschiedliche Vertriebstypen mit ein und denselben Produkten/ Größen beliefert werden.

• Individualität

Dieses Kriterium besagt, dass Hersteller Konditionssysteme auch auf die eigenen Leistungspotenziale, besonders aber auf ihre Marketingstrategie und die übergeordneten Unternehmensziele abstimmen sollten.

So wird z.B. ein Hersteller, der seine Marken im Hochpreissegment ansiedelt, keine Konditionen auf Sonderpreisaktionen gewähren (vgl. Bendl 2000, S. 104).

• Anpassung

Mit dem Prinzip der Anpassung soll der Wettbewerbsdynamik durch die Forderung Rechnung getragen werden, dass die Konditionengewährung auf Veränderungen von Handelsleistungen reagiert (vgl. Steffenhagen 1995, S. 25). So ist z.B. das Delkredere anzupassen, wenn sich das Zahlungsausfallrisiko nachweislich vergrößert oder das Inkasso zu verringern, wenn die Abrechnung nicht mehr manuell sondern mittels EDI erfolgt.

• Flexibilität

Ohne dass die Kriterien Anwendungskonsequenz und Gleichbehandlung der Kunden in Frage gestellt werden, sollte ein Konditionensystem eine gewisse Flexibilität haben, die es erlaubt, auf spezielle Bedürfnisse von Handelsgruppen oder Warengruppen sowie z.B. auf Maßnahmen von Konkurrenten oder kurzfristige Veränderungen im Marktgeschehen einzugehen. *„Der Vertrieb sollte mit gewissen Preiskompetenzen ausgestattet werden, um als Verhandlungspartner des Handels effektiv agieren zu können."* (Bendl 2000, S. 112)

Vielfach wird im Handel nach der Maxime verfahren: Die Sonderkondition von heute ist der Besitzstand von morgen

Das Prinzip der Flexibilität ist allerdings mit größter Vorsicht einzusetzen, da zumindest bei den Großformen des Handels nach der Maxime verfahren wird: „Die Sonderkondition von heute ist der Besitzstand von morgen!" Es wird auch von der „Irreversibilität" einmal gewährter Rabatte gesprochen (Meffert 1998, S. 568).

Um sicherzustellen, dass „Flexibilität" von allen Beteiligten, besonders auch den eigenen Mitarbeitern in der richtigen Weise genutzt wird, erweist es sich in der Praxis als notwendig, die Konditionengewährung als einen permanent nachzuhaltenden Teil der Vertriebstätigkeit zu akzeptieren.

• Europaweite Harmonisierung

Die zunehmende Internationalisierung der Handelskonzerne, die Einführung des Euro sowie die Europäischen Verbundgruppen (wie z.B. As-

SOCIATED MARKETING SERVICES AG/AMS mit Sitz in Zug, CH; BUYING IN-
TERNATIONAL GROUP SPAR/BIGS, Amsterdam oder DEURO BUYING AG/
MIAG METRO INTERNATIONAL AG, Baar/CH; vgl. o.V. 1995, S. 74 – 76)
fördern Transparenz und zwingen die Hersteller zu einer einheitlichen
Preis- und Konditionenpolitik (vgl. Bendl 2000, S. 115; vgl. Kalka/Ziehe
1999, S. 70).

Besonders tickt die Zeitbombe in Osteuropa, da die in den Aufbauzei-
ten gewährten Konditionen oft willkürlich und ungerecht sind. Konditi-
onsspreizungen von bis zu 15 Prozentpunkten bei den Kunden des gleichen osteuropäischen Landes sollen vorliegen. Zwischen den osteuropäischen Ländern soll es Spreizungen bis zu 20 Prozentpunkten geben
(vgl. Hanke 2000b, S. 48).

Aber auch bei einem Vergleich der Preise eines Produktes in verschiedenen westeuropäischen Ländern werden erhebliche Differenzen deutlich. Der lokale Preis wurde an den lokalen Gegebenheiten ausgerichtet,
sodass z.B. schottischer Whisky direkt ab Distillery teurer verkauft wird
als die identische Ware in Spanien oder Portugal. Offensichtlich besteht
in den Unternehmen zum Teil wenig Transparenz über die erheblichen
Preisdifferenzen in den verschiedenen Ländern. Preise in den verschiedenen Ländern zu harmonisieren erfordert Zeit, wie das Schaubild zeigt:

*Euro und Europäische Ver-
bundgruppen fördern
Transparenz und zwingen
die Hersteller zu einer einheitlichen Preis- und Konditionenpolitik*

*In den Unternehmen be-
steht zum Teil wenig
Transparenz über die Preisdifferenzen in den verschiedenen Ländern*

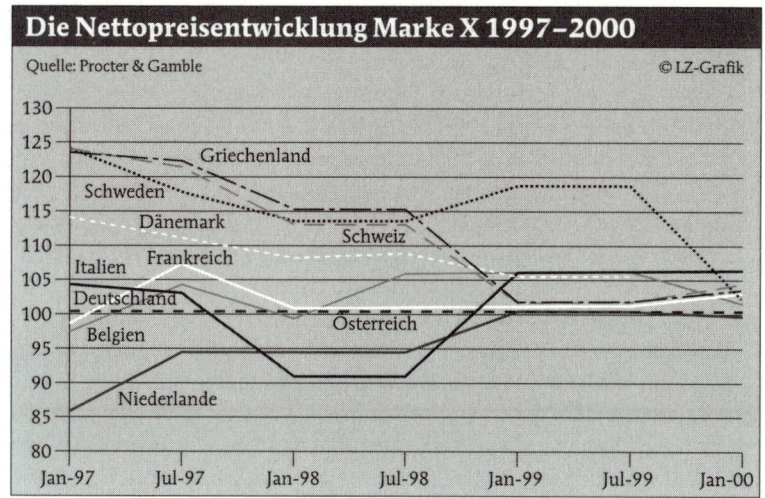

*Abb. 2.5:   Preisharmonisierung der Marke X von 1997 bis 2000
(Quelle: Holland 2000, LZ 40/2000, S. 46)*

Werden die Preisniveaus nicht angeglichen, werden sog. „Grauimporte", d.h. Importe von billiger Ware in ein höherpreisiges Land, die durch
den Handel vorgenommen werden, die Folge sein. Bei den großen international tätigen Handelskonzernen ist dagegen abzusehen, dass sie für
ganz Europa den jeweils günstigsten Preis verlangen werden (vgl.
Holland 2000, S. 46).

*Gefahr sog.
„Grauimporte"*

3   Efficient Consumer Response (ECR)

3.1   Einführung in das ECR- Haus

ECR ist Ausfluss des Bestrebens von Industrie und Handel, partnerschaftlich miteinander umzugehen und durch Vermeidung von Uneffi-
zienzen, bzw. Nutzung von Synergien die Wirtschaftlichkeit zu erhöhen.

> ECR – „EFFICIENT CONSUMER RESPONSE" NENNT MAN DAS GEMEIN-
> SAME BEMÜHEN VON INDUSTRIE UND HANDEL, UMSÄTZE UND ERTRÄ-
> GE DURCH MAXIMIERUNG DER KUNDENZUFRIEDENHEIT ZU VERBES-
> SERN UND GLEICHZEITIG DIE KOSTEN VON LIEFERUNG UND LAGERUNG
> AUF ALLEN STUFEN DER WARENFLUSSKETTE ZU REDUZIEREN.

Der Ursprung dieser vertikalen Kooperationsbemühung liegt in den Ergebnissen der Reengineering-Prozesse, die PROCTER & GAMBLE in den USA
mit mehreren Handelspartnern, wie u.a. WALMART, bereits Mitte der
Achtzigerjahre durchgeführt hat (vgl. Biehl 1995, S. 38 f.).

Continuous Replenishment (CRP):
kontinuierliche (Zentral-) Lagerversorgung auf Basis der täglichen Orderdaten der einzelnen Filialen

Basierend auf Datenaustausch per EDI lief 1985 der erste Test zur Logistikoptimierung mit einem mittelgroßen Lebensmittelhändler. 1990
hatten alle maßgeblichen Großdiscounter der USA mit PROCTER & GAM-
BLE das sog. **Continuous Replenishment (CRP)** für die Belieferung von
Windeln installiert. Hinter CRP verbarg sich sich die kontinuierliche
(Zentral-)Lagerversorgung auf Basis der täglichen Orderdaten der einzelnen Filialen. Bis Mitte 1994 hatte PROCTER & GAMBLE 47 CRP-Partner
und 26 Prozent des P & G-Umsatzes wurde per CRP bestellt und abgewickelt. CRP beinhaltete jetzt über die kontinuierliche Lagerversorgung
hinaus auch das elektronische OSB-System, d.h., Bestellwesen (Order),
Liefersystem (Shipping) und Rechnungslegung (Billing) wurden nicht
mehr jeweils manuell ausgeführt, sondern die Daten wurden vom Kunden elektronisch empfangen und im OSB-System weiterverarbeitet.

Außerdem stieg PROCTER & GAMBLE auf Category Management um,
d.h., mehrere Marken wurden der Verantwortung eines Category Managers unterstellt, der die einzelnen Marken als Teil eines Warengruppen-
Portfolios führte. So standen nicht mehr einzelne Marken im Vordergrund, sondern es wurde im Interesse einer ganzen Warengruppe entschieden.

Als zu Beginn der 90er-Jahre die Diskussion über ECR einsetzte, beteiligte sich P & G intensiv daran und informierte über die erzielten Ergebnisse. Ende 1993 verkaufte P & G sein CRP-System an IBM zur weiteren
Vermarktung und gliederte den Betrieb des eigenen Systems an die IBM-
Tochter ISSC aus. Interessant ist die Motivation für dieses Verhalten,
denn es waren keine wirtschaftlichen Gründe, die hinter dem Verkauf
des CRP-Systems standen. Man erwartete, dass die Benefits für P & G
stiegen, *„wenn die Gesamtzahl der CRP-Nutzer steigt. Deshalb war es wich-*

tiger, diese Innovation zu verbreiten, als die kurzfristigen Vorteile des technologischen Pioniers auszuschöpfen" (Biehl 1995, S. 40).

In Europa wurde 1994, nach den Erfolgen in den USA, eine ECR-Initiative gestartet: „ECR-Europe". Fast 50 europäische Unternehmen aus Handel und Industrie sind beteiligt. In den einzelnen Ländern sind außerdem nationale Arbeitsgruppen installiert worden (vgl. Biehl 1995b, S. 28). In Deutschland wurde am 5. Mai 1995 der ECR-Lenkungsausschuss Deutschland gegründet. Am 19.7.2000 haben die ECR-Vertreter aus Deutschland, Österreich und der Schweiz vereinbart, zukünftig unter einem Dach als „ECR-D-A-CH" gemeinsam zu arbeiten, um die Projekte noch effizienter zu gestalten (vgl. *www.ecr-dach.net*).

Renommierte internationale Unternehmensberatungen unterstützen die verschiedenen Kooperationsprojekte.

Um nationale und internationale Entwicklungen, die mit ECR verbunden sind, besser zu verstehen ist es nötig, an dieser Stelle einige andere nationale und internationale Organisationen einzuführen: *national und international an ECR beteiligte Organisationen*

An der Entwicklung von ECR ist maßgeblich die CENTRALE FÜR COORGANISATION (CCG) beteiligt. Die CCG wurde 1974 gegründet, um organisatorische Probleme, die sich aus der Zusammenarbeit zwischen Handel und Industrie ergaben, partnerschaftlich zu lösen. Die Träger der CCG sind das EHI (EuroHandelsInstitut) und der Markenverband. Seit 1983 ist die CCG ein kartellrechtlich anerkannter Rationalisierungsverband, dessen Auftrag es ist, die Zusammenarbeit im Informationswesen und in der Logistik für die deutsche Konsumgüterwirtschaft und ihre angrenzenden Wirtschaftsbereiche zu fördern. Daher wurde auch der deutsche ECR-Lenkungsausschuss im Oktober 1997 in den Aufsichtsrat der CCG integriert. *Centrale für Coorganisation (CCG)*

Die CCG ist außerdem eines von 12 Gründungsmitgliedern der 1977 gegründeten internationalen EAN-Gesellschaft mit Sitz in Brüssel. Deren Ziel war es, ein einheitliches standardisiertes Nummernsystem zur Kennzeichnung von Produkten, Dienstleistungen und Lokationen zu schaffen und weiterzuentwickeln. EAN International hat heute 95 Mitgliederorganisaionen, die 97 Länder repräsentieren. *internationale EAN-Gesellschaft, Brüssel*

Der amerikanische Partner ist der „Uniform Code Council" (UCC). Beide Organisationen zusammen erreichen heute weltweit 850.000 Unternehmen, die alle in der gleichen Sprache kommunizieren. So wird heute auch vom „EAN-UCC-System" gesprochen. Über den klassischen Konsumgüterbereich hinaus sind auch die Pharmaindustrie, Verpackungshersteller, Transporteure, öffentliche Beschaffung und Verteidigung, Dienstleister, Computer- und Textilhersteller in das EAN-UCC-System eingebunden (vgl. o.V. 2001 c, S. 10). *Uniform Code Council (UCC)*

Was verbirgt sich nun genau hinter ECR, dem Ziel, effizient auf das Verhalten der Konsumenten zu reagieren (efficient consumer response)?

Die einzelnen „Bausteine", aus denen sich ECR zusammensetzt zeigt das sog. ECR-Haus:

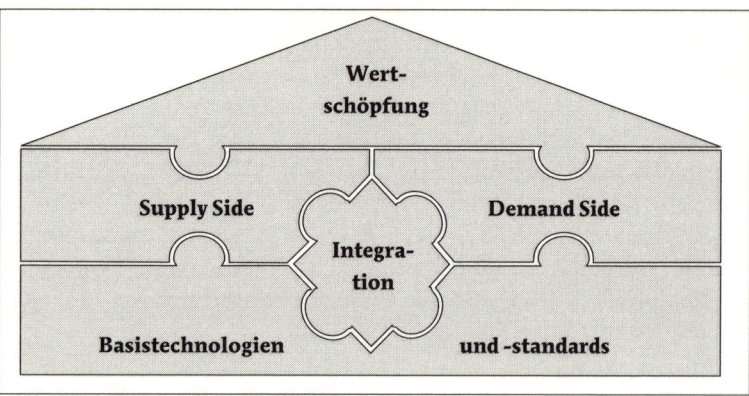

Abb. 3.1:   Das ECR-Haus (Quelle: o.V. 12/2000, o.S.)

„Enabling Technologies" sind Basistechnologien, die Industrie und Handel miteinander verbinden

Basis für ECR sind die **Enabling Technologies**. Das sind Basistechnologien und Basisstandards, die Industrie und Handel miteinander verbinden. Die Enabling Technologies bilden gewissermaßen das Fundament des ECR-Hauses, auf dem aufbauend Kooperationen in der Supply-Side und der Demand-Side durchgeführt werden können.

Supply Chain Management

Die **Supply-Side**, bzw. das **Supply Chain Management** beschäftigt sich mit der effizienten Gestaltung des Waren- und Informationsflusses sowie der Geschäftsabwicklung zwischen Lieferant und Kunde. Ziel des Supply Chain Management ist primär eine Kostensenkung.

Category Management

Die **Demand-Side**, als **Category Management** bzw. auch als **Demand Management** bezeichnet, beschäftigt sich mit der effizienten Gestaltung der Marktbearbeitung am POS des Handels. Ziel von Category Management ist, die Kunden- bzw. Shopperzufriedenheit zu steigern, die Loyalität zur Marke und zur Einkaufsstätte zu erhöhen und dadurch die Nachfrage und die Umsätze zu steigern.

Unter „Integration" ist nun die Verbindung der Supply-Side mit der Demand-Side unter Nutzung der Basistechnologien und –standards durch E-Business und CPFR (Collaborative Planning, Forecasting and Replenishment) zu verstehen.

Werden alle Bereiche genutzt und effizient durchgeführt, so kann, wie beim Hausbau, das Dach aufgesetzt werden: Sowohl Hersteller als auch Handel werden eine erhebliche Wertschöpfung erfahren.

Eigentlich hört sich das alles recht einfach an! In der Praxis ist die Einführung und Durchsetzung von ECR doch wesentlich problematischer. Während große internationale Hersteller und Handelsorganisationen bei ECR „dabei sind", ist dies bei den klein- und mittelständischen Unternehmen noch lange nicht der Fall. Auch die kleineren Handelsorgani-

Klein- und mittelständische Unternehmen haben oft noch Probleme

sationen folgen zögerlich, selbst wenn auch hier Erfolge sogar bei sehr kleinen Unternehmen zu verzeichnen sind, wie dies auf dem 2. ECR-Tag in Bonn, im September 2001, dokumentiert wurde.

Die Einführung von ECR bedeutet nicht nur, dass neue Techniken in den Unternehmen eingeführt werden und die Mitarbeiter lernen müssen, mit diesen Techniken umzugehen. ECR bedeutet vor allem auch, dass Organisationen – Handel und Industrie - die traditionellerweise eher gegeneinander als miteinander gearbeitet haben, jetzt sogar intime und vertraulichen Daten miteinander austauschen müssen.

Tatsächlich hat die Diskussion im Zusammenhang mit ECR lange Zeit einen wesentlichen Faktor übersehen: den Menschen. *„Aus der Tatsache, dass die Umsetzung nicht nur aus rein instrumentellen Vorgängen besteht, ergibt sich, dass de facto die Einführung von ECR ein hohes Konfliktpotenzial in sich birgt, und zwar sowohl innerhalb der Organisation als auch in der Zusammenarbeit mit dem Kunden bzw. den Kunden."* (Creischer 1999, S. 302 f.)

Für die Einführung von ECR wurden daher sog. Erfolgsfaktoren indentifiziert, die in harte Erfolgsfaktoren (hard facts) und weiche Erfolgsfaktoren (soft facts) unterschieden werden (vgl. van der Heydt 1998, S. 170 ff.; vgl. Seifert 2001, S. 278 ff.). Die Praxis zeigt, dass die soft facts meist den entscheidenden Ausschlag geben.

Harte Erfolgsfaktoren für ECR sind:
- Organisatorische Voraussetzungen wie multifunktionale Teams auf Handels- und Industrieseite und eine prozessorientierte Ablauforganisation,
- Informationstechnische Voraussetzungen wie EDI, Scanning, Data Warehouse, Warenwirtschaftssysteme und auch Prozesskostenrechnung,
- Fachliche Qualifikation aller Mitarbeiter einschließlich der Führungsspitze,
- Einsatz moderner Kostenrechnungsverfahren wie Direkte Produktrentabilität bzw. Deckungsbeitragsrechnung und Activity-Based-Costing (ABC) / Prozesskostenrechnung.

Harte Erfolgsfaktoren für ECR

Weiche Erfolgsfaktoren für ECR sind:
- Change Management, um den Prozess des Wandels und der Veränderung zu begleiten und für alle Beteiligten verständlich und umsetzbar zu machen,
- Commitment und Leadership durch die Unternehmensleitung, bzw. das Top-Management,
- Gegenseitiges Vertrauen der ECR-Partner.

Weiche Erfolgsfaktoren für ECR

Diese Erfolgsfaktoren zeigen, dass ECR weit über die reine Zusammenarbeit hinaus die Unternehmen von Handel und Industrie in ihren Grund-

ECR berührt die Unternehmen von Handel und Industrie in ihren Grundstrukturen

strukturen berühren. Insofern ist ECR in dieser umfassenden Betrachtung mehr als ein Instrument im Rahmen des Trade-Marketing.

Die nachfolgenden Ausführungen zu ECR beziehen sich auf jene Bereiche, die für die strategische und operative Arbeit des Vertriebs im Unternehmen selbst und beim Kunden relevant sind. Aus dieser vertriebsbezogenen Betrachtung resultiert auch die Einordnung von ECR in die Instrumente des Trade-Marketing.

3.2   Enabling Technologies

einheitliche Identifikations- und Kommunikationsstandards

Grundlage aller ECR-Prozesse sind die sog. **Enabling Technologies**, einheitliche Identifikations- und Kommunikationsstandards:

* Identifikationssysteme
  - Internationale Lokationsnummerierung (ILN)
  - Internationale Artikelnummer (EAN)
  - EAN 128-Standard
  - Nummer der Versandeinheit (NVE)
* Elektronischer Datenaustausch via EDI, WebEDI bzw. EDIFACT mit EANCOM® als Nachrichten-Standard
* SINFOS / PRICAT-Stammdatenpool

Im Folgenden wird eine kurze Einführung in diese Technologien und Standards gegeben:

3.2.1   Identifikationssysteme

Internationale Lokationsnummer (ILN)

eindeutige Identifizierung der physischen Adresse von Unternehmen bzw. Unternehmensteilen in der ganzen Welt

Die ILN ersetzt die früher geläufigen Lieferanten- und Kundennummern. Durch die ILN wird eine eindeutige Identifizierung der physischen Adresse von Unternehmen bzw. Unternehmensteilen in der ganzen Welt ermöglicht.

Die weltweite Verwaltung und Zuteilung der ILN erfolgt durch die nationalen Organisationen von EAN International, in Deutschland durch die CCG. In Deutschland nehmen mittlerweile rund 27.000 Hersteller und Dienstleister sowie rund 80.000 Handelsbetriebe am ILN-System teil (vgl. o.V. 2001b, S. 15).

Internationale Artikelnummer (EAN)/ EAN.UCC XML-Standard

Grundlage für den Einsatz der Scanner-Technologie

Die EAN (ursprünglich für „European Artikel Number"), bzw. heute EAN-UCC (vgl. Teil D, Kap. 3.1) ersetzt bereits seit zwei Jahrzehnten die bis dahin übliche unternehmensspezifische Artikelnummer. Sie gewährleistet eine international eindeutige Identifizierung von Produkten und sie bildet die Grundlage für den Einsatz der Scanner-Technologie.

Die EAN ist in der Regel eine 13-stellige Zahl. Aber auch eine 8-zahlige EAN Kurznummer kann in den Fällen, in denen aus Platzgründen eine 13-stellige Zahl nicht verwendet werden kann, eingesetzt werden.

Die 13-stellige EAN setzt sich folgendermaßen zusammen: *Zusammensetzung der EAN-Nummer*
- Einer 7-stelligen Basisnummer, der ILN
- Einem 5-stelligen Nummernteil, den das Unternehmen festlegen kann und mit dem das Produkt selbst identifiziert wird. (Bei einer 5-stelligen Produktnummer können daher unter einer ILN-Basisnummer insgesamt 99.999 Produkte nummeriert festgelegt werden!)
- Einer Prüfziffer über die vorhergehenden 12 Stellen. Sie dient der Absicherung der erfassten Daten, d.h., sie stellt sicher, dass die vorausgegangene Zahlenfolge fehlerfrei eingegeben bzw. vom Scanner gelesen wurde (vgl. CCG 2001e). Die Prüfziffer muss für jede Artikelnummer neu ermittelt werden.

Die Berechnung der Prüfziffer ist relativ einfach: *Berechnung der Prüfziffer*
Der Prüfziffern-Algorithmus des EAN-Systems basiert auf einer Gewichtung, d.h. Multiplikation der einzelnen Ziffern der EAN mit den Faktoren 3 1 3 1 ... von rechts nach links (also von hinten nach vorne!) und dem Modul 10. Dann wird die Produktsumme ermittelt. Die Differenz zwischen der Produktsumme und dem nächsten vollen „Zehner" ergibt die Prüfnummer. Wenn diese Prüfnummer eine durch 10 teilbare Produktsumme ist, so ist die Prüfnummer gleich Null.

Beispiel zur Prüfzifferberechnung (vgl. *www.ccg.de*):

a)	4	0	1	2	3	4	5	1	2	3	4	5	-
b)x	1	3	1	3	1	3	1	3	1	3	1	3	-
c)=	4	0	1	6	3	12	5	3	2	9	4	15	-

d) Produktsumme 64

e) Aufrunden auf 70

f) 64 + 6 = 70   6 = Prüfziffer

a) Nebeneinander die Ziffern der betreffenden EAN-Nummer schreiben (ausgenommen der letzten, der zu ermittelnden Prüfziffer!).

b) Von rechts nach links abwechselnd die Multiplikatoren 3 bzw. 1 setzen, mit 3 beginnen.

c) Die Zahlen von a) mit b) multiplizieren

d) Die Zahlen von c) addieren und so die Produktsumme ermitteln.

e) Die Differenz zum nächsten vollen „Zehner" ermitteln. Das ist die Prüfziffer. (Angenommen die Produktsumme wäre 80, so ist die Differenz Null und die Prüfziffer ebenfalls Null.)

f) Die Prüfziffer ist 6

Internationale Artikelnummer (EAN-13)		
Basisnummer	individuelle Artikelnummer	Prüfziffer
4 0 1 2 3 4 5	1 2 3 4 5	6

Abb. 3.2:   Internationale Artikel Nummer und ihre Bestandteile (Quelle: o.V. 1997, S. 80)

Jede Artikelvariante und jede Verpackungseinheit dieser Artikelvariante erhält eine eigene EAN

Welche Artikel und Produkte erhalten eine EAN? Jeder Artikel, also auch jede Artikelvariante (Modell, Farbe, Größe) benötigt eine eigene EAN. Aber auch jede Verpackungseinheit dieser Artikelvariante erhält eine eigene EAN. Das ist notwendig, weil im Handel durch den Registrierprozess über die Scannerkasse der Abverkauf jeder einzelnen Sorte im Warenwirtschaftssystem festgestellt wird – und auf Basis des Abverkaufs die Nachbestellungen der einzelnen Sorten erfolgen.

Die EAN-Nummerierung würde sich in der Praxis folgendermaßen gestalten:

```
EAN                    4 0   1 2 3 4 5 ...

1 Rolle Traubenzucker „Banane"                  ... 0 0 0 0 1  6
1 Display-Karton à 50 Rollen „Banane"           ... 0 0 0 0 2  3
1 Umkarton à 6 Displays „Banane"                ... 0 0 0 0 3  0
1 Beutel Traubenzucker „Banane",
  einzeln verpackt                              ... 0 0 0 0 4  7
1 Display-Karton à 20 Beuteln „Banane"          ... 0 0 0 0 5  4
1 Umkarton à 6 Displays Beutel „Banane"         ... 0 0 0 0 6  1
```

Abb. 3.3:   Beispiel für EAN-Nummerierungen (Quelle: o.V. 1997, S. 83)

Als E-Business-Standard haben EAN International und der Uniform Code Council (UCC) die Version 1.0 ihres globalen EAN.UCC XML Standard auf Basis des Global Commerce Internet Protokolls (GCIP) als englische Sprachversion veröffentlicht (vgl. CCG 2001d). Er kann im Moment für fünf wesentliche Prozesse eingesetzt werden: Produkt- und Partnerstammdatenaustausch, Bestellung, Lieferavis und Rechnung.

Nummer der Versandeinheit (NVE)

eindeutige Identifizierung von logistischen Einheiten wie Päckchen, Pakete, Paletten usw.

Mit der NVE ist eine eindeutige Identifizierung von logistischen Einheiten wie Päckchen, Pakete, Paletten usw. möglich.
Die NVE ist 18-stellig. Sie besteht aus
• einer Verpackungskennziffer
• der 7-stelligen ILN

- einer 9-stelligen – möglichst fortlaufend zu vergebenden – Nummer für ein spezifisches Packstück
- einer Prüfziffer.

Die NVE wird im EAN 128-Standard als Strichcode dargestellt.

EAN-128 Standard

Der EAN-128 Standard ist eine Ergänzung zur EAN-Codierung. Dieser Code wird auf dem Transportetikett der Versandeinheit (z.B. der Palette) oder z.B. auf den Umkartons der Handelseinheit angebracht.

Die technische Basis bildet der Strichcode EAN 128. Er ermöglicht den reibungslosen, unternehmensübergreifenden Austausch warenbegleitender Informationen. Mehr als 60 verschiedene Datenelemente können bereits in strichcodierter Form dargestellt werden. Sie gliedern sich in folgende Anwendungsbereiche (vgl. o.V. 1997, S. 90):

Anwendungsbereiche des Strichcodes EAN-128

1. Identifikation (z.B. der EAN der Handelseinheit, Nummer der Versandeinheit)
2. Warenverfolgung (z.B. Nummer der Versandeinheit, Chargennummer, Seriennummer)
3. Inhaltsangaben (z.B. Anzahl und Art der enthaltenen Einheiten)
4. Datumsangaben (z.B. Packdatum, Mindeshaltbarkeitsdatum, Verfalldatum)
5. Maßeinheiten (z.B. Gewichtsangabe in Kilogramm, Meter)
6. Referenzierung (z.B. Bestellummer des Warenempfängers)
7. Firmenidente und Adressierung (z.B. ILN des Warenempfängers, ILN des Rechnungsempfängers)
8. Interne Anwendungen

Daten-bezeichner	Kennzeich-nung der Verpackung	Basisnummer des Versenders	Durchlaufende Nummerierung	Prüf-ziffer*
00	**3**	**40 12345**	**123456789**	**1**

(00)34012345 1234567891

Abb. 3.4:   Beispiel für einen EAN-128 Strichcode (Quelle: o.V. 1997, S. 89)

Neueste Entwicklung auf dem Gebiet der Identifikation ist die Radiofrequenztechnik (RFID). Die sog. Transpondertechnologie gilt als ein alternatives Medium zum Strichcode. Im Vergleich dazu ist diese Technik

Die Transpondertechnologie gilt als alternatives Medium zum Strichcode

noch teuer, sie ist allerdings unempfindlich gegen Staub, Schmutz, Feuchtigkeit sowie stoßfest und unabhängig von Temperaturschwankungen.

Die Datenübertragung erfolgt bei der Radiofrequenztechnik über elektromagnetische Felder, die eine automatische Identifikation von Waren über mehrere Meter ermöglichen. Als Datenträger dient ein Microchip (vgl. o.V. LZ 4/2001, S. 65).

3.2.2   Kommunikationsstandards

Electronic Data Interchange (EDI)

Der elektronische Datenaustausch (EDI = Electronic Data Interchange) ist eine Grundvoraussetzung, um Rationalisierungen bzw. Wertschöpfungen im Rahmen von ECR durchzuführen. Mit EDI wird der teure und aufwendige Versand von per Computer erstellten Handelsdokumenten, Formularen und Papieren für Bestellungen, Rechnungen, Gutschriften, Lieferavisen usw. abgelöst.

Eine gebräuchliche Definition für EDI ist:

„Die Übermittlung strukturierter Daten mittels festgelegter Nachrichtenstandards von einer Computeranwendung in die andere, und zwar auf elektronische Weise und mit einem Minimum an menschlichen Eingriffen. " (o.V. 1997, S. 93)

schnelle und genaue Informationsübertragung

Da die Daten nicht permanent reproduziert werden müssen, sondern nach einmaliger Eingabe weiterverwendet werden, ist durch EDI eine hohe Genauigkeit der Informationen sichergestellt. Die elektronische Datenübertragung bringt natürlich auch eine erhebliche Schnelligkeit der Informationsvermittlung. Durch die Vorteile der nur einmaligen Dateneingabe, Fehlerlosigkeit und Schnelligkeit ist der Einsatz von EDI auch wesentlich kostengünstiger, sodass sich die Investitionen für EDI schnell amortisieren.

Web-EDI

Bereits 104 Handelsorganisationen und 6.600 Lieferanten tauschen Daten auf diesem Marktplatz im Internet aus

Durch Web-EDI wird insbesondere kleineren Handelspartnern die Möglichkeit gegeben, Daten auf einem normalen Browser einzutasten und dann über einen Dienstleister im Internet in die geschlossenen Systeme von Großunternehmen einzuspielen. Solche Dienstleister sind z.B. das Handel-ExtraNet, eine E-Business Plattform für Informationsaustausch, Bestellung und Web-EDI. Bereits 104 Handelsorganisationen und 6.600 Lieferanten nehmen Zugriff auf diesen Marktplatz. Die Handelsorganisationen DM-DROGERIE MARKT sowie WOOLWORTH und die Textilgruppe SINN-LEFFERS z.B. sehen den Dienstleister StratEDI, SCHWELM, mit der Internet-Drehscheibe CC-Top.de als geeignet an. StratEDI bietet XML-basierte Lösungen; der Pauschalpreis soll unabhängig vom Datenvolumen ab 40 Euro monatlich betragen (vgl. Rode 2000, S. 34).

EDIFACT

EDIFACT (= EDI for Administration, Commerce and Transport) ist der Datenaustauschstandard, der von einer Arbeitsgruppe der Vereinten Nationen entwickelt wurde. EDIFACT regelt den digitalen firmenübergreifenden Geschäftsverkehr international einheitlich.

international einheitliche Regelung des digitalen firmenübergreifenden Geschäftsverkehrs

Mit EDIFACT und EANCOM® werden frühere nationale Standards wie SEDAS in Deutschland, GENCOD in Frankreich oder TRADACOM in England abgelöst (vgl. Förster 1996, S. 59).

EANCOM®

EANCOM® ist ein Kunstwort aus EAN und COMmunication. EANCOM® ist die gemeinsame Computersprache, auf deren Basis Daten im Rahmen von EDIFACT ausgetauscht werden. EANCOM® ist ein branchenspezifisches Subset, das in enger Abstimmung mit der Konsumgüterindustrie enwickelt wurde. Andere EDIFACT Subsets sind z.B. CEFIC für die chemische Industrie oder EDIFICE für die EDV-Branche (vgl. Seifert 2001, S. 134).

Computersprache, auf deren Basis Daten im Rahmen von EDIFACT ausgetauscht werden

Im Datenaustausch zwischen Hersteller und Handel stehen folgende EANCOM® Datenstandards zur Verfügung:
- Standardnachrichten im Geschäftsverkehr
- Transportnachrichten
- Finanznachrichten

Insgesamt gibt es mehr als 40 verschiedene Nachrichtentypen, die für ECR eingesetzt werden können (vgl. Seifert 2001, S. 82). Im Folgenden werden nur die z. Zt. gebräuchlichsten Datenstandards dargestellt.

EANCOM® Standardnachrichten im Geschäftsverkehr

Die Standardnachrichten im Geschäftsverkehr lassen sich in drei Kategorien unterteilen (siehe Abb. 3.5; vgl. o.V. 1997, S. 94):
- Stammdaten: betreffen die Geschäftspartner (ILN) und die Artikel (EAN). Stammdaten werden zwischen den Partnern ausgetauscht und in deren Computersystemen gespeichert.
- Bewegungsdaten: erfassen die Geschäftsprozesse von der Anfrage bis zum Zahlungsavis
- Berichts- und Planungsdaten: informieren die Geschäftspartner über Artikelbewegungen und zukünftige Mengen.

In der Praxis wird die Abwicklung des Geschäftsverkehrs unter Einsatz von EDI/EANCOM durch den „EDI Anwenderkreis Handel" der CCG unterstützt. Um dem Wunsch der Industrie nach einheitlichen Handelslayouts auf Basis von EANCOM® nachzukommen, haben sich 1997 bedeutende Handelsunternehmen auf eine gemeinsame Vorgehensweise verständigt (vgl. *www.edi-ak-handel.de*). Aktuell werden von den teilnehmenden Handelsunternehmen die in Abb. 3.6 aufgezeigten EANCOM® Nachrichtenstandards im Geschäftsverkehr verwendet.

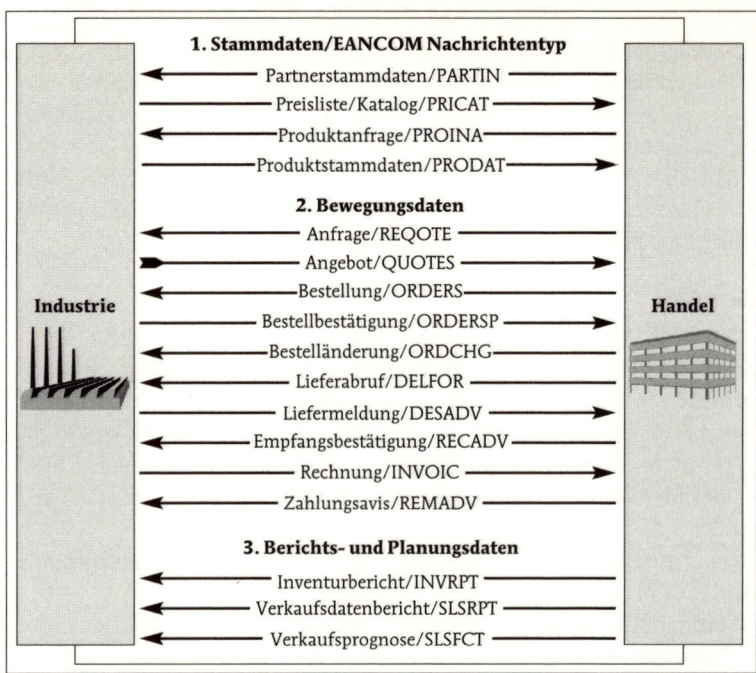

Abb. 3.5:   Geschäftsvorfälle und zugehörige EANCOM-Nachrichtentypen
zwischen Handel und Industrie (Quelle: vgl. o.V. 1997, S. 94 f.)

	CONTRL	DESADV	INVOIC	INVRPT	ORDERS	PRICAT	REMADV	SLSFCT	SLSRPT
BÄKO			X		X				
DOUGLAS		X	X		X				
EDEKA		X	X	X	X	X			
EK	X		X		X	X	X		
GLOBUS		X		X	X	X			X
KARSTADT		X	X	X	X	X	X		X
KATAG					X	X			
KAUFRING			X		X	X	X		
MARKANT		X	X		X	X			X
METRO		X	X	X	X	X	X		X
NORDWEST			X		X		X		
REWE			X	X	X		X		
SPAR			X	X	X				
TENGELMANN			X	X	X	X	X		
			Anhang						
Download		DESADV	INVOIC	INVRPT	ORDERS	PRICAT	REMADV	SLSFCT	SLSRPT
e	e	e	RELI	e	e	e	e	e	e

Abb. 3.6:   Unterstützte Nachrichten nach Handelsunternehmen
(Quelle: EDI Anwenderkreis Handel, vgl. o.V. o.J.b)

EANCOM® Transportnachrichten

Die EANCOM® Transportnachrichten ermöglichen:
* Informationen zwischen Lieferant und Transportunternehmen über die Art des Transports zu welchem Ort und welcher Zeit,
* den Austausch über eine Reihe von physischen Aktivitäten wie die Ankunft des Fahrzeuges, Tour und Belieferung.

Nachfolgend die zurzeit gebräuchlichsten Transport-Nachrichtentypen:
IFTMIN: Transport / Speditionsauftrag
IFTSTA: Mulitmodaler Statusbericht
HANMOV: Nachricht für den Ladungs-/
            Güterumschlag und -transport
IFTMAN: Ankunftsmeldung
RECADV: Wareneingangsmeldung

Den Datenfluss in der logistischen Kette stellt das Schaubild dar:

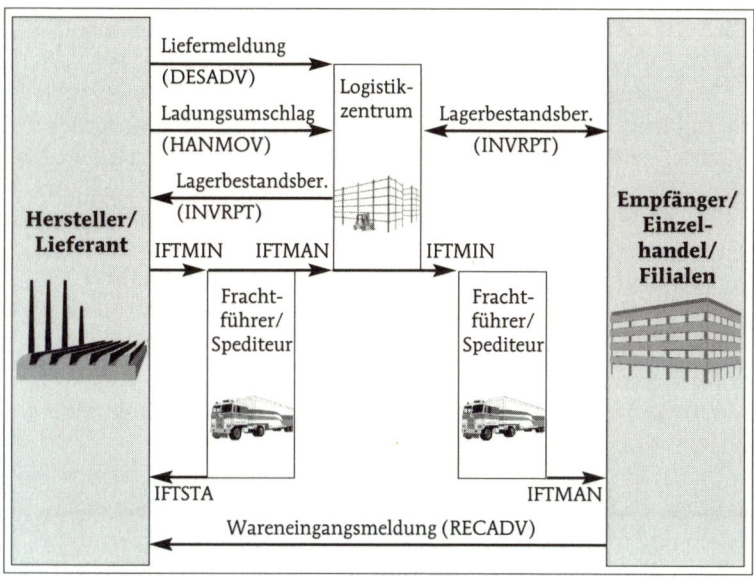

Abb. 3.7:   Informationsfluss in der logistischen Kette
(Quelle: o.V. 1997, S. 99)

EANCOM® Finanznachrichten

Zu den gebräuchlichsten EANCOM® Finanznachrichten gehören:
PAYORD: Zahlungsauftrag
DEBADV: Belastungsanzeige
CREDADV: Gutschriftsanzeige

3.2.3   Stammdaten

SINFOS / PRICAT Stammdatenpool

Artikelstammdaten bilden die Voraussetzung für den Austausch von mündlichen, schriftlichen oder elektronischen Nachrichten. Jeder Stammdatenaustausch mit einem EDI-Partner erfordert Abstimmungsprozesse, insbesondere über die auszutauschenden Informationsinhalte.

Stammdaten müssen während des gesamten Lebenszyklus des Produktes gepflegt werden

Und Stammdaten müssen im Lebenszyklus des Produktes gepflegt werden, d.h., vorkommende Datenänderungen, z.B. bezüglich Preis, Inhalt, Maß, Gewicht, Umkarton-Einheit müssen regelmäßig in das System „eingepflegt" werden.

Stammdaten werden aber nicht nur für die elektronische Abwicklung von Geschäftsvorfällen benötigt, sondern auch z.B. in der Warenlogistik, zur Regaloptimierung oder zur Ermittlung der Direkten Produktrentabilität (DPR).

Prinzipiell bestehen zwei Möglichkeiten für den Austausch der Artikelstammdaten im Geschäftsverkehr: ein bilateraler Austausch über den EANCOM® Nachrichtentyp PRICAT (= Wortzusammensetzung aus PRIce und CATalogue) oder über den nationalen Stammdatenpool SINFOS der CCG.

Der Stammdatenpool SINFOS hat den Vorteil, dass die Daten nur einmal in diesen Pool eingegeben werden und für alle am Pool beteiligten Unternehmen verfügbar sind. Als eher nachteilig muss gewertet werden, dass die Bereitstellung der Daten im SINFOS-Pool eine Gebühr kostet.

PRICAT-Nachrichten kann man nur jeweils mit einem Partner austauschen, dafür können diese Nachrichten Informationen enthalten, die auch nur für diesen Partner bestimmt sind, wie z.B. Konditionsangaben.

Die CCG ermöglicht es allerdings, Daten an den SINFOS-Pool auch im Nachrichtentyp PRICAT zu übermitteln. Das hat den Vorteil, dass Unternehmen, die EDI praktizieren, die bestehende Infrastruktur für die Dateneingabe in den SINFOS-Pool verwenden können.

Die Praxis zeigt, dass in den Unternehmen z.T. große Schwierigkeiten bestehen, die Stammdatenermittlung und Stammdatenpflege organisatorisch und inhaltlich zu bewältigen. Da die Implementierung von EDI und damit von ECR aber auf der Basis richtiger Artikelstammdaten fußt, sollte der Industrie, insbesondere den Klein- und Mittelständischen Unternehmen (KMU) für die Bewältigung dieser wichtigsten Basisstrategie noch erhebliche Hilfestellung z.B. durch die CCG zur Verfügung gestellt werden.

3.3 Supply Chain Management

Innerhalb der Supply Side steht die Optimierung der Geschäftsprozesse bis in die Regale der Filialen des Handels im Mittelpunkt. Aspekte des Warenflusses als auch des vorauseilenden und nachgeschalteten Informationsflusses werden betrachtet.

Supply Chain Management war ursprünglich getragen vom sog. „Downstream"-Ansatz, also der Waren- und Informationsbewegung vom Hersteller zum Handel. Die wichtigsten Themen, die dabei behandelt und in der Praxis umgesetzt wurden, waren:

„Downstream"-Ansatz: Waren- und Informationsbewegung vom Hersteller zum Handel

- Die Einführung der ECR-Basisstrategie: **Efficient Replenishment (ER)** oft auch als **Continuous Replenishment (CRP)** bezeichnet, mit unterschiedlichen Varianten in der Verantwortung für die Warennachdisposition bzw. Lagerführung: **Computer Assisted Ordering (CAO)** und **Vendor Managed Inventory (VMI)**.
- Die Bildung von „Operating Standards", d.h., die Definition branchenweiter Standardregelungen und grundlegender Techniken in der Prozesskette, dazu gehören: Cross-Docking, Roll-Cage Sequencing, Efficient Unit Loads (EU) und Mehrweg-Transportverpackungen (MTV) (vgl. Seifert, S. 138 ff.).

Der Supply Chain Gedanke ist heute erweitert auf die „Upstream"-Betrachtung. *„Die Erkenntnis, dass die Lieferanten von Verpackungen und Rohmaterialien wesentlich an der Wertschöpfung beteiligt sind, führte zur Einbindung dieser Vorlieferanten in das ECR-Konzept. Seit September 1999 erarbeiten Lieferanten und Konsumgüterhersteller in dem CCG-Projekt 'Efficient Replenishment Upstream' auf der Basis der Anwendungsempfehlung 'Integrated Suppliers' von ECR-Europe gemeinsam Anwendungsempfehlungen zur effizienten Gestaltung der Upstream-Geschäftsprozesse."* (CCG 2001a, o.S.)

„Upstream"-Betrachtung: Einbindung der Vorlieferanten in das ECR-Konzept

Im Folgenden wird eine kurze Einführung in die Basisstrategien des Efficient Replenishment und in die Operating Standards gegeben.

3.3.1 Efficient Replenishment

Bei Efficient Replenishment (ER) oder auch Continuous Replenishment (CRP) geht der Impuls für die Nachbestellung von Ware von den Käufen aus, die die Shopper getätigt haben und die per Scannertechnologie und Warenwirtschaftssystem des Handels erfasst werden. Anhand der Abverkäufe wird die tatsächliche Nachfrage in den Filialen, bzw. Distributionszentren ermittelt. *„Efficient Replenishment verbindet den Kunden, die Verkaufsfiliale (POS), das Handelslager und die Unternehmenszentrale des Lieferanten (Herstellers) in einem System, das langfristig die Synchronisation der Produktion mit der Kundennachfrage zum Ziel hat."* (o.V. 1997, S.57)

Der Impuls für die Warennachbestellung geht direkt von den Käufern aus

Durch EDI wird der schnelle und exakte Informationsfluss zwischen Handel und Lieferanten sichergestellt.

ROLAND BERGER & PARTNER, die CRP Programme in Europa begleitet haben, zeigen folgende Nutzenergebnisse auf: Die Bestandshöhen konnten um 40 bis 100 Prozent gesenkt werden, die Transportkapazitäten mit einer zusätzlichen Auslastung von 20 Prozent besser genutzt werden, die logistischen Prozesszeiten um 50 bis 80 Prozent gesenkt und die Produktverfügbarkeit am POS um 2 bis 5 Prozent erhöht werden (vgl. von der Heydt 1999, S. 6).

Computer Assisted Ordering (CAO)

computergestützte Waren-
dispositionprogramme

CAO bezeichnet computergestützte Warendispositionprogramme, *„die im Handel oder durch den Hersteller automatisch Nachbestellungen für die Verteilzentren oder die Filialen erzeugen, ... "* (Laurent 1996, S. 213; vgl. Rodens-Friedrich 1999, S. 205 ff. mit einem Fallbeispiel auch zu nachfolgendem Vendor-Managed Inventory bei DM, Karlsruhe).

Der Vorteil des Einsatzes von CAO wird deutlich, wenn man die computergestützte Disposition mit der bestehenden Praxis vergleicht. Ein Mitarbeiter des Handels oder z.T. auch noch der Industrie ermittelt durch Zählung der physischen Bestände den Bedarf und schätzt ab, wie viel Ware bis zum nächsten Bestelltermin benötigt wird. Eingeengt und erschwert und oft verfälscht wird die richtige Disposition auch durch das sog. „Limit", d.h., den Abteilungsdisponenten stehen nur bestimmte Budgets zur Verfügung, für die sie in einem bestimmten Zeitraum einkaufen dürfen.

Der Hersteller ist online in
das Warenwirtschaftssy-
stem des Händlers einge-
bunden und kann für seine
Artikel die aktuellen Be-
standsdaten abrufen

Bei CAO erfolgt der Wareneingang elektronisch. Die abverkauften Artikel werden per Scanner an der Kasse erfasst. Auf Einzelproduktbasis ist der Bestand im Zentrallager und pro Filiale abrufbar. Im Idealfall ist der Hersteller sogar online in das Warenwirtschaftssystem derart eingebunden, dass er kontinuierlich für seine Artikel die Abverkaufs- bzw. Bestandsdaten pro Filiale abrufen kann, so wie dies mittlerweile z.B. im Extranet von DM-DROGERIE MARKT möglich ist.

Bei der elektronischen Nachdisposition per CAO werden externe Faktoren, die auf die Bestellmenge Einfluss nehmen, im System eingegeben. Solche Faktoren sind z.B.: individuelle Situation der Filiale, tatsächliche versus geschätzte Umsatzentwicklung, Sicherheitsbestände, effiziente Bestellvolumina (z.B. volle Paletten), Inventurdaten, spezielle Nachfragefaktoren wie Ferienzeiten, Wetterverhältnisse, Veranstaltungen usw. (vgl. Seifert 2001, S. 122 f.).

Vendor Managed Inventory (VMI)

Der Hersteller ist für die
Lagerhaltung des
Handels zuständig

Vendor Managed Inventory heißt, dass der Vendor, der Verkäufer, das Lager des Handels managed, also für die Disposition der Zentrallager- oder der Filialbestände zuständig ist. *„Der Vorteil für beide Seiten ist die Optimierung der Produktion und eine verbesserte Lieferbereitschaft in allen Ebenen des Handels. "* (Simacek 1999, S. 130)

Das VMI-Konzept wird in den USA von einigen großen Konsumgüterherstellern wahrgenommen, wie Campell Soup, M&M/Mars, Nestlé, Quaker-Oats, Nabisco, Procter & Gamble, Scott Papier usw. (vgl. Seifert 2001, S. 125.). In Deutschland ist es dm-drogerie markt, der seinen Lieferanten aktuell die Möglichkeit des Vendor Managed Inventory gibt. Als Vorstufe zu VMI bietet sich das Co-Managed Inventory (CMI) an (vgl. von der Heydt 1998, S. 92). Hier ist der Händler zwar noch für die Bestellung verantwortlich, bindet aber den Lieferanten sehr eng in das Dispositionsgeschehen und die Dispositionsvorschläge ein.

3.3.2 Operating Standards

Cross-Docking (CD)

Cross-Docking ist eine der Basistechniken beim Einsatz von Efficient Replenishment. Cross-Docking ist ein Distributionsverfahren für Behälter und Paletten *„bei dem die am Lager eingegangenen Güter nicht eingelagert, sondern direkt für die weitere Belieferung an die Filialen vorbereitet und weitergeleitet werden. Ziel ist die Reduzierung des Lagerbestandes in den Lägern bei gleichzeitiger Effizienzsteigerung des Transportes. Voraussetzung ist die Synchronisation der Warenein- und ausgänge"* (o.V. 1997, S. 54). Ein weiterer Vorteil des Cross-Docking besteht in der Möglichkeit die NVE (Nummer der Versandeinheit) einzusetzen. Die vom Versender (Lieferanten) vorgegebene NVE kann von allen Beteiligten auf allen Stufen des Transportes genutzt werden. Zeit und Kosten für ein jeweiliges Umetikettieren durch die verschiedenen Beteiligten entfallen dadurch.

Distributionsverfahren für Behälter und Paletten, das kostenträchtige Einlagerungszeiten und Lagerbestände verringert

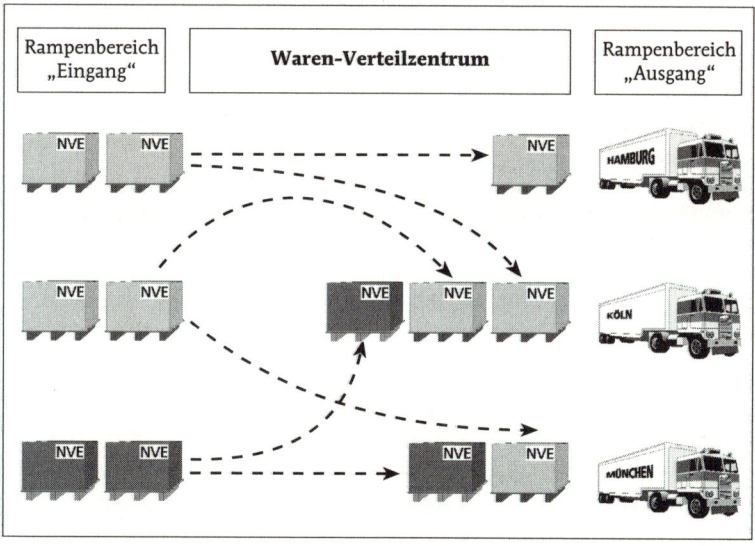

Abb. 3.8: Cross-Docking mittels NVE (Quelle: o.V. 1997, S. 88)

Im Rahmen des Cross-Docking werden das sog. „einstufige" und das „zweistufige" Cross-Docking unterschieden.

Beim einstufigen Cross-Docking erfolgt die Kommissionierung der Ware beim Lieferanten. Das heißt, dem Lieferanten liegt ein Filialverteiler vor mit Angabe darüber, welche Filiale welche Waren erhält. Dieser geht vom Zentrallager dann direkt in die Filialen.

Beim zweistufigen Cross-Docking erfolgt die Kommissionierung der Ware dagegen im Logistikbetrieb des Händlers, dieser erhält von der Zentrale den Filialverteiler.

Roll-Cage Sequencing (RCS)

Die Warenanordnung auf Paletten oder Rollbehältern im Lager entspricht dem Regallayout der Filiale

Roll-Cage Sequencing ist eine Kommissioniermethode (vgl. o.V. 1997, S. 61). Im Handelslager wird die Ware, die für eine Filiale bestimmt ist, derart auf Paletten oder Rollbehältern aufgepackt, dass die Reihenfolge, wie die Ware vom Filialpersonal wieder abgenommen wird, möglichst dem Regallayout der Filiale entspricht. Damit werden lange Einräumwege in der Filiale oder störendes Abladen von Kartons im Gang reduziert. Mit Roll-Cage Sequencing können Personalkosten eingespart werden, bzw. die Mitarbeiter haben mehr Zeit, sich den Kunden zuzuwenden.

Efficient Unit Loads (EUL)

Effiziente, weil standardisierte Transport- und Ladeeinheiten wirken Kosten sparend

Effiziente Transport- und Ladeeinheiten spielen entlang der Logistikkette eine wichtige Rolle, um Handling, Lagerung und Transport zu erleichtern und Kosten einzusparen. Studien zeigen, dass durch Standardisierung von Paletten und Umverpackungen, Mehrweg-Transportverpackungen und bessere LKW-Nutzung Kosteneinsparungen bis zu 1,2 Prozent vom Umsatz erzielt werden können (vgl. Kalmbach 1999, S. 34).

Verpackungsarten

Bei den Verpackungsarten sind zu unterscheiden:
- **Primärverpackungen** wie Flaschen und Gläser,
- **Sekundärverpackungen**, d.h. alle Formen von Behältern wie Kästen, Steigen, Boxen, Trays, aber z.B. auch Kleiderbügel,
- **Tertiärverpackungen**, d.h. Ladungsträger, z.B. Paletten oder Rollcontainer, auf denen gleichartige oder unterschiedliche Sekundärverpackungen gelagert werden.

Es kann sich dabei jeweils um Einwegverpackungen oder Mehrwegverpackungen handeln.

Mehrwegsysteme müssen zurückgeführt, gereinigt, ggf. repariert und für den Wiedereinsatz bereitgestellt werden

Im Gegensatz zu Einwegverpackungen müssen Mehrwegsysteme zurückgeführt, gereinigt, ggf. repariert und für den Wiedereinsatz bereitgestellt werden. Nach Angaben des FRAUNHOFER INSTITUTS FÜR MATERIALFLUSS (IML) belaufen sich allein die Mehrwegbehältnisse, die in der deutschen Konsumgüterindustrie eingesetzt werden auf (vgl. CCG 1/2001, S. 3):
- ca. 400 Mio. Flaschenkästen
- über 50 Mio. Obst- und Gemüsekisten

- ca. 20 Mio. Brotkisten
- ca. 150 Tsd. Fischkisten
- ca. 1.5 bis 1,8 Mio Versandturmmodule
- ca. 4 bis 6 Mio. Euro-Gitterboxen

Folgende Systeme von Mehrweg-Transportverpackungen gibt es:

Systeme von Mehrweg-Transportverpackungen

- **Abfüllerspezifische Mehrwegsysteme** (z.B. Getränke): die Getränke-Systeme werden im ECR-Getränkekreis der CCG mit dem Ziel behandelt, die Vielfalt von Individualkästen durch eine geeignete Indentifikation und Klassifizierung in den Griff zu bekommen.
- **Anonymisierte Mehrwegsysteme** (z.B. Euro 1-Tauschpaletten): diese genormten Mehrwegsysteme werden zwischen den Prozessbeteiligten im Direkttausch abgewickelt. Nach Angaben des FRAUNHOFER INSTITUTS (IML) wird der Marktbestand an Paletten (incl. Mietpaletten) auf folgende Zahlen geschätzt (vgl. CCG 1/2001, S. 6):
  - 50 Mio. Euro 1-Paletten (nur LEH)
  - 6 Mio. Industriepaletten (nur LEH)
  - ca. 1,5 bis 2 Mio. Kunststoffpaletten ohne 1/4 Paletten
  - 3 bis 4 Mio. 1/2 Paletten
  - 4 bis 5 Mio. 1/4 Paletten
- **MTV-Systeme gegen Nutzungsentgelt** (Mietpools): Ziel des Logistikverbundes für Mehrweg-Transportverpackungen bei der CCG ist es, durch Einschaltung von Dienstleistern bei den kompatiblen Miet-MTV eine effiziente Abwicklung über alle Stufen der logistischen Kette „Mehrweg" im Wettbewerb zu schaffen (vgl. CCG 2001b, S. 2).

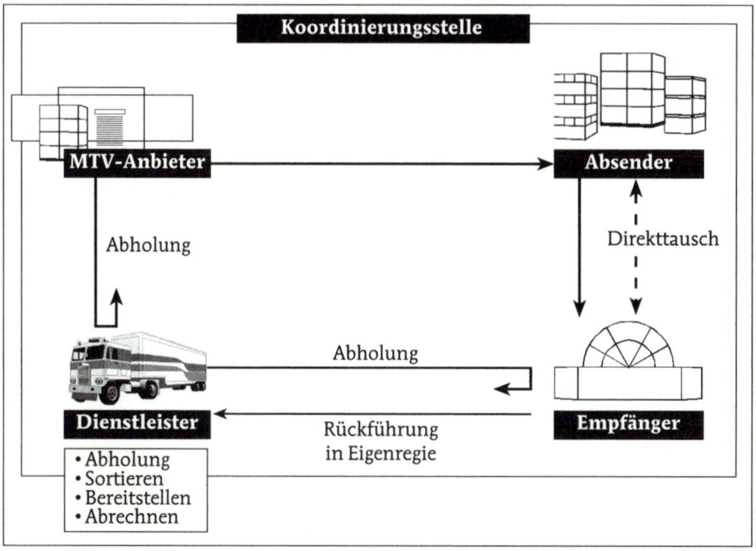

Abb. 3.9: Mindestfunktion eines Dienstleisters bei MTV-Systemen gegen Nutzungsentgelt (Quelle: CCG, o.J., o.S)

Kompetenzcenter
Verpackungslogistik
der CCG

Alle Bestrebungen zur Harmonisierung und Bündelung der Einweg- und Mehrwegaktivitäten über die gesamte Supply Chain sind in der CCG im „Kompetenzcenter Verpackungslogistik" erfasst. Das Kompetenzcenter arbeitet zusammen mit dem International Council for Reusable Transport Items (IC-RTI), einem selbstständigen Gremium von ECR-Europe. Die Aufgabe von IC-RTI ist es, die Absicherung der Ziele und Prinzipien auf internationaler Ebene zu erreichen.

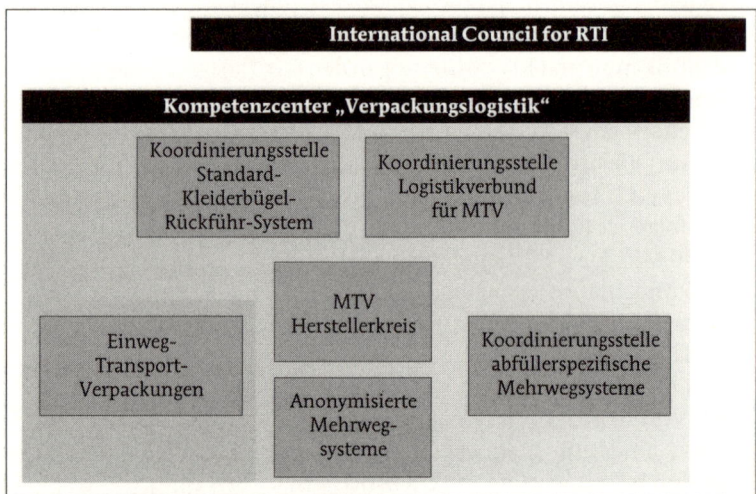

Abb. 3.10: Bündelung aller Einweg- und Mehrwegaktivitäten
(Quelle: CCG 1/2001, S. 3)

CCG-Projekt Rationalisie-
rung von Kleiderbügeln

Einen beeindruckenden Erfolg erzielte die CCG mit dem Mitte 1996 gestarteten Projekt: Rationalisierung von Kleiderbügeln. Was war die Aufgabenstellung? „*Wer sich aber nur kurz vorstellt, wie Kleider auf Bügeln (...) europaweit verkauft werden, kann die Dimension erahnen. Es geht um 700 Millionen Kleiderbügel in verschiedenen Formen, Farben und Stabilität. Und es geht darum, diese Vielfalt in den Griff zu bekommen. Damit im Laden Textilien verschiedener Hersteller nebeneinander auch auf dem gleichen Bügel dargeboten werden können. Damit die Mitarbeiter nicht ständig 'umbügeln' müssen – eine idiotische Arbeit.*" (Biehl 1999, S. 36)

Die CCG nahm sich also der Aufgabe an, recyclingfähige standardisierte Kleiderbügel zu entwickeln. Ein weiterer Nutzen des Projektes war, zudem, das „DSD-Thema" zu lösen, da Bügel, wenn sie als Serviceverpackung dienen, „Grüner-Punkt"-pflichtig sind.

Die Bügel für den Bereich HAKA (Herrenkonfektion) wurden im Herbst/Winter 2000/2001 eingeführt, im Sommer 2001 erfolgte die Einführung für den Sortimentsbereich DOB (Damenoberbekleidung). Im Frühjahr/ Sommer 2002 wird die Einführung der Bügel für den Sortimentsbereich Kinderkonfektion (KIKO) erwartet (vgl. CCG 2001c).

3.4 Category Management

3.4.1 Grundlagen

Category Management als weiterer Baustein von ECR hat die Aufgabe, die Demand-Side, d.h. die Nachfrage der Shopper zu beeinflussen beziehungsweise angemessen darauf zu reagieren. Unter dem Begriff des Category Management (bzw. in der deutschen Übersetzung: Warengruppen-Management) wird ein gemeinsamer Prozess von Händler und Hersteller verstanden, in dem Warengruppen als strategische Geschäftseinheiten geführt werden, um durch eine Erhöhung des Kundennutzens Ergebnisverbesserungen zu erzielen. Eine Warengruppe (Category) ist innerhalb des CM-Prozesses eine abgrenzbare und eigenständig steuerbare Gruppe von Produkten und/oder Dienstleistungen, die von den Konsumenten als unterschiedlich und/oder austauschbar zur Befriedigung ihrer Bedürfnisse wahrgenommen wird.

Category / Warengruppen Management versteht Warengruppen als strategische Geschäftseinheiten in Bezug auf den Kundennutzen

Warengruppen sind z.B. alkoholische Getränke, Tabakwaren, Haarwaschmittel, Tierfutter, usw.

Das Denken in Warengruppen impliziert die Anerkennung von Basis-Prinzipien, die die Rolle der Warengruppe zu beschreiben versuchen (vgl. Biehl 1997, S. 42):

Eigenschaften von Warengruppen

1. Warengruppen beschreiben Basisstrukturen von Konsumentenbedürfnissen.
2. Warengruppen sind strategische Geschäftseinheiten, die wesentliche Differenzierungsmöglichkeiten im Markt ermöglichen.
3. Gegenüber ihren Kunden treten Händler als Präsentatoren von Warengruppen auf; dies betrifft sowohl die Sortimentszusammensetzung, die Preispolitik, die Regalpräsentation als auch die Art der Werbung.
4. Warengruppen werden nach definierten Plänen gemanaged.
5. Basis für die Differenzierung im Wettbewerb ist die definierte Rolle der Warengruppe.
6. Category Manager sind verantwortlich für die Warengruppe, d.h., für Einkauf, Marketing, Merchandising, Logistik, Verkauf und den IT-Einsatz.
7. Category Management muss bis zur Ladenebene durchgesetzt werden.
8. Category Management erfordert die Kooperation mit erfahrenen Herstellern, da die Händler das ganze notwendige Know-how nicht selbst organisieren können.

Im Auftrag des ECR EUROPE BOARDS wurde von ROLAND BERGER & PARTNER gemeinsam mit der PARTNERING GROUP, USA das Ideal-Modell (Best-Practices Modell) eines Category Managements erarbeitet. Es basiert auf den o.g. Prinzipien und hat die zwei Kernbereiche Strategie und Geschäftsplanung, um die herum die vier weiteren Komponenten Organi-

Ideal-Modell (Best-Practices Modell) eines Category Managements

satorische Rahmenbedingungen, Bewertungsraster, Informationstechnologie sowie kooperative Handelsbeziehungen angesiedelt sind (vgl. Biehl 1997, S. 42):

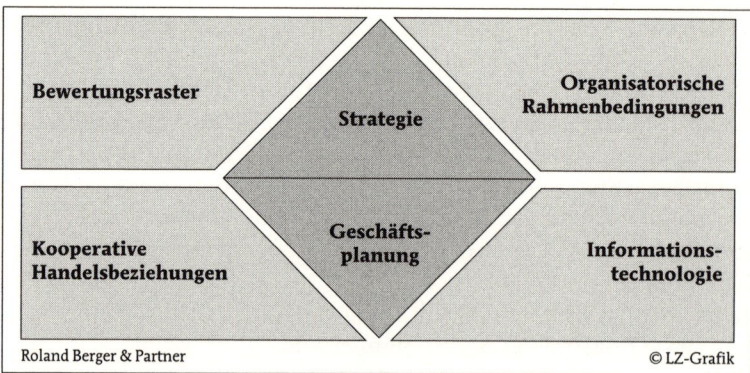

Abb. 3.11: Das Best Practices Category-Management Modell
(Quelle: Biehl 1997, LZ 10/1997, S. 42)

eine sich als Warengruppen-Team verstehende, nach Warengruppen gegliederte, prozessorientierte Organisation

Zu den organisatorischen Voraussetzungen gehört auf Handelsseite die Aufgabe der traditionellen Aufbauorganisation nach Funktionen, insbesondere die Trennung der Bereiche Einkauf und Verkauf in zwei völlig getrennte Ressorts. Die Implementierung von Category Management verlangt vielmehr eine nach Warengruppen gegliederte prozessorientierte Organisation, die sich als Warengruppen-Team versteht (vgl. Teil E, Kap. 1.3).

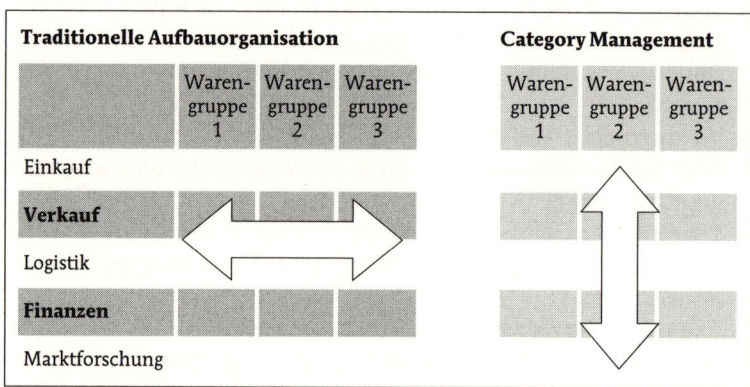

Abb. 3.12: Traditionelle Aufbauorganisation im Handel
versus Category Management

Der Category-Manager, der das Warengruppen-Team steuert, entstammt in der Regel dem Einkauf. Traditionell ist der Einkauf auf „Spannen- und Einkaufsdenken" geschult, das sich jetzt in „Ertrags- und Absatzdenken" verändern muss. Gleichzeitig erweitert sich der Verantwor-

tungsbereich erheblich. Der Category Manager muss nicht nur die erforderlichen Artikel zum richtigen Zeitpunkt, in der richtigen Menge, zum
richtigen Verkaufspreis und insbesondere mit der besten erzielbaren
Kondition einkaufen, er trägt jetzt auch für den in den Filialen erzielten
Ertrag sowie für die in Lager und Logistik anfallenden Kosten die Verantwortung. *„Dies kann beispielsweise zur Folge haben, dass nicht zwangsläufig der Zeitpunkt der besten Kondition zur Disposition führt. Vielmehr entscheidet nun die zu erwartende Kundenakzeptanz als auch das ganzheitliche
Sortimentskonzept über den in den Märkten resultierenden Ertrag."* (Ket-
tern/Heim 1999, S. 163)

Aber auch auf der Herstellerseite hat Category Management organisatorische Implikationen, zumindest soweit Hersteller aktiv in den CM-Pro-
zess eingeschaltet sein wollen. Die Vertriebsarbeit muss – im Sinne der
hier aufgezeigten Trade-Marketing Konzeption – konzeptionell ausgerichtet werden. Und Key Account Manager müssen das CM-Konzept lernen und für die Kundenführung nutzen können. *„Der 'neue' Typus des
Key Account Managers hat seinen Kunden als 'Marke' zu begreifen. Gemeinsam müssen aus dem CM-Ansatz Ziele erarbeitet, in einen Warengruppen-
plan umgesetzt und anschließend diese Ziele realisiert werden. CM-Kompe-
tenz als Erfolgsfaktor wird den entscheidenden Wettbewerbsvorsprung ga-
rantieren."* (Speer 1999, S. 233)

Nicht zu unterschätzen ist auch die Forderung nach kooperativen
Handelsbeziehungen. Jahrzehntelange antagonistische Beziehungen in
vertrauensvolle Zusammenarbeit unter Preisgabe sensiblen Datenmate-
rials umzuwandeln bedarf erheblicher Einstellungsveränderungen auf
beiden Seiten.

Die Zielsetzung des Herstellers: „Wie maximiere ich den Marktanteil
meiner Produkte in der Kategorie X?" und Zielsetzung des Handels: „Wie
maximiere ich den Marktanteil meiner Vertriebsschiene Y in der Kategorie X?" müssen zu einer gemeinsamen Zielsetzung zusammengefügt
werden.

Ausgangspunkt von Category Management ist sowohl die Definition der
Ziele und Strategien der Handelsorganisation als auch die der Ziele und
Strategien der Hersteller. In der Praxis zeigt sich, dass Händler, im Ge-
gensatz zu den meisten Herstellern, oft keine konkreten Antworten auf
strategische Fragestellungen geben können.
Fragen wie z.B.:

* Wie ist die Unternehmensvision?
* Welche Positionierung hat das Unternehmen im Wettbewerb?
* Wie ist die Zielgruppe definiert / welche Zielmärkte sollen bedient
  werden – entsprechen diese Zielgruppen dem eigenen aktuellen Kun-
  denprofil?
* Welches Image wird angestrebt?

- Welche Marketing- und Beschaffungsstrategie wird verfolgt?
- Wie sind die Beziehungen zu unseren Lieferanten? Mit wem arbeiten wir zusammen?

werden oft, wenn überhaupt, nur unzureichend beantwortet.

Austausch der strategi-
schen Ausrichtung
zwischen Herstellern
und Händlern

Letztlich kommt es darauf an, dass Hersteller und Händler einen Abgleich bzw. Austausch ihrer strategischen Ausrichtung vornehmen. *„Der Hersteller muss seine Strategie und seine markenpolitischen Ziele mit der Strategie des jeweiligen Handelspartners in Einklang bringen und ganz konkrete Pläne schmieden. In dieser strategischen Verschränkung der Ziele liegt der besondere Vorteil des Category Managements."* (Biehl 1997, S. 42)

Katalog
grundlegender Fragen

Aus der Erfahrung von CM-Praxisprojekten ist es ratsam, dass folgender Katalog von Fragen bearbeitet wird (vgl. Gahleitner/ Stoll 2001, Abb. 3.19):

- Bestehen bereits Erfahrungen mit CM? – Welche?
- Welche Erwartungen werden in das konkrete CM-Projekt gesetzt?
- Wie gestaltet sich die Zusammenarbeit im Projekt? (Wer macht was? Wer stellt welche Ressourcen zur Verfügung?)
- Welche Daten sind verfügbar?
- Was sind die wichtigsten Strategien und Ziele des Handelspartners/ der Vertriebsschiene?
- Welche Marketingstrategien und –ziele verfolgt der Handelspartner (in der Vertriebsschiene)?
- Wie ist die Konsumentenzielgruppe definiert?
- Wer sind die Hauptmitwettbewerber?
- Wie differenziert sich der Handelspartner / die Vertriebsschiene von den Wettbewerbern?

Auf Basis dieser Informationen kann eine Vereinbarung über die gemeinsame Durchführung eines CM-Projektes erfolgen und anschließend die Geschäftsplanung, d.h. die Planung der Warengruppe / Kategorie beginnen.

Prozess der
Warengruppenplanung

Für diese Warengruppenplanung wurde von ECR Europe ein 8-stufiger Category Management Planungsprozess sowie die 3 CM-Basisstrategien: „Efficient Assortment", „Efficient Promotion" und „Efficient Product Introduction" entwickelt (siehe Abb. 3.13).

In den nachfolgenden Kapiteln werden dieser Planungsprozess sowie die drei CM Basisstrategien erörtert. Da wesentlicher Bestandteil von Category Management das Wissen über die Konsumenten / Shopper ist, werden, in Ergänzung zu den Ausführungen in Teil B, Kap. 2.7 „Shopper: Die Kunden des Handels", zuerst die für CM notwendigen Basisinformationen zum Käuferverhalten vorangestellt.

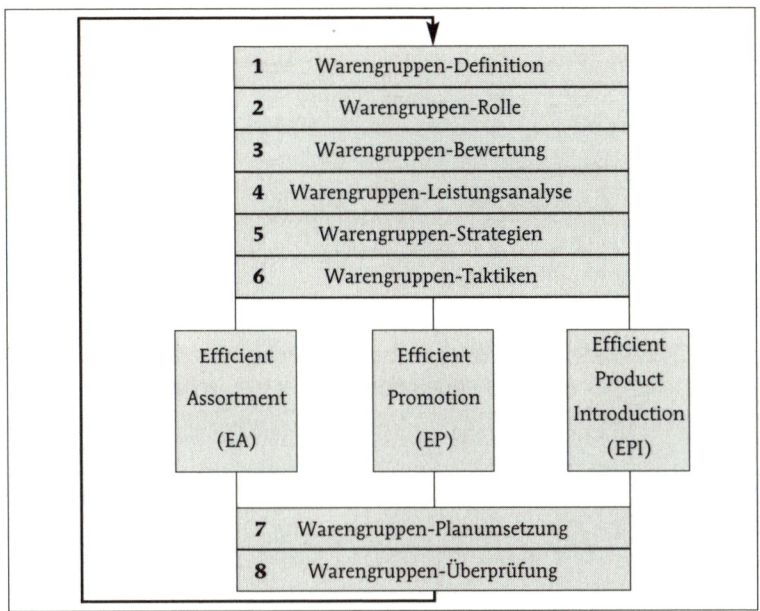

1	Warengruppen-Definition
2	Warengruppen-Rolle
3	Warengruppen-Bewertung
4	Warengruppen-Leistungsanalyse
5	Warengruppen-Strategien
6	Warengruppen-Taktiken

| Efficient Assortment (EA) | Efficient Promotion (EP) | Efficient Product Introduction (EPI) |

| 7 | Warengruppen-Planumsetzung |
| 8 | Warengruppen-Überprüfung |

Abb. 3.13: 8-stufiger CM-Planungsprozess mit Integration der drei CM-Basisstrategien

3.4.2 Informationen über den Käufer

Mit Category Management soll die Nachfrage der Käufer erkannt, analysiert, beeinflusst und der Kundennutzen erhöht werden. Dazu muss natürlich ein ausreichendes Wissen über diesen Käufer vorhanden sein. Wissen über Motive und Einstellungen, die das Kaufverhalten beeinflussen, insbesondere aber auch Wissen über das Kaufverhalten an sich. Die bedeutendsten Quellen quantitativer Daten zum Kaufverhalten sind die Haushaltspanel der Marktforschungsinstitute GfK (ConsumerScan / 12.000 Haushalte) bzw. ACNielsen (Homescan-Panel / 8.400 Haushalte). Im Folgenden werden die wichtigsten Informationen zum Kaufverhalten, die in Category Management Projekten benötigt werden, vorgestellt (vgl. Fiesser & Partner 2001; vgl. GfK o.J., S. 5 f.; vgl. Seifert 2001, S. 162 ff.).

Wissen über das Kaufverhalten beeinflussende Motive und Einstellungen sowie Informationen zum Kaufverhalten an sich

• **Käuferreichweite**

Die Käuferreichweite ist der Anteil der Haushalte von allen Haushalten, die ein bestimmtes Verhalten zeigen, d.h. z.B. eine bestimmte Vertriebsschiene aufsuchen oder in einer bestimmten Vertriebslinie einkaufen oder aber z.B. Produkte einer bestimmten Warengruppe kaufen.

Anteil der Haushalte von allen Haushalten, die ein bestimmtes Kaufverhalten zeigen

Formel: $\dfrac{\text{Anzahl der Käufer / HH bei Vertriebslinie X}}{\text{Alle Käufer im Markt}}$

Oder z.B.:

Formel: $\dfrac{\text{Anzahl der Käufer / HH von Warengruppe Y}}{\text{Alle Käufer im Markt}}$

• Ausgabenintensität

Wie viel Geld geben die Käufer in einer Handelsschiene für ein Produkt einer Warengruppe aus?

Die Ausgabenintensität gibt an, wie hoch die Ausgaben der betrachteten Kunden / Haushalte für das Produkt / die Warengruppe in einer Handelsschiene sind. Diese Ausgaben werden ins Verhältnis gesetzt zu den Ausgaben aller Käufer dieser Warengruppe über alle Einkaufsstätten.

Formel: $\dfrac{\text{Durchschnittliche Ausgaben der bei Handelsschiene X kaufenden HH für die Warengruppe}}{\text{Durchschnittliche Ausgaben aller HH für die Warengruppe}}$

Eine hohe Ausgabenintensität zeigt, ob die Kunden einer bestimmten Handelsschiene hohe Ausgaben (z.B. Indiz für Großfamilien) oder geringe Ausgaben (z.B. Indiz für Singles) in dieser Handelsschiene tätigen.

• Käuferpenetration

Wie viel Prozent der Kunden einer Handelsschiene kaufen hier eine bestimmte Warengruppe?

Die Käuferpenetration (auch als Kundenausschöpfung / Kundenpotenzialausschöpfung bezeichnet) gibt an, wie viel Prozent der Kunden einer Handelsschiene eine bestimmte Warengruppe in dieser Handelschiene kaufen.

Formel: $\dfrac{\text{Anzahl der Käufer von Warengruppe Z bei Handelsschiene X}}{\text{Anzahl aller Käufer bei Handelsschiene X}}$

• Kundenpotenzialausschöpfung

Die Kundenpotantialausschöpfung (auch als Potenzialausschöpfung/ Closure Rate bezeichnet) gibt an, wie viel Prozent der Kunden einer Handelsschiene, die das Produkt auch potenziell kaufen würden, dieses tatsächlich in der betrachteten Handelsschiene kaufen.

Formel: $\dfrac{\text{Anzahl der Käufer von Warengruppe Z bei Handelsschiene X}}{\text{Anzahl der potenziellen Käufer für die Warengruppe bei Handelsschiene X}}$

Beispiel: Handelsschiene X hat insgesamt 200.000 Kunden. 60.000 dieser Kunden sind Verwender von alkoholischen Getränken. 10.000 der Kunden kaufen bei X.

$$\frac{\text{10.000 Käufer von alkoholischen Getränken bei X}}{\text{60.000 potenzielle Käufer der Warengruppe alkoholische Getränke bei X}} = 16{,}7\,\%$$

- **Bedarfsdeckung / Bedarfsdeckungsquote**

Die Bedarfsdeckung, auch als Ausgabenabschöpfung bezeichnet, gibt an, wie viel Prozent des gesamten Bedarfs an einer Warengruppe der Kunde einer Einkaufsstätte für diese Warengruppe auch in dieser bestimmten Einkaufsstätte einkauft.

Die Bedarfsdeckungsquote ist damit ein Indikator für die Loyalität eines Kunden zu einem Geschäft bezüglich einer bestimmten Warengruppe.

Wie viel Prozent des Gesamtbedarfs einer Warengruppe erwirbt der Kunde in einer bestimmten Einkaufsstätte?

Je nach Bedarfsdeckungsquote können die Käufer in Bedarfsdeckungsklassen eingeteilt werden (Seifert 2001, S. 163):

Bedarfsdeckungsklassen

Loyale Käufer:	> 60 %	der Bedarfsdeckung
Wechselkäufer:	25 - 60 %	der Bedarfsdeckung
Gelegenheitskäufer:	< 25 %	der Bedarfsdeckung

- **Share of Customer**

Die Messzahl „Share of Customer" sagt aus, wie viel Prozent der Ausgaben, die Verbraucher in einer bestimmten Warengruppe tätigen, tatsächlich in der Kasse des betrachteten Handelsunternehmens landen.

Der Share of Customer wird (durch Multiplikation) über die Dimensionen Käuferpenetration und Bedarfsdeckung errechnet.

- **Relativer Share of Customer**

Bei diesem Wert wird der „Share of Customer" einer Warengruppe in Relation zu einer übergeordneten Kategorie, z.B. dem gesamten Food-Umsatz eines Handelsunternehmens gesetzt.

Die Aussagekraft dieser Kennziffern ergibt sich aus dem Vergleich mehrerer Kennziffern. Als Beispiel zeigt die nachfolgende Tabelle Kundenkennziffern für die Warengruppe Wasch-, Putz-, Reinigungsmittel (WPR) in verschiedenen Vertriebsschienen (VS):

Vertriebsschiene	relative KRW	Bedarfs-deckung	Kaufhäu-figkeit WPR/VS	Anz. gekaufte Waren-gruppe/VS	ø Ausgaben WPR
SBWH 1	78	32,8	12,0	4,2	48,-
SBWH 2	56	27,2	7,8	2,8	42,-
Discounter	44	12,5	7,7	2,5	17,-
Drogeriemarkt	66	11,0	5,5	2,4	17,-
Verbrauchermarkt	45	20,1	7,2	2,6	30,-

Abb. 3.14: Kundenkennziffern für die Warengruppe WPR in verschiedenen Vertriebsschienen im Vergleich (Quelle: Biehl 1995, LZ 43/1995, S. 40)

3.4.3   CM-Planungsprozess

Die Grundlage von Category-Management Projekten bildet der Category Management (CM)-Planungsprozess. Er hat das Ziel, eine strukturierte Implementierung von Category-Management sicherzustellen (vgl. Kap. 3.4.1). Die 8 Stufen dieses Prozesses beschreiben die Reihenfolge der notwendigen Analysen und Entscheidungen.

1. Schritt: Warengruppen-Definition

Welche Kriterien machen überhaupt eine Warengruppe

Die erste Herausforderung besteht bereits in der Definition der Warengruppe. Was ist eine unterscheidbare und steuerbare Gruppe von Produkten und Dienstleistungen, die aus der Sicht des Konsumenten zusammengehören? Sind es immer noch Produktionsverfahren (wie z.B. Dosenprodukte) oder z.B. Inhaltsbestandteile von Produkten (wie Milch oder Alkohol), die eine Rolle spielen? Was sind überhaupt sinnvolle „Warengruppen" für den Konsumenten?

Zu welchen ganz anderen Ergebnissen das Denken in Warengruppen führt, wird schnell ersichtlich, wenn man sich z.B. eine Warengruppe zum Thema „Babyhygiene" oder „Frühstück" oder „gesunde Mahlzeit" aus Sicht des Konsumenten vorstellt.

Warengruppe aus Produktionssicht

Traditionellerweise wird z.B. die Warengruppe „Süßwaren" aufbauend auf ACNIELSEN-Kategorien folgendermaßen gesehen:

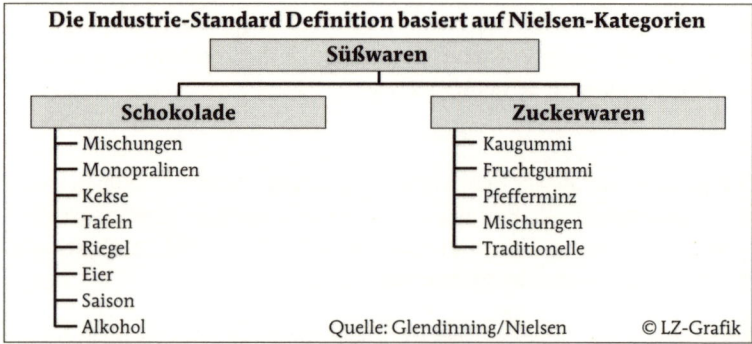

Abb. 3.15: Warengruppen aus Produktionssicht
(Quelle: Biehl 1999a, LZ 15/1999, S. 42)

Warengruppe aus Kundensicht

Aus Kundensicht dagegen stellt sich die Warengruppe „Süßwaren" völlig anders dar, wie beispielsweise in einer Befragung von Supermarktkunden in England durch die Unternehmensberatung GLENDINNINGS festgestellt wurde (Abb. 3.16).

Die Definition der Warengruppe muss auf alle Fälle aus der Sicht des Kunden vorgenommen werden

Die Definition der Warengruppe erfolgt in gemeinsamer Projektarbeit zwischen Händler und Hersteller. Die Definition der Warengruppe muss auf alle Fälle aus der Sicht des Kunden / Shoppers vorgenommen werden (vgl. von der Heydt 1998, S. 111; vgl. Seifert 2001, S. 176 ff.).

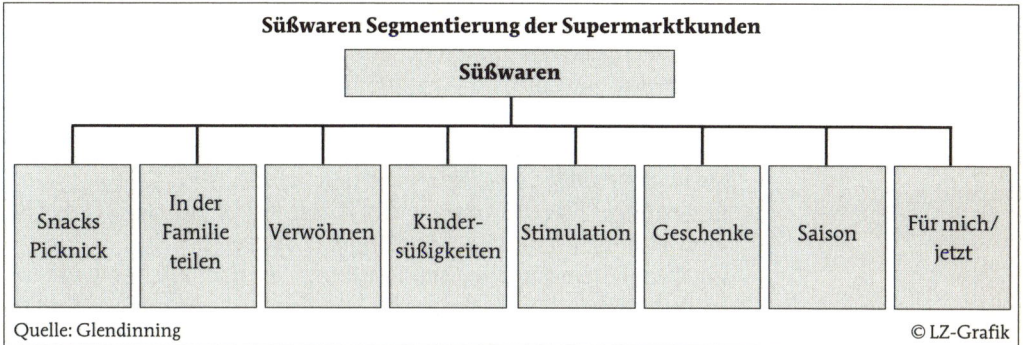

Abb. 3.16: Warengruppen aus Kundensicht (Quelle: Biehl 1999a, LZ 15/1999, S. 43)

Dabei werden alle Produkte und Artikel identifiziert, wie nachfolgendes
Praxisbeispiel zeigt:

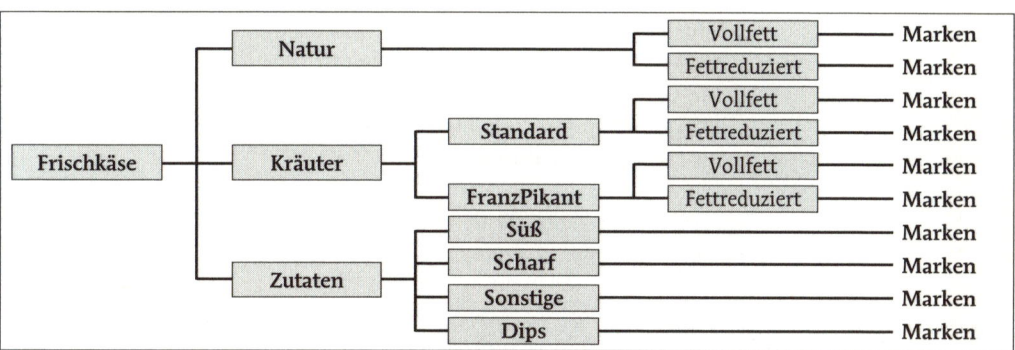

Abb.3.17: Warengruppen-Definition am Beispiel Frischkäse
(Quelle: Gahleitner/Stoll 2001, Chart 18)

2. Schritt: Warengruppe-Rolle

Durch das Handelsunternehmen ist festzulegen, welche „Rolle" die jeweilige Warengruppe innerhalb der insgesamt angebotenen Warengruppen spielen soll. Sie bestimmt die Priorität und Wichtigkeit der Kategorie im Gesamtunternehmen des Händlers / der Vertriebsschiene
(vgl. Biehl 1997, S. 43, vgl. Holland, Herrmann, Machenheimer 2001,
S. 83 f.) und ist abhängig von der Positionierung der Vertriebsschiene.

Welche „Rolle" soll die jeweilige Warengruppe innerhalb der insgesamt angebotenen Warengruppen spielen?

Vier „Rollen" werden unterschieden:
- **Profilierungs-Warengruppen:** Mit diesen Warengruppen stellt sich
  der Händler gegenüber den Kunden als führend im Wettbewerb dar.
  Durch sie wird das Profil des Händlers bzw. der Vertriebslinie bestimmt. Der Erfolg dieser Profilierung äußert sich in überdurchschnittlichem Umsatz, Marktanteil, Serviceniveau und Kundenzufriedenheit bei diesen Warengruppen.

- **Pflicht- oder Routine-Warengruppen** sind Frequenz- oder Mengenträger, bei denen zumindest der durchschnittliche Marktanteil angestrebt wird. Sie tragen im Wesentlichen zu Ertrag, Cash-Flow und Gesamtkapitalrendite bei. *„Was bei dem einen eine Routine-Warengruppe ist, kann bei dem anderen durchaus eine Profilierungskategorie sein, das genau ist die strategische Differenzierung."* (Biehl 1997, S. 43)
- **Ergänzungs-Warengruppen:** Ziel dieser Warengruppen ist es, die Vertriebslinie als umfassenden Anbieter auftreten zu lassen, bei der im Rahmen eines „One-Stop-Shopping" letztlich alle Produkte erhältlich sind. Im Vergleich zu einer Profilierungs-Warengruppe erhält die Ergänzungs-Warengruppe allerdings nur die wichtigsten Artikel aus einer Kategorie. Da die Ergänzungs-Warengruppe vom Convenience Gedanken getragen ist, können hier gute Erträge und Margenverbeserungen erzielt werden.
- **Impuls- / Saison-Warengruppen:** Durch sie kann ein Händler für seine Shopper besonders attraktiv werden und damit einen hohen Nutzen schaffen. Die Ergänzung durch Impulsartikel oder saisonale Artikel / Warengruppen kann sowohl im Profilierungsbereich wie auch im Ergänzungsbereich stattfinden. So im Profilierungsbereich z.B. durch umfassende Eiskremauswahl im Sommer oder im Ergänzungsbereich z.B. durch Gartenmöbel.

Betrachtet man diese „Rollen" von Warengruppen aus Sicht der Konsumenten / Shopper, so ergibt sich folgendes Bild:

Kategorie-Rolle	Käufergedanke	Käuferverhalten	Produkt-Beispiele
Profilierung	Hier (in diesem Geschäft) *kaufe* ich diese Produkte.	Der Käufer bringt diese Geschäfte aufgrund seiner (langjährigen) Erfahrung (spontan) ohne Nachdenken mit der Produktkategorie in Verbindung. Für den Einkauf dieser Kategorie sucht er das betreffende Geschäft gezielt auf.	Shampoo-Auswahl im Drogeriemarkt; Duftauswahl im Warenhaus.
Pflicht	Hier *kann* ich diese Produkte *kaufen*.	Der Käufer weiß, dass er in diesem Geschäft diese Warengruppe erhält, obwohl er sie möglicherweise dort nicht standardmäßig einkauft.	TKK im Supermarkt, Haushaltspapier im Drogeriemarkt.
Ergänzung	Hier kann ich diese Produkte *auch noch kaufen*.	Der Käufer nimmt wahr, dass er in diesem Geschäft eine Warengruppe erhält, die eine sinnvolle, ggf. sogar selten erforderliche Komplettierung seines Bedarfs darstellt.	Badezubehör im SB-Warenhaus. Schneestiefel während des Winters im SB-Warenhaus.
Impuls / Saison	Hier kann ich diese Produkte *zur Zeit kaufen*.	Der Käufer erkennt, dass er in diesem Geschäft die gewünschte Warengruppe zu einem bestimmten Zeitpunkt für einen bestimmten Zeitraum erhält.	Grillkohle im Supermarkt.

Abb. 3.18: Kategorierollen aus Shoppersicht (Quelle: Ziemainz 2001, o. S.)

Welcher Warengruppe welche Rolle zugeordnet wird, hängt an quantitativen und qualitativen Kriterien.

Welcher Warengruppe wird welche Rolle zugeordnet?

Zu den quantitativen Kriterien gehören z.B.:

- Umsatzanteil der Zielgruppe am gesamten Umsatz der Warengruppe,
- Beitrag der Warengruppe zum Gesamtgewinn der Vertriebslinie,
- Bedarfsdeckung,
- Käuferreichweite.

Qualitative Kriterien sind z.B.: Eignung der Warengruppe zur Schaffung von Betriebsstättentreue oder aktuelle Vertrauchertrends.

Aus den Erfahrungen des Projektteams „Day-to-Day Category Management" von ECR D-A-CH (unter Leitung von Sonja Gahleitner, JOHNSON & JOHNSON AUSTRIA GMBH und Reiner Stoll, KRAFT FOODS) zeigt sich, dass die Beantwortung folgender Fragen zu einer ausreichenden Einschätzung der „Rolle" der Warengruppe führt:

Fragestellung	Warengruppen-Rolle			
	Profi-lierung	**Pflicht**	**Ergänzung**	**Impuls / Saison**
1. Wie hoch ist die Warengruppenpenetration?	**Hoch**	Hoch / Mittel	Mittel / Niedrig	Mittel
2. Wie hoch ist die Einkaufshäufigkeit in der Zielgruppe	**Hoch**	**Hoch**	Mittel / Niedrig	Mittel
3. Wie hoch sind die Gesamtausgaben pro Jahr?	**Hoch**	Hoch / Mittel	Mittel	Hoch/ Mittel
4. Wie hoch sind die Absätze des Handelspartners in der WGR?	**Hoch**	**Hoch**	Mittel	Hoch / Mittel
5. Wie hoch ist der Bruttogewinn des Handelspartners (%) in der WGR?	**Niedrig**	Mittel	Hoch	Mittel
6. Ist der Handelspartner fähig, andauernden und hohen Verbrauchernutzen zu leisten und sich damit in der Warengruppe bzw. in Teilen der Warengruppe zu differenzieren?	Hoch	**Mittel**	Niedrig	Hoch / Mittel
7. Wie hoch ist der Wertanteil in der Warengruppe des Handelspartner gegenüber dem Fair Share?	**Hoch**	Hoch/ Mittel	Mittel/ Niedrig	Mittel
8. Wird der Umsatz der Warengruppe in dem Markt in der Zukunft als wachsend eingeschätzt?	Hoch	**Mittel**	Mittel	Mittel
9. Ist diese Warengruppe von großer Wichtigkeit für einen der Hauptwettbewerber?	**Mittel / Niedrig**	Mittel	Mittel	Mittel

Abb. 3.19: Fragen zur Einschätzung der Warengruppen-Rolle mit Angabe des notwendigen Ausprägungsgrades, um der Rollenerwartung zu genügen (besonders wichtige Ausprägungsgrade sind fett gedruckt; Quelle: Gahleitner/Stoll 2001, Chart 22)

3. Schritt: Warengruppen-Bewertung

*Ermittlung der Stärken und
Schwächen der einzelnen
Sortimentsteile*

In der Warengruppen-Bewertung erfolgt die Analyse der einzelnen Sortimentsteile, Marken und Produkte in der Kategorie im Hinblick auf die Entwicklung im Absatzkanal, im Markt und bei den Kunden. Ziel ist es, die Stärken und Schwächen der einzelnen Sortimentsteile in der Warengruppe zu erkennen, die Umsatz- und Gewinnpotenziale zu identifizieren, Möglichkeiten zur Verbesserung der Rendite aufzuzeigen und dadurch ein klares Verständnis für das gegenwärtige Leistungsvermögen der Kategorie zu erhalten (vgl. Seifert 2001, S. 182).

Wie die Warengruppen-Bewertung durchgeführt wird und welche Daten einfließen, wird in der Praxis unterschiedlich gehandhabt.

Gahleitner/Stoll z.B. zeigen anhand von 18 Templates eine praxisgerechte und „machbare" Aufbereitung der Daten (vgl. Gahleitner/Stoll 2001, Charts 24 ff.). Anmerkung: Ein „Template" ist ein(e) *„Vorlage/ Standard, der für Definitionen, Auswertungen oder Ergebnisdarstellungen verwendet werden kann. Insbesondere in der Zusammenarbeit von Handel und Industrie ist die Nutzung solcher Standards von Vorteil, um evtl. Missverständnisse oder Verzerrungen durch individuelle Definitionen oder Ansätze zu vermeiden, bzw. um die Interpretation von Aussagen zu vereinfachen"* (IRI/ GfK 2001a).

Die von Gahleitner/Stoll entwickelten Templates sind in der Praxis wesentlich pragmatischer einzusetzen als die erheblich umfangreicheren Ausführungen, die der vollständig ECR Europe-Ansatz fordert.

*Kennziffer:
„Share of Customer"*

Die GfK Nürnberg setzt für die Kategorie-Bewertung im Rahmen ihres CatmanGuide-Modells die Kennziffer: „Share of Customer" ein, da dieser Wert die folgenden zwei Kernfragen beantwortet:
- „In welchen Warengruppen oder Teilmärkten liegen Reserven für die Kundenbindung? und
- Welche Vermarktungsinstrumente muss ich wie einsetzen, um genau diese Potenziale auszuschöpfen?" (GfK, o.J. a)

Schwächen in der Käuferpenetration lassen die Schlussfolgerung zu, dass das Sortiment (Marken, Sorten oder Größen) und / oder die Platzierung (Kontaktstrecke, Regalspiegel, Platzierung im Laden) und / oder der Preis für viele Kunden dieses Handelsunternehmens nicht das richtige Angebot darstellen (siehe Abb. 3.20).

Schwäche in der Bedarfsdeckung bedeutet eher, dass das Preis- und Aktonsverhalten des Handelsunternehmens nicht genügend überzeugt, bzw. die Konkurrenz hier besser ist. (Wie z.B. Lever mit dem GfK-Daten arbeitet, zeigt Biehl 1999c, S. 48-49).

Die Bewertung der Warengruppe hängt sehr eng mit dem 4. Schritt, der Warengruppen-Leistungsanalyse zusammen. Die enge Beziehung der Schritte: Warengruppen-Bewertung und Warengruppen-Leistungsana-

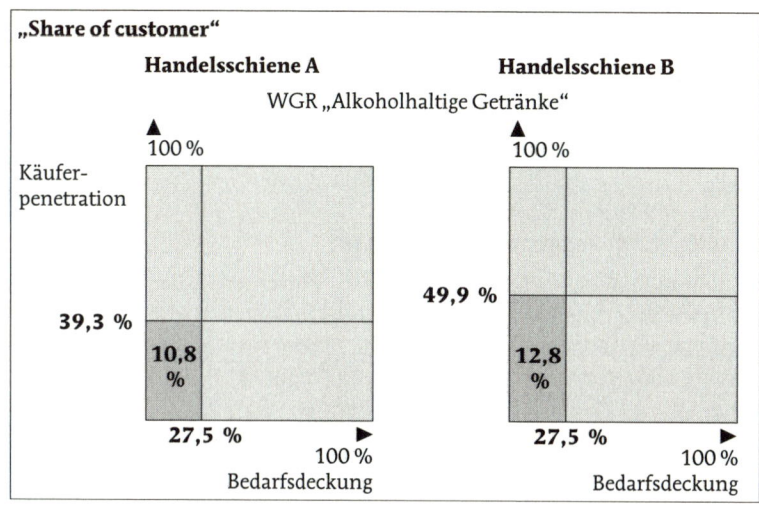

Abb.3.20: Beispiel: „Share of Customer" – Vergleich zwischen zwei Handelsschienen (Quelle: GfK, o.J., S. 6)

lyse zeigt sich z.B. in dem Praxisbeispiel der ECKES AG: Beide Schritte wurden in den Schritt „Potenzialanalyse" zusammengefasst (vgl. Holland, Herrmann, Machenheimer 2001, S. 97). Die GfK z.B. fasst diese beiden Stufen mit der Bezeichnung: „Category Assessment" zusammen (vgl. GfK o.J., S. 4).

4. Schritt: Warengruppen-Leistungsanalyse

In diesem Schritt geht es darum, dass Händler und Hersteller gemeinsam sowohl Leistungskriterien als auch Leistungsvorgaben für die Warengruppe definieren. Welche Performance-Daten einfließen, wird unterschiedlich gehandhabt.

gemeinsame Leistungskriterien und -vorgaben für die Warengruppe von Händler und Hersteller

Aus der Erfahrung des Day-to-Day Category Management Projektes von Gahleitner / Stoll empfehlen sich folgende Kennziffern:

Zielformulierung			
Konsument	**Markt**	**Finanzen**	**Produktivität**
• Käuferreichweite	• Marktanteil (Wert und Menge)	• Abverkäufe	• Warenverfügbarkeit
• Loyalität	• Handelsmarkenanteil	• Umsatzwachstum	• Flächenproduktivität
• Prospensity (= Bedeutung jeder Käufergruppe für den Gesamtmarkt)		• Absatzwachstum	• Service-Level
		• Bruttospanne	• Umschlagshäufigkeit
• Einkaufshäufigkeit		• Aktionsanteile	• Bestand
• Preisindex			• Bruch / Verderb
			• Liefersicherheit

Abb. 3.21: Kriterien zur Leistungsanalyse einer Warengruppe (Quelle: Gahleitner/ Stoll 2001, Chart 45)

Die zu erzielenden Leistungswerte müssen mit der zugewiesenen Warengruppen-Rolle übereinstimmen (vgl. Abb. 3.19, 2. Schritt: Warengruppen-Rolle). So müssen z.B. die Einkaufshäufigkeit und die Absätze bei einer Pflicht-Warengruppe besonders hoch sein, wohingegen z.B. die Bruttospanne bei einer Profilierungs-Warengruppe niedrig ausfallen kann.

5. Schritt: Warengruppen- Strategie

Festlegung von Marketing-Strategien zur Erreichung der Leistungsziele

In diesem Planungsschritt werden für die einzelnen Warengruppen mit ihren jeweiligen definierten Rollen Marketing-Strategien zur Erreichung der Leistungsziele festgelegt. Mögliche Strategien, die in der Praxis bei CM-Projekten verfolgt werden, sind z.B.: Frequenz bilden, Transaktionswert steigern, Gewinn erhöhen, Marktanteile verteidigen, Begeisterung erzeugen, Image verbessern oder Cash-Flow erhöhen (vgl. Gahleitner / Stoll 2001, Chart 51).

„Begeisterung erzeugen" oder „Image verbessern" könnten z.B. Strategie für Profilierungs-Warengruppen sein. „Cash-Flow Erhöhung" oder „Marktanteil sichern" wären z.B. geeignete Strategien für Pflicht-Warengruppen. Bei Ergänzungs-Warengruppen könnte etwa die Strategie der „Gewinnerhöhung" verfolgt werden usw. Im Ergebnis könnte sich z.B. Folgendes zeigen:

Warengruppen Kaffee – Rolle –	– Strategie –	Beispiel für mögliche Sortimentszusammensetzung
	Frequenz bilden	Kaffee obere Preisklasse Standardpackungen (500g)
Routine	Transaktionswert steigern	• Niedrigpreismarken • Filtertüten, Dosierlöffel • Dosenmilch • Kaffee-Weißer
	Gewinn erhöhen	• Kaffee Kleinpackungen (250 g) • Milde u. koffeinfreie Kaffees • Ital. Kaffeesorten (Espresso, etc.) • Ersatzkaffees • Eigenmarken

Abb. 3.22: Mögliche Sortimentszusammensetzung der Warengruppe Kaffee unter Berücksichtigung der Warengruppen-Rolle und Warengruppen-Strategie

6. Schritt: Warengruppen-Taktiken

Jetzt wird im Einzelnen festgelegt, wie die in Schritt 5 festgelegten Marketing-Strategie in den Bereichen

• Sortimentspolitik
• Regalpräsentation

- Preispolitik
- Verkäufsförderung / Promotion

umgesetzt wird.

Wie wird die Strategie konkret umgesetzt?

Beispielhaft würde für eine Profilierungs-Warengruppe immer eine sehr gute Regalpräsentation mit großen Flächen und langer Kontaktzeit in Bereichen mit hoher Kundenfrequenz notwendig sein. Ergänzungs-Warengruppen dagegen benötigen kleinere Flächen in der Nähe des dazugehörigen Hauptsortiments.

In den Basisstrategien von Category Management: „Efficient Assortment", „Efficient New Product Introduction" und „Efficient Promotion" werden diese taktischen Maßnahmen im Einzelnen erarbeitet (vgl. Kap. 3.4.4 – 3.4.6).

7. Schritt: Warengruppen-Planumsetzung

In der Warengruppen-Planumsetzung werden detailliert Verantwortlichkeiten für einzelne Maßnahmen und Termine, zu denen die Maßnahme realisiert sein muss, festgelegt.

8. Schritt: Warengruppen-Überprüfung

In dieser letzten Phase erfolgt die kontinuierliche Messung der Zielerreichung. Basis ist eine Scorecard, deren Struktur folgendes Beispiel zeigt:

GRUPPE	KENNZAHL	IST 2000	ZIEL 2001	YTD 2000	YTD 2001*	QUELLE**
Marktdaten	Warengruppen-Umsatzentwicklung Markt in %					Handels- o. Verbraucherpanel
	Warengruppen-Umsatzentwicklung SB-W in %					Handels- o. Verbraucherpanel
	Warengruppen-Umsatzentwicklung xxxx in %					Handels- o. Verbraucherpanel
	Marktanteil xxx am SB-W in %					Handels- o. Verbraucherpanel
VL-Daten	Umsatzentwicklung xxxx in %					SCANDATEN
	Umschlagshäufigkeit xxxx					SCANDATEN
Konsumenten-daten	Käuferreichweite FMCG xxx in %					Verbraucherdaten
	Sortiments-Käuferreichweite in %					Verbraucherdaten
	Sortiments-Bedarfsdeckung Menge xxxx in %					Verbraucherdaten
	Sortiments-Bedarfsdeckung Menge xxxx in %					Verbraucherdaten
	Sortiments-Bedarfsdeckung Menge xxxx in %					Verbraucherdaten
	Sortiments-Bedarfsdeckung Menge xxxx in %					Verbraucherdaten
Sortiment	Gelistete Artikel xxxx					SCANDATEN
	Gelistete Artikel relevante Wettbewerber					ERHEBUNG
Preis	Preisindex Durchschnittspreis xxxx zum SB-W					ERHEBUNG
Verkaufs-förderung	Aktionen xxxx					SCANDATEN
	Anteil Aktionsumsatz					Handels- o. Verbraucherpanel
	IMP					IMP
Platzierung	Umsetzung Platzierung					ERHEBUNG

Abb. 3.23: Beispiel für Scorecard (Quelle: Gahleitner/Stoll 2001, Chart 70)

3.4.4   Efficient Assortment

Von ECR Europe ist Efficient Assortment definiert als: *„A cooperative retailer-supplier process of determining the optimal product offering within a category that achieves target consumer satisfaction and enhanced business results"* (zitiert bei Seifert 2001, S. 187).

Optimierung der Sortimente und Lagerbestände sowie des Regallayouts

Der Grundgedanke von **Efficient Assortment** (EA), teilweise auch als **Efficient Store Assortment** /ESA) bezeichnet, ist damit
- die Optimierung der Sortimente und Lagerbestände, sowie
- die Regaloptimierung / Space Management.

Besonders kompetente Hersteller werden als „Category Captains" vom Händler als Berater und Partner für eine bestimmte Warenkategorie ausgewählt

Für die Erarbeitung der optimalen Sortimente werden in der Regel sog. „Category Captains" eingesetzt, das sind Hersteller, die besondere Kompetenz in einer Warengruppe haben und die vom Händler als Berater und Partner für eine bestimmte Warenkategorie ausgewählt wurden. Der Handel benötigt den Hersteller für die EA-Projekte insbesondere auch deswegen, weil der Hersteller in der Regel viel tiefer gehende Produkt- und Marktkenntnisse hat als ein Einkäufer / Category Manager, dessen Waren-, bzw. Warengruppenkenntnisse zwar breit, aber wenig vertieft sind.

Das Team des Category Managers auf Handelsseite und das des Category Captains auf Herstellerseite sind zusammen verantwortlich für die Durchführung der vertriebsschienen- bzw. vertriebslinienspezifischen Optimierungsarbeiten an Sortiment und Regal. Die Unterstützung des Herstellers durch eine in CM-Projekten erfahrene Beratungsfirma bietet sich immer dann an, wenn dieser noch keine oder nur wenig CM-Erfahrungen hat. Der Kostenaufwand wird schnell eingespart durch effizientere Ergebnisse, Zeiteinsparungen und abgestimmte Prozesse zum Handel hin. Zudem kann eine dritte Partei in der Kooperation mit dem Handel moderierende Funktionen wahrnehmen.

Momentan werden EA-Projekte nur von umsatzstarken Herstellern begleitet

Praxiserfahrungen zeigen, dass zumindest momentan EA-Projekte nur von umsatzstarken Herstellern begleitet werden. Das ist aus zwei Gründen heraus sehr verständlich:

Zum einen verfügen meist nur „große" Hersteller über die notwendigen Markt- und Konsumentendaten (z.B. von GfK/ACNielsen). Sie haben auch Informationen über Entwicklungen in ihren Marktsegmenten. Insbesondere verfügen sie aus Marktforschungsstudien über umfassende Kenntnis zum Konsumentenververhalten.

Zum anderen sind solche Projekte mit (hohem) finanziellem und personellem Aufwand verbunden, den kleinere und mittlere Unternehmen kaum tragen können und wollen, zudem aus den jetzigen Erfahrungen heraus nicht sicher ist, ob sich diese Kosten durch steigende Umsätze in angemessener Zeit amortisieren (vgl. Holland, Herrmann, Machenheimer 2001, S. 119 f.).

• **Sortimentsoptimierung**

Wie gestaltet sich nun die Erarbeitung eines optimalen Sortiments? Zur Klarstellung werden im folgenden Schaubild zuerst der Aufbau eines Sortiments sowie die für die einzelnen Stufen verwendeten Begriffe dargestellt:

Wie gestaltet sich die Erarbeitung eines optimalen Sortiments?

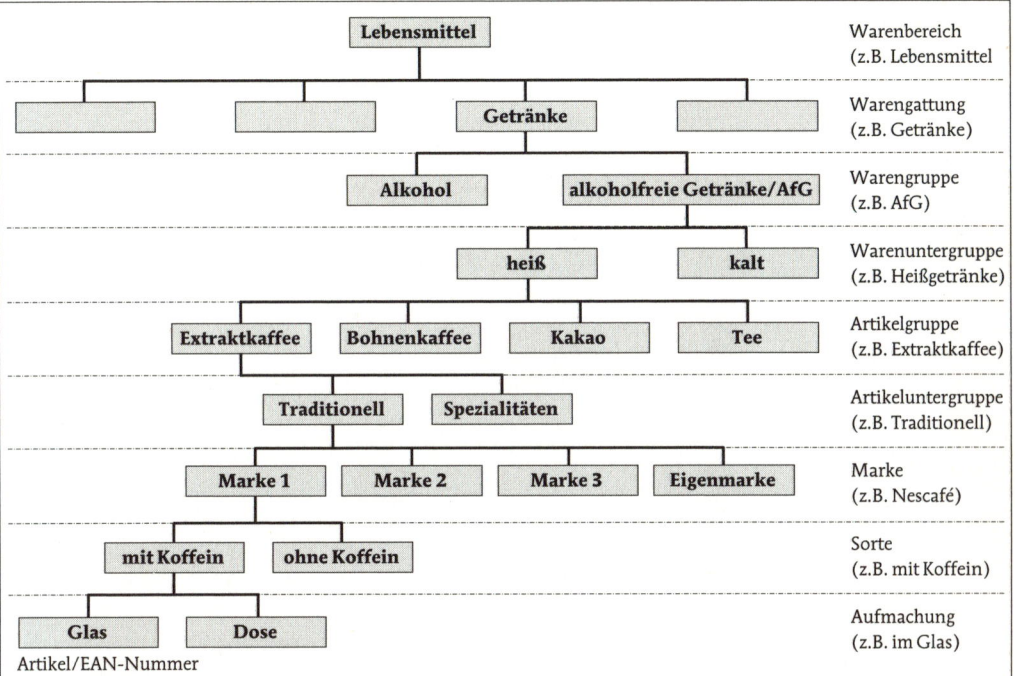

Abb. 3.24: Aufbau eines Sortiments im LEH (in Anlehnung an Jauschowetz 1995, S. 92 und Milde 1996, S. 14)

Das Ziel von Efficient Assortment ist nun, innerhalb einer Warengruppe das Sortiment zu bestimmen, das den Ansprüchen der definierten Warengruppen-Rolle und der festgelegten Warengruppen-Strategie genügt. Weiterhin muss dieses Sortiment die richtigen, nachgefragten Produkte enthalten und überflüssige Artikel sind zu eliminieren. Welche Produkte in das optimierte Sortiment einer Vertriebsschiene gehören, wird bestimmt durch das aktuelle oder angestrebte Kundenprofil eines Handelsunternehmens und das aktuelle oder angestrebte Käuferprofil der betrachteten Kategorie.

Die Ausrichtung des Kundenprofils eines Handelsunternehmens bestimmt das optimierte Sortiment einer Vertriebsschiene

Bei den Sortiments-Überlegungen bilden natürlich die Anforderungen, die sich aus der Definition des Betriebstyps / der Vertriebsschiene ergeben, die Grundlage (vgl. Teil B, Kap. 1.3.1 und Kap. 2.4). Das heißt, Sortimentsbreite und -tiefe sowie die Anzahl der Warenkategorien wie auch die Preislage der Produkte werden durch den Betriebstyp bestimmt.

HENKEL z.B. hat für die Warengruppe WPR den in Schaubild 3.25 gezeigten Zusammenhang zwischen der Sortimentskompetenz und der Abschöpfungsstrategie der verschiedenen Vertriebsschienen festgestellt. Die dort als „Nahversorger" bezeichneten Vertriebsschienen zeichnen sich durch die Nähe – max. ca. 1 km – zum Verbraucher aus. Die als „Grundversorger" bezeichneten Vertriebsschienen zeichnen sich durch die *„Erfüllung der Bedürfnisse des Grundbedarfs bzw. der Vorratsversorgung aus. Grundversorger sind meist weiter vom Wohnort entfernt. Man geht dort gezielt einkaufen und erwartet auch Vorteile im Vergleich zum Nahversorger hinsichtlich der Aktionsangebote und der Sortimentskompetenz. Der Grundversorger muss also dem Verbraucher einen 'reason why' bieten, damit der erhöhte Einkaufsaufwand gerechtfertigt wird. "* (Speer 1999, S. 227 f.)

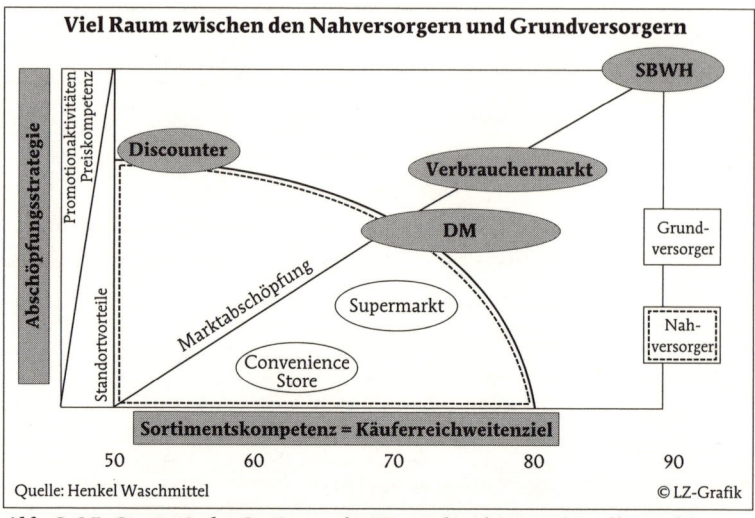

Abb. 3.25: Strategische Optionen der Vertriebsschienen (Quelle: Biehl 1995, LZ 43/1995 S. 40; vgl. auch Speer 1999, S. 228)

Für die Sortiments-optimierung muss jeder einzelne Artikel auf seine Berechtigung im Sortiment untersucht werden

Für die Sortimentsoptimierung muss nun jeder einzelne Artikel auf seine Berechtigung im Sortiment untersucht werden. Hierzu stehen verschiedene Instrumente zur Verfügung, von denen hier die Warenkorbanalyse und die Käuferreichweitenanalyse angesprochen werden (vgl. Seifert 2001, S. 203 ff.).

Die **Warenkorbanalyse** kann auf Basis von Paneldaten bzw. auch auf Basis von Bon-Daten des Handels erfolgen. Ein Warenkorb zeigt auf, inwieweit Konsumenten Verbundkäufe tätigen, d.h. bei einem Einkaufsakt verschiedene Produkte aus der gleichen Warengruppe oder aus verschiedenen Warengruppen kaufen. Können in der Warenkorbanalyse Verbundwirkungen erkannt werden, würde dies zu einer Verbesserung des Sortimentes und zu einer besseren Abschöpfungsrate führen.

Die **Käuferreichweitenanalyse** gibt Auskunft über die Bedeutung eines Produktes im Markt. In dieser Analyse wird untersucht, welche Bedeutung ein einzelnes Produkt zur Verbesserung der Käuferreichweite eines Sortiments hat. Ziel ist es, jedem Käufer im Geschäft ein Produkt anbieten zu können. „*Das Produkt mit der höchsten Einzelreichweite gerät also in den Vordergrund und danach werden die Produkte so gruppiert, dass sie die Reichweite des Sortiments maximal verbessern.*" (Biehl 1999, S. 49) Produkte, die hierzu keinen Beitrag leisten, bauschen das Sortiment auf, binden unnötig Kapital und werden daher ausgelistet.

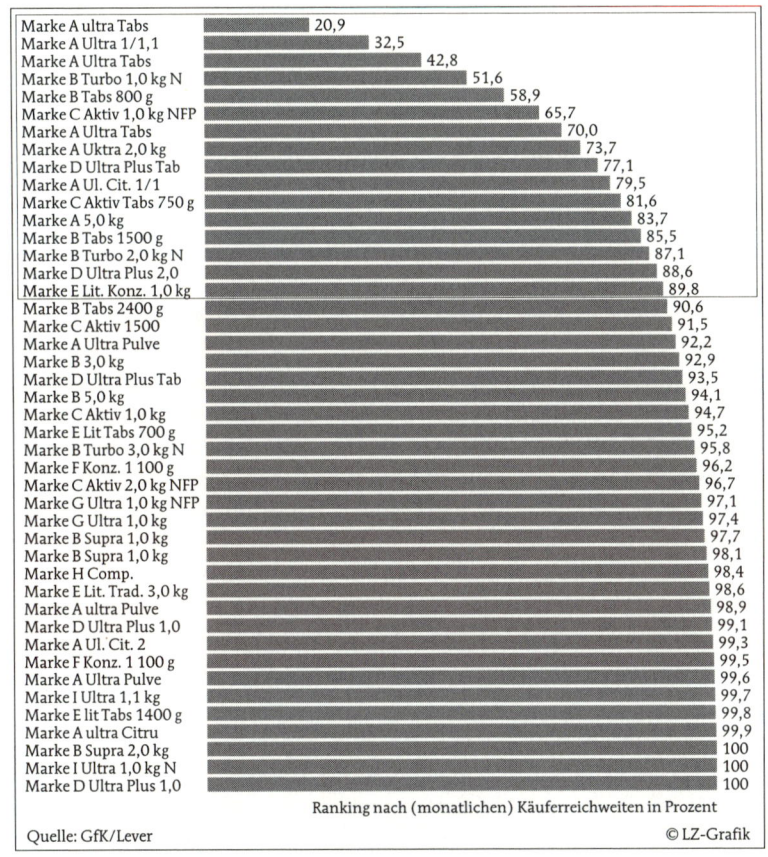

Produkt	Wert
Marke A ultra Tabs	20,9
Marke A Ultra 1/1,1	32,5
Marke A Ultra Tabs	42,8
Marke B Turbo 1,0 kg N	51,6
Marke B Tabs 800 g	58,9
Marke C Aktiv 1,0 kg NFP	65,7
Marke A Ultra Tabs	70,0
Marke A Uktra 2,0 kg	73,7
Marke D Ultra Plus Tab	77,1
Marke A Ul. Cit. 1/1	79,5
Marke C Aktiv Tabs 750 g	81,6
Marke A 5,0 kg	83,7
Marke B Tabs 1500 g	85,5
Marke B Turbo 2,0 kg N	87,1
Marke D Ultra Plus 2,0	88,6
Marke E Lit. Konz. 1,0 kg	89,8
Marke B Tabs 2400 g	90,6
Marke C Aktiv 1500	91,5
Marke A Ultra Pulve	92,2
Marke B 3,0 kg	92,9
Marke D Ultra Plus Tab	93,5
Marke B 5,0 kg	94,1
Marke C Aktiv 1,0 kg	94,7
Marke E Lit Tabs 700 g	95,2
Marke B Turbo 3,0 kg N	95,8
Marke F Konz. 1 100 g	96,2
Marke C Aktiv 2,0 kg NFP	96,7
Marke G Ultra 1,0 kg NFP	97,1
Marke G Ultra 1,0 kg	97,4
Marke B Supra 1,0 kg	97,7
Marke B Supra 1,0 kg	98,1
Marke H Comp.	98,4
Marke E Lit. Trad. 3,0 kg	98,6
Marke A ultra Pulve	98,9
Marke D Ultra Plus 1,0	99,1
Marke A Ul. Cit. 2	99,3
Marke F Konz. 1 100 g	99,5
Marke A Ultra Pulve	99,6
Marke I Ultra 1,1 kg	99,7
Marke E lit Tabs 1400 g	99,8
Marke A ultra Citru	99,9
Marke B Supra 2,0 kg	100
Marke I Ultra 1,0 kg N	100
Marke D Ultra Plus 1,0	100

Ranking nach (monatlichen) Käuferreichweiten in Prozent

Quelle: GfK/Lever   © LZ-Grafik

Abb. 3.26: Beispiel für Käuferreichweitenanalyse
(Quelle: Biehl 1999, LZ 5/1999, S. 48)

Weitere Aspekte, die bei der Sortimentsoptimierung berücksichtigt werden, sind die regionale Bedeutung von Produkten und die Größe der Verkaufsfläche, die jeweils zur Verfügung steht. Je nachdem, um welchen Betriebstyp es sich handelt und wie stark ein Handelsunternehmen zentral gesteuert wird, fließen regionale Produktspezialitäten bzw. auch Vorlieben der Konsumenten in der Sortimentsgestaltung ein. Ein Hard-Discounter wie ALDI gibt das Sortiment komplett zentral vor. Verbrauchermärkte und SB-Warenhäuser wie z.B. REAL, arbeiten dagegen mit

Modulen oder auch Bausteinen, durch die standardisiert den Anforderungen einer Filiale in einer Region sowie den dort vorliegenden Platzverhältnissen entsprochen werden kann.

Modulart	Modulbeschreibung
Basismodul	Pflichtsortiment, d.h. alle Artikel, die jede Filiale des Betriebstyps führen muss
Regionales Ergänzungsmodul	Artikel, die in den einzelnen Regionen nachgefragt werden
Aufbaumodul	Artikel, die bei größerer zur Verfügung stehender Verkaufsfläche das Pflichtsortiment ergänzen

Abb. 3.27: Überblick über die verschiedenen Sortimentsmodule im Handel

• **Space Management**

Die Verkaufsfläche ist der zweite Bereich, der im Rahmen des Efficient Assortment einer Optimierung zugeführt werden soll. Space Management oder Verkaufsflächenmanagement als integrierter Bestandteil von Category Management / Efficient Assortment bezeichnet die Aktivitäten und Maßnahmen, *„die alleine oder im Verbund dazu beitragen, die Ausschöpfung des Potenzials 'Verkaufsfläche' unter Umsatz- und Ertragsgesichtspunkten zu optimieren"* (Hambuch 1992, S. 57). Die „Verkaufsfläche" wird unterschieden in die eigentliche, in einem Geschäft je nach Betriebstyp zur Verfügung stehende Verkaufsfläche / qm-Bodenfläche und die Regalfläche.

Welche Position und welcher Flächenanteil wird einer Warengruppe zugewiesen?

Bei der Optimierung der Verkaufsfläche geht es um die Position und die Fläche, die einzelnen Warengruppen zugewiesen wird.

Die Regaloptimierung hat das Ziel einer abverkaufsgerechten Platzierung, eines verkaufswirksamen Regalbildes und auch einer optimalen Sortimentstiefe und -breite. Folgende Teilziele werden verfolgt:

Ziele der Regaloptimierung	
Abverkaufsgerechte Platzierung	• Vermeidung von Bestandslücken • Umsatz- und Ertragssteigerung • Keine Kundenverluste • Vermeidung von Überbeständen • Geringere Kapitalkosten • Platz für neue Produkte • Gleichmäßiger Abverkauf des Regals • Weniger bzw. regelmäßigeres Auffüllen • Produktivere Arbeitsabläufe am Regal • Bessere Personaleinsatzplanung
Verkaufswirksames Regalbild	• Horizontale, vertikale bzw. Kreuzblockbildung • Imageverbesserung

	• Gleich bleibende Ordnung am Regal
	• Umsatzsteigerung
Optimale Sortimentsbreite und -tiefe	• Auslistung unrentabler Produkte
	• Platz für neue Produkte
	• Ertragsverbesserung
	• Sortimentsergänzung
	• Imageverbesserung
	• Stärkere Kundenbindung
	• Umsatz- und Ertragssteigerung

Abb. 3.28: Ziele der Regaloptimierung (Quelle: Hambuch 1993, S. 392)

Für die Regaloptimierungen stehen Regalflächenoptimierungsprogramme wie z.B. Apollo (GfK) oder Spaceman (ACNielsen) zur Verfügung. Diese Programme gehen über die Optimierung von einfachen Regalen hinaus. Auch Ständerware, Ware in Displays oder Warenträgern, Regalflächen mit unterschiedlichsten Anordnungen, wie z.B. für Büroartikel, oder Verkaufsflächen mit Wandhaken, wie z.B. für Do-it-yourself und Autozubehör, werden durch diese Programme berechnet und optimiert. *Regalflächenoptimierungsprogramme*

Die Voraussetzungen für die Anwendung von Space Management Programmen sind (vgl. Jauschowetz 1995, S. 187 f.): *Voraussetzungen für die Anwendung von Space Management Programmen*
• Mindestens 400 qm Verkaufsfläche für das Pflichtsortiment
• Fixer Regalplatz für jeden Artikel: Ohne eine Regalplatzsicherung, z.B. in Form von vorgesetzten Regalschienen, ist Space Management nicht durchsetzbar, weil die Platzierung weder exakt vorgegeben noch kontrolliert werden kann.
• IT-Infrastruktur: für die Erfassung der Abverkaufsdaten
• Ertragskennzahlen: Rohertrag, der die wichtigsten, den Deckungsbeitrag beeinflussenden Faktoren berücksichtigt (Handling- und Flächenkosten) bzw. besser: Direkte Produktrentabilität (DPR) im Sinne des DHI-DPR Modells (vgl. zum DHI-DPR Modell: DHI 1992).

Zum Einsatz dieser Flächen- bzw. Regaloptimierungsprogramme werden für jeden Artikel Informationen über seine Eigenschaften wie Verpackungsart, Abmessungen, Gewicht usw. d.h., Artikelstammdaten, benötigt. Die Erhebung dieser Daten ist für den Handel nicht möglich und obliegt dem Hersteller. Zentrale Institution zur Erfassung und zum bilateralen Austausch der Daten ist der Stammdatenpool SINFOS, bzw. Datenerfassung und -austausch erfolgen über EANCOM / PRICAT (vgl. Stark o.J. S. 40 f.). Wie in Kap. 3.2.3 ausgeführt, ist die Stammdatenerhebung und Stammdatenpflege sowohl inhaltlich als auch organisatorisch ein nicht zu unterschätzendes Problem und beeinflusst natürlich auch das Vorantreiben von Flächenoptimierungen.

3.4.5 Efficient Promotion

Die Basisstrategie Efficient Promotion soll dazu beitragen, die Zusammenarbeit von Handel und Industrie im Bereich der Vermarktung und Verkaufsförderung der Waren effizienter zu gestalten. Efficient Promotion zielt auf sämtliche Aktivitäten, die zu einer Aktivierung und Belebung am POS beitragen.

Aktivierung und Belebung sämtlicher Aktivitäten am POS

Es kann sich dabei um Maßnahmen wie Sonderrabatte und Werbekostenzuschüsse handeln, die sich z.B. in Preisaktionen des Handels oder in der Handzettelwerbung des Handels niederschlagen. Es können aber auch direkt endverbraucherbezogene Verkaufsförderungsmaßnahmen wie Displays oder on-packs initiiert werden. In den meisten Fällen verfolgt der Hersteller mit seinen Promotions gleichzeitig Ziele beim Konsumenten und beim Handel (vgl. Jauschowetz 1995, S. 281). Unter dem Oberbegriff „Promotion" werden daher auch die verschiedenen Maßnahmen wie Verkaufsförderung, Verkaufsförderungsaktion, Sales Promotion, Hineinverkaufsaktion (Push-Maßnahme), Sell-In-Promotion, Herausverkaufsaktion (Pull-Maßnahme) usw. zusammengefasst. (Eine Übersicht über die verschiedenen in der Literatur zu findenden Definitionen geben Fuchs/Unger 1999, S. 1 ff. Der hier verwendete Promotionbegriff umfasst allerdings nicht Promotionaktivitäten, die an den Außendienst als dritte der möglichen Promotion-Zielgruppen gerichtet sind!)

Meistens verfolgt der Hersteller Ziele beim Konsumenten und beim Handel

Für den Hersteller hat die Verkaufsförderung am POS eine herausragende Bedeutung, wenn man bedenkt, dass 55 Prozent der Kaufentscheidungen für die verschiedensten Warengruppen in Deutschland erst am POS getroffen (vgl. die Ausführungen zum POS in Teil B, Kap. 2.7). Promotionaktivitäten am POS geben dem Hersteller die Möglichkeit, die Markenführung bis an den POS durchzusetzen und dadurch

55 Prozent der Kaufentscheidungen werden in Deutschland erst am POS getroffen

- neue Käufer zu gewinnen,
- Verwender anderer Marken für sich zu begeistern,
- Stammkäufer zu bestätigen,
- Kunden zu binden,
- Käufer zu bevorraten,
- Impulskäufe zu fördern,
- neue Zielgruppen anzusprechen,
- Produktinformationen zu kommunizieren.

Unter den hier aufgeführten möglichen Promotion-Zielen sind in der Praxis die Kundenbindung und die Neukundengewinnung die Ziele, die am häufigsten mit den verschiedenen Maßnahmen verfolgt werden (vgl. o.V. 1998, S. 14).

Kundenbindung und Neukundengewinnung sind vorrangige Ziele

Eine Vielzahl der verschiedensten Promotionarten lässt sich unterscheiden und nach verschiedenen Kriterien klassifzieren. Unterteilt man die Promotions am POS gemäß der Notwendigkeit, diese formal mit dem

Handel abzustimmen und seine Zustimmung zu erzielen, lassen sich 2
Kategorien bilden (vgl. ähnlich Jauschowetz 1995, S. 279):

- Promotions am POS, die eine Information des Handels erfordern, *Promotions, die lediglich*
aber (fast) ohne dessen Mitwirkung durchgeführt werden können, *eine Information des Han-*
wie z.B. „Geld-zurück-Garantie" oder Preisausschreiben. Hier wird *dels erfordern*
weder die Preisstellung, noch die Ware in ihren äußeren Dimensionen berührt. Es ist also weder eine Einlistung erforderlich, noch werden logistische Daten berührt, die in das Warenwirtschaftssystem
einfließen müssten.

- Promotions, die Information, Abstimmung, ggf. aktive Mitwirkung *Promotions die eine aktive*
und, sofern es sich um eine neue Artikelnummer handelt, eine Lis- *Mitwirkung des Handels*
tung durch den Handel erfordern, wie z.B. Onpack / Inpack, Zweit- *erfordern*
nutzenpackungen, Probiergrößen, Verkostungen, POS-Sampling, Re-
galplatzmarkierungen usw.

Werden Handel und Industrie nach der Erfolgsträchtigkeit der verschiedenen Promotionformen befragt, so ergibt sich folgendes Bild:

Promotion-Maßnahme	Bewertung 1 = höchste Priorität 8 = geringste Priorität
Sonder-Platzierungen / Displays	3,1
Preisaktionen	3,5
Verkostungsaktionen	3,6
Kundenzeitschriften / Handzettel	4,2
Consumer-Gewinnspiele	4,6
Neue Medien am POS	4,6
Coop-Promotions	5,1
Kunden-Clubs	5,8

*Abb. 3.29: Beurteilung der Erfolgsträchtigkeit verschiedener Promotionar-
ten durch Handel und Industrie (vgl. o.V. 1998, S. 17)*

Zu Promotion können, neben an Ware gebundenen Maßnahmen, auch
die verschiedensten VKF-Materialien gezählt werden, die am POS oder
im Geschäft angebracht werden, wie z.B. zusätzliche Preisschilder am Regal, Regalstopper, Platzierungsüberbauten, Regalschienen, Regaleinsätze, Dispenser, Deckenhänger, Poster usw.

Umfang und Ausmaß von Promotions sind tatsächlich erheblich, wie *Umfang und Ausmaß von*
verschiedene Quellen zeigen: So sollen bis zu 300 Aktionen gleichzeitig *Promotions sind erheblich*
am POS stattfinden (vgl. Frey 1997, S. 42), 22 Prozent der Gesamtkosten
eines Herstellers für Trade Spendings inkl. Listungsgebühr verwendet
werden (vgl. Kap. 2, Abb. 2.2). Aus einer weiteren Untersuchung geht
hervor, dass 11 Prozent der befragten Unternehmen mehr als 40 Prozent
und 41 Prozent der Unternehmen zwischen 20 und 40 Prozent ihres

Kommunikationsbudgets für Verkaufsförderung ausgeben (vgl. o.V. 1998, S. 8; Anm.: wobei diese Ausgaben vermutlich weder WKZ noch Listungsgebühren enthalten und nur reine VKF-Kosten sind!). *„Die sog. Trade Spendings der Hersteller an den Handel ufern aus ... Besonders dramatisch ist dies bei den vielfältigen Promotions, bei denen auch der Handel selbst noch direkt oder indirekt Geld beisteuert, ohne einen Nutzen daraus ziehen zu können."* (Biehl 2000a, S. 40)

Probleme im Bereich der Promotions

Obwohl die Promotions für den Erfolg von Marken so bedeutend sind und obwohl die Industrie schon seit Jahrzehnten Promotions im Handel durchführt, gibt es erhebliche Probleme und Fehler in diesem Bereich:

Ineffizienzen im VKF-Prozess	Handel	Industrie
Mangelnde Kommunikation Hersteller / Handel	52,4 %	69,1 %
Fehlen einer systematischen Erfolgskontrolle	50,0 %	69,1 %
Mangelnde organisatorische Einbindung	35,7 %	33,0 %
Unrealistisch hohe Ziele	23,8 %	14,9 %
Sonstiges	4,8 % z.B. fehlende Fachkometenz, divergierende Ziele	8,5 % z.B. unqualifiziertes Handelspersonal, Handelsforderungen

Abb. 3.30: Ineffizienzen im VKF-Prozess (vgl. o.V. 1998, S. 28)

Preispromotions beinhalten erhebliche Risiken

Bzgl. der Effizienz der Promotions wird von Handel und Industrie bestätigt, dass die Preispromotions erhebliche Risiken bergen, da sie die Kundenbindung reduzieren und die Erträge schmälern:

Preispromotions bergen Risiken	Zustimmung			
	voll und ganz	weitest- gehend	eher nicht	überhaupt nicht
Handel	27 %	44 %	19 %	10 %
Industrie	52 %	33 %	10 %	5 %

Abb. 3.31: Einschätzung von Risiken der Preispromotions (vgl. o.V. 1998, S. 32)

Die vielen Preispromotions erreichen am Ende, dass die Käufer ihr Verhalten zum Nachteil der Promotiontreibenden verändern. Als Schnäppchenjäger oder Smart-Shopper „vagabundieren" sie von einen Geschäft zum anderen, auf der Suche nach der noch günstigeren Möglichkeit zum

„Cherry Picking" und die Markentreue reduziert sich auf ein fatales Niveau (vgl. Teil B, Kap. 2.7).

Diese preisbezogenen Aktionen und Sonderangebote, die, bei sehr hohem finanziellem Aufwand, für beide Seiten ohne Nutzen bleiben, sind der Hintergrund dafür, dass das Thema Promotion bei ECR eine sehr wichtige Rolle spielt. In den USA wurde Efficient Promotion besonders durch das sog. „Forward Buying", das zu erheblichen Wertschöpfungsverlusten bei den Herstellern und bei genauerer Betrachtung auch beim Handel führte, notwendig (vgl. Kap. 2.2; vgl. Seifert 2001, S. 250 ff.; vgl. van der Heydt 1998, S. 130 f.).

Efficient Promotion (Effiziente Planung und Durchführung von Aktionen) fokussiert die Aktivitäten des Herstellers neu: Nicht der Händler, sondern der Konsument steht im Rahmen von Planung und Durchführung im Mittelpunkt. Efficient Promotion bedeutet daher vor allem, die Aktionen mit den Bedürfnissen des Konsumenten in Einklang zu bringen; daraus ergibt sich eine wesentlich vereinfachte Abwicklung und ein deutlich niedrigerer Lagerbestand. Darüber hinaus ist es wichtig, die verkaufsfördernden Aktionen in einer Warengruppe optimal aufeinander abzustimmen.

die beworbenen Artikel besser mit den Bedürfnissen des Konsumenten in Einklang bringen

Im Ergebnis wird durch Efficient Promotion als Wettbewerbsinstrument die Kundenfrequenz erhöht, als Wertschöpfungsinstrument kann zusätzliches Einkaufsvolumen in ertragsstarken Produktgruppen erzeugt werden (Seifert 2001, S. 247) und als Kundenbindungsinstrument führt Efficient Promotion zu loyalen Kunden für den Handel und die Industrie.

IN DIESEM SINNE IST VERKAUFSFÖRDERUNG NICHT MEHR LEDIGLICH EIN TAKTISCHES INSTRUMENT ZUR KURZFRISTIGEN ERREICHUNG VON UMSÄTZEN, SONDERN EIN STRATEGISCHES INSTRUMENT VON HÖCHSTER WICHTIGKEIT.

Unternehmen wie P & G sehen bei Preisen und Promotions daher auch das größte Potenzial für eine konkrete und effiziente Category Management-Zusammenarbeit (vgl. Figgen 1999, S. 187).

In der Praxis selbst vieler großer Unternehmen ist allerdings auch heute noch erkennbar, dass viele Promotions am POS eher taktischen als strategischen Zielen dienen. Auslöser hierfür ist die auf Herstellerseite weit verbreitete Ansicht, dass sich mit aufwändigen Maßnahmen am POS kurzfristig aufgetretene Marken- und Umsatzprobleme ausgleichen lassen. Für einen begrenzten Zeitraum funktioniert das auch tatsächlich; allerdings werden dadurch bestehende ernsthafte Schwierigkeiten überdeckt, ihre Bearbeitung wird hinausgezögert und strategische Markenprobleme intensivieren sich am Ende.

Wie können nun effiziente Promotions entwickelt werden? Basis ist die genaue Kenntnis der Vertriebslinie, ihrer Stärken und Schwächen, das

Wie können effiziente Promotions entwickelt werden?

Profil ihrer Shopper und das der Vertriebslinien der Wettbewerber. Daraus können Ansatzpunkte und Potenziale erarbeitet werden. Weiterhin sind die Charakteristiken der Warengruppe sowie die bisherigen Preise und Vermarktungsaktivitäten der Warengruppe sehr genau zu analysieren. Auch ist natürlich, soweit definiert, die Warengruppen-Rolle und die Warengruppen-Strategie zu berücksichtigen.

Diese Vorgehensweise lässt die kundenindividuellen, auf jeden Fall aber die vertriebsschienenindividuellen Ausprägungen der verschiedenen Einflussgrößen erkennen. Auf Basis dieses Wissens und dieser Einflussgrößen können dann Ziele und Strategien für konkrete Verkaufsförderungsaktionen abgeleitet werden (vgl. Figgen 1999, S. 189). Es ist die Aufgabe des Key Account Teams, zusammen mit erfahrenen (Verkaufsförderungs-)Agenturen diese Ziele und Strategien in kreative und intelligente Aktionen umzusetzen.

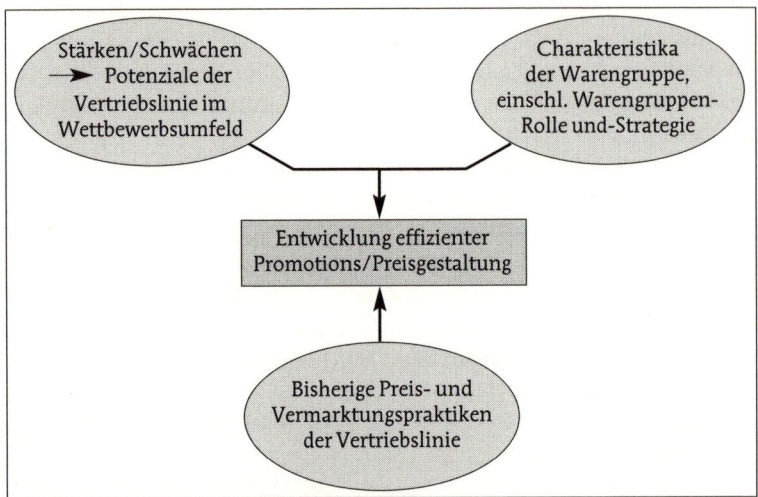

Abb. 3.32: Einflussgrößen effizienter Promotions
(vgl. Figgen 1999, S. 189)

Erfolgsmessung von Promotions

Inwieweit Promotions tatsächlich effizient sind, kann nur durch eine Erfolgsmessung festgestellt werden. Von den Marktforschungsinstituten ACNIELSEN und GFK sind spezielle Instrumente zur Messung der verschiedenen Effekte von Promotions entwickelt worden. So z.B. von ACNIELSEN der „ScanPro Modeler". Auf Basis wochengenauer Scannerdaten kann die Wirkung unterschiedlicher POS Aktivitäten isoliert quantifiziert werden, d.h., der Effekt von anderen Zufalls- und saisonalen Einflüssen wird ausgeschaltet (vgl. o.V. 2/2001, S. 2).

Neuere Ansätze dieses Modells berücksichtigen sogar die Auswirkungen auf den Rohertrag des Handels bzw. den Deckungsbeitrag des Herstellers bei unterschiedlichen Preissenkungen und der Gewährung von WKZ (vgl. o.V. 2/2001, S. 3 f.).

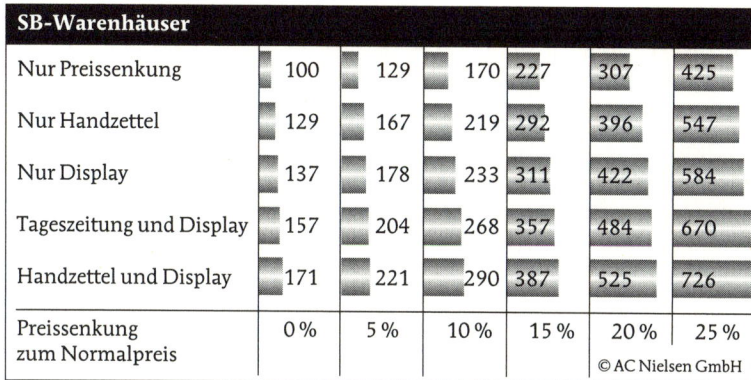

SB-Warenhäuser						
Nur Preissenkung	100	129	170	227	307	425
Nur Handzettel	129	167	219	292	396	547
Nur Display	137	178	233	311	422	584
Tageszeitung und Display	157	204	268	357	484	670
Handzettel und Display	171	221	290	387	525	726
Preissenkung zum Normalpreis	0 %	5 %	10 %	15 %	20 %	25 %

© AC Nielsen GmbH

Abb.3.33: Marke A im SB-Warenhaus: Wirkung von Promotions ohne /
mit Preisreduktionen; gemessen durch den ACNielsen ScanPro-
Modeler (Quelle:o.V., ACNielsen Handels-Info, 2/2001, S. 2)

Mit dem Instrument „CatmanGuide" der GfK kann sowohl die Verbundwirkung als auch die Veränderung der Kundenbindung überprüft werden.

Bei der Verbundwirkung geht es um die Frage, inwieweit durch eine Promotion Käufer von anderen Einkaufsstätten / Marken abgezogen werden und wie groß der Wert der dazugewonnenen Käufer für die Handelsschiene ist. Die Veränderung der Kundenbindung analysiert, *„wie stark diese Aktion die Verbraucher aus anderen Einkaufsstätten / von anderen Marken abgezogen hat, bzw. wie stark die Aktion die Verbraucher im Nachkauf bei diesen Einkaufsstätten / Marken gehalten hat"* (GfK o.J., S. 10).

Neben den Markforschungsinstituten haben auch Unternehmensberatungen wie z.B. ROLAND BERGER & PARTNER mit dem „Promotion-Effectiveness-Tool" Instrumente zur Messung der Effizienz von Promotions entwickelt (vgl. Biehl 2000a, S. 40).

Ein bemerkenswertes Ergebnis dieses kooperativen Denkens um wirksame Promotions ist das sog. **Co-Marketing**. Unter Co-Marketing werden partnerschaftliche Marketingaktivitäten zwischen Handel und Hersteller am POS verstanden. Auslöser für Co-Marketingaktivitäten ist das Bestreben, das Shopper-Verhalten am POS zu beeinflussen.

Co-Marketing: partnerschaftliche Marketingaktivitäten zwischen Handel und Hersteller am POS

Für die Industrie ergibt sich durch Co-Marketing die Chance, die Markenführung bis an den POS durchzusetzen.

Die Ziele, die der Handel mit Co-Marketing verbindet, sind vielfältig. Co-Marketing dient dazu, die Vertriebslinie zu profilieren und Kunden zu binden. Weitere Ziele, die für beide Beteiligten wichtig sind, sind die Erhöhung der Abverkäufe oder auch Verbesserung der Ertragssituation durch attraktive Promotions, die nicht den Niedrigpreis in den Mittelpunkt stellen.

Grundlage für Co-Marketingaktivitäten sind meist die Erkenntnisse aus Marktforschungsstudien der Industrie zum Shopper-Verhalten in der Vertriebslinie des Handelspartners.

zwei Beispiele für Co-Marketingaktivitäten

In der Praxis führen bereits einige Handelsunternehmen Co-Marketingaktionen zusammen mit Lieferanten durch. Nachfolgend zwei Beispiele zur Verdeutlichung solcher Aktivitäten:

- PROCTER & GAMBLE hat für die VM-Schiene der METRO, die EXTRA-MÄRKTE, eine praktische Geschenkidee entwickelt: die Pampers-Patenschaft-Präsentboxen. Zielgruppen sind Schenkende, also Großeltern, Freunde und Arbeitskollegen, die der Familie eine Freude bereiten wollen (vgl. o.V. LZ 8/2001, S. 62). Für P & G führte die Aktion zu höherer Markentreue und Ausbau des Marktanteils bei EXTRA. Für EXTRA bedeutete die Aktion, sich als familienfreundlicher Nahversorger, bei dem der Einkauf schnell und günstig erledigt werden kann, zu positionieren. Die Einkaufsstättentreue stieg und es wurden zusätzliche Umsätze generiert.
- Die AVA hat zusammen mit einen Industriepartner ein Projekt durchgeführt, bei dem sich die Shopper über einen längeren Zeitraum als Tester für neue Produkte zur Verfügung stellten und dafür neben kostenlosen Testpaketen Einkaufsgutscheine und andere Belohnungen erhielten (vgl. o.V. 19/2001, S. 100). Der Handel erreichte dadurch eine bessere Ausrichtung des Sortiments auf die Kundenwünsche, der Hersteller konnte in die Neuproduktentwicklung gezielt Kundenwünsche einfließen lassen.

3.4.6 Efficient Product Introduction

Die Einführung neuer Produkte ist für Industrie und Handel von vitalem Interesse, um Konsumentenbedürfnissen gerecht zu werden, neue Märkte zu erschließen und einen Wettbewerbsvorsprung sicherzustellen. Die dritte Basisstrategie im Category Management: Efficient Product

enge Zusammenarbeit zwischen Handel und Industrie bei der gemeinschaftlichen Entwicklung und Einführung neuer Produkte

Introduction zielt ab *„auf eine enge Zusammenarbeit zwischen Handel und Industrie bei der gemeinschaftlichen Entwicklung und Einführung neuer Produkte, um einerseits die damit verbundenen Kosten zu senken und andererseits den Konsumenten eine größere Zahl qualitativ hochwertiger Produkte in kürzerer Zeit anbieten zu können"* (van der Heydt 1998, S. 155).

Betrachtet man die verschiedenen Phasen bei der Entwicklung und Einführung neuer Produkte, so gäbe es ein reichliches Feld der Zusammenarbeit.

Vorteile für Handel und Hersteller

- Bereits bei der Suche nach Produktideen könnte der Handel aus seiner Kenntnis der Shopper erhebliche Erfahrungen einbringen. Ebenso wie bei der anschließenden Vorauswahl der geeignetsten Ideen sowie der Entwicklung von Produktkonzepten.
- Auch bei den sich der Produktentwicklung anschließenden Tests des neuen Produkts im Markt ist eine Zusammenarbeit mit dem Handel sehr förderlich. Hierzu hat z.B. COCA-COLA geäußert: *„Zwischen den*

Kooperationspartnern sollten Testflächen für umfangreiche Markttests vereinbart werden. Diese Tests müssen sowohl Aufschluss über Erstkäufer- und Wiederkäuferraten geben, als auch die Preiselastizitäten des neuen Produktes angeben. Anhand der Testergebnisse können Einführungsszenarien entwickelt werden. Industrie und Handel sollten gemeinsam die Einführung bestimmen. " (COCA-COLA 1997, S. 14)

- Erstreckt sich die Zusammenarbeit auf die Vorbereitung der Markteinführung, so wird das Wissen von beiden Beteiligten in Bezug auf die werbliche Unterstützung, die Verkaufsförderung und die Preisstrategie zusammengeführt und der Erfolg des neuen Produkts abgesichert. Aber auch Fragestellungen, die sich in der Praxis häufig ergeben, wie Verlauf und Dauer des Abverkaufs von Altware bei Relaunchen bzw. die Abschätzung des Gutschriftenvolumens oder die möglichst genaue Bestimmung des Distributionsaufbaus und damit verbunden die im Zeitablauf benötigten Produktionsmengen, würden sich durch eine Zusammenarbeit effizienter beantworten lassen.

Bei einem solchen abgestimmten Prozess würde sich die Zeit von der Ideenfindung bis zur Einführung des neuen Produkts in den Markt (Time-to-Market) erheblich verkürzen können. Besonders aber könnte der Erfolg der Einführung neuer Produkte besser abgesichert werden. Betrachtet man sich die „Floprate" neuer Produkte in den letzten Jahren, wird hier ein eklatantes Problem sichtbar: *Der Erfolg der Einführung neuer Produkte kann besser abgesichert werden*

Einführungs- jahr	Anzahl Innovationen	Flops nach einem Jahr	Flopquote
2000	32.478	20.944	64,5%
1999	30.192	20.214	67,0%
1998	25.813	14.881	57,6%
1997	23.657	11.879	50,2%

Abb. 3.34: Produkteinführungen und Flops nach einem Jahr (Quelle: Innovationsreport 2001, S. 17)

Bei den Innovationen handelt es sich um sämtliche EAN-codierten Food-Produkte, die im MADAKOM POOL für POS-Daten (mit ca. 200 Geschäften aus über 30 Handelsorganisationen) als erstmals verkauft gemeldet wurden. Flops sind Artikel, die in einem Kontrollzeitraum von vier Kalenderwochen im Folgejahr nicht mehr verkauft wurden. Zu den Innovationen gehören echte Neuprodukte einschließlich Dachmarkenerweiterungen, weiterhin Ergänzungen von Produktlinien, Me-Too Produkte, aber auch saisonal / temporär eingeführte Produkte und relaunchte Produkte (vgl. Innovationsreport/LEBENSMITTEL PRAXIS 2001, S. 6). Die Zahlen von MADAKOM / LEBENSMITTEL PRAXIS decken sich übrigens mit den Zahlen einer erfolgreichen und effizienten Drogeriemarktkette. Sie gibt an, dass nach *Flops sind Artikel, die in einem Kontrollzeitraum von vier Kalenderwochen im Folgejahr nicht mehr verkauft wurden*

15 Monaten ca. die Hälfte aller neu gelisteten Produkte wieder aus den Regalen verschwunden sind (vgl. Figgen 1999, S. 186).

In der Praxis gibt es Erfolg versprechende Ansätze, wie das Beispiel von PROCTER & GAMBLE zeigt, die Erfolgswahrscheinlichkeit von Neueinführungen zu erhöhen. Dazu hat P & G die Neueinführungen der letzten Jahre einer intensiven Analyse unterzogen und konnte aufzeigen, welche Punkte zu Erfolg oder Misserfolg des neuen Produktes führten. Basierend darauf wurde eine Checkliste mit Benchmarks erstellt. Jedes Produkt muss die Anforderungen an z.B. Konzept, Produkt, Verpackung, Werbung, Mediagewicht, Bemusterung und Handel erfüllen. In den USA hatten die daraufhin überprüften Neuprodukte eine fast doppelt so hohe Erfolgsrate zu verzeichnen. Logisch konsequent hat P & G auch für den Handel eine „Neueinführungs-Scorecard" erstellt, mit der Neueinführungen, die dem Handel vorgestellt werden, beurteilt werden können (vgl. Figgen 1999, S. 187).

Neueinführungs-Scorecard für den Handel von Procter & Gamble

Da für die Industrie die Einführung von Neuprodukten mit der Zahlung von Listungsgeldern verbunden ist, würden weniger aber effizientere Neueinführungen zu ansehnlichen Kosteneinsparungen führen.

aufwändige Listungsprozesse im Handel

Aber auch die zum Teil sehr langwierigen Listungsprozesse im Handel würden sich vielleicht beschleunigen können. Unterstellt man, dass sämtliche Neuprodukte des Jahres 2000 bei einem Handelsunternehmen mit dem Ziel der Listung vorgestellt worden wären, so hätte ein Food-Einkäufer bei ca. 210 Arbeitstagen im Jahr pro Tag etwa 154 Neuprodukte zu begutachten. Das einzelne Handelsunternehmen wird natürlich nicht mit allen Neuheiten konfrontiert. *„Im Laufe eines Jahres sind wir bei Globus mit mindestens 4.000 bis 5.000 neuen Artikeln konfrontiert."* (Schmidt 1995, S. 38) Aber auch das ist schon eine sehr beachtliche Zahl.

Bislang finden sich keine überzeugenden Beispiele für Kooperationen bei Produkteinführungen

Obwohl die Zusammenarbeit bei der Einführung neuer Produkte zu erheblichen Synergien und Kosteneinsparungen führen könnte, finden sich bislang keine überzeugenden Beispiele für solche Kooperationen. Im Gegenteil, die Sorge, vertrauliche Informationen über Produktkonzepte und neue Märkte an Dritte weiterzugeben, verhindert die Zusammenarbeit für beide Seiten. Für die Industrie ist dies nicht zuletzt dadurch begründet, dass sich der Handel zunehmend über seine Handelsmarken zum Wettbewerber der Industrie entwickelt (vgl. Holland, Herrmann, Machenheimer 2001, S. 142). Somit besteht für den Hersteller eine ernsthafte Gefahr der Imitation.

3.5 Ausblick: B2B-Marktplätze und Collaborative Planning, Forecasting and Replenishment

Durch das Internet haben sich in den letzten ca. 2 Jahren Entwicklungen ergeben, die sowohl die Warenbeschaffung und den Warenverkauf als auch die Abstimmung zwischen Handel und Industrie völlig verändern: Marktplätze und CPFR (Collaborative Planning, Forecasting and Replenishment).

3.5.1 B2B-Marktplätze

B2B-Marktplätze sind Internet-Plattformen, auf denen Unternehmen einer oder mehrerer Branchen kostengünstig ihre Geschäfte anbahnen oder abwickeln können. Andere Bezeichnungen für B2B-Marktplatz sind z. B.: **B2B Exchange, E-Hubs** oder **Virtueller Marktplatz**. (Für eine Einführung in das Thema, insb. die verschiedenen Erscheinungsformen von B2B-Marktplätzen vgl. Wirtz / Mathieu, 2001, S. 1332 ff.) Solche Marktplätze gibt es mittlerweile praktisch in jeder Branche bzw. in jeder Warengruppe (vgl. Rosbach 2001, S. 22).

Internet-Plattformen, auf denen Unternehmen einer oder mehrerer Branchen kostengünstig ihre Geschäfte abwickeln können

Für die Konsumgüterwirtschaft sind vor allem die vier globalen Exchanges: CPGmarket, Global Net Exchange (GNX), World Wide Retail Exchange (WWRE) und Transora wichtig.

Am 28. 2. 2000 wurde von Carrefour, Sears und dem IT-Dienstleister Oracle der erste globale B2B-Marktplatz gegründet: GNX. Knapp einen Monat später am 31.3. 2000 wurde gewissermaßen als Konkurrenzmodell WWRE gegründet. Mit u.a. Rewe, Edeka, Otto Versand, Schlecker und Tengelmann wird WWRE einen sehr großen Einfluss in Deutschland haben.

Nachdem der Handel mit diesen Initiativen vorgeprescht war, zog die Industrie nach. Bereits am 21.3.2000 starteten Nestlé, Danone und SAP den CPGmarket. Am 5.6 2000 entstand dann in USA mit Transora einer der größten Zusammenschlüsse der Welt. Die dort zusammengeschlossenen Industrieunternehmen repräsentieren mehr als die Hälfte des gesamten Konsumgüterumsatzes der Welt.

Die nachfolgenden Tabellen in Abb. 3.35 zeigen die vier Marktplätze im Überblick.

„B2B-Marktplätze sind die technologische Plattform für die Umsetzung der unter ECR definierten Prozesskosten-Optimierung. Das wichtigste Werkzeug dabei wird CPFR: eine Zusammenarbeit, bei der wir unsere Informationen mit denen der Hersteller verbinden und versuchen, die Bestände zu senken, die Verfügbarkeit in den Läden zu verbessern, die Distributionskosten und die Abwicklungskosten der Prozesse zu senken." (Mierdorf 2001, S. 13)

CPGmarket

Umsatz der Investoren: k. A.
Angekündigte Investitionshöhe: 94 Mio. Dollar
Unternehmenssitz: Genf
Gründungsdatum: 21. 3. 2000
CEO: Marie-Pierre Rogers
Hauptsoftwarelieferant: SAP
Internetadresse: www.cpgmarket.com

Investoren **Industrie:**	**Investoren** **Zulieferer:**
Bahlsen	Accenture
Barilla	Danisco Cultor
Coca-Cola	Firmenich International
Danone	Fulda/Stabernack JR
Delta Holding	Hewlett-Packard Europe
Euroalimenti	Maserpack
Ferrero International	Mayr-Melnhof Packaging
Fromageries Bel	Pechiney
Henkel	SAP
Hero	
L'Oréal	
Madrange Group	
Mahou	
Nestlé	
Nutreco Holding	
Pernod Ricard Group	
Südzucker	
Tipiak	
Uniq	

Global Net Xchange (GNX)

Umsatz der Investoren: 270 Mrd. Dollar (ohne Oracle)
Angekündigte Investitionshöhe: 150 Mio. Dollar
Unternehmenssitz: San Francisco
Gründungsdatum: 28. 2. 2000
CEO: Joe Laughlin
Hauptsoftwarelieferant: Oracle, Manugistics
Internetadresse: www.gnx.com

Investoren
Carrefour
Coles Myer
J. Sainsbury
KarstadtQuelle
Kroger
Metro
Oracle
Pinault-Printemps-Redoute
Sears

Transora

Umsatz der Investoren: 600 Mrd. Dollar
Angekündigte Investitionshöhe: 238 Mio. Dollar
Unternehmenssitz: Chicago
Gründungsdatum: 5. 6. 2000
CEO: Judie Sprieser
Hauptsoftwarelieferant: i2, Ariba, Synchra
Internetadresse: www.transora.com

Investoren	
Alberto-Culver	Johnson 6 Johnson CCI
Bestfood	Kellogg
Borden	Kraft Foods (Philip Morris)
Bristol-Myers Squibb	Lance
British American Tobacco	Mars
Busch Investment	McCain Foods
Bush Brothers & Company	McCormick & Company
Cadbury Schweppes	Morton International
Campbell Soup	Nabisco
Coca-Cola	Nestlé Holding
Colgate-Palmolive	Orkla
ConAgra	Parmalat
Danone Foods	PepsiCo
Diageo	The Pepsi Bottling Group
Earthgrains	Perdue farms
Eastman Kodak	Procter & Gamble
Embotelladora Andina	Quaker Oats
Faultless Starch/Bon Ami	Ralston Purina
Fort James	Reckitt Benckiser
General Mills	Rich Products
Gillette	S.C. Johnson & Son
H.J. Heinz	Sara Lee
Hallmark Cards	Seagram
Heineken International	Suiza Foods
Hershey Foods	Unilever
Hormel Foods	Wm. Wrigley Jr.
J.M. Smucker	

World Wide Retail Exchange (WWRE)

Umsatz der Investoren: 720 Mrd. Dollar
Angekündigte Investitionshöhe: 180 Mio. Dollar
Unternehmenssitz: Alexandria bei Washington
Gründungsdatum: 31. 3. 2000
CEO: Colin Dyer
Hauptsoftwarelieferant: i2, Ariba, IBM
Internetadresse: www.worldwideretailexchange.com

Investoren	
Albertson's	Laurus
Auchan	Long Drugs
Best Buy	Makro Asia
The Boots	Marks & Spencer
C & A Europe	Meijer
Casino	Otto Versand
Coop Italia	Publix Super Markets
Coop Schweiz	RadioShack
Cora	Rewe
CVS/pharmacy	Rite Aid
Dairy Farm International	Royal Ahold
Dansk Supermarket	Safeway
Delhaize Group	Schlecker
Dixons Group	seibu Department Stores
Edeka	ShopKo Stores
El Corte Ingles	Sobeys
Galeries Lafayette	Supervalu
Gap	Target
Giant Eagle	Tengelmann
H.E. Butt Grocery	Tesco
J.C. penney	toys'R'Us
John Lewis	Walgreen
Jusco	Wegmans Food Markets
Kesko	Winn-Dixie-Stores
Kingfisher	Wooltru
Kmart	Woolworth

Abb. 3.35: Die 4 globalen Marktplätze der Konsumgüterindustrie (o.V. 2001e, LZ Spezial 1/2001, S. 16 f.)

3.5.2 Collaborative Planning, Forecasting and Replenishment (CPFR)

CPFR oder Collaborative Planning, Forecasting and Replenishment ist eine Initiative von VICKS, der US-Organisation „Voluntary Interindustry Commerce Standards". Entwickelt hat sich CPFR bereits 1996 aus einem Lieferketten-Projekt zwischen WALMART und dem Konzern WARNER-LAMBERT (vgl. Rode 1999, S. 50), die Veröffentlichung des CPFR Leitfadens erfolgte 1998.

Die Grundidee von CPFR ist ECR, d.h. eine Verbesserung der Geschäftsprozesse. *„CPFR ist aber nicht nur eine Evolution von ECR, sondern gleichzeitig auch eine Kritik an der Realität der vorangegangenen Rationalisierungsmodewellen."* (Rode 1999, S. 50) Die Kritik richtet sich z.B. darauf, dass die zu hohe Lagerhaltung per Marktmacht von einem Partner auf den anderen verschoben wird. Die Betrachtung unterschiedlicher Zahlen bei Hersteller und Händler oder die Feststellung von Problemen erst an der Rampe oder im Regal hat die eigentliche mögliche Qualität von ECR unterhalb der Versprechungen gehalten. Auch birgt das Planungstool CRP (Continuous Replenishment) eine Reihe von Problemen (vgl. Rode 1999, S. 50).

CPFR ist die *„gemeinsame Verkaufs- und Bestellplanung durch Hersteller und Händler auf der Basis der vom Händler zur Verfügung gestellten POS-Daten. Ziel ist die Teilautomatisierung der Bestellungen bis hin zu Vorlieferanten auf der Basis der besten möglichen Daten über das abzusehende Käuferverhalten"* (Rode 1999a, S. 36). Das CPFR-Geschäftsmodell kann also auf die gesamte Prozesskette unter Einschluss der Vorlieferanten des Herstellers übertragen werden. Mit CPFR sollen nicht nur die Warenbestände, die in Lägern, Lieferfahrzeugen und den Regalen des Handels herumliegen, reduziert werden, sondern auch gleichzeitig die Out-of-stocks. Der Ansatz zu CPFR stammt ebenso wie der von ECR *„aus der Automobilindustrie, wo bereits vor über zehn Jahren mit dem Ansatz Lean Production Kosten in der Lieferkette als Ganzes analysiert und gesenkt wurden"* (Rode 1999, S. 50).

gemeinsame Verkaufs- und Bestellplanung durch Hersteller und Händler auf Basis der POS-Daten des Händlers

Vom Ablauf her ist CPFR ein kontinuierlicher Prozess in 9 Schritten, der die Aufgaben von Hersteller und Handel im Verlauf des Prozesses genau beschreibt. Diese 9 Schritte sind als ständiger Verbesserungsprozess zu sehen, an dem beide Seiten gleichermaßen beteiligt sind.

ständiger Verbesserungsprozess in neun Schritten

In Schritt 1 wird der gemeinsame Wille erklärt, im Rahmen von CPFR zusammenzuarbeiten und es werden die notwendigen Rahmenbedingungen wie multifunktionale Teams, Vereinbarungen über Vertraulichkeit, Verantwortlichkeiten und Informationsaustausch festgelegt.

Im nächsten Schritt erfolgt die Vereinbarung über die Geschäftsentwicklungsplanung (Schritt 2) und die daraus resultierende Verkaufsprognose (Schritt 3) zwischen Hersteller und Händler.

Entwickeln sich die zwischen beiden Parteien festgelegten Kriterien, insbesondere die Abverkäufe am POS, wie in der Verkaufsprognose vorgesehen, erfolgen die Bestellprognose (Schritt 6) und die Bestellung (Schritt 9). Gewissermaßen automatisch wird die (Nach-)Produktion beim Hersteller und die Lieferung der Ware an den Handel ausgelöst.

Festlegung sog. „Ausnahme-Auslöser" zwischen Hersteller und Händler

Allerdings werden zwischen Hersteller und Händler auch sog. „Ausnahme-Auslöser" festgelegt, das sind bestimmte Kriterien oder auch Einschränkungen, die zu einem Nachverhandeln führen.

Weichen diese Kriterien von der Verkaufsprognose ab (Schritt 4), dann warnt das System und beide Parteien müssen gemeinsam eine neue Verkaufsprognose erstellen (Schritt 5). Aber auch bei der Bestellprognose können sog. „Ausnahme-Auslöser" oder aber auch Einschränkungen durch die Material- und Produktionsplanung des Herstellers auftreten (Schritt 7), die zu einer Überarbeitung der zu bestellenden bzw. zu liefernden Menge führen (Schritt 8). Erst dann erfolgt die Bestell-Generierung (Schritt 9). (Für eine detaillierte Darstellung vgl. die Managementinformation von ECR D-A-CH 7/2001.)

Große Effizienzen erhoffen sich Handel und Industrie bei Promotionware und Produktneueinführungen

CPFR ist nicht nur interessant für die Planung von sog. „Normalware" bzw. des Standardsortiments, also eingeführter Produkte. Besonders große Effizienzen erhoffen sich Handel und Industrie bei Promotionware und bei Produktneueinführungen. In beiden Fällen ist die Entwicklung der Abverkäufe nur ungenau vorhersehbar und es wurden entweder zu viel oder zu wenig Mengen produziert bzw. vom Handel eingekauft.

Die Übersicht in Abb. 3.36 zeigt die Basisversion des CPFR Geschäftsmodells.

Die für CPFR notwendigen Enabling-Technologies entsprechen denen von ECR. Die Systemunterstützung erfolgt durch interne Systeme, Extranets, Application Service Provider und elektronische Marktplätze. *„Elektronische Marktplätze werden die Umsetzung des CPFR®-Geschäftsmodells bei m : n Beziehungen beschleunigen und das Erreichen der kritischen Masse erleichtern, da sie z.B. von den Inhousesystemen unabhängige Tools zur Prozessunterstützung bereitstellen."* (ECR D-A-CH 7/2001, S. 9)

Eine Reihe von CPFR-Projekten laufen derzeit auf den Marktplätzen GNX und CPG. So sollen bei GNX bereits messbar gute Ergebnisse im Bereich CPFR erzielt worden sein und bis Ende des Jahres 2001 sollen alle acht GNX-Mitglieder an einem Pilotprojekt teilgenommen haben. Bei einem GNX CPFR-Projekt mit Sainsbury's sowie den Lieferanten Lever Faberge, Kimberly Clark, Kraft und Johnson & Johnson soll die Warenverfügbarkeit von 85 Prozent auf 98 Prozent erhöht worden sein (vgl. Weber 2001, S. 32).

die beiden ersten deutschen CPFR Projekte

Die beiden ersten deutschen CPFR Projekte liefen zwischen Metro und P & G und Henkel und dm. Henkel und dm nutzen Eqos-Software auf CPGmarket. P & G und Metro nutzen Manugistics-Software (neu GNX Collaboration Suite!) auf GNX (vgl. Rode 2001, S. 28). Noch im Jahr 2002 will Metro die CPFR-Zusammenarbeit auf Henkel, Kimberly-Clark, SCA und bis zu einem halben Dutzend weiterer Lieferanten aus-

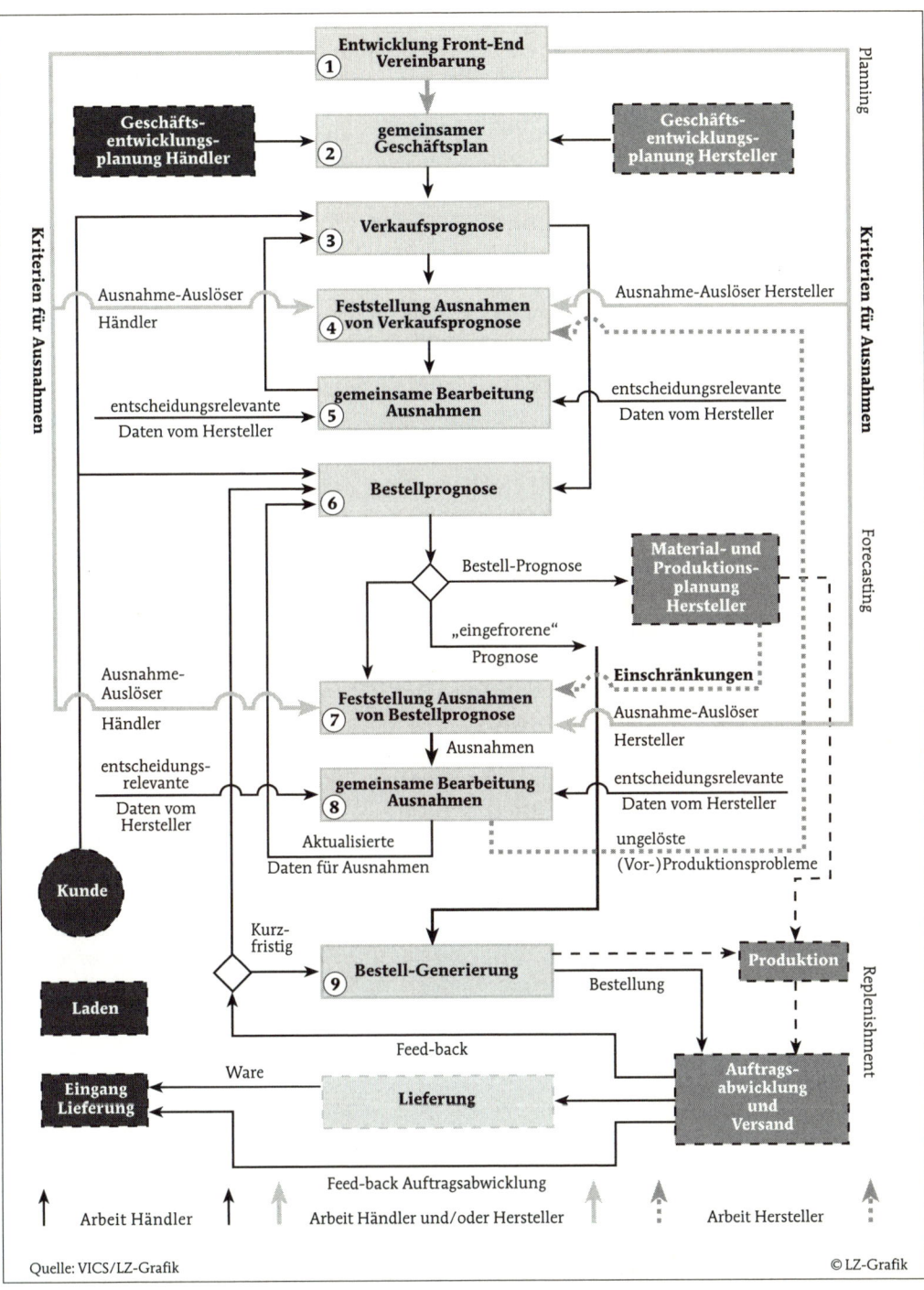

Abb.3.36: Basisversion des CPFR-Geschäftsmodells (Quelle: Rode 1999, LZ 3/1999, S. 50)

weiten. KARSTADT-QUELLE ist in der Phase erster CPFR Pilotprojekte und plant für Mitte des Jahres 2002 einen Roll-out (vgl. Rode 2002, S. 28).

„Nichts wird so bleiben, wie es war..." Dieses Statement der McKINSEY BERATER Klaus Behrenbeck und Sven Schiemann kennzeichnet die Situation mehr als treffend. E-Enabling als web-basierte IT-Architektur bietet wesentliche Vorteile (vgl. Behrenbeck / Schiemann 2001, S. 18):

Vorteile einer Web-basier-
ten IT-Architektur

- Mehrfachnutzung von Funktionalitäten bei der Multiplikation von Anwendungen: So müssen z.B. für die Erschließung eines neuen Vertriebskanals die in separaten Domains enthaltenen Funktionen nur über Services angeschlossen werden,
- leichteres sowie kostengünstigeres Updaten von Funktionalitäten,
- sowie leichtere Integration Externer: Safeway soll die Anbindung von rund 400 Lieferanten auf Basis XML innerhalb von sechs Monaten gelungen sein.

Die zu erzielenden Umsatz- und Kosteneffekte sollen bei 3 – 6 % liegen. *„Das Tempo, mit dem E-Enabling derzeit vorangetrieben wird, belegt, dass viele Händler die historische Chance sehen und diese mitgestalten wollen."* (Behrenbeck/Schiemann 2001, S. 20)

Bei TESCO z.B. werden die POS-Daten stündlich in das Replenishment-System überführt. Nach max. 8 Stunden ist ein ausverkaufter Artikel wieder im Laden. SEVEN ELEVEN in Japan basiert seine Entscheidungen im Merchandising bezüglich Regalbelegungen, Promotion und Neuprodukteinführungen auf Real-Time Informationen aus den über 6000 Läden. So kann sogar die aktuelle Wetterlage einbezogen werden.

Und es können heute über E-Enabling neben Händlern und Lieferanten auch die übrigen Glieder der Supply-Chain online eingebunden werden wie Agenten, Konsolidatoren, Carrier und Lager. Eine Web-basierte Logistik-Plattform ermöglicht z.B. WAL-MART in den USA eine genaue Verfolgung jedes Paketes in der Supply Chain. Marktplätze und Logistik-Provider bieten heute entsprechende Instrumente an.

Nichts wird so bleiben, wie es war ... Das gilt auch für die mittleren und kleinen Lieferanten und nicht nur für die immer wieder erwähnten Großkonzerne. Es ist eine einmalige Chance, die Zusammenarbeit mit dem Handel auf eine kooperative Plattform zu stellen und das Konditionendilemma in einen anderen Rahmen zu bringen.

4   Kommunikation

In unterschiedlichster Weise nutzt die Industrie die verschiedenen Formen der Kommunikation gegenüber dem Handel. *„Je nach Marketingorientierung des Unternehmens kann der Werbemitteleinsatz im vertikalen Marketing als wichtiger Ausdruck der Handelsorientierung, als überflüssige*

Ausgabe oder als sporadisch verfügbares Instrumentarium zur Erreichung kurzfristiger Ziele gesehen werden. " (Parjaszwski 1993, S. 377)

Für Unternehmen, die ihre Handelsbeziehungen umfassend gestalten wollen, spielt die Kommunikation eine erhebliche Rolle. Sie ist wichtiger Bestandteil im Trade-Marketing Instrumentarium.

Kommunikation ist wichtiger Bestandteil im Trade-Marketing Instrumentarium

4.1 Zielgruppen

Die Zielgruppen im Handel, die durch die Hersteller angesprochen werden, werden nach Zielpersonen, die in den Handelszentralen bzw. regionalen Zentralen tätig sind und solchen, die in der Fläche, d.h., vor Ort in den Geschäften tätig sind, unterschieden.

• Zielpersonen in den Handelszentralen sind: Geschäftsführung, Category Management, Einkauf, Vertrieb, Marketing.

• Zielpersonen in der Fläche sind: Gebietsverkaufsleiter, Bezirksleiter, Marktleiter (angestellte Marktleiter bzw. Inhaber), Verkaufspersonal.

Zielpersonen in den Handelszentralen

Die Anzahl der „Kernentscheider" in den Handelszentralen ist aufgrund des hohen Konzentrationsgrades sehr begrenzt.

In den Handelszentralen müssen die „Kernentscheider" angesprochen werden

„*Gab es Mitte der 80er-Jahre noch durchschnittlich 63 so genannte Kernentscheider in den Top 50 Handelsunternehmen, so bestimmen heute im Durchschnitt 104 Handelsmanager über Listung, Auslistung, Promotions sowie über alle weiteren für das Schicksal der Produkte existentiellen Fragen.* " (Lebensmittel Zeitung o.J., S. 8) Diese Zahl wird sich bis zum heutigen Tag nur unwesentlich geändert haben.

Von den 104 Kernentscheidern sind ca. 2/3 vertriebsorientiert, d.h. warengruppenübergreifend tätig. Etwa 1/3 der Kernentscheider ist im Einkauf tätig und damit warengruppenbezogen verantwortlich. (Da die Untersuchung der Lebensmittel Zeitung ca. aus dem Jahr 1994/95 stammt, ist es nicht verwunderlich, dass die Mitarbeiter in den Handelszentralen als Einkäufer und Verkäufer bezeichnet werden. Die Funktion des Category Managers war zu diesem Zeitpunkt noch nicht üblich.)

Vertriebsorientiert / warengruppenübergreifend tätig:	
Geschäftsleitung	28 Personen
Vertrieb	30 Personen
Marketing	6 Personen
Einkaufsverantwortlich / Warengruppenbezogen tätig:	
Einkauf	40 Personen

Insgesamt ist die Zahl der Entscheider in den Zentralen also sehr überschaubar, selbst wenn in den Einkaufs- und Marketingabteilungen noch eine Vielzahl von weiteren Mitarbeitern verantwortlich tätig ist.

Zielpersonen in der Fläche

Die Anzahl der Personen, die in der Fläche tätig sind, ist natürlich erheblich größer. Es sind Informationen dahingehend verfügbar, dass insgesamt 396.800 Mitarbeiter (Stand 1996) im Handel tätig sind (vgl. LZ/ACN 1997, S. 42).

Die Anzahl der Gebietsleiter / Bezirksleiter und die der Marktleiter kann nur abgeschätzt werden. Betrachtet man die rund 74.500 Discounter, Verbrauchermärkte, Drogeriemärkte und traditionellen LEH-Geschäfte (Stand 2001, vgl. Teil B, Kap. 2.1) ergibt sich folgendes Bild:

Die rund 33.200 Discounter, VM und DM werden durch Bezirksleiter betreut. Im Schnitt betreut ein Bezirksleiter etwa 15 Geschäfte, d.h., dass etwa 2.200 Bezirksleiter im filialisierten Handel tätig sind.

Die Anzahl der Marktleiter ist durch die Anzahl der Geschäfte begrenzt, d.h., sie beträgt max. 74.500. Da im traditionellen LEH eine Reihe von selbstständigen Einzelhändlern 2 und mehr Geschäfte führt, ist die Anzahl geringer.

Die Anzahl der im Verkauf tätigen Personen liegt damit als Restgröße zu den o.g. ca. 396.800 Mitarbeitern bei ca. 320.000 Personen.

Das Verhältnis zwischen der Anzahl der Mitarbeiter in den einzelnen Funktionen lässt sich an der Vertriebsorganisation des Drogeriemarkt-Filialisten Rossmann, Hamburg, nochmals veranschaulichen. Hier sind: 1 Person in der Vertriebsleitung, 6 Personen in der Verkaufsleitung, 32 Personen in der Bezirksleitung und 3.500 Mitarbeiter in Kosmetikberatung, Expansionsabteilung, Ladenbau und Verkauf tätig (vgl. o.V. 2001 f., o.S.).

Der Hersteller, der mit Kernentscheidern einschließlich den Bezirksleitern kommunizieren will, hat es mit einer kleinen, sehr überschaubaren Zielgruppe zu tun. Im Gegensatz dazu sind die Zielpersonen, die in der Fläche tätig sind, mit rund 400.000 Personen doch erheblich in der Zahl.

4.2   Ziele der Kommunikation

Die Kommunikationsziele der Industrie können unterschieden werden nach ihrer zeitlichen und konzeptionellen Perspektive in langfristig-strategische und mittel- bis kurzfristige eher operativ-taktische Ziele.

langfristige,
strategische Ziele

Unter langfristigen, strategischen Aspekten stehen im Mittelpunkt der Kommunikation (vgl. Parjaszwski 1993, S. 379 ff.):
• Aufbau eines Unternehmens-Images
• Leistungsprofilierung
• Differenzierung vom Wettbewerb.

Dadurch erreicht ein Unternehmen, dass der Handel ein klareres Bild darüber erhält:

* Mit wem er es zu tun hat
* Was das Unternehmen besonders gut kann
* Worin es sich vom Wettbewerber unterscheidet.

Die nachfolgenden Anzeigen geben Beispiele für Imagekampagnen und Leistungsprofilierungen der werbenden Hersteller.

Abb. 4.1: Beispiel für Image-Kampagne eines Unternehmens
(Quelle: Lebensmittel-Praxis, Nr. 7 v. 6.4.2001, S. 39-41)

Abb. 4.2: Beipiel für die Leistungsprofilierung von zwei Unternehmen
(Milram und Calgonit; Quelle: Lebensmittel-Praxis Nr. 7
v. 6.4.2001, S. 17 und S. 45)

Neben diesen strategischen Zielen werden mittel- und kurzfristige Ziele in der Kommunikation verfolgt (vgl. Parjaszwski 1993, S. 380):

mittel- und kurzfristige Ziele

- Mittelfristig: Durchsetzung von Produkten und Sortimenten,
- Kurzfristig: Einführung von Neuprodukten, Aktualisierung von etablierten Produkten, Vorstellung von Aktionen, Information über sonstige Aktivitäten.

Abb. 4.3: Beispiel für Aktualisierung von etablierten Produkten durch Verpackungsveränderungen (Hasseröder und Becks; Quelle: Lebensmittel Praxis, Nr. 7 v. 6.4.2001, S. 7 und S. 19)

Abb. 4.4: Information über Aktionen und sonstige Aktivitäten im laufenden Jahr (Quelle: Beilage in Lebensmittel-Praxis Nr. 7 v. 6.4.2001)

4.3 Kommunikationsinstrumente

Im Hinblick auf die Zielgruppe und die Werbeziele in der Zielgruppe gilt es, diejenigen Kommunikationsinstrumente herauszufinden, die unter Kosten / Nutzen-Gesichtspunkten am effizientesten sind.

Der Industrie stehen folgende Instrumente zur handelsgerichteten Kommunikation zur Verfügung (vgl. LZ, o.J, S. 13)

Instrumente zur handelsgerichteten Kommunikation

- Fachzeitschriften
- Außendienst
- Key Account Management
- Telefonverkauf
- Salesfolder
- Direct Mailing
- Messen
- Veranstaltungen

Folgende Abbildung zeigt, an welche Entscheidergruppen im Handel sich die verschiedenen Instrumente im Schwerpunkt richten (vgl. dazu auch LZ, o.J., S. 13 und Parjaszwski 1993, S. 376):

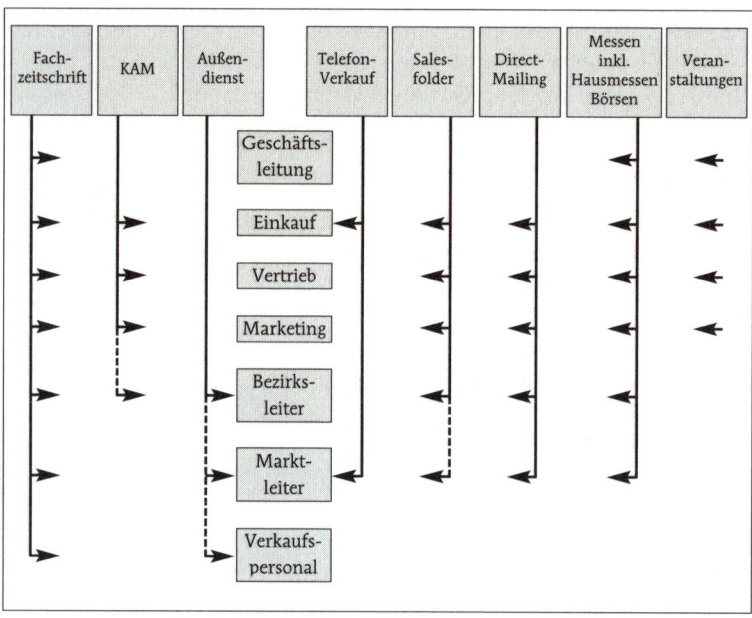

Abb. 4.5: Instrumente der handelsgerichteten Kommunikation und ihre Zielgruppen im Handel (Quelle: vgl. LZ o.J., S. 13)

- **Fachzeitschriften**

Unter Fachzeitschriften versteht man periodisch erscheinende Zeitschriften, die sich an einen begrenzten, qualifizierten Leserkreis wenden.

Hauptanliegen der Fachzeitschriften ist die Vermittlung von fachlichen Informationen und weniger die Unterhaltung der Leser (vgl. Wehrle 1990, S. 218 ff.).

Jede Branche hat ihre spezifischen Fachzeitschriften. Für die Entscheider im Lebensmittelhandel und in den Vertriebsabteilungen der Konsumgüterindustrie z.B. sind die LEBENSMITTEL ZEITUNG (Deutscher Fachverlag) und die LEBENSMITTEL PRAXIS (Verlag Neuwied GmbH) wichtige branchenbezogene Fachmedien.

Neben der Schaltung von Anzeigen, der Einlage von Beilagen oder aufgeklebten Postkarten im Heftinneren, gibt es in den meisten dieser Medien eine Reihe weiterer Möglichkeiten der gezielten Kommunikation.

Die Industrie stellt den Verlagen Informationen zu Produktneuheiten einschließlich der Produktabbildungen zur Verfügung

So z.B. auf den entsprechenden Sonderseiten bezüglich „Neuheiten im Sortiment". Dafür stellt die Industrie den Verlagen die Informationen zu den Produktneuheiten einschließlich Produktabbildungen zur Verfügung.

Weiterhin kann Produkt- und Firmen-PR durchgeführt werden, z.B. als bezahlte Textteil-Anzeige oder im Rahmen der regelmäßigen „Länderberichte" und „Branchenreports", die durch die Redaktion zusammengestellt werden.

Die Fachpresse veranstaltet zudem eine Reihe von „Events" und Wettbewerben, die von der Industrie intensiv genutzt werden und eine Ergänzung der eigenen Kommunikationsinstrumente darstellen. So führt die LEBENSMITTEL ZEITUNG folgende Veranstaltungen durch:

Sales Cup

Im Rahmen dieses Wettbewerbs, der 2001 das siebte Mal stattfand, werden Verkaufsförderungsaktionen der Industrie als auch des Handels bewertet. Die Aktionen werden unterschieden nach: Einführungspromotion, Saisonale Promotion, Special Promotion, Tailormade-Promotion und handelseigene Promotion. Anlässlich einer Festveranstaltung werden die jeweils besten Aktionen ausgezeichnet.

Young Business Factory

Unter diesem „Absender" finden mehrfach im Jahr Veranstaltungen in Form von Seminaren oder Workshops statt, auf denen Handelsmitarbeiter und Nachwuchskräfte aus der Industrie die Gelegenheit des persönlichen Kennenlernens haben und sich anhand von aktuellen Themen aus Industrie oder Handel fachlich annähern können.

Goldener Zuckerhut

Diese Veranstaltung zählt zu den wichtigsten Treffen der Ernährungswirtschaft in Deutschland. Im Jahr 2001 fand der Goldene Zuckerhut das vierundvierzigste Mal statt. An der zweitägigen Veranstaltung nehmen ca. 750 geladene Gäste teil. Die Auszeichnung „Der Goldene

Zuckerhut" wird für herausragende Leistungen in der Ernährungswirtschaft vergeben.

Weiterhin verleiht die Stiftung Goldener Zuckerhut qualifizierten Branchennachwuchskräften aus Handel und Industrie einen Förderpreis von insgesamt 50.000 Euro.

Sommertage Getränkewirtschaft

Eine zweitägige Veranstaltung, getragen von der Lebensmittel Zeitung und einer Reihe von Partnerunternehmen, die 2001 das vierte Mal stattgefunden hat und den Austausch zwischen Getränkewirtschaft und Handel fördern soll.

Deutscher Mittelstands-Kongress

Dieser Kongress, der von der Bundesvereinigung der Deutschen Ernährungswirtschaft unterstützt wird, hat 2001 das dritte Mal stattgefunden. Ziel ist, den Informationsaustausch zwischen mittelständischer Industrie und Handel zu stärken.

Auch die von der Lebensmittel Praxis einmal jährlich durchgeführte Veranstaltung hat einen sehr hohen Aufmerksamkeitswert in der Branche. Die besten Produkteinführungen (Hits) aus 34 Warengruppen werden von 850 ausgewählten Führungskräften aus dem Lebensmittelhandel ermittelt und im Rahmen einer Festveranstaltung geehrt.

• Außendienst

Ansprechpartner für den Außendienst der Industrie sind die Vertriebsmitarbeiter des Handels, insbesondere die Bezirksleiter, die Filialleiter/Marktleiter und das Verkaufspersonal des Handels in den Geschäften.

Die kommunikativen Aufgaben des Außendiensts im LEH übertreffen die reinen Verkaufsaufgaben bei weitem

Die kommunikativen Aufgaben, die der Außendienst heute im LEH wahrzunehmen hat, übertreffen die reinen Verkaufsaufgaben bei weitem. Schwerpunkt der Kommunikation zwischen Außendienst und Verkaufspersonal liegt in der Beratung mit dem Ziel, die Markenführung bis an den POS sicherzustellen. Das schließt ein die Listungsüberprüfung, die Vorstellung neuer Produkte, die Präsentation von POS-Aktivitäten sowie die Schulung der Mitarbeiter im Handel (vgl. zu den Aufgaben der Feldorganisation auch Kap.6).

Von zunehmender Bedeutung ist auch, dass der Außendienst Informationen darüber erhält, ob und in welchem Umfang vom Hersteller ergriffene Maßnahmen in der Praxis für den Handel sinnvoll und hilfreich sind. So z.B. Feedback zu:

• Inhalt, Ausführung und Umfang von Displays,
• Gestaltung der Transportverpackung,
• Wahrnehmung von Herstellerwerbung in Handelsmedien usw.

Der Außendienst erspart so dem Hersteller mehr oder weniger aufwändige Marktforschungsstudien und liefert ein umfassendes und zeitnahes Abbild der Situation bei den Kunden bzw. in den Vertriebsschienen.

- **Key Account Management**

Zentraler gegenseitiger Gesprächsanlass ist das sog. Jahresgespräch, in dem schwerpunktmäßig die Konditionen des nächsten Jahres besprochen werden

Die Gesprächspartner für das Key Account Management der Industrie sind die Einkäufer bzw. die Category Manager, aber auch die Vertriebs- und Marketingleiter in den Zentralen der Handelsorganisation. In der Fläche sind es die Bezirksleiter, zu denen Key Account Manager oftmals Kontakt halten. Zentraler gegenseitiger Gesprächsanlass ist das sog. Jahresgespräch, an dem schwerpunktmäßig die Konditionen des nächsten Jahres besprochen werden.

Die vielfältigen Aufgaben des Key Account Managements werden in Teil E, Kap. 1 behandelt.

- **Telefonverkauf**

Der Einsatz des Telefons dient der schnellen Durchsetzung kurzfristiger Ziele in der Fläche

Der Einsatz des Telefons zur gezielten Kommunikation mit dem Handel dient meist der Erreichung kurzfristiger, aktionsbezogener Ziele wie: Information über Sonderangebote, Verkauf von Sonderaufmachungen usw. Der Einsatz des Telefons dient hier der schnellen Durchsetzung in der Fläche. Aber auch die kontinuierliche Betreuung bestimmter Kundenkreise, z.B. von umsatzschwachen C-Kunden kann über das Telefon kostengünstig und wirtschaftlich wahrgenommen werden (vgl. Teil E, Kap. 5.4).

Soweit in zentral gesteuerten Handelsorganisationen der Einfluss der Warenwirtschaftssysteme und die Zentralbelieferung auf die Warendisposition zunimmt, verliert das Telefon an Bedeutung. Interessant ist der Einsatz des Telefons besonders im selbstständigen Einzelhandel immer dann, wenn dadurch die Kundenbetreuung sinnvoll unterstützt wird, die Außendienstarbeit ergänzt und sich insgesamt die Wirtschaftlichkeit der Kundenbearbeitung erhöht.

- **Salesfolder**

Salesfolder sind schriftliche Unterlagen zu einem bestimmten Sachverhalt, wie z.B. die Einführung eines neuen Produkts oder der Start einer neuen Werbekampagne.

Der Salesfolder dient als Gesprächsunterlage und Gesprächsleitfaden für den Mitarbeiter der Industrie (vgl. Teil E, Kap. 3). Er wird oftmals den Mitarbeitern in den Handelszentralen sowie den Bezirks- und Marktleitern für deren interne Gespräche und zur Dokumentation ausgehändigt.

- **Direct Mailings**

Produktinformation

Direct Mailings werden von der Industrie primär zur Produktinformation erstellt. Empfänger sind Einkauf, Vertrieb und Marketing in den Handelszentralen sowie Bezirks- und Marktleiter.

Die Resonanz des Handels auf Direct Mailings entspricht nicht unbedingt den Erwartungen der Industrie. Nur knapp die Hälfte der Einkäufer und Vertriebsmitarbeiter meint, dass Direct Mailings das Verkaufsgespräch unterstützen. Und nur 38 Prozent der Einkäufer und sogar nur 27 Prozent der Verkäufer nehmen Direct Mailings mit zu Sitzungen (vgl. LZ o.J., S. 26).

- **Messen**

Messen sind eine weitere wichtige Plattform der Kommunikation der Industrie mit dem Handel. Zu unterscheiden sind die Messen, die durch Messegesellschaften organisiert werden und die Messen, die Handelsunternehmen veranstalten.

Zu den wichtigsten internationalen Messen gehören:

die wichtigsten internationalen Messen im LEH

- ISM-INTERNATIONALE SÜSSWARENMESSE, Köln: Sie ist die jährlich stattfindende „Leitmesse der internationalen Süßwarenwirtschaft". Mehr als 1.500 Aussteller aus dem In- und Ausland haben an der 31. ISM im Januar 2001 ihre Produkte und Neuheiten präsentiert. Die Besucher sind limitiert auf Fachbesucher aus dem Groß- und Einzelhandel. Mehr als 60 Prozent der rund 33.000 Besucher kamen aus dem Ausland. Einer der Höhepunkt dieser Messe ist sicherlich die zuvor erwähnte Veranstaltung des „Goldenen Zuckerhutes".
- ANUGA, Köln: Die ANUGA findet alle zwei Jahre statt und ist die weltweit bedeutendste Informations- und Ordermesse der Ernährungswirtschaft. 1999 nahmen mehr als 6.400 Aussteller an der Messe teil bei mehr als 180.000 Besuchern, die aus insgesamt 152 Ländern anreisten. 1999 wurden auf der ANUGA erstmals 40 Hersteller von Convenience-Produkten aus dem Bereich Fertiggerichte, verpackte Fleischerzeugnisse, Tiefkühlerzeugnisse und Feinkosterzeugnisse ausgezeichnet. Sie waren die Gewinner des DLG-Convenience-Qualitätswettbewerbs, der von der DEUTSCHEN LANDWIRTSCHAFTSGESELLSCHAFT zusammen mit der LEBENSMITTEL ZEITUNG veranstaltet wurde (vgl. o.V., LZ 41/99, S. 72).
- AMBIENTE, Frankfurt: Die AMBIENTE mit den drei Ausstellungsbereiche: Tavola & Cucina, Domus & Gallery, Präsent & Carat ist die größte Konsumgütermesse der Welt. Rund 5.000 Besucher aus 90 Ländern stellten im Frühjahr 2001 ihre Produkte aus. 34 Prozent der über 153.000 Fachbesucher kamen aus dem Ausland.
- TENDENCE, Frankfurt: Die TENDENCE ist die im Herbst über 5 Tage in Frankfurt stattfindende weitere internationale Konsumgütermesse. Mehr als 110.000 Fachbesucher aus rund 100 Ländern besuchten im August 2001 die TENDENCE, auf der mehr als 4.700 Aussteller ihre Waren präsentierten.
- PMLA-FACHMESSE „Welt der Handelsmarken", Amsterdam: Seit mehr als 15 Jahren treffen sich Handelsunternehmen und Hersteller aus 50 Ländern auf dieser Messe des Verbandes der PRIVATE LABEL MANUFAC-

TURERS ASSOCIATION, um sich über die Möglichkeiten der Kooperation bei Food- und Non-Food Handelsmarken zu informieren. Die teilnehmenden Hersteller lassen sich in drei Gruppen einteilen: Große Hersteller, die sowohl eigene Marken als auch Handelsmarkenprodukte herstellen, kleine und mittlere Hersteller, die sich auf bestimmte Produktlinien spezialisieren und sich nahezu ausschließlich auf die Herstellung von Handelsmarken konzentrieren und große Einzelhändler und Großhändler, die über ihre eigenen Produktionsanlagen verfügen und so ihre eigenen Geschäfte mit Handelsmarken beliefern (vgl. PLMA o.J.).

Messen werden, wie gesagt, auch von den Handelszentralen veranstaltet. Die Bezeichnungen für diese Messen sind: Hausmesse, Börse oder (Vor-)Musterungen. Sie sind eine Informations- und Order-Plattform für die Geschäftsführer bzw. Filial- und Abteilungsleiter der angeschlossenen Handelsunternehmen bzw. -häuser. Die Lieferanten präsentieren sich auf diesen Messen mit ihrem Produktsortiment, sie stellen ihre Produktneuheiten vor und schließen Aufträge ab.

• **Veranstaltungen**

Als weitere Plattform der Kommunikation zwischen Industrie und Handel bieten sich die zahlreichen Veranstaltungen, insbesondere aber Seminarveranstaltungen und Kongresse, an.

Seminarveranstaltungen und Kongresse zu Produktneuheiten

Zu den Veranstaltungen zählen auch jene, die die Industrie für den Handel organisiert. Oft ist der Anlass die Vorstellung eines Neuproduktes. Aber auch der Umzug in ein neues Firmengebäude, ein Jubiläum, Veränderungen im Management oder aber gemeinsam erreichte Ziele sind Gelegenheiten für Veranstaltungen.

Aber auch der Handel öffnet sich und lädt die Industrie zu Informationsveranstaltungen oder zu sog. Lieferantentagen zu sich ein. So z.B. der KAUFRING im Januar 2000 zur Präsentation von Umstrukturierungsmaßnahmen eine Veranstaltung, an der über 200 Lieferanten teilnahmen (vgl. o.V. 2/2000, S. 1). Ein anderes Beispiel ist die Präsentation der Neuausrichtung des Softdiscounters Plus der TENGELMANN-GRUPPE vor 400 geladenen Managern der Industrie im November 1998 (vgl. Vossen 1998, S. 4).

Bedeutung der verschiedenen Kommunikationsinstrumente

Durch die LEBENSMITTEL ZEITUNG wurde untersucht, welche Bedeutung verschiedene Kommunikationsinstrumente der Industrie für die Einkäufer und für die Vertriebsmanager im Handel haben.

Bedeutung für Einkäufer und Vertriebsmanager des Handels

Für die Einkäufer sieht die Reihenfolge der wichtigsten Informationsquellen der Industrie wie folgt aus:

Kommunikations-instrument	Meinung des Einkaufs Sehr wichtige/wichtige Informationsquelle	Meinung des Vertriebs Sehr wichtige/wichtige Informationsquelle
Außendienst	99 %	99 %
Messen	78 %	81 %
Jahresgespräche	82 %	58 %
Direct Mailings	63 %	59 %
Salesfolder	46 %	49 %
Telefonverkauf	8%	11 %

Abb. 4.6: *Bedeutung ausgewählter Kommunikationsinstrumente der Industrie für Handelsmanager (Quelle: vgl. LZ o.J., S. 17)*

Kommunikations-instrument	Bedeutung gesunken Meinung der Handelsmanager in %	Bedeutung gestiegen Meinung der Handelsmanager in %
Jahresgespräche	13 %	48 %
Außendienst	22 %	41 %
Messen	18 %	37 %
Salesfolder	22 %	30 %
Direct Mailings	25 %	33 %
Telefonverkauf	44 %	9 %

Abb. 4.7: *Veränderung der Bedeutung ausgewählter Kommunikations-instrumente der Industrie in der Meinung befragter Handelsma-nager (Quelle: LZ o.J. , S. 18)*

- Außendienst
- Jahresgespräche
- Messen

Auch für den Vertrieb ist der Außendienst der Industrie die wichtigste Informationsquelle. An zweiter und dritter Stelle setzt der Vertrieb aber andere Prioriäten:

- Außendienst
- Messen
- Direct Mailings

Die relativ geringe Bedeutung, die die Vertriebsmitarbeiter den Jahresgesprächen beimessen, hat möglicherweise damit zu tun, dass ein hoher Anteil der Jahresgespräche zwischen Industrie und Handel ohne den Vertrieb der Handelsunternehmen stattfindet. Auch heute noch ist in etlichen Unternehmen des LEH die Überzeugung anzutreffen, dass Jahresgespräche in erster Linie einkaufsorientiert sind, d.h., der Schwerpunkt liegt auf der Verbesserung der Einkaufssituation, konkret der Einkaufskondition. Hinzu kommt, dass die Kontakte der Industrie zum Einkauf besser und umfangreicher sind als die Kontakt zum Vertrieb. Diese sind sowohl was die Anzahl als auch, was den Inhalt anbelangt, entwicklungsfähig.

Weiterhin wurde von der LEBENSMITTEL ZEITUNG untersucht, inwieweit sich die Bedeutung der Kommunikationsinstrumente verändert hat (siehe Abb. 4.7). Die Ergebnisse bestärken die Wichtigkeit der Jahresgespräche, des Außendienstes, der Messen und auch von Direct Mailings.

4.4 Integrierte Kommunikation

Die Werbemittel müssen ein eindeutiges Profil des werbenden Unternehmens vermitteln

Kommunikation mit dem Handel heißt Kommunikation mit den verschiedenen Zielgruppen innerhalb des Handels unter Einsatz der verschiedensten Medien und Werbemittel. Die verwendeten Werbemittel müssen sich ergänzen und verstärken und sich insgesamt zu einem eindeutigen Profil des werbenden Unternehmens, bzw. der beworbenen Marken und Produkte addieren.

Die Zielpersonen im Handel nehmen aber die verschiedenen Formen der klassischen Werbung auch als Privatpersonen wahr. *„Gerade im Konsumgüter-Marketing und dem damit verbundenen intensiven Einsatz von Massenmedien müssen die substituierenden Beziehungen zu den Werbemitteln im vertikalen Marketing berücksichtigt werden."* (Parjaszwski 1993, S. 384)

Es gilt, dass je geringer die Budgets für Endverbraucherwerbung und Fachwerbung sind, umso mehr der Grundsatz einer integrierten Kommunikation eingehalten werden muss. *„Integrierte Kommunikation erfordert eine systematische Abstimmung aller kommunikativen Maßnahmen für eine Marke von der Werbung bis hin zum Erscheinungsbild der Produkte, (...) Ziel der Integration ist es, eine Ergänzung und Verstärkung aller Kommunikationseindrücke zu erreichen, die von verschiedenen Kontaktmedien zum gleichen Kommunikationsobjekt (Marke oder auch Unternehmen) ausgelöst werden."* (Kotler/Bliemel 2001, S. 925 f.)

Zu einer systematischen Abstimmung gehört laut Kroeber-Riel (vgl. Kroeber-Riel 1994, S. 469):

systematische Abstimmung der Werbemittel

- Formale Abstimmung
- Inhaltliche Abstimmung
- Geografische Abstimmung
- Zeitliche Abstimmung

Den Gedanken der integrierten Kommunikation in allen Kommunikationsinstrumenten des Trade-Marketing zu berücksichtigen und umzusetzen, würde das Ziel der Werbung zum Handel fördern und Unternehmensimage, Leistungsprofilierung und Differenzierung zum Wettbewerb verstärken.

5 Service

5.1 Serviceleistungen

Unter „Service" als Oberbegriff sollen weitere Leistungen im Trade-Marketing zusammengefasst werden, die ein Hersteller vornimmt, um seine Position beim Handel zu festigen und die Kundenbindung zu fördern und die nicht in den Instrumenten: Konditionen, ECR, Kommunikation oder Feldorganisation erfasst sind. Besonders ECR und das folgende Kapitel „Feldorganisation" enthalten eine Reihe von Leistungen der Lieferanten, die auch unter die Serviceleistungen eingruppiert werden könnten.

Leistungen des Herstellers zur Festigung seiner Position beim Handel und zur Erhöhung der Kundenbindung

Bei ECR ist dies beispielsweise:
- Zusammenarbeit in Category-Management Projekten als Category Captain
- Mitarbeit in Spacemanagement Projekten
- Durchführung von Co-Marketing Promotions

Bei den Aufgaben der Feldorganisation ist es besonders:
- Schulung und Training der Mitarbeiter im Handel
- Regalservice
- Mithilfe bei der Umsetzung der zentralseitig vorgegebenen Planogramme auf die Platzverhältnisse vor Ort
- Überprüfung des MHD

Serviceleistungen der Hersteller können sich auf sehr unterschiedliche Bereiche beziehen. Im Folgenden einige wichtige Ansatzpunkte für solche Service-Leistungen.
- Vermittlung von Markt- und Shopperdaten, Produktinformationen sowie sonstige für den Handel relevanten Informationen
- Unterstützung des Handels in politisch-rechtlichen Angelegenheiten
- Teilnahme an Hausmessen/ Börsen des Handels
- Effiziente Innendienstorganisation

Eine Serviceleistung ist die Vermittlung von Marktinformationen, über die besonders kleinere Handelsunternehmen nur sehr begrenzt verfügen.

Immer mehr ist heute auch die Erhebung und Weitergabe von Shopperinformationen Bestandteil der Leistungen, die (große und mittlere) Lieferanten für ihre Partner im Handel erbringen.

Die Unterstützung des Handels in politisch-rechtlichen Angelegenheiten kann, je nach Sachlage, auch zu Leistungen führen, die hier subsummiert werden können. So z.B. das gemeinsame Vorgehen zwischen Handel und Industrie bei der Einführung der Verpackungsverordnung

Unterstützung des Handels in politisch-rechtlichen Angelegenheiten

oder die Unterstützung des Handels bei der Umsetzung der erweiterten Forderung durch das Schuldrechtsmodernisierungsgesetz.

Die Teilnahme an Hausmessen oder Börsen des Handels hat für die Industrie den Zweck, die eigenen Umsätze zu verbessern. Börsen sind auch Plattformen für das Gespräch und die gute Stimmung zwischen beiden Parteien. Aber nicht jede Börse von jedem Handelspartner ist für die Industrie wirklich attraktiv. Besonders für Firmen, die einen Feldaußendienst haben, ist der Besuch dieser Börsen oftmals nur mit hohen Kosten verbunden. Trotzdem sind attraktive Börsen, insbesondere für Verbundgruppen, ein wichtiges Instrument gegenüber den eigenen Mitgliedern. In diesem Sinne kann die Teilnahme an einer Börse als eine Serviceleistung gegenüber dem Handelspartner gewertet werden.

Last but not least sei an dieser Stelle eine effiziente Innendienstorganisation erwähnt, die perfekt in der Zusammenarbeit mit den Kollegen auf Handelsseite ist. Auch das ist sicher ein Service im Sinne des Trade-Marketing.

5.2   Produktion von Handelsmarken

Die Bedeutung von Eigenmarken für den Handel und auch die Akzeptanz dieser Produkte durch die Shopper wurde in Teil B, Kap. 2.5 dargestellt. Für den Hersteller, der sich mit Handelsmarken im Wettbewerb um den Regalplatz befindet, bedeuten Handelsmarken:

- Verdrängung der eigenen Marke
- Abwanderung von Käufern
- Rückgang der Distributionsdichte
- Umsatzverluste
- Marktanteilsverluste
- Kostensteigerung und damit
- Gewinnreduzierung

Trotzdem wird es nicht aufzuhalten sein: Handelsmarken haben sich kontinuierlich in immer mehr Warengruppen einen immer höheren Marktanteil erobert. Und es ist abzusehen, dass diese Entwicklung weiterschreitet.

„In diesem Zusammenhang wird die Produktion von Handelsmarken durch Markenartikler wieder einmal zu einem hoch aktuellen, von manchen Zeitgenossen immer noch als brisant empfundenen Thema. Ein Thema, das allerdings nicht auf rein weltanschaulicher Basis diskutiert werden sollte. Im Prinzip nämlich gehört die Produktion von Handelsmarken durch einen Markenhersteller zur umfassenderen Aufgabenstellung des Trade Marketing." (Wolfskeil 2001, S. 2)

Die Vorteile, die die Produktion von Handelsmarken für den Hersteller bringt, sind nicht zu übersehen:

- Intensivierung der kooperativen Zusammenarbeit mit dem Handel
- Verstärkung der Bindung zwischen Handel und Hersteller
- Voraussetzung für Discountvertrieb (z.B. ALDI)
- Abbau von Überkapazitäten und Auslastung freier Kapazitäten
- Fixkostendegression
- Risikoreduzierung
- Gewinn

Vorteile von Handelsmarken für den Hersteller

Und eines ist sicher, der Handel wird immer einen Hersteller für seine Produkte finden, selbst wenn er diesen im Ausland suchen müsste.

6 Feldarbeit

Zur Aktivierung des Hinein- und Herausverkaufs in den Filial- und Einzelhandelsgeschäften besteht ein großes Spektrum an Tätigkeiten, die hier, in Anlehnung an die Bezeichnung „Feldorganisation" für die Außendienstmitarbeiter der Industrie, unter dem Begriff „Feldarbeit" zusammengefasst werden. Im Wesentlichen muss die Feldarbeit unterschieden werden in die Auftragseinholung und in die Beratungstätigkeit.

Auftragseinholung und Beratungstätigkeit

Zu der Beratungstätigkeit gehören folgende Einzelaktivitäten:
- Überprüfung der Warenbestände
- physische Listungsdurchsetzung
- Merchandising / Regalservice
- Neuprodukteinführung / Schulungen
- Aktionsabsprache, -durchführung und -überwachung
- Platzierungsoptimierung
- Zweitplatzierungsabsprache
- Preispflege
- Mitbewerberbeobachtung
- Überprüfung des Mindesthaltbarkeitsdatums
- Lösung von Kundenproblemen

6.1 „Feldarbeit" – ganz aktuell

Das Instrument „Feldarbeit" ist vor dem Hintergrund zu sehen, dass der Handel ab Mitte der 90er-Jahre sukzessive den Besuch der Außendienstmitarbeiter in den Geschäften abbaute. Die Einführung von Zentrallägern, der Einsatz elektronischer Bestellsysteme und die Verlagerung der z. T. dezentralen Warengruppenkompetenz zu einem zentralen Category Management ersetzten den bis dahin wesentlichen Schwerpunkt in der Arbeit der meisten Außendienstmitarbeiter, die Auftragseinholung und

-übermittlung. Die Industrie wurde mehr und mehr daran gehindert, Außendienstmitarbeiter vor Ort einzusetzen. Spektakulär war dann der 1996 erfolgte Rausschmiss der Außendienstler bei der Metro (vgl. Biehl 2001, S. 43). Da dies für die Industrie eine Kostenreduzierung bedeutete, wurden im Gegenzug konditionelle Zugeständnisse durchgesetzt.

Der Außendienst nimmt heute weit mehr Funktionen wahr als lediglich das Zählen der Bestände und die Ermittlung notwendiger Bestellungen

Mittlerweile ist eine Umkehr im Gange. Die Fremdorganisationen, die durch den Handel beauftragt wurden um z.B. Regalpflegearbeiten zu übernehmen, erwiesen sich nicht immer als geeignet (vgl. Puhlmann 1998, S. 38; vgl. Biehl 2000, S. 48). Besonders aber wird deutlich, dass durch den Außendienst heute weit mehr Funktionen übernommen werden müssen, als lediglich das Zählen der Bestände und die darauf folgende Ermittlung der notwendigen Bestellungen.

Gewandeltes Berufsbild des Außendienstes: Vom Auftragseinholer zum Handelsberater

Die Tätigkeiten, die Außendienstmitarbeiter heute bei den Handelskunden erbringen müssen, sind im Schwerpunkt beratende und auch gestaltende Tätigkeiten. So hat sich das Berufsbild gewandelt vom Auftragseinholer zum Handelsberater (vgl. Biehl 2000, S. 48). Im zentral gesteuerten, filialisierten Handel ist der Außendienstmitarbeiter noch treffender und zukunftsweisender durch die Bezeichnung „POS-Manager" gekennzeichnet (vgl. Puhlmann 1998, S. 40).

In Anbetracht der Tatsache, dass nahezu alle Hersteller in den vergangenen Jahren ihre Außendienstorganisationen erheblich reduziert haben, wird das Instrument Außendienst/Feldorganisation mittlerweile zu einem wesentlichen differenzierenden Kriterium der Industrie beim Handel.

Der Aussendienstbesuch durch qualifizierte, gut geschulte und motivierte Mitarbeiter ist in vielen Vertriebsschienen ein wichtiger Erfolgsparameter geworden, mit dessen Hilfe im Trade-Marketing erhebliche Wettbewerbsvorteile erzielt werden können.

6.2   Auftragseinholung

Unter der „Auftragseinholung" ist das (aktive) Aufsuchen des Kunden in Form von Besuchen zum Zweck der Erzielung von Aufträgen zu verstehen.

persönlicher Besuch des Kunden durch einen Außendienstmitarbeiter

Unter „Besuch" wird vor allem der persönliche Besuch des Kunden durch einen Außendienstmitarbeiter verstanden. Aus Kostengründen werden persönliche Besuche zum Teil durch einen (telefonischen) Anruf, beispielsweise durch den Innendienst oder Tele-Sales Organisationen, als „Besuch per Telefon", ersetzt. Die Autragseinholung durch ein Direct Mailing kann als schriftlicher Besuch des Kunden verstanden werden.

Während die Auftragseinholung „früher" ca. 80 Prozent der Tätigkeiten des Außendienstes ausmachte, wird sie heute auf ca. 20 Prozent der Tätigkeiten geschätzt (vgl. Biehl 2000, S. 48).

Das aktive Aufsuchen der Kunden zur Auftragseinholung ist heute in den Großformen des Handels nur bedingt notwendig. Die Versorgung der einzelnen Häuser bzw. Filialen erfolgt, wie bereits ausgeführt, primär über Zentralläger der Handelsunternehmen. Durch geschlossene Warenwirtschaftssysteme wird elektronisch der Warenabgang festgestellt und für die notwendige Nachdisposition gesorgt. Dies gilt auf alle Fälle für das zentral gelistete Kernsortiment. Regionale Randsortimente, die nicht von der Zentrale gelistet sind, bilden allerdings eine Ausnahme. Hier liegt es tatsächlich noch in der Verantwortung des jeweiligen Herstellers, die Nachdisposition nachzuhalten.

Das aktive Aufsuchen der Kunden zur Auftragseinholung ist heute in den Großformen des Handels nur bedingt notwendig

Wie aus einer Untersuchung von Roland Berger hervorgeht, laufen mittlerweile schon 67 Prozent, d.h. zwei Drittel aller Warenströme in der Konsumgüterindustrie über Zentrallager. Nur 23 Prozent der Ware, hier insbesondere Langsamdreher und Frischware, gehen über Streckenlieferung an den Handel und 10 Prozent der Ware kommen über Broker und Fachdistributeure (vgl. Biehl 2000, S. 42).

Zwei Drittel aller Warenströme in der Konsumgüterindustrie laufen über Zentrallager

Besonders interessant ist es auch, den selbstständigen Einzelhändler zu besuchen. Die meisten Hersteller haben aus Kostengründen in der Vergangenheit lediglich den Großhandel beliefert. Um den Einzelhändler kümmerten sich die wenigsten Firmen. Nur sproadisch wurden sog. „Einzelhandelsdurchgänge" durchgeführt.

Auftragseinholung durch „Einzelhandelsdurchgänge"

Bei Einzelhandelsdurchgängen handelt es sich um Absprachen mit einer Großhandlung, bei den von ihr belieferten Einzelhändlern Aufträge einzuholen. Zwei Formen der Auftragseinholung werden dabei unterschieden: Streckengeschäft (vgl. Teil B, Kap. 1.3.1) und Überweisungsgeschäft. Bei einem Überweisungsgeschäft schreibt der Außendienstmitarbeiter einen sog. „Talon" oder „Überweisungsschein" aus. Der Hersteller liefert die insgesamt aufgrund der Talons verkaufte Waremenge an den Großhändler. Dieser liefert dann an den Einzelhändler aus.

Das Beispiel der Firma Henkel zeigt (vgl. Biehl 2001, S. 41 ff.), dass mit Einzelhandelsdurchgängen ein erhebliches Umsatzpotenzial erschlossen werden kann: Umsätze von 250 bis zu 500 Euro pro Besuch wurden realisiert. Das Fallbeispiel von Henkel zeigt aber auch, dass der Einzelhandel grundsätzlich die gleichen Anforderungen an Beratung und Unterstützung am POS benötigt, wie dies in den zentral geführten Märkten bekannt ist. So wurden für Henkel neue Kundenbeziehungen aufgebaut, *„Regale neu strukturiert, die Distribution erweitert. Mit jedem Besuch sind neue Umsätze getätigt worden, Regalmodule für die unterschiedlichen Betriebsgrößen sind umgesetzt worden, aber auch individuelle Planogramme sind in Einzelfällen als praktische Hilfestellung erstellt worden."* (Biehl 2001, S. 42)

6.3   Beratungstätigkeit / POS-Management

*die Markenführung bis
zum POS durchsetzen*

Der Schwerpunkt der Feldarbeit oder ca. 80 Prozent der Arbeit der Außendienstmitarbeiter liegt in der Beratung der Kunden und der Unterstützung am POS. Das Ziel ist, die Markenführung bis zum POS durchzusetzen und den Kontakt der Shopper mit dem Produkt so effizient wie möglich zu gestalten.

Überprüfung der Warenbestände

Anlässe, aufgrund derer eine Überprüfung der Warenbestände vor Ort durch den Hersteller erfolgen sollte, sind folgende:

*   Bei den Listungen des Handels muss zwischen den sog. „Pflicht-Listungen" und den „Kann-Listungen" unterschieden werden.
    Eine **Pflicht-Listung** besagt, dass dieses Produkt oder dieser Artikel in allen Geschäften oder Filialen, für die dieser Artikel gelistet ist, auch geführt werden muss. Das heißt, der Artikel soll physisch vorhanden sein – von (kurzzeitigen) „out-of-stock"-Situationen einmal abgesehen.
    Bei **Kann-Listungen** handelt es sich, wie der Name schon sagt, um Listungen, die das einzelne Geschäft führen kann oder auch nicht führt. Es handelt sich oft um Sonderaufmachungen oder um größere Warenangebote in Displays oder auf Palette. Hier delegiert die Handelszentrale die Entscheidungen an den Geschäftsführer bzw. Abteilungsleiter vor Ort. Es ist Aufgabe des Außendienstmitarbeiters, die Auftragserteilung für solche Kann-Listungen sicherzustellen.
*   Die **Ermittlung der Umschlagsgeschwindigkeit** auslistungsgefährdeter Artikel in den unterschiedlichen Geschäftstypen, um frühzeitig angemessene Gegenmaßnahmen einleiten zu können.
*   Die **Kontrolle des Abverkaufs** von Sondergrößen und Sonderaufmachungen, die noch an weitere Kunden verkauft werden sollen, um zu sehen, ob Mengen und Sortierung angemessen sind.

Physische Listungsdurchsetzung

Dies betrifft die Umsetzung von neu gelisteten Produkten in den Märkten. „*So war ein Produkt vier Wochen nach der Einlistung noch nicht im Regal einer Verbrauchermarktschiene präsent. Die Erklärung: Die Regaletiketten waren von der Zentrale noch nicht an die Filialen ausgeliefert, also schlummerte die Ware im Lager. Die Automatisierung bringt solche Fehler hervor, sie müssen nur entdeckt werden.*" (Biehl, 2001, S. 42)

*Verringerung des Zeit-
raums zwischen der positiven Listungsentscheidung
und der physischen Distribution der Ware vor Ort*

Tatsächlich besteht in der Praxis ein zum Teil erheblicher time-lag zwischen der positiven Listungsentscheidung in der Zentrale und der physischen Listungsumsetzung / Distribution der Ware vor Ort. Ein intensives und koordiniertes Nachfassen durch die Feldmitarbeiter ist unabdingbar, wenn keine kostbare Zeit für Umsätze an Endverbraucher verloren werden soll.

Merchandising / Regalservice

„Merchandising" bedeutet die Betreuung und Pflege des Regals im Ver-
kaufsgeschäft des Händlers. Das umfasst im Einzelnen z.B.:

Betreuung und Pflege des
Regals im Verkaufs-
geschäft des Händlers

* Putzen und Sauberhalten der Regale und ggf. auch der Ware
* Anbringen von Regaleinsätzen, Regalschienen und sonstigen das Regal markierende Elemente wie z.B. Regalwipper, soweit von der Zentrale erlaubt und abgesprochen
* Einräumen von angelieferter Ware in das Regal
* Entfernen von nicht mehr verkäuflicher, defekter Ware aus dem Regal
* Sicherstellung, dass die gelisteten Artikel auch auf dem Regalplatz stehen, der mit der Zentrale abgesprochen ist. Weiterhin, dass die Produkte in der Anzahl sog. „Facings" nebeneinander stehen, wie dies abgesprochen ist. Ein „Facing" bedeutet z.B., dass nur eine Packung von
  dem Artikel an der Regalvorderseite stehen darf.
* Regaleinräumung bei Neueröffnungen von Geschäften
* Regalumräumungen in bestehenden Geschäften

Für Merchandisingtätigkeiten werden heute kaum noch Außendienstmitarbeiter eingesetzt (Ausnahme ist ggf. die Regaleinräumung bei Neu-
eröffnung von Geschäften, um das Personal gleichzeitig zu schulen.,
bzw. weil komplette Regaleinräumungen mit den Fremdkräften, bzw.
Fremdfirmen nicht vereinbart sind). Es sind vielmehr Schüler und Studenten oder auch Hausfrauen, die meist im Rahmen von 315 Euro-Be-
schäftigungsverhältnissen als sog. „geringfügig Beschäftigte" diese Arbeiten erledigen. Zum geringen Teil werden sie von den Industrieunternehmen eingestellt.

Oft sind Agenturen (z.B. Handelsagenturen oder Sales-Service-Orga-
nisationen, vgl. Teil E, Kap. 5) eingesetzt, die mit ihren Mitarbeitern diese Aufgaben übernehmen.

Neuproduktvorstellung / Schulung

Die Neuproduktvorstellung wird hier zusammen mit der Schulung genannt, da die Aufgabe der Feldorganisation bei der Neuprodukteinführung neben der physischen Listungsdurchsetzung und der Platzie-
rungssicherung im Wesentlichen eine Schulungstätigkeit ist.

Neuprodukte werden durch das Key Account Management in den
Handelszentralen und im Großhandel vorgestellt und erläutert. Weder
die Zentralen der Handelsorganisationen noch der Großhändler erläutern den Mitarbeitern bzw. Einzelhändlern die neuen Produkte.

Nun könnte man sich fragen, inwieweit es heute bei Selbstbedienung
und immer knapper werdendem Personal noch wichtig ist, Neuprodukte zu schulen oder überhaupt eine Mitarbeiterschulung vorzunehmen?

In der Praxis macht es aber doch einen erheblichen Unterschied, ob
das – wenn auch nur knapp vorhandene – Personal geschult ist oder

Schulung ist nach
wie vor sinnvoll

nicht. Mögliche Fragen von Shoppern werden besser beantwortet und insgesamt verbessert sich die Einstellung der Handelsmitarbeiter zu den Industrieunternehmen und deren Produkten.

Im Einzelhandel ist die Schulung besonders wichtig, da der Einzelhändler, wie bereits ausgeführt, über die Aufnahme der Produkte selbst entscheidet.

Neben der Schulung von Neuprodukten ist Schulungsbedarf häufig noch in folgenden fachlichen Bereichen zu finden:
- Information über Sortimente
- Information über Vermarktungsmöglichkeiten
- Informationen über den Markt

Aktionsabsprache, -durchführung und -überwachung

Hersteller führen die verschiedensten Aktionen am POS in Abstimmung mit der Zentrale durch, wie dies in Kap. 3.4.2 „Efficient Promotion" aufgezeigt wurde.

Die Feldmitarbeiter sprechen die Aktionen detailliert in den Geschäften ab. Sie sorgen dafür, dass die Aktionsware rechtzeitig bestellt wird, dass die richtigen Mengen disponiert werden und dass der für die Aktion richtige Platz im Geschäft ausgewählt wird.

Oft werden externe Agenturen eingeschaltet, die komplett für die Abwicklung zuständig sind. In solchen Fällen hat ein eigener Außendienst die Aufgabe, die Aktionsdurchführung zumindest stichprobenmäßig zu überwachen und festzustellen, ob die Abwicklung der Aktion in der vertraglich vereinbarten Weise erfolgt.

Manche Hersteller lassen Aktionen am POS auch von den eigenen Verkaufsmitarbeitern durchführen oder haben sogar eigene Werbedamen, die mit der Durchführung der Aktion selbst betraut sind.

Platzierungsoptimierung

Platzierungs- oder Regalspiegel

Die Anordnung der Waren im Regal wird von den Handelszentralen vorgegeben, bzw. vom Einzelhändler selbstständig entschieden. Oft werden sog. „Platzierungs- oder Regalspiegel" eingesetzt, das sind Planogramme, die in Spacemanagement-Projekten in Zusammenarbeit mit der Industrie erstellt werden

In der Praxis ergeben sich gelegentlich Differenzen zwischen den zentralseitig vorgegebenen Platzierungsspiegeln und den Platzverhältnissen in den Regalen vor Ort. Hier kann der Außendienstmitarbeiter durch seine Anwesenheit, seinen Einsatz und seine Fachkenntnis dafür sorgen, dass das Regal um die richtigen Produkte ergänzt wird und insgesamt die Platzierung der Ware, wie mit der Zentrale vereinbart, umgesetzt ist.

Im selbstständigen Einzelhandel kann der Außendienstmitarbeiter den Einzelhändler dahingehend beraten, die Produkte entsprechend der Marktbedeutung, die oft nicht bekannt ist, zu platzieren.

Zweitplatzierungsabsprache

Neben der Erstplatzierung im Regal ist ein weiterer Bereich die Umsetzung der Absprachen von Zweitplatzierungen. Es kann sich dabei sowohl um dauerhafte Zweit-Regalplatzierungen handeln, als auch, was primär der Fall sein wird, um Zweitplatzierungen für Aktionen beziehungsweise Aktionsware.

Preispflege

Die Feldorganisation unterstützt das Key Account Management bei der Preispflege durch Erstellen von Preisspiegeln. Ziel ist

Ziele von Preisspiegeln

• Einhaltung der mit der Zentrale abgesprochenen Normalpreise für die verschiedenen Vertriebsschienen und Vertriebslinien,
• Einhaltung von Aktionspreisen und Verkauf der Ware zum vereinbarten Normalpreis nach dem zeitlichen Ablauf der Aktion.

Mitbewerberbeobachtung

Die Beobachung der Mitwettbewerber hat verschiedene Gründe. Es werden Informationen z.B. über:
• Umfang des gelisteten Sortiments,
• Qualität der Platzierung: Erstplatzierung, zusätzliche Platzierungen, Anzahl der Facings,
• Aktionen: welcher Art, mit welchen Produkten, in welcher Preislage, in welchen Mengen, in welchen Vertriebsschienen, an welchen Platzierungen, zu welchem Zeitpunkt,
• Preislage der Wettbewerbsprodukte
eingeholt

Überprüfung des Mindesthaltbarkeitsdatums (MHD)

Die Überprüfung des Mindesthaltbarkeitsdatums (MHD) ist eine mit den Zentralen abgesprochene Leistung, die, obwohl sie eigentlich vom Handel übernommen werden müsste, überwiegend von den Herstellern erbracht wird.

Der Hintergrund sind zwei Aspekte: Zum einen verfügt der Handel nicht über ausreichend Personal in den Geschäften, um für alle Produkte mit MHD's regelmäßig eine Überprüfung vorzunehmen und die sich daran anschließenden Tätigkeiten bei ausgelaufenem MHD abzuwickeln. Zum anderen haben die meisten Hersteller von Frischprodukten einen speziellen Außendienst (z.B. für Süßwaren, Brot, Molkereiprodukte, usw.), der z.T. mehrmals pro Woche die betreffenden Geschäfte aufsucht und das Sortiment betreut.

Teil E

Organisation der Kundenbearbeitung

Die effiziente Zuammenarbeit mit den Handelskunden und die Umsetzung der Trade-Marketingpläne erfordern einen angemessenen organisatorischen Rahmen aufseiten des Herstellers. In Teil E werden die Funktionsbereiche im Vertrieb, die die Kundenbearbeitung sicherstellen, das Key Account Management, die Feldorganisation und der Innendienst vorgestellt. Weiterhin werden die verschiedenen Möglichkeiten, die Aufbauorganisation einer Vertriebsabteilung zu strukturieren und damit die Intensität der Kundenbearbeitung festzulegen, als auch Ansätze zur Effizienzsteigerung der Ablauforganisation dargelegt.

Bei der Kundenbearbeitung stellt sich, wie in anderen Bereichen eines Unternehmens, die Frage nach dem „Make or Buy", d.h. die Frage nach dem Einsatz eigener angestellter Mitarbeiter oder dem Outsourcen der Leistungserbringung z.B. in Form des Einsatzes von Handelsvertretungen oder Agenturen. Ein Thema, das in der Literatur zur Distributionspolitik schon immer zu den wesentlichen strategischen Entscheidungsproblemen des Vertriebs gezählt wurde und das wegen des zunehmenden Drucks Kosten variabel zu gestalten, aktuell wieder von großer Bedeutung ist.

1 Betreuung der Handelszentralen durch das KAM

1.1 Ziele und Aufgaben des KAM

„Betreuung" von
Schlüsselkunden

Ganz allgemein gesagt ist der Key Account Manager (KAM) verantwortlich für die „Betreuung" von Schlüsselkunden, d. h. Großkunden. Seine Gesprächspartner auf Handelsseite sind primär die Einkäufer dieser Großkunden, also nationale oder regionale Zentral-Einkäufer, bzw. Category Manager. Nächstwichtiger Gesprächspartner im Handel ist der Vertrieb, der (zusammen mit der Geschäftsstellenleitung) für die Umsetzung der zentralen Entscheidungen insbesondere zum Handelsmarketing in den angeschlossenen Geschäftsstellen / Filialen verantwortlich ist.

Entstanden ist das Key Account Management übrigens nicht in der Konsumgüterindustrie, sondern im Investitionsgüterbereich, da die Art der Projekte eine besonders intensive und enge Zusammenarbeit zwischen Lieferant und Abnehmer erforderte (vgl. Diller 1993a, S. 50; vgl. Gegenmantel 1996, S. 9).

Die Ziele, die mit der Einführung eines Key Account Managements (KAM) verwirklicht werden sollen sind (vgl. Kotler/Bliemel 2001, S. 1025):

- **Stabilisierung / Verbesserung der Geschäftsbeziehung:** Durch regelmäßige Kommunikation und Austausch von Informationen soll das Geschäftsklima zwischen den Beteiligten auf einem guten Niveau gehalten oder ggf. verbessert werden, damit eine möglichst erfolgreiche Zusammenarbeit erfolgen kann.
- **Reduzierung des Koordinationsaufwandes:** Dies bezieht sich sowohl auf die Zusammenarbeit mit dem Kunden als auch auf die innerbetrieblich vorzunehmenden Koordinationstätigkeiten.
- **Verbesserung / Stärkung der horizontalen Marktstellung:** Eine originäre Aufgabe von Trade-Marketing ist, die Leistungen des eigenen Unternehmens im Vergleich zum Wettbewerb positiv abzugrenzen, um für das eigene Unternehmen eine vergleichsweise bevorzugte Behandlung, insbesondere die Listung und Distribution der Produkte im Handel sicherzustellen.
- **Verbesserung der vertikalen Marktposition:** Die weitere originäre Aufgabe von Trade-Marketing besteht darin sicherzustellen, dass die Produkte des Herstellers über den Handel bis zum Endverbraucher möglichst derartig durchdringen, wie es im Interesse des Herstellers ist bzw. von diesem gewünscht wird.

Der Key Account Manager
ist maßgeblich für die
Entwicklung und Durch-
setzung von Trade-Marke-
ting Konzeptionen
verantwortlich

Dieses Zielprofil zeigt, dass der Key Account Manager maßgeblich für die Entwicklung und Durchsetzung von Trade-Marketing Konzeptionen verantwortlich ist.

In der Praxis der Konsumgüterhersteller liegt der Schwerpunkt der Arbeit des Key Account Managers oft noch in der Erreichung primär verkäuferischer und fallweiser Ziele bei den Handelskonzernen, wie z.B.:

Umsetzung primär verkäuferischer und fallweiser Ziele bei den Handelskonzernen ist oft noch die Praxis

- Durchsetzung von Produktlistungen
- Verhinderung von Produktauslistungen
- Verhandlung von Konditionen
- Ausbau der Distribution in der Fläche
- Qualitative Verbesserung der Distribution im Regal
- Endverbraucher-Preisfestlegungen, Preisabstimmung
- Festlegung von werblichen Aktivitäten / Abstimmung der Werbekostenbudgets
- Durchführung von Store-Checks

Systematisiert man die Tätigkeiten des KAM entsprechend dem Managementgedanken ergeben sich folgende Aufgabenschwerpunkte (vgl. Diller 1989, S. 214, vgl. derselbe 1993a, S. 50 f.):

Aufgabenschwerpunkte des KA-Managers

- **Koordination**

Hierunter sind Abwicklungs- und Koordinationsaufgaben zu verstehen, die sich hauptsächlich auf andere Funktionsbereiche im eigenen Unternehmen beziehen. Insbesondere die Koordination geplanter Aktivitäten mit der Feldorganisation und der (Handels-)Marketingabteilung gehören dazu. Diese Koordinationsaufgaben beziehen sich auch zunehmend auf Belange der Marketingabteilung (z.B. Entwicklung kooperativer Werbung, Gestaltung kundenspezifischer Werbeträger), der Finanz- und IT-Abteilung (z.B. EDI-Anbindung), der Produktionsabteilung (z.B. vertriebsschienenindividuelle Verpackungen oder Paletten) und der Logistikabteilung (besonders im Rahmen von Supply Chain Management).

- **Konzeptionelle Gestaltung / Promotor**

In dieser Funktion hat der Key Account Manager initiativ *„die Beziehungen zum Kunden aktiv zu beeinflussen, zu stimulieren und in der Zusammenarbeit auf jene Arbeitsfelder zu lenken, an denen es dem Herstellerunternehmen besonders gelegen ist"* (Diller, 1993, S. 50). Im Rahmen der konzeptionellen Gestaltung ist es besonders wichtig, dass der Key Acoount Manager immer wieder die Effizienz der Maßnahmen und ihre Wirkung überprüft und optimiert, denn nur so kann sich der Hersteller in den Augen des Handels von seinen Wettbewerbern differenzieren. Die Ergebnisse dieser Arbeit werden sich im Trade-Marketing Plan niederschlagen, in dem auch die relevanten Zielsetzungen, die Anforderungen und Einschränkungen des Kunden berücksichtigt werden.

Prüfung der Effizienz und Wirkung von Maßnahmen, um sich dem Handel gegenüber positiv vom Wettbewerb absetzen zu können

- **Information**

Der Key Account Manager ist eine „Informationsdrehscheibe". Alle wichtigen Informationen, die er von seinem Kunden erhält oder die er

Der Key Account Manager
ist eine „Informationsdreh-
scheibe"
über das Geschäft mit seinem Kunden erarbeitet, leitet er an sein Unternehmen weiter. Dies sind z.B. Informationen über organisatorische Veränderungen beim Kunden, die die Betreuung der Filialen durch die Feldorganisation beeinflussen oder Informationen über Produkte betreffende Entscheidungen des Kunden, die die Produktionsabteilung wissen muss usw. Gleichzeitig informiert er seine Kunden über alle wichtigen Themen seines Unternehmens.

- **Planung und Konzeption**

Dem Key Account Manager obliegt die Entwicklung eines Trade-Marketing Plans für seinen Kunden bzw. seine Vertriebsschienen in dem hier aufgezeigten Sinne.

- **Kontrolle**

Der Key Account Manager hat regelmäßig zu kontrollieren, ob er seine Zielvorgaben wie z.B. Umsatz und Deckungsbeitrag erreicht und ob die Zielvereinbarungen mit dem Kunden z.B. über Warenplatzierungen auf Sonderflächen oder Insertionen in kundeneigenen Medien durchgeführt wurden. Auch die Kontrolle der verschiedenen Daten, die durch die Marktforschungsinstitute geliefert werden, geben Aufschluss darüber, welchen Fortschritt ein Hersteller bei einem Handelsunternehmen macht, ob die eingeschlagene Strategie am Markt für beide Seiten erfolgreich ist und welche Maßnahmen korrigiert oder neu ergriffen werden müssen. Bei der Analyse der Soll-Ist-Abweichungen gehört zu der Kontrollfunktion natürlich auch die Analyse der Ursachen.

- **Diplomatenfunktion**

Hier geht es darum, *„Interessenkonflikte auszubalancieren, persönliche Kontakte mit den Handelspartnern zu pflegen, die Eskalation von unterschiedlichen Zielvorstellungen zu offenen Konflikten zu vermeiden, also insgesamt für harmonische Beziehungen und einen hohen Goodwill des Markenartiklers zu sorgen"* (Diller, 1993a, S. 50 f.).

1.2 Stellung des Key Account Managements in der Vertriebsorganisation

Die organisatorische Implementierung eines Key Account Managements ist in der Praxis unterschiedlich. Es kann sich um eine Stabslösung, eine Linienfunktion oder auch eine Matrixfunktion handeln (vgl. Gegenmantel 1996, S. 236 ff.).

Der Key Account Manager
ist organisatorisch der Ver-
triebsleitung zugeordnet
- **Stabslösung**

Im Rahmen der Stabslösung ist der Key Account Manager organisatorisch der Vertriebsleitung zugeordnet und berichtet an diese. Er hat im

Wesentlichen eine die Vertriebsleitung unterstützende Informations- und Koordinationsfunktion. Entscheidungskompetenzen bleiben bei der herkömmlichen Verkaufsorganisation (vgl. Diller 1993a, S. 54 f.).

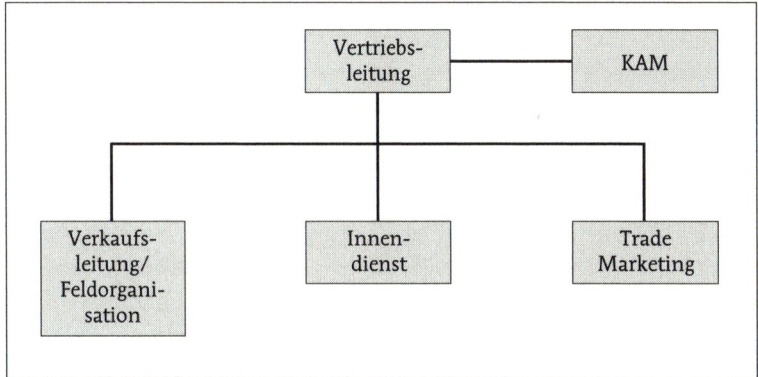

Abb. 1.1:   Organisatorische Eingliederung des KAM als Stabsstelle

• **Matrixform des Key Account Managements**

Im Rahmen dieser organisatorischen Lösung steht der nationale Key Account Manager gleichberechtigt neben der für die Flächenbetreuung verantwortlichen Verkaufsleitung. Regionale KAM, die regionale Niederlassungen von Großkunden betreuen, sind aber der Verkaufsleitung unterstellt und hierarchisch gleichrangig mit Gebietsverkaufsleitern. Die nationale Großkundenverantwortung liegt damit beim nationalen Key Account Manager, die regionale Kundenverantwortung bei der Feldorganisation (vgl. Diller 1993a, S. 55).

Der Key Account Manager steht gleichberechtigt neben der für die Flächenbetreuung verantwortlichen Verkaufsleitung

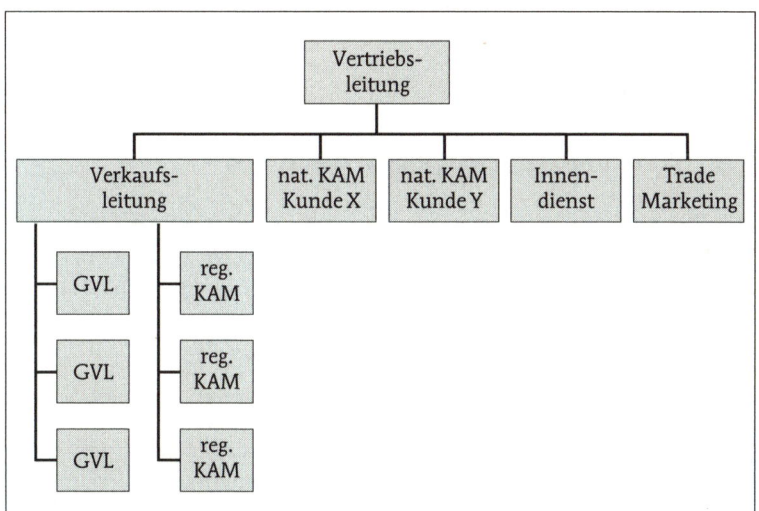

Abb. 1.2:   Matrixform des KAM

- **Linienform des Key Account Managements**

Regionale KA-Manager sind dem nationalen KA-Management

In dieser Organisationsform sind regionale KA-Manager dem nationalen KA-Management unterstellt. Der Vorteil dieser Organisationsform gegenüber der Matrixform ist, dass Kompetenzüberschneidungen zwischen nationaler und regionaler Kundenbetreuung aufgehoben sind.

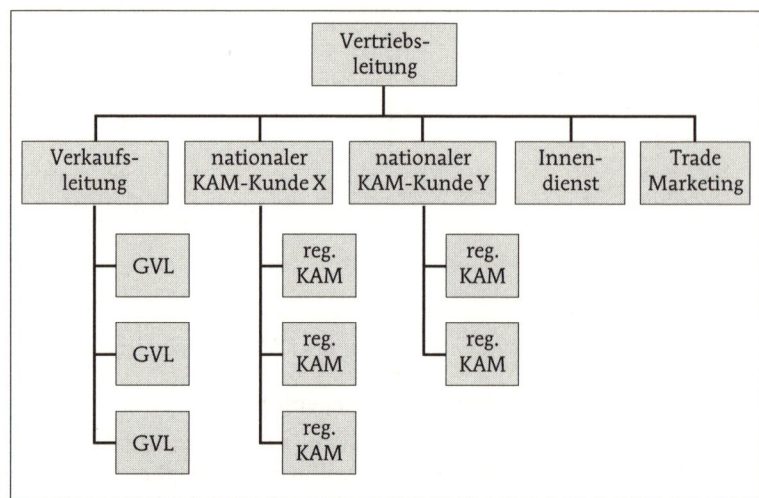

Abb. 1.3:   *Organisatorische Eingliederung des KAM als Linienstelle*

In der Praxis der verschiedenen Branchen gibt es die verschiedensten Aufbauorganisationen des Key Account Managements (vgl. Sidow 2000, S. 60 ff.). Wie Untersuchungen von Diller zeigen (vgl. Diller 1993a, S. 55 ff.), erbringen die Strukturvarianten allein keine signifikanten Effizienzunterschiede. Entscheidend sind der wahrgenommene Aufgabenumfang und die Entscheidungskompetenzen, die dem KAM zugewiesen werden.

1.3   Herausforderungen an das KAM

Veränderungen, denen sich erfolgreiches KAM stellen muss

Das Key Account Management, das auch in der Zukunft erfolgreich Kunden bearbeiten will, wird folgende Veränderungen erfahren müssen:
    Bildung von Teams, Einführung eines Vertriebsschienen-Managements anstelle eines bzw. zusätzlich zu einem Key Account Management und Internationalisierung des Key Account Managements.

- **Bildung von Teams**

Die Komplexität der Aufgaben des Key Account, die Verflechtung dieser Aufgaben mit praktisch allen anderen Unternehmensbereichen und die große wirtschaftliche Bedeutung der Key Accounts führt in vielen Unternehmen zu der Bildung von Kundenteams, auch „Customer Teams" oder

„Customer Business Development Teams" genannt (so bei PROCTER & GAMBLE, vgl. Teil A, Kap. 2, S. 25).

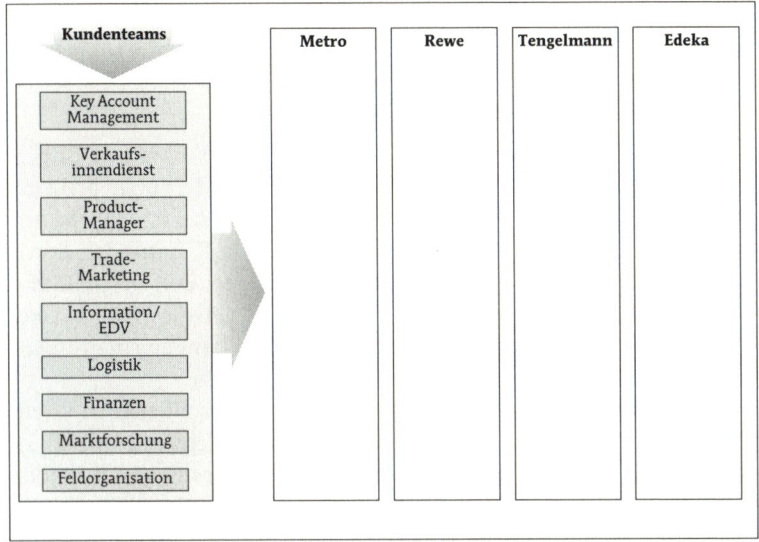

Abb. 1.4: Struktur eines Kundenteams

Ein Kundenteam setzt sich zusammen z.B. aus dem zuständigen KAM für die einzelnen Handelspartner, Mitarbeitern aus dem Verkaufsinnendienst, Produkt-Managern sowie Mitarbeitern aus den Bereichen Trade-Marketing, Information / EDV, Logistik, Finanzen, Marktforschung sowie ggf. auch der Feldorganisation.

Zusammensetzung eines Kundenteams

Die Durchführung der Anforderungen, die aus ECR resultieren, fordert die Errichtung von Teams nicht nur aufseiten des Herstellers, sondern auch aufseiten des Handels:

Auch auf Seiten des Handels werden Teams erforderlich

Händler	Gemeinsame Teamstruktur		Hersteller
Markt- und Käuferforschung	Category Captain		Verbraucherforschung
Sortimentsplanung	←	→	Produkt-F & E
Produktentwicklung	←	→	Operations-F & E
Laden-Operations	←	→	Produktion
Logistik-Management	←	→	Vertrieb und Logistik
Finanzdienstleistungen	←	→	Finanzdienstleistungen
Informations-Systeme	Category Advisor		Informations-Systeme

Abb.1.5: Organisationsstruktur nach der Implementierung von ECR (Quelle: Wiezorek 2000, S. 206)

In dieser Organisationsstruktur sitzt dem Category Captain beziehungsweise dem Category Manager des Handelsunternehmens dem Category Advisor oder KAM des Herstellers gegenüber. Beide haben moderierende und koordinierende Funktionen für ihre bereichsübergreifenden Teams.

• **Vertriebsschienen-Management**

Den unterschiedlichen Anforderungen der einzelnen Vertriebsschienen ist durch ein jeweils individuelles Vertriebsschienen-Management Rechnung zu tragen

Die einzelnen Vertriebsschienen, SB-Warenhaus, Fachmarkt, Supermarkt, Discounter usw. sind durch verschiedene Merkmale definiert (vgl. Teil B, Kap. 1.3.2). Sie haben daher auch ganz unterschiedliche Anforderungen an das eigene Handelsmarketing (z.B. bezüglich Sortimentsumfang und -zusammensetzung, Preislage, POS-Aktivitäten, Werbung, Regalplatzierung usw.) und damit auch an die Trade-Marketing Konzeption und die Ausgestaltung der Trade-Marketing Instrumente der Industrie.

Alle Großkunden haben nun mehrere Vertriebsschienen in ihrem Portfolio. Um das eigene Produkt in der Vertriebsschiene bestmöglich zu unterstützen, ist daher ein Vertriebsschienen-Management notwendig; denn nur ein Vertriebsschienen-Management kann den vielfältigen verschiedenen Anforderungen wirklich gerecht werden. Weiterhin wird auch im Vertriebsschienen-Management eine Teambildung unerlässlich sein.

Bei Großkunden wie METRO oder REWE müsste dieses Vertriebsschienen-Management organisatorisch unter der zentralen Steuerung und Koordination eines nationalen für den Großkunden insgesamt verantwortlichen Key Account Managers angesiedelt werden.

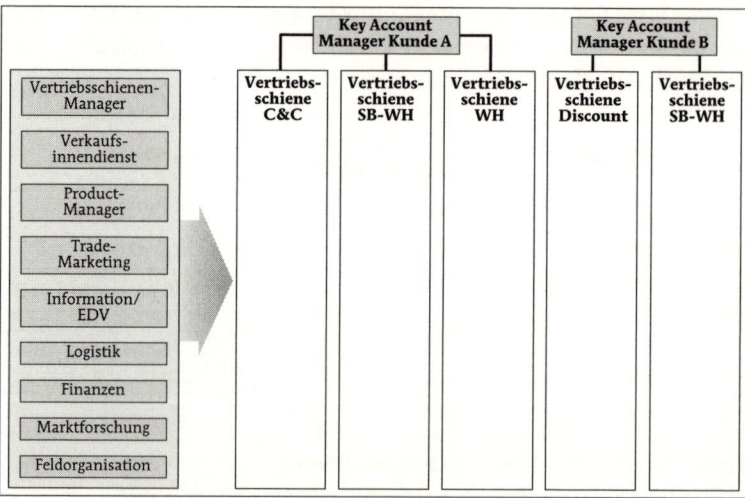

Abb. 1.6: Organisation eines kundenbezogenen Vertriebsschienen-Managements mit Teambildung

- **Internationalisierung des Key Account Managements**

Praktisch alle größeren Handelsorganisationen expandieren innnerhalb der EU oder in das europäische Ausland und zum Teil außerhalb Europas mit Schwerpunkt in die USA. Die Vernetzung der Waren-, Informations-, und Finanzströme wird dabei immer perfekter. Es ist logisch, dass der Handel Differenzen zwischen den Ländern für sich nutzen wird (vgl. Diller 1992, S. 240 f.). In diesem Zusammenhang muss eine Internationalisierung des Key Account Managements organisatorisch eingeführt und ein international abgestimmtes Verhalten gegenüber den Kunden erfolgen.

Für den einzelnen Key Account Manager bedeuten diese Herausforderungen erhöhte Anforderungen. Die Funktionen, die er wahrnehmen muss, werden ergänzt um die Funktion der Moderation. Sie ist immer dann angesagt, wenn ein Team unter Leitung des KAM für die Kunden- bzw. Vertriebsschienenbearbeitung verantwortlich ist.

Für den einzelnen Key Account Manager bedeuten Teambildung, Vertriebsschienen-Management und Internationalisierung erhöhte Anforderungen

Aber auch die Fähigkeiten, die von ihm erwartet werden, werden anspruchsvoller. Um die verschiedenen Funktionen wahrzunehmen, muss ein Key Accont Manager nachweislich in der Lage sein, Teams zu führen und er muss in Zukunft mehrsprachig sein bzw. zumindest die englische Sprache verhandlungssicher beherrschen.

Auch wird von ihm erwartet werden, dass er ins Ausland reist und ggf. längere Auslandsaufenthalte wahrnimmt.

Hinzu kommt, dass er eine hohe Flexibilität dahingehend haben muss, sich innerhalb kurzer Zeit in neue Systeme einzuarbeiten. So kommt es häufig vor, dass das eigene Unternehmen im Ausland nach anderen Prinzipien oder mit anderen Systemen arbeitet, da die Marktgegebenheiten dort ggf. andere Vorgehensweisen fordern. Ebenso ist es nicht ungewöhnlich, dass auch Handelsunternehmen im Ausland anders operieren als dies in Deutschland der Fall ist.

2 Kundenbetreuung in der Fläche

Die Kundenbetreuung in der Fläche wird durch die sog. **Feldorganisation** vorgenommen. Die Feldorganisation nimmt ein weites Spektrum an Aufgaben wahr. Es sind dies die Auftragseinholung – ursprünglich die wichtigste Aufgabe der Außendienstmitarbeiter beim Handel – und die Beratungstätigkeit bzw. das POS-Management mit den verschiedensten Einzelaktivitäten wie die physische Listungsdurchsetzung, der Regalservice, die Mitarbeiterschulung oder die Überprüfung des Mindesthaltbarkeitsdatums (vgl. Teil D, Kap. 6 Feldarbeit).

Die Kundenbetreuung in der Fläche wird durch die sog. Feldorganisation vorgenommen

Im Folgenden wird ein kurzer Abriss der verschiedenen Tätigkeitsbilder in der Feldorganisation gegeben: Außendienstmitarbeiter, Merchandiser und Verkaufsförderer. Branchenspezifisch gibt es spezielle Berufs-

Abriss der verschiedenen Tätigkeitsbilder

bilder wie z.B. in der Kosmetikindustrie die Reisekosmetikerin oder in der Pharmaindustrie den Pharmareferenten. Darauf soll hier jedoch nur hingewiesen werden.

2.1 Der Außendienstmitarbeiter

Die wichtigste Funktion in der Feldorganisation hat unverändert der Außendienstmitarbeiter. Die offizielle Bezeichnung für einen Außendienstmitarbeiter in der Konsumgüterindustrie ist in der Praxis sehr unterschiedlich. Am häufigsten findet man die Berufsbezeichnung „Bezirksleiter" oder „Gebietsleiter". Aber auch „Kundenberater", „Kundenbetreuer" oder „Repräsentant" werden gerne verwendet.

Aus dem „Verkäufer" wurde mehr und mehr der „Berater" des Handels

Zu den Kernaufgaben eines Außendienstmitarbeiters, der den Handel besucht, gehörte in der Vergangenheit das Verkaufen von Waren. Das Berufsbild des Außendienstmitarbeiters hat sich in den letzten ca. 20 Jahren mit den Veränderungen im Handel erheblich wandeln müssen. Aus dem „Verkäufer" wurde mehr und mehr der „Berater" des Handels, d.h. des Handelspersonals vor Ort, der auch mal die Ärmel hochkrempeln muss, um anzupacken und Regale einzuräumen.

Etwa 600.000 Menschen sind im Außendienst tätig

Welche Fähigkeiten und Qualifikation führen zu einer Tätigkeit im Außendienst? Welches Berufsbild muss man erlernt haben, um Außendienstmitarbeiter zu werden? Immerhin sind ca. 600.000 Menschen allein im Außendienst tätig (vgl. Weis 2000, S. 21). Es sind die verschiedensten Motivationen und Beweggründe, die Menschen zu einer Tätigkeit im Außendienst führen. Im Vordergrund steht sicher eine gewisse räumliche Ungebundenheit, die in der Reisetätigkeit liegt, die Freude am Kontakt und Umgang mit anderen Menschen, sowie ein relativ großer persönlicher Freiraum in der Ausgestaltung des eigenen Arbeitsplatzes. Dabei ist die Entlohnung üblicherweise höher als bei anderen Berufsbildern mit vergleichbaren Anforderungen.

Das Berufsbild: „Fachberater im Außendienst / IHK" gibt es erst seit einigen Jahren

Welchen Schulabschluss man haben und welchen Ausbildungsberuf man gelernt haben muss, um Außendienstmitarbeiter zu werden, wird in der Praxis sehr unterschiedlich gehandhabt. Ein Berufsbild: „Außendienstmitarbeiter" gibt es tatsächlich erst seit einigen Jahren. Es handelt sich um den „Fachberater im Außendienst / IHK" des Deutschen Industrie- und Handelstages (DIHT).

Durch eine entsprechende Prüfung bei der IHK kann der Nachweis von Kenntnissen, Fertigkeiten und Erfahrungen erbracht werden, der zu der Berechtigung führt, den Titel zu tragen. Zu den Prüfungsfächern gehört: Absatzwirtschaft, Verhandlung und Kommunikation, Arbeitsorganisation und Datenverarbeitung, Volks- und betriebswirtschaftliche Grundlagen sowie Rechtskunde.

Welche Aufgaben hat ein Außendienstmitarbeiter der Industrie im Handel durchzuführen? Folgende Tabelle zeigt die Ergebnisse einer Untersuchung von 144 Lieferanten des Lebensmittelhandels, die im Auftrag der UGW AG an der Fachhochschule Wiesbaden durchgeführt wurde. Es werden dabei die Aufgaben in ihrer Bedeutung, so wie sie sich in den letzten 20 Jahren dargestellt haben, und die zukünftige Bedeutung gegenübergestellt. Die Skalierung erfolgt von 1 (sehr wichtig) bis 5 (unwichtig).

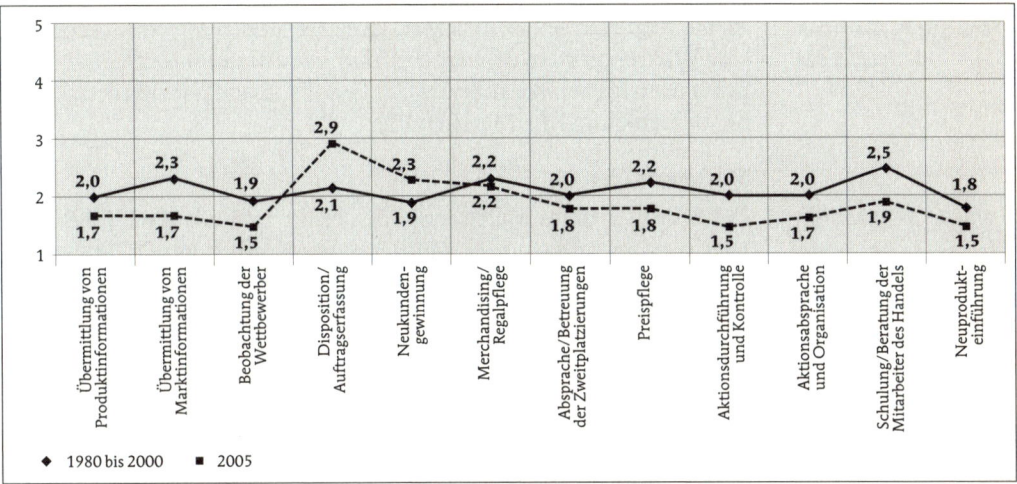

Abb. 2.1: *Aufgaben der Feldorganisation im Zeitvergleich (Quelle: Richner 2001, Anlage 17)*

Der Zeitvergleich zeigt, dass die Tätigkeiten des Außendienstes für die Zukunft insgesamt höher eingestuft werden als bisher.

Betrachtet man die einzelnen Aufgaben, dann ist das eigentliche „Verkaufen" mit einer Bewertung von 2,9 in Zukunft eher unbedeutend. Sortiert nach Wichtigkeit ergibt sich für die Zukunft vielmehr folgende Reihenfolge der Tätigkeiten:

Aktionsdurchführung und Kontrolle	1,5
Neuprodukteinführung	1,5
Beobachtung der Wettbewerber	1,5
Übermittlung von Produktinformationen	1,7
Aktionsabsprache und Organisation	1,7
Übermittlung von Marktinformationen	1,7
Absprache/Betreuung der Zweitplatzierungen	1,8
Preispflege	1,8
Schulung/Beratung der Mitarbeiter des Handels	1,9
Merchandising/Regalpflege	2,2
Neukundengewinnung	2,3
Disposition/Auftragserfassung	2,9

Abb 2.2: *Reihenfolge der Wichtigkeit der Tätigkeiten der Feldmitarbeiter (Quelle: Richner 2001, Anlage 17)*

2.2 Merchandiser und Verkaufsförderer

Die Betreuung des Kunden wird ergänzt durch die Tätigkeiten, die Merchandiser und Verkaufsförderer wahrnehmen. Der Schwerpunkt ihrer Aufgaben liegt in der Umsetzung physischer Maßnahmen, die der Förderung des Abverkaufs der Ware dienen. Dabei ist in der Praxis oft keine exakte Abgrenzung der Aufgaben zwischen diesen Berufsbildern gegeben. Während z.B. in dem einen Unternehmen der Außendienstmitarbeiter noch für den Regalservice zuständig ist, macht dies in einem anderen Unternehmen der Merchandiser

Umsetzung physischer Maßnahmen, die der Förderung des Abverkaufs der Ware dienen

Merchandiser

Aufgaben des Merchandisers oder Rack Jobbers

Die Aufgaben eines Merchandisers, der oft auch als **Rack Jobber** bezeichnet wird, umfassen verschiedene abverkaufsfördernde Tätigkeiten.
- **Regalservice:** Sauberhalten der Regale, Auspacken der Ware, Preisauszeichnung, Einsortieren ins Regal, Entfernen von veralteter, defekter Ware aus dem Regal, Entfernen des Packmaterials.
- **Platzierung der Waren:** Sorgen, dass die Ware auf dem zentralseitig vereinbarten bzw. vorgeschriebenen Platz steht, Anbringen / Entfernen von Regalmarkierungen wie Regaleinsätzen, Regalstoppern usw. soweit von der Handelsorganisation erlaubt und vom Lieferanten zur Verfügung gestellt.
- **Aufbau von Promotions:** Vorbereiten des Platzes im Ladengeschäft, Warenbereitstellung einschließlich ggf. Preisauszeichnung, Bereitstellung sonstiger Promotionaufbauten (Tische, Plakate, auch Lautsprecher, Musik usw.) und Promotionmaterials (Broschüren, Handzettel, Proben, usw.). Diese Aufgabe wird oft auch zusammen mit dem für die Promotiondurchführung zuständigen Verkaufsförderer erledigt oder von letzterem allein übernommen.
- **Aufstellen von Displays / Paletten:** Aus dem Lager des Geschäfts in den Ladenraum bringen, Verpackungsmaterial entfernen, Ware auszeichnen.
- **Bestückung von Kassenzonen-Platzierungen**
- **Sonstige Aufgaben** einschließlich z.B. auch der Auftragsabwicklung und Gutschriftenerstellung für Retouren.

Zu den Berufsbezeichnungen des Merchandisers und des Rack Jobbers ist anzumerken, dass es in der Praxis keine klare Trennung über das Tätigkeitsbild gibt. Greift man den Ursprung des aus Amerika kommenden Berufes auf, dann bewirtschaftet der Rack Jobber Verkaufsraum bzw. Verkaufsflächen für Waren, die auf eigene Rechnung zur Verfügung gestellt werden (vgl. Teil B, Kap. 1.3.1). Der Merchandiser hingegen kümmert sich um Ware, die dem Handel gehört.

Merchandiser sind in vielen Fällen auf der Basis von 315 Euro-Jobs tätig. Es handelt sich dann vielfach um Hausfrauen oder Studenten. Aber auch als Vollzeitbeschäftigung ist das Berufsbild des Merchandisers anzutreffen.

In der Praxis finden sich verschiedene Konstellationen der Zusammenarbeit zwischen Außendienstmitarbeitern und Merchandisern. In der Großfläche arbeiten beide oft miteinander bei einem Kunden und teilen sich die Aufgaben entsprechend auf. In anderen Fällen ist nur der Merchandiser im Markt tätig, ohne dass dieser auch durch einen Außendienstmitarbeiter besucht wird bzw. besucht werden darf.

verschiedene Konstellationen der Zusammenarbeit zwischen Außendienstmitarbeitern und Merchandisern

Im klassischen Einzelhandel dagegen werden normalerweise keine Merchandiser eingesetzt, hier arbeitet nur der Außendienstmitarbeiter.

Sofern die Merchandieser eigene Angestellte sind, sind sie disziplinarisch meist dem Gebietsverkaufsleiter oder Regionalverkaufsleiter unterstellt, der üblicherweise auch die Einsatzsteuerung vornimmt. In den Fällen, in denen Merchandiser und Außendienstmitarbeiter zusammen bei einem Kunden sind, erfolgt die Einsatzsteuerung auch oft direkt durch den Außendienstmitarbeiter.

Die großen Hersteller sind bereits seit geraumer Zeit dazu übergegangen, ihre Merchandisingaktivitäten durch externe Dienstleister durchführen zu lassen (vgl. Kap. 5). Da sich die Merchandisingmaßnahmen aller Hersteller auf nahezu die gleiche und überschaubare Gruppe an Geschäften konzentriert (SB-Warenhäuser, Verbrauchermärkte und C & C Märkte) sind diese externen Dienstleister in der Lage, alle entsprechenden Aktivitäten im Outlet zu koordinieren und vor allem auch kostengünstig durchzuführen.

Merchandisingaktivitäten werden auch durch externe Dienstleister durchgeführt

Verkaufsförderer und Werbedamen

Verkaufsförderer, worunter auch Werbedamen verstanden werden können, nehmen im Wesentlichen folgende Aufgaben wahr:

- **Sampling / Verteilung von Proben / Prospekten:** Im Ladengeschäft oder außerhalb (z.B. hinter der Kasse oder im Ausgangsbereich des Geschäftes) werden Proben an Konsumenten verteilt – z.T. mit Segmentierungsvorgaben wie Alter oder Geschlecht.
- **Degustation:** Verschiedene Lebensmittel wie Käse, Wein, Bier, Wurst werden an Promotionständen zur Probe angeboten.
- **Produktvorführungen / Produktdemonstrationen:** Die Aufgabe der Werbedame ist hier, den Kunden ein Produkt vorzuführen und in der Anwendung und / oder Wirkungsweise zu erläutern. Es kann sich um die Demonstration technischer Geräte wie Bügeleisen, Nähmaschinen, Staubsauger oder um kosmetische Produkte wie Parfums oder auch um die Zubereitung eines Mahles mit Fertigprodukten handeln usw.
- **Durchführung von Events:** Hier wird zusätzlich zu einem Produktwissen auch noch erwartet, dass der Verkaufsförderer oder die Werbedame rhetorische Fähigkeiten hat und in der Lage ist, vor Publikum frei zu sprechen und zu agieren.

Nur relativ wenige Herstellerfirmen haben Verkäufsförderer bzw.
Werbedamen als Mitarbeiter im Vertrieb. Es ist üblich, ein Outsourcing
bei diesen Tätigkeiten vorzunehmen, d.h. Fremdorganisationen zu be-
auftragen, denen auch die Einsatzsteuerung, Kontrolle und Abrechnung
der Verkaufsförderungsaktionen obliegt.

2.3 Größe der Außendienstorganisation

Wie viele Mitarbeiter werden benötigt um die Kunden gut zu betreuen und das Marktpotenzial auszuschöpfen?

Wie viele Mitarbeiter brauchen wir, um unsere Kunden gut zu betreuen
und das Marktpotenzial richtig auszuschöpfen? Wie viele Mitarbeiter
können wir uns überhaupt leisten? Das ist die immer wieder auftau-
chende Frage nach der Größe der Feldorganisation, insbesondere der Anzahl der Außendienstmitarbeiter, die durch den Hersteller festzulegen
ist. Er wird seine Entscheidung zielorientiert unter kosten-/nutzenopti-
malen Gesichtspunkten fällen, wobei die Kriterien: Kundenerfordernis-
se, Auswirkungen auf das Umsatzergebnis/Potenzialausschöpfung, Arbeitsbelastung der Verkäufer und finanzielle Möglichkeiten des Unternehmens die Entscheidung bestimmen.

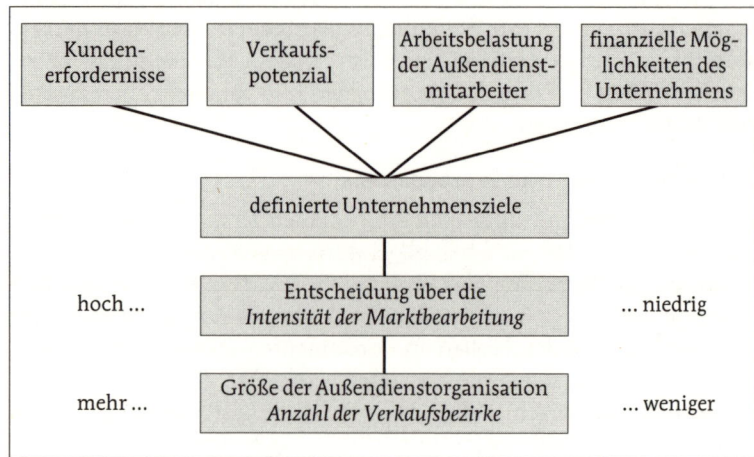

Abb.2.3:   Einflussfaktoren auf die Intensität der Marktbearbeitung durch
            die Außendienstmitarbeiter

Berechnungsmethoden für die Größe der Außendienst-organisation

Verschiedene Berechnungsmethoden stehen zur Verfügung, um die
Größe der Außendienstorganisation zu berechnen.

Die Methode des „Arbeitslastverfahrens" ist sehr umfangreich und arbeitsintensiv, kommt jedoch dem Ziel der Berücksichtigung der Kunden-
erfordernisse und der möglichen Arbeitsbelastung der Verkäufer am
nächsten. Weitere mögliche Methoden sind: „Prozent Vertriebskosten/
Umsatz Vergleich" und „Gesamtumsatz/Umsatzziel je Mitarbeiter".

Auch die Berechnung der Verkaufsgebiete nach ihrem Deckungsbeitrag wird diskutiert, in der Praxis aber eher selten eingesetzt.

Im Folgenden wird das Arbeitslastverfahren näher vorgestellt.

Das Arbeitslastverfahren

Das Arbeitslastverfahren unterstellt, dass die Arbeitsbelastung auf jeden Verkäufer gleich zu verteilen ist (vgl. Weis 2000, S. 343). Zur Berechnung der Anzahl der notwendigen Außendienstmitarbeiter müssen folgende Informationen vorliegen:

Informationen, die für das Verfahren vorliegen müssen

1. Kunden

- Anzahl bestehender Kunden
- Anzahl neu zu akquirierender Kunden
- Bedeutung/ Gewichtung der Kunden

2. Besuchshäufigkeit/ Besuchsfrequenz

- Stammkunden
- Neukunden
- Besuchsvorgaben durch den Kunden

3. Anzahl der Besuchstage

4. Mögliche Besuche pro Tag

Weiterhin sollte, um innerhalb des Arbeitslastverfahrens unnötige Doppelarbeit und -berechnung zu vermeiden, bereits vorher die Entscheidung über die grundsätzliche Struktur der Feldorganisation gefallen sein: gebietsorientierte / horizontale oder kunden- bzw. vertriebsschienenorientierte / vertikale Gliederung der Verkaufsorganisation (vgl. Kap. 4.2).

Die Entscheidung über die Organisation der Feldorganisation sollte vorher gefallen sein

Die Auswirkungen sind erheblich: Unterstellt man, dass die Anzahl der Mitarbeiter in der Feldorganisation gleich bleiben soll, so ergibt sich bereits zu Beginn des Arbeitslastverfahrens, dass bei vertikaler Gliederung die Fahrtstrecken der Mitarbeiter und alle hiermit direkt und indirekt verbundenen Kosten höher und die für den eigentlichen Besuch im Geschäft zu erbringende Zeit deutlich niedriger liegen müssen, als dies bei der horizontalen Gliederung der Fall ist.

1. Kunden

Pro Vertriebsschiene, die durch den Außendienst besucht werden soll, ist die numerische Anzahl der Kunden zu ermitteln. Die Bedeutung eines Kunden für ein Unternehmen beeinflusst die Häufigkeit des Kundenbesuchs. Daher sollte für jeden Kunden eine Gewichtung z.B. im Sinne der ABC-Analyse vorgenommen werden.

Priorisierung der Besuchshäufigkeit nach der Bedeutung des Kunden

2. Besuchshäufigkeit

Wie oft soll ein Kunde innerhalb eines bestimmten Zeitraums besucht werden?

Die Besuchshäufigkeit ist die Festlegung, wie oft ein Kunde in einem bestimmten Zeitraum, z.B. einem Jahr, durch den Außendienst besucht werden soll.

Beispielhaft könnte festgelegt werden, dass B-Kunden zwölfmal im Jahr und C-Kunden viermal im Jahr besucht werden.

In Bezug auf A-Kunden als die wichtigsten Kunden empfiehlt es sich, sehr individuell vorzugehen. Die Anzahl der A-Kunden ist normalerweise klein und es kann angebracht sein, für jeden Kunden einzeln zu entscheiden, was die für ihn richtige Besuchshäufigkeit ist.

Im LEH-Bereich kommt hinzu, dass die Filialen oft genau vorschreiben, in welchem Rhythmus sie besucht werden sollen, oft wird sogar genau der Tag und die Uhrzeit vorgegeben.

Die Kundenanzahl multipliziert mit der Besuchshäufigkeit ergibt die erforderliche Besuchsfrequenz bzw. die Kundenkontakte pro Jahr.

Kundenklasse	Anzahl	Besuchshäufigkeit / Jahr	Besuchsfrequenz / Kundenkontakte
A-Kunden	600	Ø 10	6.000
B-Kunden	2.000	12	24.000
C-Kunden	3.500	4	14.000
Pot. Neukunden	400	3	1.200
Gesamt	**6.500**		**45.200**

3. Anzahl der Besuchstage

Die Anzahl der Besuchstage ergibt sich aus der Anzahl der zur Verfügung stehenden Arbeitstage unter Abzug der Tage, die nicht für Besuche beim Kunden genutzt werden können (vgl. ähnlich Weis 2000, S. 136):

		Tage
Kalendertage im Jahr		365
./. Samstage/Sonntage		104
./. Feiertage (individuell nach Bundesland)	z. B.	12
./. Urlaubstage	z. B.	30
./. Krankheitstage (z.B. Durchschnitt der letzten Jahre)	z .B.	4
= Ø mögliche **Arbeitstage pro Jahr**		**215**
./. Schulungstage	z. B.	2
./. Besprechungstage/ Tagungen	z. B.	10
./. Innendiensttätigkeiten	z. B.	3
= Ø **mögliche Besuchstage pro Jahr**		**200**

4. Mögliche Besuche pro Tag

Das Arbeitslastverfahren erfordert die Festlegung, wie viele Kundenbesuche am Tag für einen Außendienstmitarbeiter durchschnittlich möglich sind.

Die Anzahl der Besuche wird bestimmt durch die verschiedenen Tätigkeiten eines Außendienstmitarbeiters und die dafür benötigten Zeiten. Diese Tätigkeiten setzen sich zusammen aus:
- Verkaufsgespräch/ Aufgaben beim Kunden
- Reise- und Besuchsvorbereitung
- Fahrtzeit
- Wartezeit- und Fehlbesuche
- Berichte, administrative Arbeiten
- Sonstiges

Je nach Vertriebsschiene, die besucht wird, fallen die Arbeiten und die dafür benötigten Zeiten sehr unterschiedlich aus. So können z.B. im Einzelhandel die Warte- und Fehlzeiten relativ hoch sein, im Lebensmittelhandel dagegen ist der Aufgabenumfang meist größer als im Einzelhandel und erfordert daher mehr Zeit. Die benötigten Fahrtzeiten werden, abgesehen von den Verkehrs- und Straßenverhältnissen, durch die Kundendichte bestimmt.

Die Berechnungsformel für das Arbeitslastverfahren lautet dann:

$$\frac{\text{Zahl der erforderlichen Kundenkontakte}}{\text{Zahl der } \varnothing \text{ möglichen Besuche pro Tag}} = \text{erforderliche Mann-Tage}$$

$$\frac{\text{Anzahl der erforderlichen Mann / Tage}}{\text{Anzahl der Besuchstage}} = \text{Anzahl Mitarbeiter}$$

Angenommen, die Mitarbeiter in obigem Beispiel würden nur eine Vertriebsschiene besuchen und dort durchschnittlich am Tag 6 Besuche durchführen können, müssten insgesamt rund 38 Mitarbeiter eingestellt werden.

In der Praxis erweist sich das Arbeitslastverfahren als sehr aufwändig. Praktisch jede Zahl ist eine „Stellschraube", an der gedreht werden kann. Wie viel Krankheitstage, Schulungstage, Innendiensttage, Tagungstage sollen eingeplant werden?

Bereits 5 Besuchstage weniger – statt 200 nur 195 Besuchstage – würde einen Bedarf von einem zusätzlichen Außendienstmitarbeiter auslösen!

Wie oft müssen die Kunden tatsächlich besucht werden? Würde man die B-Kunden z.B. nur elfmal im Jahr besuchen, dann wären das 2.000 Kundenkontakte weniger. Das entspricht dem Einsatz von fast 2 Außendienstmitarbeitern!

Meist wird das Ergebnis des Arbeitslastverfahrens mit der Methode „Prozent Vertriebskosten / Umsatz" verglichen. Dahinter steht die Aussage, wie viel Kosten das Unternehmen für den Außendienst insgesamt aufwenden kann bzw. aufwenden will. Sehr oft führt der Abgleich des Ergebnisses des Arbeitslastverfahrens mit den zur Verfügung stehenden Geldern zu einer Überarbeitung des Arbeitslastverfahrens und der Frage, welche der Stellschrauben wie bewegt werden müssen.

Analyse des Verkaufsgebietes

Wenn geklärt ist, wie viele Außendienstmitarbeiter benötigt werden, ist im nächsten Schritt das Gebiet eines jeden Mitarbeiters detailliert mittels des Arbeitslastverfahrens zu analysieren.

- Die Anzahl der Besuchstage ist von Mitarbeiter zu Mitarbeiter meist unterschiedlich: Allein die Feiertage unterscheiden sich von Bundesland zu Bundesland. Altersbedingte Freizeiten müssen berücksichtigt werden usw.
- Die individuellen Kundenstrukturen und damit verbundene Besuchsfrequenzen müssen berücksichtigt werden.
- Die möglichen Besuche pro Tag schwanken mit der Kundendichte in einem Vertriebsgebiet.

Erst nach diesem zweiten Schritt kann eine abschließende Festlegung der Gebiete vorgenommen werden.

In den Fällen, in denen ein Betriebsrat die Mitarbeiter vertritt, hat dieser nach § 90 des Betriebsverfassungsgesetzes (BetrVG) ein Unterrichtungs- und Beratungsrecht, da ein Eingreifen in den Arbeitsplatz vorliegt. „*Der Arbeitgeber hat mit dem Betriebsrat die vorgesehenen Maßnahmen und ihre Auswirkungen auf die Arbeitnehmer, insbesondere auf die Art ihrer Arbeit sowie die sich daraus ergebenden Anforderungen an die Arbeitnehmer so rechtzeitig zu beraten, dass Vorschläge und Bedenken des Betriebsrats bei der Planung berücksichtigt werden können.*" (§ 90 Abs. 2, Satz 1, BetrVG)

2.4 Bildung von Verkaufsbezirken

Kunden, die sich in einem bestimmten geografischen Gebiet befinden und einem Außendienstmitarbeiter zugeordnet sind

Unter einen Verkaufsgebiet sind die Kunden zu verstehen, die sich in einem bestimmten geografischen Gebiet befinden und die einem bestimmten Außendienstmitarbeiter zugeordnet sind. Die Bildung von Verkaufsbezirken, d.h., die Einteilung eines gesamten Verkaufsgebietes, z.B. Deutschland, in einzelne Gruppierungen von Kunden gehört zu den Basisaufgaben des Vertriebsmanagements.

Verkaufsbezirke werden gebildet, damit sich der zuständige Außendienstmitarbeiter intensiv um die Kunden in diesem abgegrenzten Gebiet kümmern kann, sich für diese Kunden verantwortlich fühlt und eine gute Kundenbeziehung mit der positiven Wirkung auf Umsätze und Deckungsbeitrag aufbaut.

Weitere Vorteile der Bildung von Verkaufsbezirken sind (vgl. Witt 1996, S. 144):

- Vermeidung einer kostenintensiven und für das Unternehmen nachteiligen Doppel- bzw. Mehrfachbearbeitung der Kunden durch mehrere Außendienstmitarbeiter.
- Die Kontrolle der Ergebnisse der einzelnen Außendienstmitarbeiter ist bei abgegrenzten Kundengebieten einfacher.

Aber auch eine Reihe von Nachteilen kann sich aus der Bildung von Verkaufsbezirken ergeben:

- Bei längerer / langjähriger Betreuung eines Gebietes durch einen Außendienstmitarbeiter kann dieser das Gefühl entwickeln, dass es sich um „seine" Kunden handelt und sich das Unternehmen in einer gewissen Abhängigkeit von ihm befindet.
- Der Mitarbeiter bearbeitet seine Kunden nach einem gewissen, ihm eigenen, individuellen Arbeitsschema. Es ist schwierig, Neuerungen in der Kundenbearbeitung, z.B. Veränderungen des Besuchsrhythmus oder des Aufbaus des Verkaufsgespräches durchzusetzen.
- In Anbetracht des fehlenden Wettbewerbs in seinem Bezirk und der täglichen Routine kann der Außendienstmitarbeiter einen Teil seiner Leistungsfreude und seines Elans verlieren.
- Zu bestimmten Kunden wird der Außendienstmitarbeiter aufgrund seiner Mentalität keinen Zugang finden.

Diesen Nachteilen kann teilweise begegnet werden, z.B. indem Gebiete in einem bestimmten Turnus getauscht werden, zumindest aber, indem die Außendienstmitarbeiter Vertretungen in Gebieten der Kollegen übernehmen. Weiterhin ist es üblich, dass über die Leistungen und Ergebnisse aller Mitarbeiter berichtet wird.

Bei der Bildung von Verkaufsbezirken sind eine Reihe von Kriterien zu berücksichtigen (vgl. Witt 1996, S. 145 ff.). Diese lassen sich in Größe, Grenzen und Lage einteilen. Im Einzelnen sind bei diesen drei Kriterien folgende Gesichtspunkte zu berücksichtigen:

Größe des Verkaufsgebietes:

- **Ausschöpfung des Absatzmarktes:** Die Größe des Gebietes sollte derart sein, dass eine bestmögliche Kundenbearbeitung und damit optimale Marktausschöpfung gewährleistet wird. Weiterhin muss die Gewinnung neuer Kunden bedacht werden. Verkaufsgebiete, die noch ein großes Potenzial an neuen Kunden haben, dürfen nicht zu groß gemacht werden, da ansonsten, nach Gewinnung dieser Kunden, das Gebiet wieder neu aufgeteilt werden müsste.
- **Auslastung des Außendienstmitarbeiters:** Gleichzeitig ist eine angemessene Auslastung der Außendienstmitarbeiter (z.B. im Rahmen des Arbeitslastverfahrens) sicherzustellen.

- **Chancengleichheit zwischen den Mitarbeitern:** Die Absatzpotentia-le in den verschiedenen Verkaufsgebieten sollten annähernd ähnlich groß sein. Das fördert dem Teamgeist und macht es einfacher „ge-rechte" Vergütungssysteme aufzustellen.

Grenzen

Kriterien für die Abgrenzung eines Verkaufsgebiets sind:

- **Orientierung an Verwaltungsgrenzen:** Unter den Verwaltungsgren-zen sind Gemeindegrenzen, Kreisgrenzen beziehungsweise Landes-grenzen zu verstehen. Die Verkaufsplanung und -kontrolle wird er-heblich erleichtert, wenn die Gebietsgrenze den Verwaltungsgrenzen folgt.

Daten von Marktfor-schungsinstituten orientie-ren sich immer an Verwaltungsgrenzen

Zudem können nur so Daten und Informationen von Marktfor-schungsinstituten wie die ABSATZKENNZIFFERN der GfK, Nürnberg, oder NIELSEN-ZAHLEN, die sich immer an Verwaltungsgrenzen orien-tieren, mit Daten und Informationen aus den Verkaufsbezirken abge-glichen werden. Übrigens stimmen die Postleitzahlgebiete nicht mit den Verwaltungsgrenzen überein!

- **Verlauf der Verkehrswege:** Verkaufsbezirke müssen Verkehrswege wie Autobahnverlauf, Brücken und Tunnel berücksichtigen, um die Reisewege in einem Gebiet effizient gestalten zu können.
- **Landsmannschaftliche Grenzen:** Die Beziehung zwischen Kunde und Außendienstmitarbeiter wird meist erleichtert, wenn der Außen-dienstmitarbeiter aus der gleichen Gegend kommt und dadurch ähn-lich spricht und Sitten und Gebräuche kennt.
- **Grenzziehung von Filialnetzen von Handelskunden:** Soweit wie möglich sollte die Lage von Filialnetzen berücksichtigt werden. Die Zusammenarbeit mit der Zentrale und den einzelnen Filialen wird bei nur einem Ansprechpartner leichter. Gegebenenfalls ist dann auch die Abrechnung von Provisionen und Prämien weniger auf-wändig.

Lage

Kriterien für die Lage eines Verkaufsgebiets sind:

- **Wohnort des Mitarbeiters in der Mitte:** Die Bearbeitung des Gebie-tes wird dadurch effizienter bzw. kostengünstiger. Lange Heimfahrten oder teure Übernachtungen entfallen.
- **Lage der wichtigsten Kunden in der Mitte:** Zusammen mit dem Wohnort des Außendienstmitarbeiters in der Mitte des Gebietes wird so ermöglicht, möglichst individuell auf Besuchswünsche der wich-tigsten Kunden eingehen zu können.

In der Praxis ist die Bestimmung von Verkaufsgebieten sehr aufwändig und arbeitsintensiv. Als Prozessablauf empfiehlt sich folgende Vorge-hensweise:

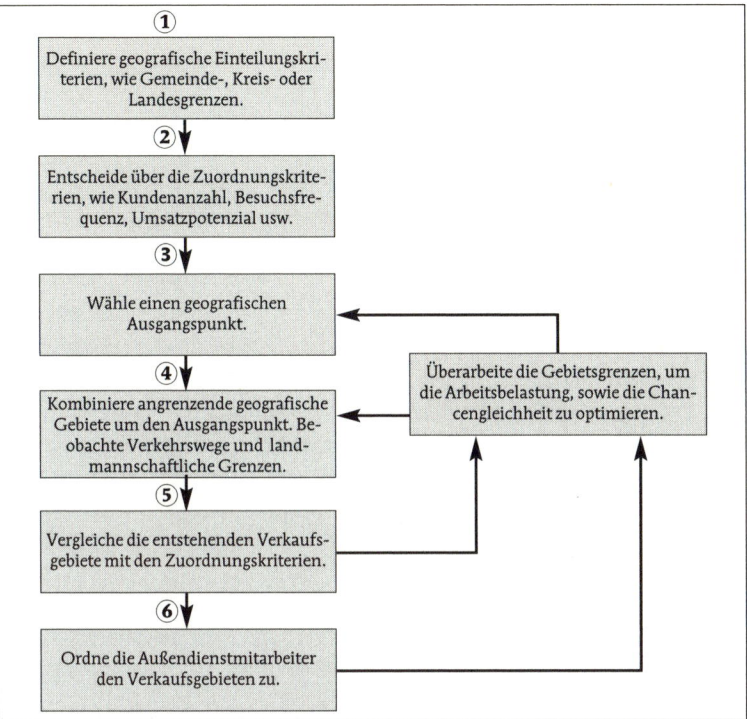

①
Definiere geografische Einteilungskriterien, wie Gemeinde-, Kreis- oder Landesgrenzen.

②
Entscheide über die Zuordnungskriterien, wie Kundenanzahl, Besuchsfrequenz, Umsatzpotenzial usw.

③
Wähle einen geografischen Ausgangspunkt.

Überarbeite die Gebietsgrenzen, um die Arbeitsbelastung, sowie die Chancengleichheit zu optimieren.

④
Kombiniere angrenzende geografische Gebiete um den Ausgangspunkt. Beobachte Verkehrswege und landmannschaftliche Grenzen.

⑤
Vergleiche die entstehenden Verkaufsgebiete mit den Zuordnungskriterien.

⑥
Ordne die Außendienstmitarbeiter den Verkaufsgebieten zu.

*Abb. 2.4: Prozess der Entwicklung von Verkaufsbezirken
(nach Dalrymple, Cron, DeCarlo 2001, S. 301)*

Zur Visualisierung der Kunden und der Gebiete ist die Methode: „Nadel und Faden" üblich (gewesen): Auf einer großen Gebietskarte werden die Kunden mit Stecknadeln markiert. Die Farbe des Stecknadelkopfes zeigt an, welche Gewichtung die Kunden haben (z.B. Roter Stecknadelkopf für A-Kunden, schwarzer für B-Kunden usw.). Mit einem Faden werden die Grenzverläufe festgehalten.

Glücklicherweise ist die Bildung von Verkaufsbezirken heute durch den Einsatz von geografischen Informationssystemen wesentlich vereinfacht und auch für kleine Unternehmen erschwinglich. Ein **geografisches Informationssystem** (GIS oder auch Desktop-Mapping-Systeme) ist ein Softwarepaket, mit dem raumbezogene Daten erfasst, gespeichert, dargestellt, analysiert und manipuliert werden können. *Einsatz von geografischen Informationssysstemen zur Festlegung von Verkaufsbezirken*

Anfang der 80er-Jahre begann die Entwicklung des sog. „Geomarketing" und „Business Mapping" in Deutschland und hat sich im Laufe der Zeit ständig weiterentwickelt. Einsatzgebiete von GIS-Software sind z.B. Banken (Analyse von Marktanteilen), Behörden (z.B. Wahlauswertung, Arbeitsmarktanalyse), der Umweltschutzbereich (z.B. Naturschutzgebiete), Industrie und Handel (z.B. Umsatz und Wettbewerbsanalyse) und seit ca. 1995 auch Vertrieb und Marketing. *Geomarketing und Business Mapping*

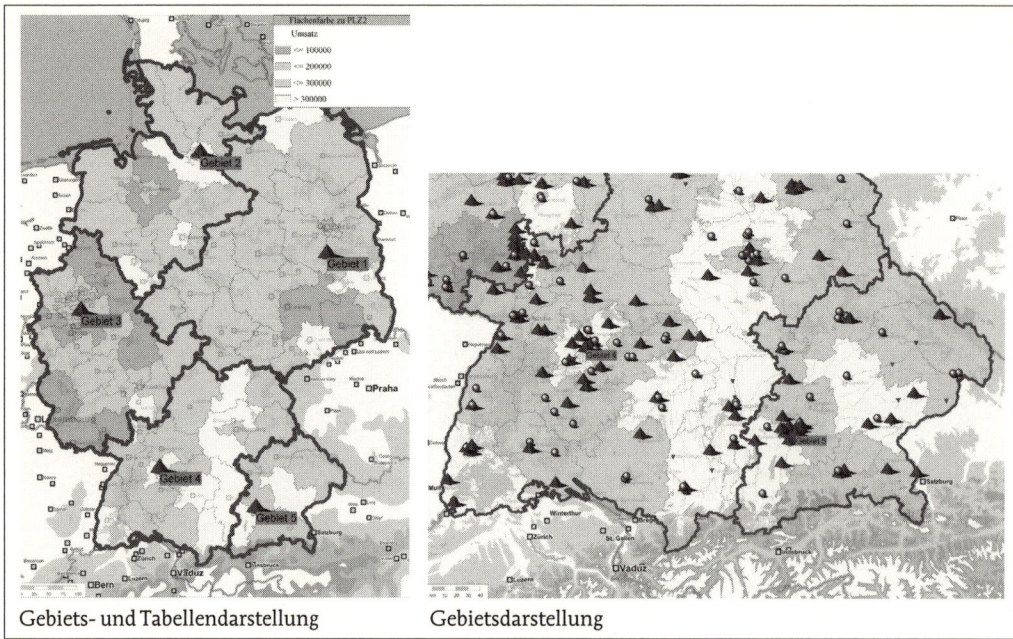

Gebiets- und Tabellendarstellung   Gebietsdarstellung

Abb. 2.5: Beispiel für Gebietskarten-Software (Quelle: ptv AG, Karlsruhe)

Im Bereich Marketing und Vertrieb erlauben geografische Informationssysteme, betriebswirtschaftliche Daten mit grafischen bzw. raumbezogenen Objekten zu verbinden. Die Daten können über externe Standard-Schnittstellen aus externen Quellen, z.B. ASCII, Excel oder Textdateien usw. importiert werden.

Mit Unterstützung von Gebietskarten-Software können Analysen im Vertrieb wesentlich effizienter durchgeführt und Standardfragen schnellstens geklärt werden (vgl. Mühlberger 1997, S. 27):

- Wo befinden sich meine (potenziellen) Kunden?
- Wie gut ist die Marktausschöpfung je Außendienstgebiet?
- Wo sind die Marketingaktivitäten am erfolgreichsten?
- Wie ist das Verhältnis Stammkunden / Neukunden?

Optimierung und Planung von Verkaufsgebieten via Software

Besonders effizient ist die Software auch, wenn Verkaufsgebiete geplant oder optimiert werden müssen. In Sekundenschnelle sind z.B. folgende Fragen beantwortet und visualisiert (vgl. Mühlberger 1997, S. 27):

- „Wie sieht die optimale Gebietsstruktur aus, wenn die Kundenanzahl, Potenzial und Wohnsitze der Mitarbeiter gleich hoch gewichtet werden?
- Wie ändert sich die Gebietsstruktur, wenn zwei zusätzliche Außendienstmitarbeiter eingestellt werden?
- Inwieweit können Gebietsstrukturen unter Berücksichtigung der jeweiligen Außendienstmitarbeiter verändert werden?
- Wie verändert sich die Arbeitslast für den einzelnen Mitarbeiter, wenn der Außendienst um zehn Prozent reduziert wird?“

Anbieter von Gebietskartensoftware sind z.B. die Firma MACON MARKT + KONZEPT, Waghäusel, LUTUM + TAPPERT, Bonn, oder die Firma PTV AG, Karlsruhe. Es empfiehlt sich in jedem Fall bei der Überschaubarkeit der Anbieter am Markt, sich von dem Programmangebot eines jeden Anbieters einen Eindruck zu verschaffen. Die angebotenen Produkte unterscheiden sich z. B. hinsichtlich Anzahl und Art von Zusatzmodulen zu Basismodulen, Schnittstellen zu anderen Programmen, Umfang der Visualisierungsmöglichkeiten, Erlernbarkeit des Systems, Schulungsangebot durch Hersteller und besonders auch durch die Kosten.

Basis für den Vergleich verschiedener GIS sollte ein schriftliches „Briefing", eine Ausschreibung sein, sodass die Anbieter jeweils die gleiche Angebotsgrundlage haben.

3 Innendienst

3.1 Aufgaben des Innendienstes

Die Kundenbetreuung ist ohne einen Innendienst so wenig denkbar wie ohne einen Außendienst. Trotzdem steht der Außendienst üblicherweise im Mittelpunkt der Betrachtung und der Innendienst ist im Vergleich dazu eher unbedeutend.

Welche Aufgaben nimmt der Innendienst wahr? Er ist zunächst das Bindeglied zwischen den Kunden, dem Außendienst und dem Unternehmen. Gleichzeitig unterstützt er den Außendienst bei dessen Tätigkeiten bei den Kunden. Heute kommt in vielen Unternehmen hinzu, dass der Innendienst in die Kundenbearbeitung aktiv mit eingeschaltet ist und im Team mit dem Außendienst für die Umsätze verantwortlich ist.

Der Innendienst ist das Bindeglied zwischen Kunden, Außendienst und Unternehmen

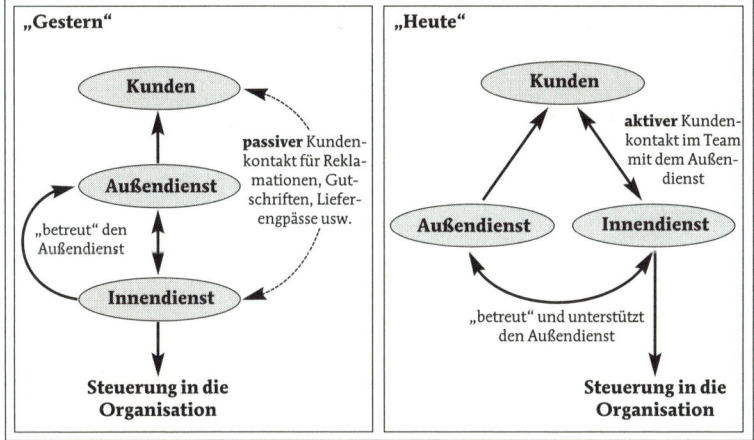

Abb. 3.1: Aufgaben des Innendienstes „gestern" und „heute"

Nachfolgend eine Auflistung der wichtigsten Aufgaben der Innendienstabteilung:

- **Auftragsabwicklung:** Kontrolle der eingehenden Aufträge auf Voll-
ständigkeit; die Weiterleitung der Aufträge an die Versandabteilung
erfolgt heute zunehmend auf EDI-Basis.
- **Koordination zwischen Vertrieb, Logistik und Produktion:** Sicherstellen von Warenverfügbarkeit / Erstellen von Absatzplänen (oft zusammen mit dem Produktmanagement); Klärung bei Lieferschwie-
rigkeiten.
- **Customer Service / Kundenbetreuung incl. Verkaufstätigkeiten:**
z.B. Telefonverkauf bei Stammkunden / Teamverkauf mit Außendienstmitarbeiter; Beschwerdemanagement / Reklamationsbearbeitung; Gutschriftenerstellung; Information bei Lieferproblemen; ter-
mingerechte Zusendung von Materialien z.B. für Werbeaktivitäten;
Erledigung von Anfragen.
- **Unterstützung des Außendienstes:** Erstellen von Tourenplänen; Zusendung von Arbeitsmaterialien wie Salesfolder, Preislisten, Auftrags-
formularen, Muster; gebietsweise Aufbereitung von Zahlenmaterial
wie Umsatz, Kostenentwicklungen, DB; Buchung von Hotelzimmern,
Prüfung der Reisekostenabrechnungen; telefonische oder schriftliche
Terminvereinbarungen für den Außendienst.
- **Unterstützung des Key Account Managements:** z.B. Vorbereitung
von Kundengesprächen, insbesondere von Jahresgesprächen durch
z.B. Zusammenstellen von Zahlenmaterial; Kontrolle der Jahresab-
sprachen, z.B. Abgleich der WKZ-Zahlungen mit erfolgten Werbemaßnahmen des Handels.
- **Zuarbeiten für die Vertriebsleitung:** Erstellen von diversen Berich-
ten; Auswertung der Ergebnisse der Tätigkeit der Feldorganisation;
Vorbereitung der Außendiensttagungen; Mitgestaltung, Realisation
und Kontrolle von Außendienstwettbewerben.
- **Einrichtung und Pflege des kunden- und mitarbeiterbezogenen IT-
Supports (EDI / CAS) einschl. der Datenbanken.**

Die Mitarbeiter einer Innendienstabteilung sind neben der Innendienstleitung: Auftragsbearbeiter, Kundenbetreuer, Telefonverkäufer / Innendienstverkäufer, Außendienstbetreuer, IT-Verantwortliche, Vertriebsas-
sistenten.

3.2   Teamverkauf

Zunehmende Bedeutung erhält der Teamverkauf, d.h., Außendienst und
Innendienst bearbeiten gemeinsam den Kunden. Der Außendienst mit
persönlichen Besuchen, der Innendienstverkäufer mit „telefonischen
Besuchen".

Idealerweise ist dieser Innendienstverkäufer „ein Verkäufer ohne Auto" (Koinecke/Koinecke 1996, S. 62). Er ist also nicht ein Innendienst-Sachbearbeiter, der im Telefonmarketing geschult wurde, sondern er ist ein Mitarbeiter, der die gleichen Aufgaben erfüllt wie ein Außendienstmitarbeiter, allerdings nur per Telefon und der zusätzlich auch die in seinem Bereich anfallenden administrativen Innendiensttätigkeiten einschließlich der Zusammenarbeit mit den angrenzenden Bereichen Marketing, Logistik, Produktion, Controlling und Rechnungswesen übernimmt.

Innendienstverkäufer als „Verkäufer ohne Auto"

Die Vorteile des Teamverkaufs von Außen- und Innendienst sind offensichtlich:

Vorteile des Teamverkaufs von Außen- und Innendienst

- Intensivere quantitative und qualitative Kundenorientierung
- Verbesserung der Intensität der Kundenbearbeitungsprozesse
- (Erhebliche) Reduzierung der Kundenbearbeitungskosten

Wie ist der Aufgabenschwerpunkt und welche Anforderungen werden an den Innendienstverkäufer gestellt (vgl. Koinecke/Koinecke 1996, S. 64 ff.)?
Die Aufgabenschwerpunkte sind folgende:

Aufgaben des Innendienstverkäufers

- Qualifizierte Betreuung und Bearbeitung aller Kunden der ihm zugeordneten Außendienstbezirke
- Eigenverantwortliche Bearbeitung der kleineren C-Kunden und D-Kunden
- Intensivierung der Kundenkontakte / Erhöhung der Kundenkontaktfrequenz auch bei B- und gegebenenfalls A-Kunden
- Schnelle Information aller Kunden über Produkteinführungen, Verkaufsförderungsaktionen, Werbemaßnahmen und Einholung von Aufträgen.

Der Innendienstverkäufer sollte daher, wie seine Teamkollegen im Außendienst, über gute verkäuferische Fähigkeiten verfügen, Engagement und Einsatzfreude zeigen, produktfachliche Kenntnisse besitzen und beispielsweise auch entscheiden können, wann es notwendig ist, dass ein Kleinkunde durch den Außendienstmitarbeiter persönlich besucht wird.
Im Idealfall kennt der Innendienstverkäufer auch die wichtigsten (A-)Kunden in seinem Bezirk persönlich, sodass er die Verhältnisse bei diesen Kunden jederzeit vor Augen hat und bestmöglich agieren und reagieren kann.

Anforderungen an den Innendienstverkäufer

Eine derartige Zusammenarbeit im Verkauf, die Außendienst- und Innendienstmitarbeiter gleichermaßen einbindet, führt konsequenterweise auch dazu, die Innendienstmitarbeiter in Provisions- und Prämiensysteme einzubeziehen.

4 Organisation der Vertriebsabteilung

4.1 Ziele und Dimensionen

Die Vertriebsabteilung ist die zentrale Schnittstelle zum Kunden. Eine optimale Organisationsstruktur ist die Voraussetzung für eine gezielte, effiziente und wirtschaftliche Durchführung der Vertriebsaufgaben. Im Hinblick auf die Erfüllung der Handelsanforderungen sollte ein Minimum an internen Reibungsverlusten und ein Maximum an Leistungsoutput angestrebt werden.

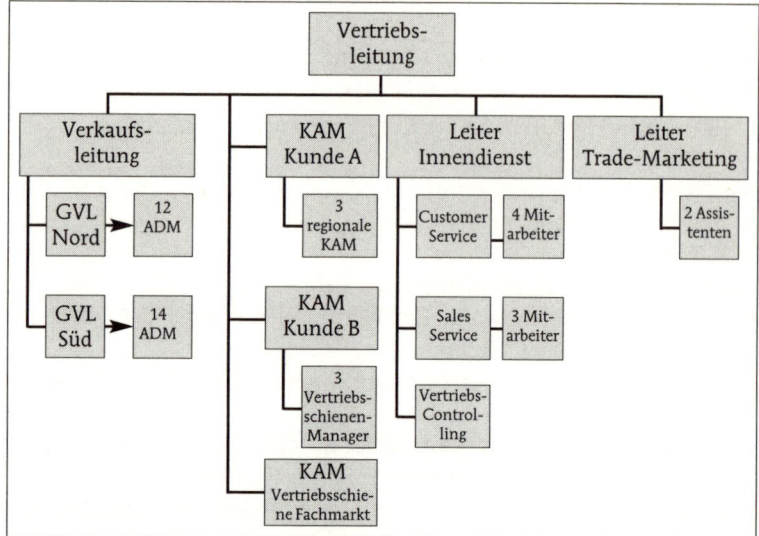

Abb. 4.1: Struktur einer möglichen Aufbauorganisation

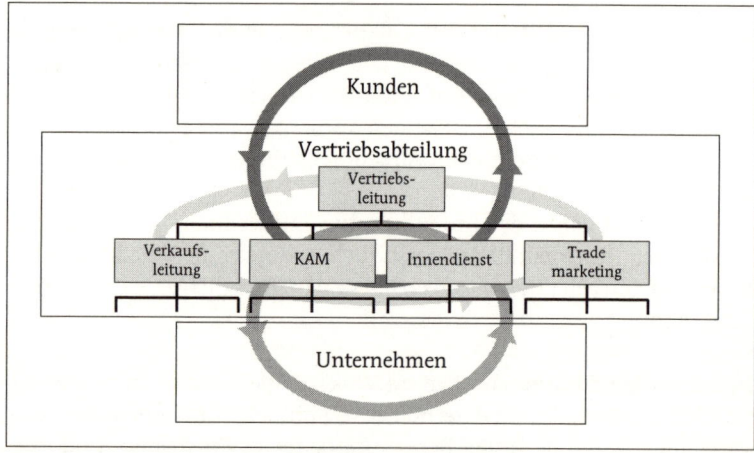

Abb. 4.2: Fragestellung der Ablauforganisation

Zwei Dimensionen der Organisationsstruktur müssen beachtet werden, wenn diese Ziele erreicht werden sollen:

- **Aufbauorganisation:** klare Einordnung der Mitarbeiter in eine formale Organisationsstruktur mit Stellen und Kompetenzen (vgl. Wöhe 1993, S. 183 ff.).
- **Ablauforganisation:** Festlegung der Arbeitsprozesse mit dem Ziel der Minimierung der Aufgabendurchlaufzeiten und des Ressourceneinsatzes bei Sicherstellung eines zu definierenden Leistungs- und Qualitätsstandards (vgl. Wöhe 1993, S. 196 ff.).

4.2 Formen der Aufbauorganisation

Für die Gestaltung der Aufbauorganisation im Vertrieb gibt es verschiedene Gliederungskriterien:

- Funktionen
- Produkte (Spartengliederung)
- Gebiete (horizontale Gliederung)
- Kunden / Kundengruppen / Vertriebsschienen (vertikale Gliederung)

Meist sind verschiedene Gliederungskriterien auf den verschiedenen hierarchischen Ebenen einer Organisation vorzufinden.

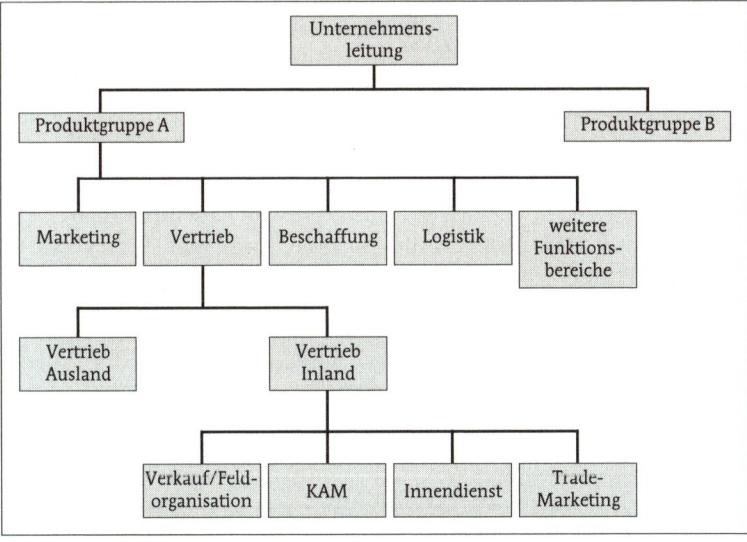

Abb. 4.3: Verschiedene Gliederungskriterien auf den verschiedenen Hierarchiestufen

Die Abbildung 4.3 zeigt dies für ein Unternehmen, mit einer nach Produkten orientierten Spartenorganistion. Auf der nächsten Hierarchieebene, in der Sparte A, folgt eine Funktionsorientierung, auf der Hierarchiestufe Gesamtvertriebsabteilung folgt eine Gebietsorientierung und in der nachfolgenden Stufe „Vertrieb Inland" wieder eine Funktionsorientierung.

Weiterhin sind auch oft auf einer hierarchischen Ebene Mischformen anzutreffen, wie z.B. die Kombination von kundenorientierter und gebietsorientierter Gliederung, wie im Folgenden gezeigt wird.

Die Feldorganisation steht meist im Mittelpunkt der Überlegungen

Bei der Betrachtung der verschiedenen Organisationsformen im Vertrieb steht meist die Feldorganisation im Mittelpunkt der Überlegungen. In vielen Unternehmen wird die Abteilung Feldorganisation auch als Verkaufsabteilung bezeichnet. Im Unterschied dazu ist der Begriff der Vertriebsabteilung übergeordnet und beinhaltet sämliche Funktionen im Vertrieb.

Einflussgrößen auf die Form der Organisation

Welche Gliederungsform insbesondere für die Verkaufsorganisation gewählt wird, ist abhängig von einer Reihe von Einflussgrößen. Das sind:
- Organisationsform, die in der Branche / bei den Wettbewerbern üblicherweise vorzufinden ist,
- Chance der positiven Abgrenzung vom Wettbewerb auch durch die Organisationform,
- Wichtigkeit einzelner Kunden am Gesamtumsatz,
- Ähnlichkeit bzw. Unterschiedlichkeit des Produktangebots,
- Ähnlichkeit bzw. Unterschiedlichkeit der Vertriebsschienen,
- Effizienz der Struktur im Hinblick auf die Durchsetzung der eigenen Ziele, insbesondere auch der Kostenziele,
- Einfluss auf die Ergebnisse der Mitarbeiter,
- Bedeutung für die optimale Kundenzufriedenheit.

Funktionale Gliederung

In vielen nationalen Vertriebsorganisationen ist eine funktionale Gliederung vorzufinden. Erstes Gliederungskriterium sind hier die verschiedenen Funktionen, die durch die Vertriebsorganisation wahrzunehmen sind.

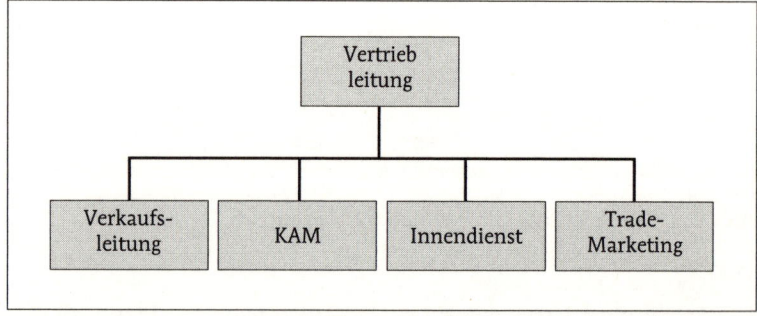

Abb. 4.4:   Funktionale Gliederung in den meisten Vertriebsorganisationen

Produktorientierte Gliederung

Gliederungskriterium ist das Produkt. Diese Organisationsform ist notwendig bei sehr differenzierenden Produktprogrammen, die sehr unterschiedliche Kenntnisse der Außendienstmitarbeiter zu den Produkten, der Produktanwendung, den Kundenkreisen, dem Markt und dem Verkaufs-Know-how erfordern (vgl. Weis 2000, S. 327 ff.).

notwendig bei sehr differenzierenden Produktprogrammen

Diese Organisationsform bietet sich aber auch an, wenn ein Unternehmen in der gleichen Warengruppe mehr als eine Marke hat und über die produktorientierte Gliederung die Verkaufschancen für jede Marke erhöhen will. Bei der produktorientierten Gliederung werden meist alle Vertriebsfunktionen und nicht nur die Feldorganisation der Spartengliederung unterworfen.

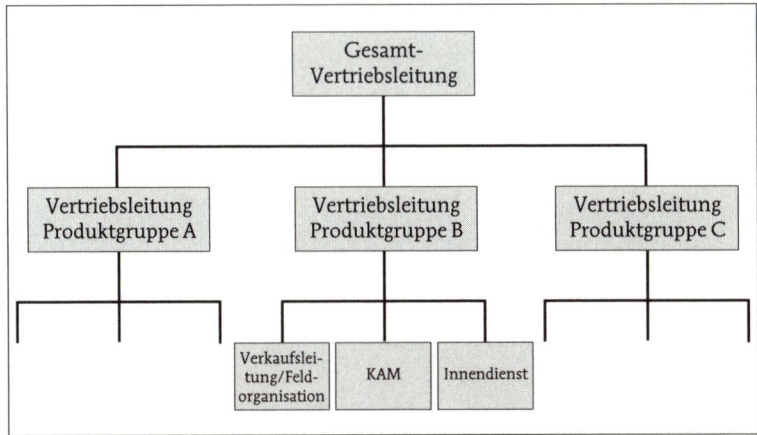

Abb.4.5:   Produktorientierte Gliederung der Vertriebsabteilung

Vorteile	Nachteile
• Hohe Effizienz im Verkauf durch Spezialisierung des Außendienstes • Gezieltere Ausbildung / Training der Verkäufer • Bessere Nutzung von gegebenem unterschiedlichen Mitarbeiterpotenzial • Kein Ausweichen auf „bequemere" Produkte • Kein Konflikt durch ein im Wettbewerb stehendes Produkt aus der gleichen Warengruppe • Schnelles Durchsetzen gezielter Maßnahmen für ein Produkt	• Kunde wird ggf. von mehreren Mitarbeitern besucht • Höhere Personal- und Reisekosten (Duplizierung der Verkaufstätigkeit)

Gebietsorientierte Gliederung

am häufigsten eingesetzte
Organisationsform in
Deutschland

Betrachtet man dann die Feldorganisation, so ist die gebietsorientierte Gliederung – auch als horizontale Gliederung bezeichnet – bei der das Gliederungskriterium das Gebiet ist, die grundsätzlich am häufigsten eingesetzte Organisationsform in Deutschland. Ein Verkäufer betreut hier das gesamte Angebot bei allen Kunden in einem geografischen Gebiet (vgl. Weis 2000, S. 325 ff.).

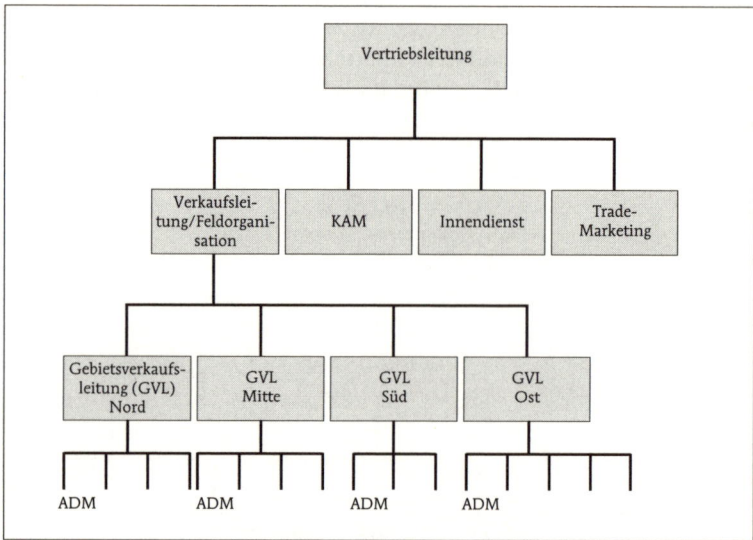

Abb. 4.6: Gebietsorientierte Verkaufsabteilung / Feldorganisation

Vorteile	Nachteile
• Intensive überschneidungsfreie Bearbeitung des Marktes • Einfachheit der Organisationsstruktur • Kurze Reisezeit für die Verkäufer • Kostengünstig • Enge Beziehung zwischen Käufer und Verkäufer	• Verkäufer sind nicht spezialisiert auf Anforderungen unterschiedlicher Abnehmerkreise • Fachwissen in den einzelnen Produkten oft relativ gering • Wenig Innovationskraft (da keine tiefgehenden produktfachlichen bzw. anwendungsbezogenen Kundengespräche) • Möglicher Konflikt bei Außendienst wegen unterschiedlicher Preis- und Konditionenstruktur der Kunden

Kunden- und vertriebsschienenorientierte Gliederung

Gliederungskriterium sind die Kunden bzw. Kundengruppen. Ein Verkäufer bietet das Produkt / die Produkte nur bestimmten Kunden bzw.

Kundengruppen an. Die kundenorientierte Gliederung entspricht der Grundanforderung des Marketing nach Kundenorientierung (vgl. Weis 2000, S. 325 ff.).

In der Praxis der Zusammenarbeit mit dem Kunden Handel findet sich die kundenorientierte Gliederung typischerweise in der Einrichtung des „Key Account Managements". Dieses ist zuständig für bestimmte Kunden wie z.B. METRO, REWE usw. oder bestimmte Kundengruppen wie Drogeriemärkte.

typische Gliederungsform im Rahmen des Key Account Managements von Handelskunden

In der Feldorganisation von Konsumgüterherstellern ist es nur teilweise üblich, nach Kunden zu differenzieren. Das bedeutet nämlich in der Konsequenz, dass sich das Key Account Management in der Feldorganisation spiegelt. Allerdings erfolgt in vielen Unternehmen eine Differenzierung nach Kundengruppen, die in der Konsequenz eine Differenzierung nach Betriebstypen bzw. Vertriebsschienen ist. In diesem Fall wird auch von einer vertikalen Gliederung der Verkaufsorganisation gesprochen. Charakteristisch für die Organisationsform ist, dass die Außendienstmitarbeiter der verschiedenen Vertriebsschienenorganisationen auf eine bestimmte Region hin gesehen parallel arbeiten.

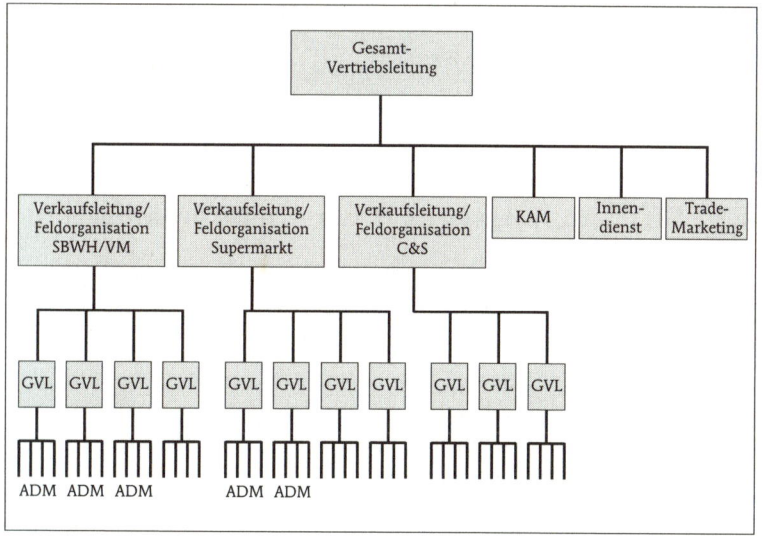

Abb. 4.7: Vertriebsschienenorientierte Gliederung der Verkaufsabteilung

Die Anzahl der Verkaufsorganisationen ist abhängig von der Anzahl der Vertriebsschienen, für die man eine differenzierte Bearbeitung für erforderlich hält. Also z.B. Einzelhandel wie Drogerien und Parfümerien, Fachmärkte wie Drogeriemärkte, Kauf- und Warenhäuser oder z.B. Großflächen des LEH.

Die Anzahl der Verkaufsorganisationen ist abhängig von der Anzahl der Vertriebsschienen

Das Unternehmen, das eine vertikale Gliederung seiner Feldorganisation vornehmen will, muss sich z.B. folgende Fragen stellen: Würden die

Handelspartner eine derartige Gliederung für sinnvoll / wünschenswert erachten? Sind die Anforderungen in den verschiedenen Geschäften tatsächlich so unterschiedlich, dass auch unterschiedlich geschulte und qualifizierte Mitarbeiter hierfür benötigt werden? Welche Vor- und Nachteile ergeben sich für das eigene Unternehmen aus der vertikalen Gliederung? „Rechnet" sich eine Vertikalisierung der Feldorganisation?

DAS KEY ACCOUNT MANAGEMENT UND IN DER KONSEQUENZ AUCH DIE FELDORGANISATION NACH VERTRIEBSSCHIENEN ZU ORGANISIEREN, ENTSPRICHT AM MEISTEN DEM ZIEL DER SPEZIALISIERUNG UND DES AUSRICHTENS AUF DIE INDIVIDUELLEN ANSPRÜCHE DER KUNDEN BEZIEHUNGSWEISE DIE ERFORDERNISSE DER VERTRIEBSSCHIENEN.

Vorteile	Nachteile
• Besseres Einstellen auf Bedürfnisse der Kunden bzw. Vertriebsschienen • Gezieltes Bearbeiten der Kunden/Vertriebsschienen • Schnelles Erkennen von Marktveränderungen • Schnelle Reaktion auf Veränderungen	• Kostenintensiv durch Vervielfachung der Verkaufsanstrengungen • Interdependenzen zwischen Kunden/Vertriebsschienen müssen bei der Betreuung durch verschiedene Verkaufsabteilungen/Key Account Manager beachtet werden

4.3   Effizienzsteigerung in der Ablauforganisation

Fragestellungen zur Ablauforganisation werden in vielen Unternehmen auf den Produktionsbereich konzentriert. Die Ablauforganisation im kaufmännischen Bereich, besonders auch im Vertrieb, steht weniger in der Diskussion. Für eine gute Organisation der Kundenbearbeitung ist es jedoch notwendig, die Ablauforganisation einer Vertriebsabteilung zu überprüfen, Schnittstellenprobleme abzubauen und eine möglichst optimale Ausgestaltung sicherzustellen.

Ursachen für
Effizienzverluste   In der Praxis findet sich eine Reihe von Ursachen, die zu erheblichen Effizienzverlusten von Organisationen führen (vgl. Bußmann 1994, S. 84 f.):
• Unklare Zuständigkeiten und Kompetenzen
• Keine oder unterschiedliche Zielsetzungen
• Mangelnder Austausch von Informationen, unstrukturierter Informationsfluss
• Unausgewogene Machtverhältnisse
• Persönliche und emotionale Faktoren
• Unterschiedliches Vokabular
• Falscher Abstimmungszeitpunkt

- Nutzung unterschiedlicher Systeme (Planungs- und Entscheidungs-
  systeme aber auch EDV-System)

Ansatzpunkte zur Effizienzsteigerung der Vertriebsorganisation sind
(vgl. Bußmann 1994, S. 49 ff.; vgl. Müller 2001, S. 31):
- Flachere Strukturen / Abbau von Hierarchiestufen
- Prozessoptimierung
- Teambildung
- Kontinuierlicher Verbesserungsprozesse (KVP)
- IT-gestützte Prozessabwicklung

Ansatzpunkte zur Effizienzsteigerung

Flachere Strukturen / Abbau von Hierarchiestufen

Wie viele Hierarchiestufen liegen zwischen dem Kunden und der Geschäftsführung? Das sollen in internationalen Konzernen bis zu 12 Stufen gewesen sein (vgl. Bußmann 1994, S. 180 ff.)! Wie viele Hierarchiestufen hat ein Außendienstmitarbeiter „über" sich? Die Gedanken des
„Leanmanagement" führen zu einer Überprüfung der Aufbauorganisation, zu flacheren Strukturen und damit zur Effizienzsteigerung in den Ge-
schäftsprozessen.

Wieviele Hierarchiestufen liegen zwischen dem Kunden und der Geschäfts-führung?

Prozessoptimierung

Die Prozessoptimierung ist die Überprüfung der Arbeitsabläufe mit dem
Ziel, die „Durchlaufzeit" und den Ressourceneinsatz zu minimieren und
dabei einen definierten Leistungs- und Qualitätsstandard zu gewährleisten (vgl. Müller 2001, S. 15). Die Prozessoptimierung führt zwangsläufig weg von der vertikalen funktionalen Gliederung zu einer horizontalen Gliederung und Denkweise, bei der die Gestaltung und der Ablauf der
Prozesse im Mittelpunkt steht. Dabei steht die Identifikation von Kern-
prozessen, die quer durch die verschiedenen Funktionen laufen, im Mittelpunkt (vgl. Gomez/ Zimmermann 1993, S. 197).

von der vertikalen funktio-nalen Gliederung zur hori-zontalen Gliederung und Denkweise

*„Die Gestaltung und Organisation standardisierter Prozesse, wie Auf-
tragsabwicklung, sind in diesem Zusammenhang noch vergleichsweise einfach und werden bereits von vielen Unternehmen in Angriff genommen. Vielfach noch völlig unstrukturiert verlaufen jedoch Prozesse, die innovative,
also schwer standardisierbare Prozesse beinhalten. Genau hier liegt die eigentliche Herausforderung."* (Bußmann 1994, S. 82)

In der Praxis des Vertriebs sind es zum Teil offensichtlich „einfache" Ar-
beitsabläufe, deren Überprüfung sich ebenfalls sehr lohnt, z.B.:
- Wie erfährt der Feldaußendienst die Absprachen des Key Account Ma-
  nagers mit dem Kunden?
- Was passiert mit den Marktbeobachtungen des Außendienstes im
  Unternehmen?
- Wie erfolgt die Abrechnung und Kontrolle der WKZ-Zahlungen an
  den Handel?

Teambildung

Kunden- und Prozessorientierung führen fast automatisch zur Bildung von Kunden- bzw. Vertriebsschienenteams und zur Bildung von Prozess- bzw. auch Projektteams.

Kontinuierlicher Verbesserungsprozess

Eng verbunden mit Prozessgestaltung und Prozessoptimierung ist der kontinuierliche Verbesserungsprozess (KVP), auch als Kaizen bekannt. *„KAIZEN fördert prozessorientiertes Denken, weil die Prozesse verbessert werden müssen, ehe wir verbesserte Ergebnisse erwarten können. KAIZEN ist aber auch mitarbeiterorientiert und hängt von den Bemühungen der Mitarbeiter ab."* (Imai 1992, S. 39) Da Kaizen / KVP von den Mitarbeitern abhängt, sind die Motivation der Mitarbeiter sowie ein gutes Klima zwischen den Menschen innerhalb und zwischen den Abteilungen wichtige Einflussgrößen.

IT-gestützte Prozessabwicklung

Die informationstechnologische Unterstützung der verschiedensten Prozesse auch im Vertrieb erscheint fast selbstverständlich. In der Praxis ist die Ausstattung besonders bei kleinen und mittelständischen Unternehmen jedoch noch eher gering. EDIFACT zur papierlosen Abwicklung verschiedenster administrativer Aufgaben zwischen Hersteller und Kunde, CAS zur Unterstützung der Pre-Sales, Sales- und After-Sales Arbeit der Vertriebsmitarbeiter und GIS zur schnellen und effektiven Gebietsanalyse sowie Groupware- und Workflow-Systeme sollten zum Standard gehören und damit zu einer Effizienzsteigerung der Vertriebsorganisation beitragen.

5 Kundenbearbeitung: Make or Buy-Entscheidung

5.1 Ausgangssituation

Bei der Kundenbearbeitung bedeutet die Make or Buy-Entscheidung die Frage nach dem Einsatz von eigenen Vertriebsmitarbeitern (Make) oder Outsourcing an fremde Organisationen, die die Vertriebstätigkeit übernehmen (Buy). In der betriebswirtschaftlichen Literatur wird diese Entscheidung als eines der zentralen Themen der Distributionspolitik dargestellt. Soll der Vertrieb mit eigenen Reisenden arbeiten oder Handelsvertretungen einstellen (vgl. Meffert 1998, S. 608 ff.; vgl. Nieschlag, Dicht, Hörschgen 1997, S. 491 ff.; vgl. Becker 1998, S. 543 ff.)?

Soll der Vertrieb mit eigenen Reisenden arbeiten oder Handelsvertretungen einstellen?

In der Praxis ist diese Frage heute, bedingt durch die hohe Mitarbeiter-zahl im Vertrieb und die damit verbundenen hohen Fixkosten, mehr denn je relevant, besonders auch für kleinere und mittelständische Unternehmen oder z.B. (ausländische) Unternehmen, die neu auf den deutschen Markt kommen.

Wodurch unterscheiden sich Handelsvertreter und Reisender? Der Reisende ist eine unselbstständige kaufmännische Hilfsperson und wird auch als Handlungsgehilfe bezeichnet. Gemäß § 59 HGB ist ein Handlungsgehilfe, wer in einem Handelsgewerbe zur Leistung kaufmännischer Dienste gegen Entgelt angestellt ist.

Wodurch unterscheiden sich Handelsvertreter und Reisender?

Der Reisende ist also:
- angestellt
- in einem Handelsgewerbe
- zur Leistung kaufmännischer Dienste
- gegen Entgelt.

Rechte und Pflichten des Prinzipals und des Reisenden regeln die §§ 59 ff.

Der Handelsvertreter gehört wie der Reisende zu den kaufmännischen Hilfspersonen des Kaufmanns. Er ist allerdings ein selbstständiger Handlungsgehilfe. Gemäß § 84 Abs. 1 HGB ist ein Handelsvertreter, *„wer als selbstständiger Gewerbetreibender ständig damit betraut ist, für einen anderen Unternehmer Geschäfte zu vermitteln oder in dessen Namen abzuschließen."*

Der Handelsvertreter ist also:
- ein selbstständiger Gewerbetreibender
- ständig
- für einen (Einfirmenvertreter) oder mehrere andere Unternehmen (Mehrfirmenvertreter) tätig.

Ein Vergleich der Pflichten des Handelsvertreters und des Reisenden sowie des Unternehmers bzw. Prinzipals ergibt folgende Bild:

Pflichten des Handelsvertreters	Pflichten des Reisenden
Bemühungspflicht/Allgemeine Pflichten	Treuepflicht/Dienstpflicht
Wahrnehmung des Unternehmerinteresses (§ 86, Abs. 1 und 4 HGB)	• Verpflichtung zur Leistung der übernommenen Dienste
• Weitergabe von Nachrichten	• Verbot der Annahme von Schmiergeldern
• Unverzügliche Mitteilung jeder Geschäftsvermittlung bzw. jedes Abschlusses	• Verbot des Verrats von Geschäftsgeheimnissen
• Sorgfaltspflicht des ordentlichen Kaufmanns	• Nach Tarifvertrag bzw. nach Einzelvertrag, soweit nicht vorliegend nach Ortsgebrauch bzw. nach Angemessenheit
Treuepflicht	
• Wahrung von Geschäfts- und Betriebsgeheimnissen (§ 90 HGB) (auch nach Beendigung des Vertragsverhältnisses)	

Wettbewerbsverbot	Wettbewerbsverbot
Während des Vertragsverhältnisses	Ohne Einwilligung des Prinzipals darf
• Durch Wahrung der Geschäfts- und Betriebsgeheimnisse	• kein Handelsgewerbe betrieben werden
• Es darf keine Schädigung des Unternehmers durch Tätigkeit für Konkurrenzbetriebe eintreten	• kein Einzelgeschäft im Handelszweig des Prinzipals für eigene oder fremde Rechnung vorgenommen werden
Nach Beendigung des Vertragsverhältnisses zulässig	Bei Verletzung hat der Prinzipal
• Schriftform, für längstens zwei Jahre	• Recht auf Selbsteintritt
• Beschränkung auf den Bezirk und den Kundenkreis des Vertreters	• Anspruch auf Schadensersatz
• Angemessene Karenzentschädigung	• Recht zur fristlosen Entlassung
Pflichten des Unternehmers	**Pflichten des Prinzipals**
Unterstützungspflichten (§ 86 HGB)	Pflicht zur Zahlung der Vergütung
• Erforderliche Unterlagen zur Verfügung stellen	• Höhe nach Tarifvertrag, bzw. Einzelvertrag, soweit nicht vorliegend nach Ortsgebrauch bzw. nach Angemessenheit
• Erforderliche Auskünfte erteilen, insbesondere Annahme, Ablehnung oder Nichtausführung der vermittelten Geschäfte, aber auch, wenn der Unternehmer das Geschäft in geringerem Umfang abschließen kann oder will, als nach den Umständen zu erwarten wäre. Abweichende Vereinbarungen sind nach § 86 Abs. 3 unwirksam.	• In verschiedenen Formen wie Gehalt, Naturalvergütung, Provision, Tantieme oder Gratifikation
	• Zahlung auch bei Fehlzeiten unter bestimmten Voraussetzungen
Provisionszahlung (§ 87 HGB)	**Fürsorgepflicht**
• Voraussetzung: Kausalität zwischen der Tätigkeit des Vertreters und dem Geschäftsabschluss	
• Nachbestellungen sind provisionspflichtig	
• Bezirksprovision: handelt es sich um einen sog. „Bezirksvertreter", hat der HV auch Anspruch auf Provision für die Geschäfte in seinem Bezirk, die ohne sein Mitwirken abgeschlossen wurden (§ 87 Abs. 2 HGB).	

Abb. 5.1: Vergleich der Pflichten von Reisender, Handelsvertreter und Unternehmer (vgl. Wiefels 1976, S. 70 ff. u. S. 86 ff.; vgl. Bülow, 1999, S. 150 ff.)

Leasen und Outsourcen von Vertriebsleistungen

Neben der Möglichkeit, mit Handelsvertretungen zu arbeiten, hat sich in den letzten Jahren noch eine weitere Möglichkeit etabliert: das Leasen und auch das Outsourcen von Vertriebsleistungen. Es gibt viele Anlässe, in denen die kurzfristige Beschaffung von Vertriebsmitarbeitern notwendig ist, z.B. bei Produkteinführungen oder gezielten Neukundenakquisitionen. Viele Firmen gehen aber auch schon dazu über, längerfristig die gesamte Vertriebsarbeit auszulagern, um eine höhere Flexibilität zu haben und fixe Personalkosten in variable umzuwandeln. Eine Reihe von Sales-Service Firmen bietet das gesamte Leistungsspektrum der Außendiensttätigkeiten flächendeckend für ganz Deutschland an.

Weiterhin besteht die Möglichkeit, die telefonische Betreuung der Kunden an spezialisierte sog. Tele-Sales Organisationen auszulagern.

Was unterscheidet Handelsvertretungen und Sales-Service Organisationen im Wesentlichen?

Unterschied zwischen Handelsvertretungen und Sales-Service Organisationen

- Handelsvertretungen arbeiten regional begrenzt, Für eine nationale Abdeckung muss mit mehreren - ca. 8 bis 10 - Handelsvertretungen gearbeitet werden - Leasing-Firmen bieten ihre Mitarbeit sowohl regional als auch flächendeckend national an. Das beauftragende Unternehmen hat es in jedem Fall nur mit einem Ansprechpartner zu tun.
- Für die Koordination und Steuerung von mehreren Handelsvertretungen ist ein Koordinator einzusetzen. - Diese Aufgabe entfällt beim Einsatz von Leasing-Firmen, da sie die Koordination und Steuerung ihrer Mitarbeiter selbst vornehmen. Das auftraggebende Unternehmen muss allerdings einen zuständigen Ansprechpartner für die Leasing-Firma einsetzen.
- Handelsvertretungen erbringen einen detaillierten Arbeitsnachweis nur für solche Tätigkeiten, die leistungsbezogen honoriert werden. Über die Tätigkeiten, die zu der umsatzbezogenen Provision führen, wird in der Regel kein Nachweis erbracht. - Leasing-Firmen erbringen zu jeder beauftragten Tätigkeit einen detaillierten Arbeitsnachweis.
- Handelsvertretungen sind rechtlich eingebunden in § 86 ff. HGB. So ist auch die Kündigungszeit für Handelsvertretungen per Gesetz geregelt und kann nicht verkürzt werden (vgl. § 89 HGB). - Kündigungszeiten mit Leasing-Firmen können dagegen frei ausgehandelt werden.
- Handelsvertretungen sind meist kleinere und überschaubare Organisationseinheiten mit starker Betonung der unternehmerischen Komponente und operativem Einsatz auch der Inhaber der Handelsvertretung - Leasing-Firmen sind z. Teil sehr große Organisationen mit vielen festen aber auch freien Mitarbeitern, deren Arbeitsqualität ggf. einer stärkeren Schwankungsbreite unterliegt.

Was spricht zusammenfassend für „Make" und was für „Buy"? In der Praxis werden bei der Entscheidung, mit externen Organisationen zusammenzuarbeiten wie bei allen personalintensiven Themen, natürlich auch rechtliche Fragen, die insbesondere aus dem Betriebsverfassungsgesetz resultieren, eine Rolle spielen.

Was spricht zusammenfassend für „Make" und was für „Buy"?

Es ist aber problematisch, wenn diese Entscheidung als Gesamtentscheidung für oder gegen eigene Mitarbeiter bzw. eine eigene Feldorganisation gesehen wird. Tatsächlich muss auch bei kleinen und mittelständischen Unternehmen eine Differenzierung erfolgen.

Die Kernfrage lautet: Für welche Produkte müssen bei welchen Kunden in welchem Zeitraum welche Ziele erreicht oder Maßnahmen umgesetzt werden?

Für welche Produkte müssen bei welchen Kunden in welchem Zeitraum welche Ziele erreicht oder Maßnahmen umgesetzt werden?

Die Beantwortung dieser Frage kann in der Konsequenz dazu führen, dass ein Hersteller die Entscheidung trifft, bestimmte Vertriebsschienen (z.B. SB-Warenhaus / Verbrauchermärkte) durch eine eigene Feldorganisation zu betreuen, andere Vertriebsschienen (z.B. Fachmärkte) dagegen Handelsvertretungen zu übergeben und z.B. Kioske / Tankstellen in größeren Abständen durch Agenturen besuchen zu lassen und zusätzlich dort noch Telemarketing-Maßnahmen einzusetzen.

Wichtig ist, dass die verschiedenen Möglichkeiten der Kundenbearbeitung optimal eingesetzt und kombiniert werden. Die Kosten, bzw. die Frage nach den niedrigsten Kosten ist erst zweitrangig zu betrachen; da die niedrigsten Kosten immer noch zu viel Aufwand sind, wenn sie nicht zielführend eingesetzt werden!

5.2 Zusammenarbeit mit Handelsvertretungen

Was kann ein Konsumgüterhersteller, der sich für die Kundenbearbeitung durch Handelsvertretungen interessiert, heute von einer modernen, gut geführten Handelsvertretung erwarten?

Der Schwerpunkt der Tätigkeit liegt heute im Erbringen von Dienstleistungen

Durch die Zentrallagerbelieferung ist auch für Handelsvertretungen, die die Interessen der Industrie im filialisierten Lebensmittelhandel wahrnehmen, das Verkaufen von Ware nur noch ein untergeordnetes Thema. Der Warenverkauf spielt natürlich eine Rolle im zweistufigen Handel und im Fachhandel. Ähnlich wie bei den Außendienstmitarbeitern der Industrie liegt der Schwerpunkt der Tätigkeit heute im Erbringen von Dienstleistungen.

Das Dienstleistungsspektrum von Handelsvertretungen umfasst:
* Optimierung von Platzierungen
* Preispflege und Preiskontrolle
* Produktvorstellungen
* Listungsdurchsetzungen vor Ort
* Einsätze von Werbedamen incl. Steuerung, Schulung, Erfolgskontrolle und Berichtswesen (die meisten Handelsvertretungen verfügen über einen Stamm von PromoterInnen bzw. Werbedamen!)
* Durchgänge im zweistufigen Handel / Einzelhandelsdurchgänge
* Planung und Durchführung von Messen / Börsen, etc.
* Regalumbauten, Bestandserhebungen
* Einholung von Markt- und Wettbewerbsinformationen

Darüber hinaus werden folgende Leistungen erbracht:
* Innendienstleistungen, von der Reklamationsbearbeitung bis zur Auftragsabwicklung
* Planung und Durchführung von Jahresgesprächen zusammen mit den Key-Account Managern der Industrie

Das Kundenspektrum, das Handelsvertretungen für die Konsumgüterindustrie abdecken, ist umfassend:

Üblicherweise bietet eine Handelsvertretung an, sämtliche relevanten Vertriebsschienen in ihrem Gebiet abzudecken. Weiterhin werden oft Tankstellen, Drogerien / Drogeriemärkte, Apotheken, aber auch Getränke-Fachhändler, Getränkeabholmärkte, Bäckereifachhandel, Gastrogroßhandel etc. besucht.

Die meisten Handelsvertretung bieten auch an, die nationalen bzw. regionalen Zentralen in allen Angelegenheiten des Key Account Managements zu betreuen.

Für die Zusammenarbeit mit dem LEH müssen Handelsvertretungen heute eine technische Ausstattung besitzen, die sämtliche modernen Kommunikationsmöglichkeiten – auch über Internet – gewährleistet, die eine effiziente Arbeit in den Geschäften des Handels z.B. durch Einsatz von Handheld-Computern ermöglicht, die aber insbesondere auch eine Vernetzung mit dem Handel und dem Lieferanten per Datenfernübertragung (DFÜ) oder auf EDIFACT-Basis zulässt.

Die technische Ausstattung von Handelsvertretungen muss sämtliche modernen Kommunikationsmöglichkeiten einbinden

Da im Lebensmittelhandel nur der geringste Teil der Aufgabe das Verkaufen ist, stellt sich beim Einsatz von Handelsvertretungen ganz automatisch die Frage nach der Honorierung. Provisionen auf Umsätze im Sinne der Bezirksprovision sind auch hier üblich.

Der Provisionssatz muss ausgehandelt werden. Üblicherweise wird unterschieden, ob es sich bei den Umsätzen um Zentrallagerbelieferung, die niedriger verprovisioniert wird, oder um dezentrale Direktbelieferung von Filialen oder Einzelhandelsgeschäften, die höher verprovisioniert wird, handelt.

Der Provisionssatz muss ausgehandelt werden

Die Bruttoprovisionseinnahmen in Prozent des vermittelten Warenumsatzes sollen sich nach einer 1998 durchgeführten Untersuchung von INMIT (Institut für Mittelstandsökonomie an der Universität Trier) auf folgende Beträge in den verschiedenen Branchen belaufen:

Wirtschaftsbereich	1985	1990	1995
Grundstoffe und allg. Produktionsgüter	2,6	2,7	3,0
Investitionsgüter	4,6	4,2	4,4
Gebrauchsgüter	4,0	4,3	4,4
Verbrauchsgüter	4,6	4,7	5,2
Nahrungs- und Genussmittel	2,9	2,8	2,7
Sonstiges	5,1	5,1	5,8
CDH insgesamt	3,9	3,9	4,1
Basis (Anzahl der Unternehmen)	3.608	3.805	3.780

Abb. 5.2: Bruttoprovisionseinnahmen in Prozent des vermittelten Warenumsatzes (Quelle: Blettner, Knopp, Schmidt 1998, S. 12)

*Pauschalsätze führen oft
zu einer Kürzung der
Provisionssätze*

Der insgesamt niedrige und rückläufige Provisionssatz im Bereich der Nahrungs- und Genussmittel, also im Lebensmittelhandel, erklärt sich u.a. auch dadurch, dass für die Dienstleistungen, die eine Handelsvertretung erbringt, heute separate Pauschalsätze vereinbart werden, die notwendigerweise zu einer Kürzung der Provisionssätze führen müssen. Solche Pauschalsätze sind z.B.:

- Pauschalsatz für den ganztägigen Einsatz eines Mitarbeiters der Handelsvertretung am POS zur Durchführung definierter qualifizierter Aufgaben
- Pauschalsatz auf Basis einer Stunde für definierte Serviceleistungen am POS
- Pauschalsatz für den Einsatz einer Werbekraft am POS

Der Vergleich der Angebote mehrerer Handelsvertretungen lohnt sich in jedem Fall, um die Preise und das Preis-/Leistungsverhältnis den eigenen Bedürfnissen und Vorstellungen anzupassen.

Handelsvertretungen, die für Konsumgüterfirmen arbeiten, sind meist Mehrfirmenvertreter, d.h., sie haben die Vertretungen für ein mehr oder weniger umfangreiches Produkt-Portfolio. Dadurch wird ebenfalls eine Reduzierung der umsatzabhängigen Provision für die Handelsvertretung möglich. Durch ein umfangreiches Produkt-Portfolio sichert die Handelsvertretung aber auch die Auslastung der eigenen Mitarbeiter ab, da die Erbringung der Dienstleistungen auftragsbezogen erfolgt und daher auch Schwankungen unterworfen ist.

*vertragliche Regelung
durch den Handelsvertre-
tungsvertrag*

Die Modalitäten der Zusammenarbeit zwischen einem Unternehmen mit einer Handelsvertretung werden immer vertraglich durch den sog. Handelsvertretungsvertrag geregelt. Die CENTRALVEREINIGUNG DEUTSCHER WIRTSCHAFTSVERBÄNDE FÜR HANDELSVERMITTLUNG UND VERTRIEB (CDH), Köln, stellt auf Anfrage einen Standardvertrag zur Verfügung. *„Dieser Vertrag steht in Übereinstimmung mit der Richtlinie des Rates der Europäischen Gemeinschaften zur Koordinierung der Rechtsvorschriften der Mitgliedstaaten betreffend die selbstständigen Handelsvertreter."* (CDH Handelsvertretungsvertrag) Trotzdem empfiehlt es sich, mit einem im Handelsrecht versierten Juristen die Besonderheiten, die durch die eigenen Produkte, die Branche und z.B. das Wettbewerbsumfeld vorliegen, abzuprüfen und den Vertrag ggf. besser auf die eigenen Bedürfnisse hin auszurichten.

*Zusammenstellung eines
flächendeckenden Netzes
von Handelsvertretungen*

Will ein Unternehmen flächendeckend über ganz Deutschland Handelsvertretungen einsetzen, stellt sich die Frage, wie ein solches Netz von Handelsvertretungen zusammengestellt und geführt werden kann.

Tatsächlich gibt es in Deutschland nur eine Organisation, den seit 1962 tätigen „AkA", ARBEITSKREIS AGENTUREN, Dreieich, die eine flächendeckende Vertriebsorganisation für die BRD für deutsche und

ausländische Hersteller bereitstellt. Die 10 für den AkA tätigen Handelsvertretungen werden durch eine Zentrale koordiniert, gesteuert und
kontrolliert.

Ansonsten muss der Hersteller aus den vielen Handelsvertretungen,
die im Konsumgüterbereich tätig sind, Handelsvertretungen so auswählen und zusammenstellen, dass eine nationale Abdeckung vorliegt.

Wie findet man diese Handelsvertretungen? Hier bietet es sich an, hat
man z.B. über Anzeigen in Fachzeitschriften die ersten Kontakte mit
Handelsvertretungen geknüpft, diese nach anderen ihnen bekannten
Handelsvertretungen, die u.a. durch die Distribution anderer Produkte
bekannt sind, anzusprechen.

Schwieriger ist die Frage der Koordination, Steuerung und Kontrolle
der Handelsvertretungen. Auch hier ist die Entscheidung zu treffen, ein
Outsourcing vorzunehmen oder einen eigenen Mitarbeiter einzustellen.
Die Entscheidung unterliegt den gleichen Kriterien wie die Entscheidung
für eigene Reisende oder fremde Organisationen.

Welche Kriterien müssen nun angesetzt werden, wenn man die Frage zu   *Kriterien für eine effiziente*
beantworten hat, wie die Kundenbearbeitung effizienter durchgeführt   *Kundenbearbeitung*
wird? Es findet sich eine ganze Liste von qualitativen Kriterien, die abzuprüfen ist, wenn beide Alternativen, Handelsvertreter oder Reisender gegeneinander abzuwägen sind (vgl. Weiss 2000, S. 76). So z.B. Art und Intensität der Kundenbearbeitung, Art der Kundenkontakte, Interessenlage, Art der Berichterstattung, Umfang der Einsatzmöglichkeit, Art der
Arbeitsweise, Durchführung von Verkaufstrainings, Möglichkeiten der
Kündigung usw. In die Beurteilung dieser Kriterien muss auch einfließen, ob es sich um eine Einfirmen- oder eine Mehrfirmenvertretung
handelt, da das die Beziehung des Handelsvertreters zum auftraggebenden Unternehmen wesentlich beeinflusst.

Nach der von InMit durchgeführten Studie, in der allerdings verschie   *Die Stärke der Handelsver*
denste Branchen befragt wurden, liegt die wichtigste Stärke der Handels   *tretung liegt in den persön*
vertretung in den persönlichen Beziehungen zu den Abnehmern. Außer   *lichen Beziehungen zu den*
dem werden die Vertriebskosten als günstig eingeschätzt und die Bran   *Abnehmern*
chenkenntnisse sowie die Fähigkeit zur Erschließung geografisch
entfernter Märkte wird besonders hervorgehoben. Als Hauptschwäche
sehen die befragten Unternehmen eindeutig die eingeschränkte Kontrollierbarkeit. Aufschluss über die Stärken und Schwächen von Handelsvertretungen bietet die Übersicht in Abb. 5.3.

Neben solchen qualitativen Kriterien stellt sich die Frage, wer die Kun   *quantitative Analyse der*
denbearbeitung auf Dauer kostengünstiger durchführt, also das Problem   *entstehenden Kosten*
einer quantitativen Analyse.

Reisende werden überwiegend mit einem hohen Anteil an Festgehalt
(und geringen variablen Gehaltsbestandteilen) bezahlt. Die Tätigkeit im
Vertrieb verursacht eine Reihe von zusätzlichen Kosten wie Kfz-Kosten,

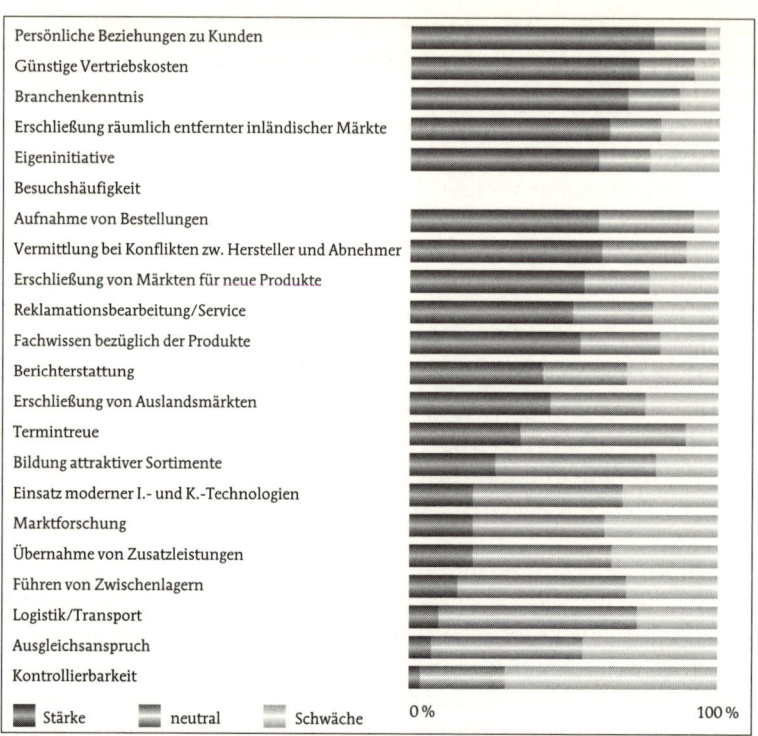

Abb. 5.3:   Stärken und Schwächen von Handelsvertretungen
(Quelle: Blettner, Knopp, Schmidt 1998, S. 19)

Telefonkosten, Tagegelder, Übernachtungsgeld usw., die der Arbeitgeber
zu tragen hat. Außerdem fallen, wie bei jedem Mitarbeiter, gesetzliche So-
zialleistungen an. Soweit Handelsvertreter nur mit einer umsatzabhängigen Provision honoriert und eventuell noch zusätzlich ein kleines Fi-
xum erhalten, kann durch die Gegenüberstellung der erzielbaren Umsätze mit den entstehenden Kosten (Gehalt, Provisionen usw.) die
jeweils gewinnoptimale Absatzmittleralternative ausgewählt, bzw. derje-
nige Break-Even-Umsatz ermittelt werden, bei dem Indifferenz zwischen
den Alternativen besteht (vgl. Meffert 1998, S. 609).

Vorteilhaftigkeitsrechnung   Bei der hierfür zu erstellenden Vorteilhaftigkeitsrechnung kann weiterhin unterstellt werden

- dass die Auswahlentscheidung Reisender oder Handelsvertreter keinen Einfluss auf das erreichbare Umsatzniveau hat. In diesem Fall wäre ein reiner Kostenvergleich ausreichend,
- dass das erreichbare Umsatzniveau durch die Auswahlentscheidung
  beeinflusst wird. In diesem Fall müsste eine Gewinnvergleichsrech-
  nung durchgeführt werden, die neben den entstehenden Kosten er-
  gänzend berücksichtigt, wie viel zusätzlichen Deckungsbeitrag das
  Unternehmen durch die eine oder andere Alternative erlösen kann.

Der in der Praxis sicher am häufigsten durchgeführte Vergleich ist der Kostenvergleich. Er stellt sich folgendermaßen dar:

$$\text{Kosten Handelsvertreter:}\quad K_{HV} = K_{fHV} + (q_{HV} \cdot U)$$

$$\text{Kosten Reisender:}\qquad\quad K_{R} = K_{fR} + (q_{R} \cdot U)$$

$$K_{HV} = K_{R} \rightarrow U_{K}$$

$$U_{K} = \frac{KfR - KfHV}{q_{HV} - q_{R}}$$

K_{fHV} = Fixkosten für Handelsvertreter

K_{fR} = Fixkosten für Reisende

q_{HV} = Provision für Handelsvertreter

q_{R} = Provision für Reisende

U_{K} = Kritisches Umsatzniveau

Abb. 5.4: Kostenvergleich Handelsvertreter und Reisender

Die Vorteilhaftigkeit von Handelsvertreter oder Reisendem hängt ab vom dem Umsatz, der erzielt werden kann. *„Es ist also das 'kritische Umsatzniveau' zu ermitteln, bei dem die Kosten beider Formen gleich sind ... Liegt der erwartete Umsatz unter dem kritischen Niveau U_k so arbeitet der Vertreter günstiger; liegt er über dem kritischen Umsatz, so sind Reisende vorzuziehen."* (Meffert 1998, S. 610)

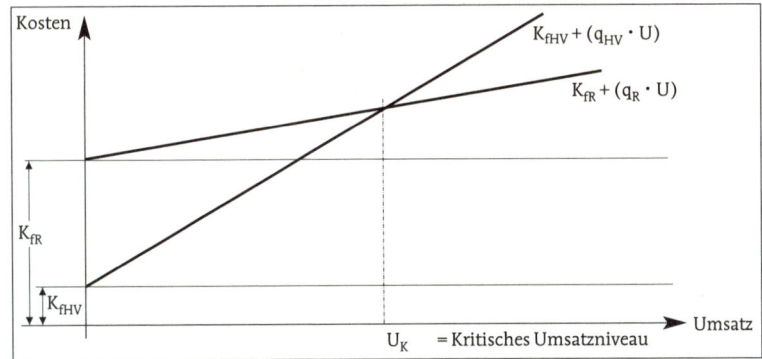

Abb. 5.5   Grafische Darstellung des Kostenvergleichs zwischen Reisenden und Handelsvertretern

Wie bereits ausgeführt ist die Umsatzeinholung nur noch der geringere Teil der Arbeit der Handelsvertretungen im Handel, der auch nur mit einem recht geringen Provisionssatz honoriert wird. Die Handelsvertretungen werden zunehmend nach erbrachten Dienstleistungen honoriert. Insofern muss in den Kostenvergleich einfließen, welche Dienstleistungen die Handelsvertretung bei den Kunden erbringen soll und wie

Die Handelsvertretungen werden zunehmend nach erbrachten Dienstleistungen honoriert

häufig sie erbracht werden sollen. Der große Vorteil für das beauftragende Unternehmen ist in jedem Fall die hohe Flexibilität, da die Kosten variabel und nicht fix sind.

5.3 Kundenbearbeitung durch Sales-Service Organisationen

Gründe für die Zusammenarbeit mit einer Sales-Service Organisation

Eine ganze Reihe von Gründen kann Firmen dazu führen, mit einer Sales-Service Organisation zusammenzuarbeiten und durch sie die Kundenbearbeitung vornehmen zu lassen:
- Verstärkung der eigenen Außendienst-Organisation zur Forcierung der Intensität der Feldarbeit bei bestehenden Kunden / Vertriebsschienen
- Verstärkte Bearbeitung von schwachen Verkaufsgebieten, z.B. bei längeren Vakanzen / Krankheiten von eigenen Mitarbeitern
- Verstärkte Bearbeitung eines bestehenden Kundenkreises, bzw. einer belieferten Vertriebsschiebsschiene, z.B. Durchgänge in Supermärkten
- Begrenzter Einsatz eines Außendienstes für zeitlich befristete Aktionen, z.B. für die flächendeckende Einführung eines Neuproduktes
- Begrenzter Einsatz eines Außendienstes für Produkte mit saisonalen Nachfrageschwankungen (z.B. Osterhasen / Weihnachtsmänner)
- Erschließung / Akquisition neuer Zielgruppen, Vertriebsschienen, Marktsegmente
- Generelles Outsourcen der Feldarbeit an eine externe Organisation
  „Für solche oder andere Engpässe gibt es Abhilfe: Außendienstler von Serviceagenturen, so genannte Leasing-Verkäufer, springen für einen bestimmten Zeitraum ein und unterstützen den firmeneigenen Außendienst in den unterschiedlichsten Bereichen." (Baas 1998, S. 1)

Die größten Organisationen im Konsumgüterbereich sind die CPM GmbH & Co. KG, Bad Homburg und die Combera GmbH, München (zum Leistungsprofil siehe Abb. 5.7).

Weiterhin die Firma Walter Marketing, Ettlingen, die bereits 1956 gegründet wurde und damit sicher das älteste Unternehmen in diesem Bereich ist. Mit einem Gesamtumsatz von 125 Mio. Euro und über 25.000 Mitarbeitern gehört Walter Marketing zu den führenden Unternehmen im europäischen Raum. In Frankreich und Spanien hat Walter Marketing die Marktführerschaft. Walter Marketing agiert als Holding mit Fachgesellschaften. In Deutschland sind das z.B. die Firmen: Magnus Sales & Service, Haan, MGH Marketing und Handelsservice, Ettlingen, oder Walter Merchandising, Ettlingen (*vgl. www.walternet.de*).

Es gibt aber auch eine Reihe kleinerer Organisationen wie z.B. Competition Partner Group, Frankfurt (vgl. *www.competition-partner.de*) oder Sales Team, Darmstadt (vgl. *www.salesteam-gmbh.de*).

	CPM, Bad Homburg	Combera, München
Gründungsjahr	1982	1976
Umsatz in Euro	72,5 Mio (2000)	46 Mio (2001)
Sales Force:	800 Mitarbeiter	140 festangestellte Mitarbeiter 500 freiberufliche Verkäufer
Merchandising	6.520 Mitarbeiter	3.500 Regalservicekräfte 150 Travelling Merchandiser 48 angestellte Führungskräfte
Promotion	5.500 Mitarbeiter am POS	2.500 PromoterInnen, Werbedamen
Steuerung/Controlling		4 Standorte national verteilt
Einsatzgebiete	• Sales Outsourcing • Sales Leasing • Merchandising u. Dispo-Service • Telemarketing • Event-Marketing • Trade-Marketing u. Sales Promotion	• Leasing Sales Force • Contract Sales Force • Merchandising • Promotion/Events • Telesales

*Abb. 5.7: CPM, Bad Homburg (vgl. www.de.cpm-int.com) und
            Combera, München (vgl. www.combera.com)*

Die Aufgaben, die Sales-Service Organisationen in der Feldarbeit über-
nehmen, decken das volle Spektrum ab:
* Einsatz von Bezirksleitern zur kurz- und langfristigen Betreuung von
  Verkaufbezirken mit Einzeltätigkeiten wie z.B.:
  – Aktionsabsprachen
  – Überprüfung der Listungssituation
  – Absprachen von Zweitplatzierungen
  – Bestandskontrolle
* Einsatz von Einzelhandelsreisenden mit Verkäufstätigkeit in Klein-
  flächen, wie z.B. Lebensmitteleinzelhandel, Facheinzelhandel, Con-
  venience Stores, Gastronomie, mit Einzeltätigkeiten wie z.B.:
  – Verkaufsdurchgänge im Lebensmitteleinzelhandel und Impulsbe-
    reich mit Talon und wahlweise mit und ohne Warenauslieferung
    ab Wagen und Displayplatzierung
  – Verkaufsdurchgänge im Lebensmitteleinzelhandel mit Ordersatz-
    eintrag
* Einsatz von Merchandisern für z.B.:
  – Verräumung von Lieferungen in Regale und Sonderplatzierungen
  – Preisauszeichnung
  – Einhaltung und Optimierung von Regalspiegel-Vorgaben
  – Kontrolle des MHD und des Prinzips „first in first out" (FIFO)
  – Retourenbearbeitung
  – Inventurerhebung
  – Reinigungsarbeiten

*Aufgaben von Sales-Service
Organisationen in der
Feldarbeit*

Fallbeispiele für den erfolgreiche Einsatz sind in der Homepage von CPM zu finden (vgl. *www.de.cpm-int.com*):

Fallbeispiel Großfläche:

Führender Markenartikler aus dem Berich Haarpflege; dauerhafte Betreuung von ca. 2.000 LEH Großflächen; Einsatz von 35 Verkäufern, 3 Gebietsleiter; im Feld seit 1998.
Ergebnis: Umsetzung der Listungen in Regal- und Sonderplatzierungen; Marktkontakte; hoher Displayanteil; niedrige Kosten pro Besuch.

Fallbeispiel Convenience Stores

Führender Markenartikler aus dem Bereich Food; dauerhafte Betreuung von ca. 35.000 Verkaufsstellen (9.000 Tankstellen, 26.000 kleinere LEH's); 38 Verkäufer, 3 Gebietsleiter, im Feld seit 1997.
Ergebnis: Einrichtung von Regal- und Sonderplatzierungen im Kassenbereich; Durchsetzung von höherer Sortimentstiefe und -breite; Marktdatenbank über die besuchten Outlets.

5.4   Einsatz von Telemarketing-Organisationen

In Ergänzung zu der persönlichen Kundenbearbeitung gewinnt die telefonische Bearbeitung von Handelskunden an Bedeutung. Auch hier stellt sich die Frage, diese telefonische Betreuung z.B. durch den Innendienst selbst durchzuführen oder ein Outsourcing vorzunehmen.

Ziele von Telemarketing   Ziele, die telefonisch durch Telemarketing Agenturen wie WALTER TELEMARKETING & VERTRIEB, Ettlingen, oder COMBERA, Frankfurt, bei der Kundenbearbeitung verfolgt werden können sind z.B. :
* Absicherung der numerischen Distribution
* Betreuung von C-Kunden
* Ausschöpfen von Umsatzpotenzialen
* Zusatzverkäufe durch Cross-Selling
* Entgegennahme von Bestellungen (Inbound)
* Aktive Bestellabfrage (Outbound)
* Reklamationsbearbeitung
* Terminvereinbarungen für den Außendienst

Fallbeispiele für den erfolgreichen Einsatz von Telemarketing sind bei Walter Telemarketing zu finden (vgl. *www.waltertelemedien.de*):
    Fallbeispiel: Tele-Dauer-Vertrieb von Kosmetika an traditionellen Fachhandel. In Outbound-Verkaufsrunden, d.h., aktiver Kundenansprache durch das Call Center, wurden bei 20.000 Kontakten 10.700 Bestellungen generiert. Im Inbound, d.h., passiver Kundenansprache, d.h., die Kunden rufen im Call Center an, führten 6.300 Gespräche zu 2.500 Bestellungen.

Teil F

Förderung der
Kundenbearbeitung

In jedem Unternehmen steht die Frage an, wie die Vertriebsmitarbeiter bei ihrer täglichen Aufgabe, das Unternehmen bei den Kunden zu repräsentieren, für Kundenzufriedenheit zu sorgen und die gesetzten Ziele zu erreichen, unterstützt und gefördert werden können.

In diesem Kapitel werden vier Themenbereiche angesprochen, die in der Praxis des Vertriebsmanagements von besonderer Wichtigkeit für die Förderung der Kundenbearbeitung sind: Motivation der Mitarbeiter, Training und Schulung, Verkaufshilfen und der Einsatz informationstechnologischer Unterstützung in Form von Computer Aided Selling (CAS / CRM).

1   Motivationssysteme

1.1   Grundlagen

Gründe für eine gute Motivation

In der Praxis ist die Frage nach der „Motivation" der Vertriebsmitarbeiter, insbesondere der Mitarbeiter der Feldorganisation und der Key Account Manager, fast an der Tagesordnung. Warum ist eine gute Motivation so entscheidend im Vertrieb? Dafür gibt es mehrere Gründe:

Vertriebsmitarbeiter müssen täglich viele Gespräche führen, die mal positiv mal negativ ausgehen. Oftmals sind diese Gespräche sehr anstrengend, man denke an die zermürbenden Konditionsgespräche in den Handelszentralen oder es sollen z.B. Neukunden akquiriert werden, die bekannterweise erst nach einer Reihe intensiver Gespräche überzeugt werden können. Aber auch nur tagtäglich die Kunden im Gebiet abzufahren, die aktuellen Angebote vorzustellen oder die notwendigen Beratungsgespräche zu führen, kann sehr mühsam sein, besonders wenn dann auch noch die Wetter- oder Straßenverhältnisse ungünstig sind.

Ein anderer Grund ist der, dass Vertriebsmitarbeiter oft viele Tage keinen Vorgesetzten sehen und ganz auf sich allein gestellt sind. Selbst wenn regelmäßige Telefonate mit dem Vorgesetzten oder auch Kollegen geführt werden, in denen Vorkommnisse bei Kunden, Schwierigkeiten im Verkaufsvorgang oder z.B. organisatorische Probleme besprochen werden können, ersetzt das nicht das persönliche Gespräch.

Auch sind Vertriebsmitarbeiter je nach Gebietsgröße und Tourenplanung oft tagelang unterwegs, weg von ihrer Familie, müssen in mehr oder weniger komfortablen Hotels übernachten und von dort aus auch ihre administrativen Arbeiten erledigen. Unter diesen Bedingungen ist es verständlich, dass Vertriebsmitarbeiter besonders motiviert werden müssen, um eine gute Leistung zu erbringen.

Die Motivation der Mitarbeiter ist wichtig, um die Kunden zu begeistern, sie für sich und das Unternehmen zu gewinnen und zu Käufen zu motivieren. Kunden kaufen weniger oder gar nicht wenn sie merken, dass Mitarbeiter nicht motiviert sind. Auch das Ergebnis von Verhandlungen und Gesprächen mit Kunden ist von der Motivation der Mitarbeiter abhängig.

Was ist eigentlich „Motivation"?

Was ist nun eigentlich „Motivation"? „*'Motivation' ist ein hypothetisches Konstrukt, mit dem man die Antriebe ('Ursachen') des Verhaltens erklären will. Mit diesem Konstrukt soll die Frage nach dem 'Warum' des Handelns beantwortet werden.*" (Kroeber-Riel/Weinberg 1996, S. 141)

Das „Warum" unseres Handelns setzt sich aus zwei Komponenten zusammen. Das sind zum einen Emotionen und Triebe (auch als Motive oder Bedürfnisse bezeichnet) als grundlegende Antriebskräfte bzw. Aktivierungskomponenten sowie weiterhin kognitive Prozesse, die das Verhalten auf spezielle Ziele ausrichten.

Der kognitive Prozess beinhaltet:

- Wahrnehmung der Situation (z.B., dass ein Bedürfnis nach Sicherheit besteht = Trieb)
- Interpretation der Situation (Was muss jetzt in dieser Situation getan werden?)
- Überlegungen zu den Ziel-Mittel-Beziehungen. (Welches Mittel / welche Maßnahme dient am ehesten der Zielerreichung? Beispielsweise wäre in Bezug auf das Bedürfnis nach Sicherheit eine Versicherung ein geeignetes Mittel, ein anderes geeignetes Mittel wäre z.B. regelmäßiges Sparen von bestimmten Geldbeträgen. Das muss abgewogen und eine Entscheidung getroffen werden)

„Motivation kann danach als ein bewusstes Anstreben von Zielen, als erlebte Zielorientierung, als Wille, etwas zu tun usw., umschrieben werden." (Kroeber-Riel/Weinberg 1996, S. 144)

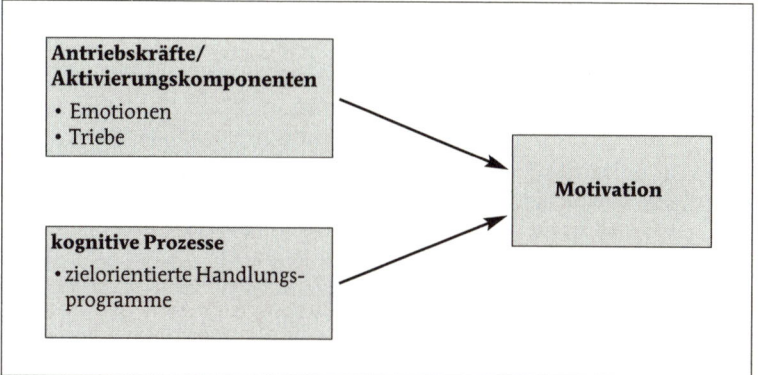

Abb. 1.1: Bestimmungsgrößen der Motivation

Ist die Aktivierung groß und werden die Ziel-Mittel-Beziehungen für richtig gehalten, ist die Motivation hoch. Ist die Aktivierung groß und die Ziel-Mittel Beziehungen werden nicht für richtig gehalten, ist dagegen Demotivation der Fall.

Im Zusammenhang mit dem Arbeitsprozess kann die Motivation der Vertriebsmitarbeiter auch als Leistungsbereitschaft bezeichnet werden. Für die Erstellung guter Leistungsergebnisse sind neben der Leistungsbereitschaft auch die Leistungsfähigkeit (Kenntnisse und Fähigkeiten) und die Leistungsbedingungen (äußere Bedingungen des Arbeitsplatzes) wichtige Einflussgrößen.

Die Motivation der Vertriebsmitarbeiter beeinflusst ihre Leistungsbereitschaft

„Ohne die Leistungsbereitschaft bleiben sowohl hohe Leistungsfähigkeit wie auch hervorragende Leistungsbedingungen ungenutzt." (Witt 1996, S. 241) Die Motivation ist danach die ausschlaggebende Einflussgröße für die Erbringung einer Leistung. Training und Schulung oder besonders gute Arbeitsplatzbedingungen bleiben ohne Resonanz, wenn die Motivation nicht stimmt.

bekannte
Motivationstheorien
Was sind das nun für Bedürfnisse / Motive, die Mitarbeiter bewegen? Was treibt Mitarbeiter voran und fördert ihre Leistungsbereitschaft, ihre Motivation?

Seit Jahrzehnten sind Wissenschaftler bemüht, eine Antwort auf diese Frage zu finden. Die nachfolgende Tabelle nennt einige bekannte Motivationstheorien und versucht, deren wichtigste Inhaltsaussage zu vermitteln:

Wissen-schaftler	Jahr	Theorie	Inhaltsaussage
Maslow	1943	Bedürfnis-pyramide	Bedürfnisse sind hierarchisch aufgebaut: Selbstverwirklichung Anerkennung Soziale Bedürfnisse Sicherheit Physiologische Bedürfnisse
Herzberg	1959	Zweifaktoren-theorie	Nur Motivatoren wie Leistung, Anerkennung, Verantwortung, Aufstieg, usw. fördern Zufriedenheit; sog. Hygiene-Faktoren, wie Führung, Arbeitsbedingungen, Gehalt, Status, Arbeitssicherheit usw. verhindern Unzufriedenheit, ohne zu Zufriedenheit zu führen. Für Zufriedenheit müssen beide Faktoren vorhanden sein.
Adams	1959	Equity-Theorie/ Gleichheits theorie	Grundgedanke: Leistung gegen Gegenleistung, besonders wichtig ist der soziale Vergleich. Menschen versuchen, ein Gleichgewicht von Einsatz („ich gebe") und Ergebnis („ich erhalte") im Vergleich mit anderen, zu erreichen.
Mc Gregor	1970	Theorie XY	Theorie X basiert auf der Annahme, dass der Mensch eine angeborene Abneigung gegen Arbeit hat. Dem kann nur mit Druck und Strafe bzw. mit Geld begegnet werden; Theorie Y unterstellt den anderen Menschen, der sich Zielen verpflichtet fühlt, Selbstdisziplin und Selbstkontrolle zeigt und sogar Verantwortung sucht.

Abb. 1.2:   Übersicht über bekannte Motivationstheorien (vgl. Weis 2000, S. 263 ff.)

Keine der Theorien stellt ein umfassendes und zufrieden stellendes Konzept zur Erklärung der Arbeitsmotivation dar. Jede einzelne Theorie liefert aber Anhaltspunkte, wie die Motivation der Mitarbeiter gefördert werden kann.

Die Bedürfnispyramide von Maslow hat den Vorteil, sehr plakativ zu sein und einen leicht einprägsamen Überblick über die Motivationsbereiche zu geben, die aktiviert werden können. (Allerdings ist die von Maslow aufgezeigte hierarchische Reihenfolge der Bedürfnisse weder von Maslow wissenschaftlich bewiesen worden, noch ist sie aus heutiger Sicht in jedem Fall logisch nachvollziehbar!)

Dass sich die Bedürfnisse von Vertriebsmitarbeitern mit zunehmendem Alter und wachsender Lebenserfahrung verändern, zeigen neuere empirische Untersuchungen. Nach einer Studie von Jolson bei Mitarbeitern im Verkauf können vier Abschnitte im Berufsleben unterschieden werden, die dem S-förmigen Verlauf des Produktlebenszyklus ähneln (vgl. Jolson 1974). Weitere Untersuchungen bei Verkäufern zeigten, dass es verschiedene Themenkreise sind, die bei diesem Berufslebenszyklus betrachtet werden müssen: Karriereaspekte, Anforderungen an den Arbeitsplatz, persönliche Herausforderungen und psychologische Bedürfnisse (vgl. Dalrymple, Cron, Decarlo 2001, S. 436, Fußnote 5).

Themenkreise im Berufslebenszyklus von Vertriebsmitarbeitern

Die Tabelle zeigt, welche Anforderungen in diesen Bereichen während der vier Phasen im Berufslebenszyklus gestellt werden.

	Aufbauphase (Exploration)	Etablierung (Establishment)	Aufrechterhaltung (Maintenance)	Abbau (Disengagement)
Karriere-aspekte	Finden einer guten, angemessenen Beschäftigung.	Erfolgreich eine Karriere in einer bestimmten Beschäftigung etablieren.	Festhalten, was erreicht wurde. Karriere überdenken mit der Möglichkeit einer Neuorientierung.	Karriere vervollständigen/ beenden.
Anforderungen an den Arbeitsplatz	Die erforderlichen Fähigkeiten erlernen und ein effizientes Mitglied der Organisation werden.	Fähigkeiten anwenden, um Resultate zu produzieren; anfangen mit größerer Selbständigkeit zu arbeiten.	Eine weitere/ großzügigere Sichtweise der Arbeit und der Organisation entwickeln; ein hohes Leistungsniveau aufrecht erhalten.	Eine größere Selbstidentität außerhalb der Arbeit etablieren; ein angemessenes Leistungsniveau aufrecht erhalten.
Persönliche Herausforderungen	Die eigene Karriereplanung aufbauen.	Produzieren von besonderen Ergebnissen, um befördert zu werden.	Weiterhin motiviert, obwohl mögliche Belohnungen sich geändert haben. Das Alter wird zum Thema.	Anerkennen, dass die Karriere vollendet ist.
Psychologische Bedürfnisse	Unterstützung, Anerkennung durch Vorgesetzten; Herausforderungen.	Leistung, Wertschätzung, Selbstständigkeit, Wettbewerb.	Reduzierter Wettbewerb, Sicherheit, Hilft jüngeren Kollegen.	Rückzug von der Organisation und dem Leben in einer Organisation.

Abb. 1.3: Charakteristika der Karriere-Stufen in einem Berufszyklus (vgl. Dalrymple, Cron, Decarlo 2001, S. 437)

Die Ergebnissse dieser Untersuchung lassen folgenden Schluss zu: Je heterogener eine Vertriebsmannschaft in der Alterszusammensetzung ist, desto schwieriger wird es, Maßnahmen zu finden, die alle Mitarbeiter gleichermaßen motivieren. Gegebenenfalls müssten bei einer solchen Mitarbeiterstruktur den Mitarbeitern altersgruppen–individuell abgestimmte Maßnahmen zur Auswahl angeboten werden.

Je heterogener die Alterszusammensetzung einer Vertriebsmannschaft ist, desto schwieriger wird es, sie zu motivieren

1.2 Motivationsinstrumente

Um die Leistungsbereitschaft der Vertriebsmitarbeiter anzuspornen, steht der Vertriebsleitung eine Reihe von Motivationsinstrumenten zur Verfügung. In der Tabelle in Abb. 1.4 werden den Bedürfnissen, wie sie bei Maslow strukturiert sind, eine Reihe geeigneter Motivationsinstrumente zur Bedürfnisbefriedigung gegenübergestellt. Es handelt sich dabei um direkt monetäre Instrumente wie Gehalt, Provision oder Geldprämien, indirekt monetäre Instrumente wie Sachprämien oder Absicherung im Krankeitsfall und auch um nicht monetäre, d.h. immaterielle Instrumente wie Auszeichnungen, Belobigungen oder Mitspracherechte.

verschiedene Motivationsinstrumente: direkt monetär, indirekt monetär, immateriell

Jedes Unternehmen setzt alle oder zumindest einige dieser Instrumente ein, um die Motivation der Vertriebsmitarbeiter zu fördern. Wegen ihrer besonderen Bedeutung bei der Förderung der Kundenbearbeitung in der Praxis werden im Nachfolgenden die Instrumente: Festgehalt, Prämie, Provisionen sowie Verkaufswettbewerbe und Events angesprochen.

Festgehalt, Prämie, Provisionen

Die wichtigsten direkt monetären Instrumente sind Festgehalt, Prämien und Provisionen (vgl. zu einer Darstellung der verschiedenen Gehaltsformen z.B. Weis 2000, S. 299 ff.). Es stellt sich immer wieder die Frage, wie das Verhältnis zwischen festen Gehaltsbestandteilen und variablen Teilen gestaltet sein soll. In der Praxis zahlt der überwiegende Anteil der Unternehmen, nämlich 73 Prozent, den Vertriebsmitarbeitern Festgehalt und eine erfolgsabhängige Vergütung. Davon zahlen 33 Prozent Festgehalt und Provision, 17 Prozent Festgehalt und Prämie, die restlichen 23 Prozent setzen mehrere Vergütungskomponenten einschließlich sog. Wettbewerbe ein. Lediglich Festgehalt zahlen nur 27 Prozent der Unternehmen (vgl. Kienbaum Studie 1998, zitiert bei Weis 2000, S. 307). Die Möglichkeit, über variable Bestandteile (sehr) viel mehr zu verdienen, fördert die sog. „unternehmerische" Komponente des Mitarbeiters (vgl. Koinecke/Koinecke 1996, S. 128 ff.). Von daher wird zu Recht plädiert, dass die Gehaltssysteme von Vertriebsmitarbeitern möglichst hohe variable Anteile enthalten sollten.

Frage des Verhältnisses zwischen festen Gehaltsbestandteilen und variablen Teilen

Die Gehaltssysteme von Vertriebsmitarbeitern sollten möglichst hohe variable Anteile enthalten

In welchen Situationen sollte nun eher Festgehalt gezahlt werden (vgl. Weis 2000, S. 302 f.):
- wenn die Beratungstätigkeit überwiegt,
- bei lang dauerndem Verkaufsprozess (spez. bei Investitionsgütern),
- bei Teamverkauf (wegen der Zuordnungsproblematik),
- bei Saisonartikeln,
- wenn der Umsatz abhängig von Investitionen ist, z.B. in Werbung, WKZ, Promotion, Konditionen.

Bedürfnis	Maßnahmen / Motivationsinstrumente für Vertriebsmitarbeiter
Physiologische Bedürfnisse/ Grundbedürfnisse (sog. primäre Bedürfnisse) Hunger, Durst, Schlaf, Wärme, Kleidung, Sexualität usw.	• Arbeitsvertrag • Festgehalt/Basiseinkommen
Sicherheitsbedürfnisse (sog. sekundäre Bedürfnisse) Erreichtes ökonomisches Niveau erhalten, Gesundheit erhalten, Geborgenheit, Schutz, Angstfreiheit	• Vertragsgestaltung • Einkommenshöhe • Abfindungsmodalitäten • Absicherung im Krankheitsfall • Pensionszusagen/Altersversorgung • Lebensversicherung • Training/Schulung • Beurteilungsgespräche
Soziale Bedürfnisse Zugehörigkeit, Kommunikation, Zuwendung, akzeptiert werden, Partnerschaft	• Betriebsklima • Regelmäßige Kommunikation • Information • Verkäufertreffen • Events
Bedürfnis nach Anerkennung/Ich-Bedürfnisse Ansehen, Status, guter Ruf, Prestige	• Ausstattung des Arbeitsplatzes • Übertragung von Verantwortung • Belobigungen • Auszeichnungen • Beförderung • Funktionsbezeichnung/Titel (nach außen/gegenüber Kunden) • Verkaufswettbewerbe/Geld-, Sachprämien • Events
Bedürfnis nach Selbstverwirklichung Kreatives Denken, eigene Ideen und Vorstellungen realisieren, Wunschträume erfüllen	Soweit sich dieses Bedürfnis auf die Vertriebstätigkeit bezieht: • Mitspracherechte • Übertragung von Verantwortung Soweit sich dieses Bedürfnis auf Bereiche außerhalb des Arbeitsplatzes bezieht: • Arbeitszeitgestaltung • Einkommenshöhe

Abb. 1.4: Bedürfnisse und mögliche Maßnahmen zur Bedürfnisbefriedigung im Vertriebsbereich

In logischer Konsequenz sind erfolgsabhängige Gehaltskomponenten eher dann angebracht, wenn eine eindeutige Beziehung zwischen dem Einsatz des Mitarbeiters und der zu erbringenden Zielerreichung besteht, beispielsweise in Bezug auf Umsatz, Anzahl der Aufträge, Anzahl gewonnener Neukunden etc. und die Produkte nicht abhängig von Investitionen sind.

Die geeignete Gehaltsform sollte auf die Art der Außendiensttätigkeit abgestimmt werden

Betrachtet man die Aufgaben des Außendienstes im Trade-Marketing, muss in der Konsequenz sehr genau abgewogen werden, welche Gehaltsform geeignet ist:

Außendiensttätigkeit im filialisierten Bereich mit Zentralbelieferung ist im Schwerpunkt eindeutig Beratung und POS Management: Hier ist, der Theorie folgend, Festgehalt angesagt. Prämien sind für bestimmte Aufgaben wie Aktionsdurchführungen oder physische Listungsumsetzung möglich. Es ist aber streng darauf zu achten, dass zwischen den Außendienstgebieten Gehaltsgerechtigkeit besteht. Dadurch, dass die Händler Aktionen unterschiedlich durchführen und unterschiedlich organisiert sind, sind die Einsatzmöglichkeiten bei jedem Kunden anders – und damit auch die Verdienstmöglichkeiten!

Außendienst bei selbstständigen Einzelhändlern kann eine stark umsatzbezogene Komponente haben. Prämie oder Provision ist angesagt. Aber auch hier ist streng darauf zu achten, dass jeder Außendienstmitarbeiter in seinem Gebiet das gleiche Umsatzpotenzial und damit die gleichen Verdienstchancen hat wie sein Kollege.

Die Arbeit des Key Account Managers ist ebenfalls schwer an erfolgsabhängige Kriterien anzubinden. Neben der Bedeutung der Produkte seines Unternehmens im Markt ist z.B. der Einfluss des Faktors „Investitionen" auf sein Arbeitsergebnis immens und es besteht die Zuordnungsproblematik, wenn er im Team arbeitet.

Verkaufswettbewerbe

Bedürfnis nach Anerkennung und Prestige

Verkaufswettbewerbe sind meist darauf ausgerichtet, das Bedürfnis nach Anerkennung und Prestige anzuregen. Meist unter ein bestimmtes Motto gestellt, wird den Mitarbeitern, bei Erreichung bestimmter vorgegebener Ziele, eine Prämie versprochen. Diese Ziele sind quantitativ und in der Praxis haben mehr als 66 Prozent der Wettbewerbe den Umsatz als Ziel (vgl. Kienbaum Studie 1990, zitiert bei Weis 2000, S. 312).

Bei den Prämien kann es sich um eine Geldprämie handeln. Sehr oft sind diese Prämien allerdings (indirekt materielle) Sachpreise, wie Reisen, Fernseher, Uhren, Laptops usw. und schließen oftmals eine immaterielle Komponente, wie z.B. Auszeichnung als Sieger des Monats oder Ehrennadel „Außendienstmitarbeiter des Jahres" usw. ein.

Soweit der Handel nicht organisiert war bzw. heute noch nicht organisiert ist, ist der Verkaufswettbewerb für den Außendienst der Industrie sicherlich ein höchst attraktives und wirksames Instrument. In stark konzentrierten Handelsstrukturen stellt sich jedoch, genau wie bei der direkt materiellen Motivation, die Frage nach der Geeignetheit dieses Motivationsinstrumentes. Nur in den (relativ wenigen) Fällen, in denen der Mitarbeiter noch direkt Einfluss auf Zielgrößen wie Umsatz, Deckungsbeitrag, Kundengewinnung oder die Einführung / Sortimentsaufnahme neuer Produkte hat, sind solche Wettbewerbe heute noch sinnvoll und durchführbar.

Events

Ein Event ist die Inszenierung eines besonderen Ereignisses, das *„als Plattform zur erlebnisorientierten Kommunikation und Präsentation eines Produktes, einer Dienstleistung oder eines Unternehmens"* dient (Meffert 1998, S. 714). Die Dramaturgie solcher Events baut auf starken emotionalen und physischen Reizen auf. Dadurch soll eine hohe Aktivierung und Motivation der Teilnehmer in Bezug auf den erlebten Themenkomplex erreicht werden. Außendiensttagungen werden heute oft als Event konzipiert. Die Verkaufsmitarbeiter sollen für das neue Produkt, für die Erreichung der Umsatzziele, für das Unternehmen usw. begeistert werden. Der Event kann die Plattform für die Information über den Verkaufswettbewerb sein. Die Ausgestaltung des Events kann aber so großartig sein, dass schon die Teilnahme bereits die (indirekt monetäre) Motivation für die Verkaufsmitarbeiter darstellt. Events bieten also eine Möglichkeit, die Mitarbeiter zu motivieren und Leistungsbereitschaft zu erzeugen ohne dass, wie im Verkaufswettbewerb, quantitative Ziele detailliert erreicht werden müssen, um dann einen in Aussicht gestellten Preis zu erhalten.

Die emotionale Komponente soll eine hohe Aktivierung und Motivation der Teilnehmer erreichen

2 Training und Schulung

2.1 Bedeutung

Die Produktivität und die Ergebnisse, die Vertriebsmitarbeiter bei der Kundenbearbeitung und auch innerhalb der Vertriebsorganisation erbringen, hängt ab von der Qualität ihrer Leistungen. Für die Qualität von Leistungen ist die Motivation und die Qualifikation der Mitarbeiter ausschlaggebend.

Die erforderlichen Qualifikationen lassen sich klassifizieren in:

- **Fachliche Qualifikation:** z.B. Marktkenntnisse, Wissen über das eigene Unternehmen, dessen Ziele und Strategien, Kenntnisse über Kunden und Vertriebsschienen sowie die Wettbewerber, Produktkenntnisse, IT-Kenntnisse sowie Sicherheit bei der Anwendung der wichtigsten Businesssoftware, Logistikkenntnisse usw.
- **Qualifikation der Methodenanwendung:** z.B. Analysefähigkeit, Verhandlungsgeschick, Fähigkeit zu Planen, Entscheidungsfähigkeit, Zieorientierung usw.

Die erforderlichen Qualifikationen von Vertriebsmitarbeitern

- **Soziale Qualifikation:** Kooperationsfähigkeit, Durchsetzungsvermögen, Kommunikationsfähigkeit, Kompromissfähigkeit usw.

Qualifikation der Vertriebsmitarbeiter kontinuierlich an die Marktveränderungen anpassen

Es sollte die Aufgabe des Unternehmens sein, im Rahmen von Personalentwicklungsmaßnahmen die Qualifikation der Vertriebsmitarbeiter kontinuierlich festzustellen und an die Marktveränderungen anzupassen. Neue Technologien, insbesondere die Informationstechnologie, der Bereich der Logistik und die Veränderungen bei den Handelskunden und ihren Vertriebsschienen nehmen in einem immer härter werdenden Wettbewerbsumfeld auf Inhalt und Umfang der Aufgaben der Vertriebsmitarbeiter erheblich Einfluss.

„Gestern" war z.B. der Key Account Manager verantwortlich für die Betreuung eines nationalen Großkunden. „Heute" ist er verantwortlich für die Moderation eines multifunktionalen Teams und die Verhandlungen mit einem internationalen Kunden. „Gestern" sollte der Key Account Manager Produkte listen. „Heute" soll er die Markenführung bis an den POS sicherstellen, mit dem Kunden gemeinsam, auf Basis von Shopperdaten, warengruppengerechte Hinausverkaufsaktivitäten entwickeln und die Online-Anbindung seines Unternehmens an den Kunden zwecks Datenaustausch / EDI sicherstellen bzw. den Datenaustausch über kundeneigene Extranets vorantreiben. „Morgen" muss er in seinem Unternehmen dafür Sorge tragen, dass mit dem Kunden die Planung auf Basis CPFR erfolgen kann und Produkte via Internet auf B2B-Marktplätzen angeboten werden.

Oder ein Außendienstmitarbeiter: „Gestern" war es seine Aufgabe, zu verkaufen, Neuprodukte vorzustellen und die ausreichende Bevorratung des Kunden mit Ware sicherzustellen. „Heute" ist ein Außendienstmitarbeiter überwiegend ein Berater, der den POS managen muss. Es soll z.B. in der Lage sein, Aktionen zu vereinbaren, durchzuführen und zu kontrollieren, einen selbstständigen Einzelhändler bei der Sortimentszusammensetzung und Regalgestaltung zu unterstützen und einen Vorschlag für einen Regalspiegel gleich an Ort und Stelle in seinen Laptop einzugeben und für den Kunden sichtbar zu machen.

Ebenso hat sich die Tätigkeit im Vertriebsinnendienst verändert. Systematischer telefonischer Kontakt durch den Innendienst mit den Kunden in Ergänzung zur Arbeit der Feldmitarbeiter ist heute üblich. Die Beherrschung sämtlicher Anforderungen, die aus der informationstechnologischen Unterstützung der Vertriebsarbeit und der technischen Anbindung an die Kunden resultiert, ist selbstverständlich.

Selbst im Vertriebscontrolling müssen neben Kennziffern, Kundenwertanalyse, Vertriebsdeckungsbeitragsrechnungen oder Portfolio-Analyse neue Instrumente wie Benchmarking, Balanced Scorecard oder Prozesskostenrechnung (Activity Based Costing) Eingang finden.

Der Wandel in den Berufsbildern im Vertrieb ist immmens

Der Wandel in den Berufsbildern im Vertrieb ist immmens und Mitarbeiterentwicklung und Mitarbeitertraining sind wichtiger denn je. Die

Vertriebsmitarbeiter sind die Speerspitze zum Kunden! Ein Unternehmen ist am Ende vom Erfolg seiner Vertriebsmitarbeiter bei den Kunden abhängig.

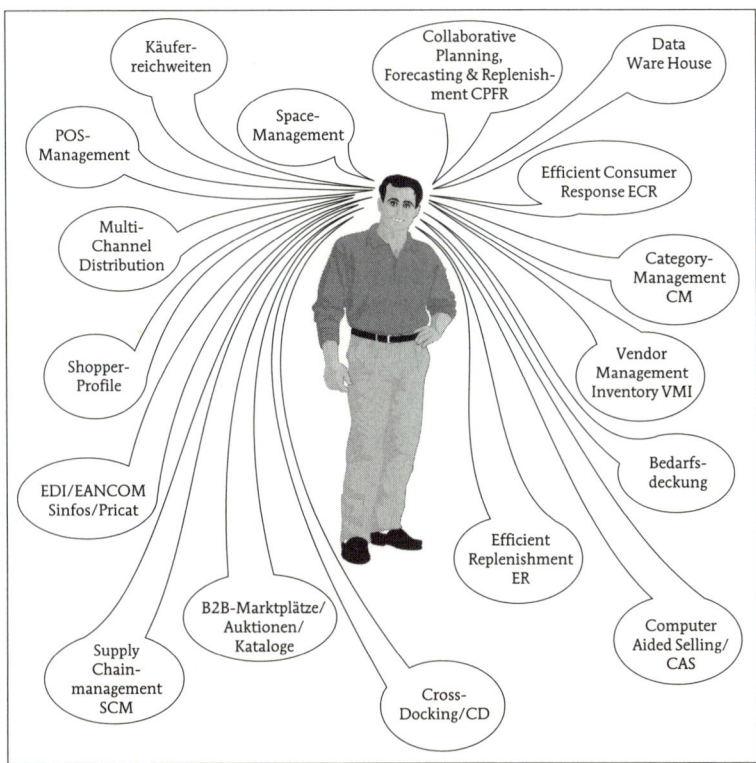

Abb. 2.1: Nur einige der Begriffe, die heute im Vokabular eines Key Account Managers eine Selbstverständlichkeit sein müssen! Dazu ist Training dringend notwendig.

2.2 Entwicklung von Trainingsprogrammen

Wenn ein Unternehmen seine Mitarbeiter trainieren will, dann empfiehlt es sich immer, das Training „Top-Down" durchzuführen, d.h., das Training beim Vertriebsmanagement zu beginnen. *„Auch das Management wird mit neuen Anforderungen konfrontiert. Es muss seine Mitarbeiter im Tagesgeschäft begleiten und unterstützen. Weil der Chef sein Team am besten kennt, müsste er sie auch am besten trainieren können. Deshalb beginnen Veränderungen im Mitarbeiterverhalten immer beim Vorgesetzten."* (Ballhaus/Stippel 1999, S. 69).

    Das Training des Managements unterliegt dem gleichen Prozessablauf, wie das anschließende Training der Mitarbeiter (siehe Abb. 2.2).

Das Training sollte „Top-Down" beim Vertriebsmanagement beginnen

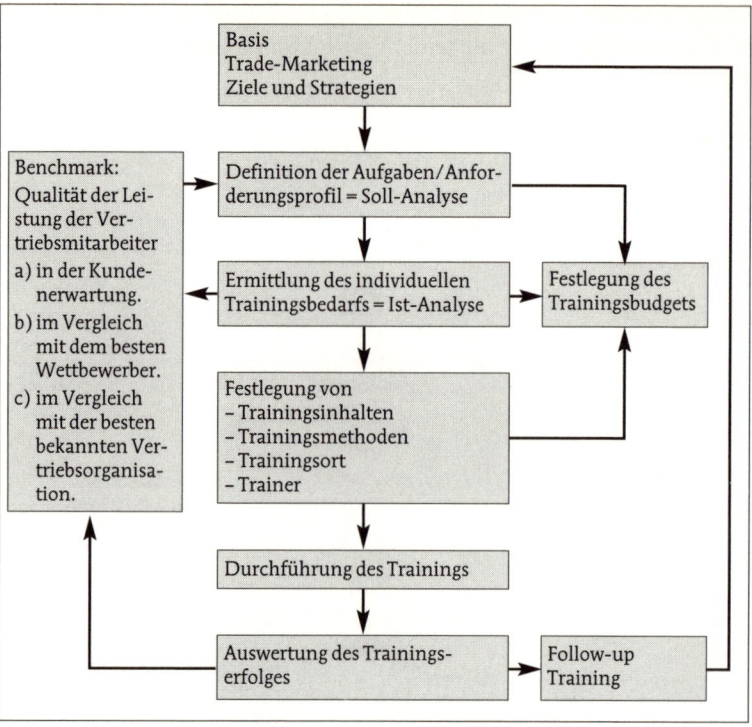

Abb. 2.2:   Prozessablauf für das Mitarbeitertraining

Auf Basis der Trade-Marketing Ziele und Strategien sind die Aufgaben und das Anforderungsprofil für jeden Funktionsbereich zu definieren. (Soll-Analyse).

Als Benchmark oder Gradmesser für das Qualitätsniveau, das die Vertriebsmitarbeiter erreichen müssten, dienen
• die Erwartungen, die die Kunden an die Vertriebsleistung haben,
• die Qualität der Vertriebsmitarbeiter des besten Wettbewerbers bzw. der besten Vertriebsorganisation.

Ermittlung des Trainings-   Der nächste Schritt ist die Ermittlung des Trainingsbedarfs der Mitarbei-
bedarfs der Mitarbeiter in   ter in einer bestimmten Funktion, z.B. im Key Account Management.
einer bestimmten Funktion   Dazu muss in einer Ist-Analyse der aktuelle Stand der Fähigkeiten festgestellt werden. Dafür bieten sich verschiedene Methoden an:
• Befragung der Mitarbeiter,
• Beobachtung der Mitarbeiter bei der Durchführung ihrer Tätigkeiten durch den Vorgesetzten,
• Auswertung und Vergleich der Ergebnisse der Mitarbeiter z.B. auf Basis von Kennziffern oder auch
• die Befragung der Kunden.

Die Ergebnisse der Ist-Analyse sind mit der Soll-Analyse abzugleichen. Je nach dem Ausmaß der Abweichungen zwischen dem aktuellen Leistungsstand der Mitarbeiter und der angestrebten Leistungsqualität ist das Budget, das für Trainingszwecke eingeplant werden muss, mehr oder weniger groß. Die Höhe des Trainingsbudgets wird zudem durch die Trainingsmethode, den Trainingsort und auch den eingesetzten Trainer bestimmt.

Die Ergebnisse der Ist-Analyse sind mit der Soll-Analyse abzugleichen

In Bezug auf die Trainingsmethoden werden so genannte „unpersönliche" und „persönliche" Methoden unterschieden (vgl. Weis 2000, S. 160 ff.).

„unpersönliche" und „persönliche" Trainingsmethoden

Unpersönliche Methoden und Medien sind z.B.: Bücher und Lehrbriefe, programmierte Unterweisung, Video, CD-ROM, Computer-Based-Training (CBT), Business-TV oder Internet (Intranet!). Unpersönliche Methoden sind besonders geeignet, wenn es um die Vermittlung von Faktenwissen geht.

Persönliche Methoden sind z.B.: Vorträge und Diskussionen, Seminare, Rollenspiele oder on-the-job Training. *„Das klassische Seminar ('Classroom-Training') verliert offenbar an Bedeutung ... Eine Ausnahme sind allgemeine Seminare wie Persönlichkeitsbildung oder Rhetorik ... Mehr Bedeutung haben hingegen das Coaching und die Prozessbegleitung ('Operation-Training')."* (Ballhaus/Stippel 1999, S. 69 f.)

In Bezug auf die Wahl des richtigen Trainers stehen 3 Möglichkeiten offen (vgl. Dalrymple, Cron, Decarlo 2001, S. 375 f.):

die Wahl des richtigen Trainers

- Einsatz von spezialisierten Mitarbeitern aus dem Unternehmen selbst: z.B. ein Mitarbeiter aus der eigenen Marktforschungsabteilung, der die Vertriebsmitarbeiter in die wichtigsten Marktforschungsmethoden und Kennziffern zum Käuferverhalten einführt. Als Nachteil dieser Trainer wird angeführt, dass sie keine genauen Kenntnisse von realistischen Arbeitssituationen der Vertriebsmitarbeiter haben. Der Transfer des gelernten Wissens auf die Praxissituation ist oftmals schwierig.
- Einsatz von Vorgesetzten: Vorgesetzte wissen, welche Fähigkeiten ihre Mitarbeiter besitzen müssen, allerdings mangelt es den Vorgesetzten oftmals an der Methodenkenntnis, d.h. der richtigen Art und Weise, ihr Wissen zu vermitteln. Außerdem haben Vorgesetzte ihren eigenen Aufgabenbereich und dadurch nicht immer die Zeit, sich den Schulungsaufgaben ausreichend zu widmen.
- Einsatz von externen Trainern: Diese zeichnen sich durch Fachwissen und Methodenwissen aus. Um die Anwendung des vermittelten Wissens durch die Mitarbeiter abzusichern, sollten die externen Trainer nachweisbar Kenntnisse der jeweiligen Branche, der wichtigsten Kunden in der Branche als auch des Unternehmens selbst sowie seiner wichtigsten Wettbewerber haben.

Einen konkreten Bezug zwischen den Schulungs- maßnahmen und der Leistung des Mitarbeiters festzustellen ist nicht unproblematisch

Nach der Durchführung des Trainings oder aber wenn es sich um einen längerfristigen Trainingsprozess handelt, begleitend zum Training, sollte die Auswertung der Ergebnisse der Trainingsmaßnahme erfolgen. In der Praxis ist es nicht immer einfach, einen konkreten Bezug zwischen den Schulungsmaßnahmen und der Leistung des Mitarbeiters festzustellen, obwohl zu Recht die Frage zu stellen ist: *„What did we get from our training dollars?"* (Dalrymple. Cron, Decarlo, 2001, S. 376) Evaluationsmethoden hierzu sind:

- Feedback zu der Trainingsmaßnahme durch den Mitarbeiter,
- Beurteilung des Verhaltens des Mitarbeiters durch den Vorgesetzen,
- Selbstbeurteilung des Verhaltens nach dem Training durch den Mitarbeiter,
- Ermittlung der Arbeitsergebnisse des Mitarbeiters (z.B. Umatz, Kundengewinnung, etc.; ggf. im Vergleich zu nicht trainierten Mitarbeitern),
- Beurteilung des Mitarbeiters durch die Kunden.

Bleibt das Training eine Einzelmaßnahme, verpufft die Wirkung

Ist ein Training durchgeführt worden, gilt: *„One of the biggest mistakes management can make is failure to follow up on training. One-shot training is a proven formula for failure and a big waste of company money."* (Dalrymple, Cron, Decarlo 2001, S. 378) Schulung und Training für Vertriebsmitarbeiter ist eine unternehmerische Entscheidung. Sie sichert die Qualität am wichtigsten Punkt des Unternehmens, dem Kontakt mit dem Kunden. Zur Förderung der Kundenbearbeitung ist kontinuierliches Training und Schulung aller Vertriebsmitarbeiter dringend notwendig.

3 Salesfolder und andere Verkaufshilfen

3.1 Unterlagen für den Einsatz beim Kunden

Um die Arbeit beim Kunden zu fördern und insbesondere das Kundengespräch zu unterstützen, wird den Vertriebsmitarbeitern eine Reihe von Unterlagen zur Verfügung gestellt. So gibt es schriftliche Unterlagen wie: Salesfolder, Jahresgesprächsfolder, Regalspiegel, Preislisten, Produkt-, bzw. Programmbroschüren, Firmenbroschüren etc.

Weitere wichtige Verkaufshilfen sind: (Original-)Produkte und Produktproben.

Weiterhin gehören technische Hilfsmittel dazu wie Laptops, Video, Pen-Computer oder z.B. auch Handheld-Computer. Einige Firmen stellen den Außendienstmitarbeitern auch sog. Verkaufshandbücher (Sales manuals) zur Verfügung, die für die Information und das Training der Außendienstmitarbeiter gedacht sind.

Im Folgenden erfolgt eine kurze Beschreibung ausgewählter Verkaufshilfen.

3.2 Inhalt und Gestaltung ausgewählter Verkaufshilfen

Salesfolder

Salesfolder sind schriftliche Unterlagen zu einem bestimmten Thema oder einer bestimmten Information, die das Unternehmen an den Kunden weiterleiten will.

schriftliche Unterlagen zu einem bestimmten Thema oder einer bestimmten Information, die das Unternehmen an den Kunden weiterleiten will

    Sie dienen als Gesprächsleitfaden für den Verkaufmitarbeiter und visualisieren aufgrund der fast immer enthaltenen Abbildungen den Gesprächsgegenstand. Salesfolder verbleiben oft beim Kunden und sind damit gleichzeitig eine Dokumentation dieser Information des Lieferanten.

    Salesfolder werden von den Key Account Managern für Gespräche in den nationalen bzw. regionalen Zentralen eingesetzt. Besonders notwendig sind sie auch für die Mitarbeiter der Feldorganisation, die Informationen an die Mitarbeiter in den Filialen bzw. an selbstständige Einzelhändler weiterleiten.

Anlässe, einen Salesfolder zu erstellen, sind z.B.:
* die Einführung eines neuen Produktes,
* die Information über neue Marktforschungsergebnisse z.B. bezüglich der Entwicklung der Marktanteile oder des Bekanntheitsgrades der Marke,
* Maßnahmen im Consumer Marketing wie eine neue Werbekampagne oder neue Consumer-Promotions,
* Trade-Marketing Maßnahmen, wie z.B. POS-Aktivitäten, Displays, Regaleinsätze usw.

Anlässe für die Erstellung eines Salesfolders

Die üblichen Inhalte eines Salesfolders für eine Neuprodukt-Einführung zeigt folgende Tabelle:

Inhalte eines Salesfolders für eine Neuprodukteinführung	
Produkt selbst:	**Technische Produktdaten**
• Abbildung • Produktbeschreibung • Produktausstattung • (Ökologische Aspekte der Verpackung)	• Gebinde/Verpackungseinheit und -maße • Palettenart/ -inhalt/ -maße • EAN-Codes der Versandeinheit

Marktforschungsergebnisse:	MediakampagneWerbung:
• Verbrauchertests • Abverkaufstests	• Eingesetzte Medien • Leistungswerte/Verbraucher- kontakte der Medienkampagne • Key Visuals, bzw. Story Board
Platzierungsvorschlag:	Verkaufsförderung:
• Regalplatzierung • Zweitplatzierung	• Verbraucherpromotions • POS-Aktivitäten • Displays

Abb. 3.1:   Inhalte eines Neuprodukt-Salesfolders

kundenspezifische Informationen

Für die Listungsgespräche in den Handelszentralen muss in Ergänzung zu diesen allgemeinen Angaben noch eine Reihe weiterer kundenspezifischer Informationen für ein Neuprodukt vorbereitet werden, wie beispielsweise:

• Beitrag des Neuproduktes zur Warengruppen-Rolle und Warengruppen-Strategie des Händlers,
• Vergleich zu Wettbewerbsprodukten in der Warengruppe,
• Umsatz-, Marktanteilsziele in der Vertriebsschiene, Marktanteilsziele in der Warengruppe,
• Regalplatzvorschlag, Facings,
• Abverkaufsmaßnahmen,
• WKZ-Unterstützung,
• empfohlener Verkaufspreis in der Vertriebsschiene,
• Spanne / DPR.

Die Gestaltung solcher Salesfolder ist sehr unterschiedlich. Je nach Bedeutung der Aktivität oder Information, über die berichtet werden soll, ist der Salesfolder mehr oder weniger aufwändig gestaltet.

Zu einer aufwändigen Gestaltung gehört nicht nur die Verwendung einer besonderen Papierqualität, eines besonderen Formates oder einer auffälligen Bindung der einzelnen Seiten des Folders. In manchen Fällen werden auch „Gimmicks" eingesetzt, die die besondere Aufmerksamkeit des Kunden anziehen sollen. Manchmal werden auch ganze Präsentations-Sets zusammengestellt, in denen der Salesfolder integrierter Bestandteil ist, die aber auch Produktmuster enthalten oder ein kleines Präsent.

elektronische Salesfolder z.B. als PowerPoint-Präsentation

In Zeiten des Laptops werden mittlerweile natürlich auch elektronische Salesfolder z.B. als POWERPOINT-Präsentation entwickelt. Die Möglichkeiten, diese Präsentation aufwändig zu gestalten, sind vielfältig. Der elektronische Salesfolder hat zudem den Vorteil, dass kundenindividuelle Informationen ohne großen Aufwand integriert werden können. Trotzdem sollte ein „Handout" aus Papier eingeplant werden, um den Transport der Information im Kollegenkreis des Einkäufers sicherzustellen.

Bei der Vielfalt der Gestaltungsmöglichkeiten und der Wichtigkeit von Salesfoldern ist es nicht verwunderlich, dass für die Entwicklung meist Werbeagenturen eingeschaltet werden. Ihre Aufgabe ist es, prägnante, überzeugende Formulierungen zu finden und eine Präsentationsform zu kreiieren, die das Verkaufsgespräch positiv unterstützt und mithilft, den Kunden zu überzeugen. Bei allen Freiheiten in den Gestaltungsmöglichkeiten sollte bedacht werden, dass sich die Chancen des Aufbewahrens dieses Folders durch ein angemessenes Format erhöhen!

Jahresgesprächsfolder

Jahresgesprächsfolder sind schriftliche Unterlagen, die den Key Account Manager bei der Führung des Jahresgespräches unterstützen. In der Praxis besonders des LEH sind Jahresgespräche im Schwerpunkt Gespräche über Konditionen. Weiterhin wird an den Jahresgesprächen üblicherweise das abgelaufene Jahr analysiert und anstehende Neuprodukte werden diskutiert. Ziel sollte es allerdings sein, in diesen Gesprächen gemeinsame Verkaufs- und Vermarktungsstrategien in den Vordergrund zu stellen. Ein gut gemachter Salesfolder für das Jahresgespräch hilft dem Key Account Manager, das Angebot seines Unternehmens an solchen gemeinsamen Initiativen zu vermitteln.

schriftliche Unterlagen, die den Key Account Manager bei der Führung des Jahresgespräches unterstützen

Inhaltlich ist ein Jahresgesprächsfolder meist aus folgenden Bausteinen zusammengesetzt:

Inhalte des Jahresgesprächsfolders

Allgemeiner Teil:

- Wichtigste Ergebnisse des laufenden Geschäftsjahres des Lieferanten (z.B. Umsatz-, und Marktanteilsentwicklung, Entwicklung in den Vertriebsschienen allgemein)
- Generelle Ziele des Lieferanten für das nächste Geschäftsjahr
- Wichtigste produktbezogene Ziele
- Neuprodukte
- Werbung, einschließlich der geplanten Investitionen in Werbung sowie der Media-Leistungswerte

Kundenindividueller Teil

- Ergebnisse des laufenden Geschäftsjahres (Umsätze / Abverkäufe / Reichweite usw. in der Vertriebslinie; Marktanteile in der Vertriebsschiene und in der Warengruppe; Erfolg von Produktneueinführungen; Erfolg von POS-Aktivitäten; Effizienz Einsatz Feldorganisation; VK-Preisgestaltung usw.)
- Kundenindividuelle Ziele für das nächste Geschäftsjahr (Umsatz, Marktanteile in der Vertriebsschiene und in der Warengruppe, Umschlag, DPR / Flächenproduktivität usw.)
- Kundenindividuelle Maßnahmen zur Zielerreichung
  - Neuprodukte incl. Platzierungsvorschläge

– Trade-Marketing-Maßnahmen: Aktivitäten am POS einschließlich Sortimentsüberarbeitung, Promotion-Maßnahmen, Co-Marketing-Aktionen, Einsatz der Feldorganisation, Regalservice / Merchandising, Maßnahmen im Bereich der Logistik / Supply Chain Management, sonstige Service-Leistungen usw.

Das Format eines Jahresgesprächsfolders orientiert sich an der Gesprächssituation. Es sind meist mehrere Teilnehmer auf der Kundenseite, die der Key Accounter gleichzeitig mit seiner Präsentation ansprechen will. In der Praxis hat sich die Verwendung eines aufklappbaren Salesfolders (DIN A3) mit einer stabilen Aufstellhilfe aus Karton als sehr praktisch erwiesen. Natürlich können die Inhalte des Jahresgesprächsfolders auch elektronisch z.B. als POWERPOINT-Präsentation aufbereitet und via Laptop und Beamer präsentiert werden. Meist wird dem Kunden eine Kopie des Jahresgesprächsfolders im handlichen DIN A 4 Format übergeben.

Verkaufshandbuch – Sales Manual

Das Verkaufshandbuch oder Sales Manual hat die Aufgabe, den Vertriebsmitarbeiter umfassend über alle Themen zu informieren, die er für die Erfüllung seiner Aufgaben bei den Kunden benötigt. Es ist quasi ein Nachschlagewerk, das dem Mitarbeiter kontinuierlich zur Verfügung steht. Es enthält eine Reihe mittel- bis längerfristig gültiger Daten wie nachfolgende Tabelle zeigt:

Inhalte eines Verkaufs-Handbuchs / Sales-Manuals	
Das Unternehmen	**Der Markt / die Zielgruppe**
• Philosophie	• Marktgröße
• Strukturen	• Marktsegmente
• Geschichte	• Marktentwicklung
• Erfolge	• Marktanteile, -entwicklung
• Bedeutung im Markt	• Zielgruppenbeschreibung
Die Produkte des Unternehmens	**Die Konkurrenten**
• Produktbeschreibung	• Produkte
• (Techn.) Fachwissen zu den Produkten	• Umsätze / Marktanteile
• Produktausstattung	• Werbliche Aktivitäten
• Ergebnisse der Marktforschung	• Preisstellung
• Vergleich zu Wettbewerbsprodukten	• Distribution
• Preislisten / Standardkonditionen	
• Lieferbedingungen	
Die Werbung / Verkaufsunterstützung	**Die Kunden / Der Handel**
• Anzeigen / Storyboards	• Kundenstruktur

• Mediapläne • Standarddisplay/ Paletten • VKF-Material	• Informationen zu den Kunden • Erläuterungen zu den Vertriebsschienen • Kundenspezifische Informationen (z.B. zu Listungsstand, Regalplatz, Warengruppe, Merchandising usw.)
Das Verkaufsgespräch • Checklisten zur Gesprächs-vorbereitung • Argumentationsleitfaden für Gesprächsdurchführung • Standardfragen im Gespräch • Umgang mit Reklamationen • Checkliste für Neukunden-gewinnung	**Die Vertriebsorganisation** • Organigramm • Adressen / Telefonnummern • Formulare
Schulung und Training • Inhalt und Ergebnis von Trainingsveranstaltungen	**Lexikon** • Wichtige Begriffe und ihre Bedeutung • Kennziffern des Handels

Abb. 3.2: Inhalte eines Verkaufshandbuchs / Sales-Manuals

Je nachdem, welche Funktion ein Vertriebsmitarbeiter ausübt (Key Account Management oder Feldorganisation) müssen die Daten und Informationen für seine spezifischen Bedürfnisse ergänzt werden. Damit Verkaufshandbücher für den Vertriebsmitarbeiter eine wirksame Unterstützung sind, müssen sie regelmäßig gepflegt und aktualisiert werden. Verkaufshandbücher haben dann die höchste Effizienz, wenn sie folgende Bedingungen erfüllen (vgl. Weis 2000, S. 178):
• Helfen, Verkaufsgespräche effizienter zu führen
• Jederzeit das notwendige Wissen für die verschiedensten Kundensituationen zur Verfügung stellen
• Zur Systematisierung der Verkaufsarbeit beitragen
• Helfen, die Beziehung zu den Kunden effizienter zu gestalten.

4 Computer Aided Selling (CAS)

4.1 Abgrenzung und Einführung

Unter dem Begriff „Computer Aided Selling" (CAS) wird die *„informationstechnologische Unterstützung von Planungs- und Abwicklungsaufgaben im Rahmen von Verkaufsprozessen – von der pre Sales-Phase über die Sales-Phase bis zur after Sales-Phase – verstanden"* (Link/Hildebrand 1993, S. 95).

informationstechnologische Unterstützung von Verkaufsprozessen

Die us-amerikanische Umschreibung für CAS ist „Sales Force Automation" (SFA). Oft wird CAS in einem Atemzug mit CRM genannt, dem „Customer Relationship Management". Die Abgrenzung zwischen beiden Begriffen ist nicht eindeutig und fließend.

CAS beschränkt sich auf die Anwendung im Vertriebsbereich und vermittelt den Mitarbeitern im Vertrieb Informationen über Kunden, Produkte, den Markt und das eigene Unternehmen.

Der ganzheitliche Ansatz von Customer Relationship Management geht über reine Verkaufsaspekte hinaus

Im Unterschied zu CAS ist unter „Customer Relationship Management" (CRM) ein ganzheitlicher IT-gestützter Ansatz zur Unternehmensführung zu verstehen. CRM *„integriert und optimiert auf der Grundlage einer Datenbank und Software zur Marktbearbeitung sowie eines definierten Verkaufsprozesses abteilungsübergreifend alle kundenbezogenen Prozesse in Marketing, Vertrieb, Kundendienst, F & E u.a. Zielsetzung von CRM ist die gemeinsame Schaffung von Mehrwerten auf Kunden- und Lieferantenseite über die Lebenszyklen von Geschäftsbeziehungen."* (Winkelmann 2000, S. 155) CRM geht nach dieser Definition über die Verkaufsaspekte hinaus und fordert, das bekannte Konzept des Beziehungs-Marketings (vgl. Meffert 1998, S. 24 f.) computergestützt auf alle Kundenprozesse auszudehnen. Weiterhin verlangt CRM die Anbindung von Marketingfunktionen an den Verkauf wie Telemarketing, Call-Center, Hotlines, Help-Desk-Systeme usw.

In diesem Sinne vertritt Winkelmann die Auffassung, dass CAS, wenn es in einem Unternehmen erfolgreich eingesetzt ist, automatisch in Richtung CRM erweitert wird. *„Wer eine CAS-Vertriebssteuerung einsetzt, dem ist der Weg zu CRM vorgezeichnet. In vielen Unternehmen laufen Integration und Automatisierung von Kundenprozessen 'scheibchenweise' (permanent) über viele Jahre ab; und nicht im Rahmen eines revolutionierenden Projektes. Den Urknall hat man mit der CAS-Einführung hinter sich."* (Winkelmann 5/2000, S. 37)

CAS-Systeme werden seit Mitte der 80er-Jahre zur Unterstützung des Vertriebs, besonders des Außendienstes, in fast allen Branchen eingesetzt. Von Anfang an dabei waren die Konsumgüter- und Markenartikelindustrie, Pharmaunternehmen sowie Versicherungen. Es folgten Branchen wie Investitions- und technische Gebrauchsgüter. Heute ist eine verstärkte Nachfrage auch in den Bereichen Finanzdienstleistung, Telekommunikation und Energieversorgung festzustellen (vgl. o. V. 2001, S. 2).

Das Ziel von CAS-Systemen ist die Effizienzsteigerung der Vertriebsmitarbeiter und die Förderung der Kundenbearbeitung

Das Ziel von CAS-Systemen ist die Effizienzsteigerung der Vertriebsmitarbeiter und die Förderung der Kundenbearbeitung insbesondere durch

- Unterstützung der Vertriebssteuerung (Planung, Steuerung, Kontrolle),
- Verbesserung der Kommunikation mit den Kunden (Verkaufsgespräch, Pflege der Beziehungen),
- Optimierung der Administration / Disposition (Abwicklungsaufgaben, Termine, Kontakte, Berichte, Präsentationen etc.).

Nach Link / Hildebrand hat CAS im Wesentlichen fünf Vorteilspotenziale, die zu strategischen Wettbewerbsvorteilen führen können (vgl. Link/ Hildebrand 1993, S. 141 ff.):

fünf Vorteilspotenziale von CAS

- **Individualisierungspotenzial:** CAS ermöglicht individuelles „One-to-One Marketing", das sich in individuellen Beratungen *„bis hin zu leistungsmäßig, preislich, terminlich und finanziell maßgeschneiderten Problemlösungen"* äußert (Link/Hildebrand 1993, S. 143).
- **Schnelligkeitspotenzial:** Durch die Nutzung der Informationstechnologie lassen sich enorme Zeitvorteile schaffen und Vertriebsprozesse wie z.B. die Angebotserstellung wesentlich beschleunigen.
- **Lernpotenzial:** Durch die Speicherung von verschiedensten Informationen kann Wissen angehäuft und verfügbar gemacht werden. Wissensmanagement bringt dem Vertriebsmitarbeiter einen erheblichen Lerneffekt, der in Kompetenzmehrung mündet.
- **Überzeugungspotenzial:** Mit CAS hat der Vertrieb vielfältige Möglichkeiten, den Kunden über die Leistungsbereitschaft seines Unternehmens zu überzeugen, angefangen von schnellen und präzisen Auskünften bis hin zur multimedialen Präsenz.
- **Rationalisierungspotenzial:** CAS bietet erhebliche Rationalisierungspotenziale, die z.B. für die Verkaufsverwaltung auf 30 Prozent geschätzt werden, oder aber in der Feldorganisation eine Verringerung der Außendienstkapazität.

In der Praxis können folgende Nutzenvorteile durch den Einsatz von CAS beobachtet werden:

Nutzenvorteile durch den Einsatz von CAS

Nutzenvorteile durch den Einsatz von CAS	
Quantitativer Nutzen	**Qualitativer Nutzen**
Kosteneinsparungen durch:	• Bessere Qualität für den Kunden
• Materialreduzierungen	• Gezieltere Informationen
• Preiswertere Kommunikation	• Bessere Marktanalysen
• Arbeitszeiteinsparungen	• Schnellere Kommunikation
• Weniger Fehler	• Motivation des Außendienstes
• Schnelleren Durchlauf	• Vorsprung vor Mitwettbewerbern
• Kurzfristigere Reaktionen	
Nutzen ist exakt messbar	**Nutzen ist nicht exakt messbar**

Abb. 4.1: Nutzenvorteile durch CAS (Quelle: Hassmann 1997, S. 13)

Trotz all dieser offensichtlichen Nutzenvorteile zeigt die Praxis erhebliche Probleme bei der Einführung von CAS. Dazu gehören fehlerhafte Software, Schwierigkeiten bei der Nutzung der Technik, mangelnde Akzeptanz insbesondere bei den Außendienstmitarbeitern, fehlende Schulung und ungenügende organisatorische Anpassungen.

mit der Einführung
von CAS zu beobachtende
Ängste

„Das ist nicht erstaunlich, denn schließlich hat die Einführung der technischen Innovation CAS immer auch organisatorische Konsequenzen, und Organisationsveränderungen haben mit Menschen zu tun." (Hassmann 2001, S. 3) Und diese Menschen fürchten ganz besonders, dass durch CAS ihre Besitzstände angegriffen werden, Arbeitsweisen sich verändern und die Anforderungen wachsen:

- **Vertrieb:** Reorganisationen werden befürchtet, denn mit der Einführung von CAS geht meist einher, dass etablierte Abläufe und gewachsene Strukturen überprüft werden. Die Folge sind oft Veränderungen in den Vertriebsstrukturen wie Neuklassifikation der Kunden, Überprüfung der Arbeitsbelastung der Mitarbeiter, Neueinteilung von Verkaufsgebieten, Umsetzung von Mitarbeitern usw.
- **Verkäufer:** Sie verlieren mit dem Informationssystem CAS ihr Monopol auf die alleinige intime Kundenkenntnis. Kunden- und Verkaufszahlen, aber auch Rabattstrukturen und Aktivitäten beim einzelnen Kunden werden transparenter und eine verstärkte Kontrolle und Einflussnahme wird umgesetzt.

Aber auch andere Abteilungen wie die EDV-Abteilung oder die Produktion sehen Veränderungen durch CAS auf sich zukommen. So befürchtet die EDV ggf., dass etablierte Systemstrukturen verändert werden müssen und die Produktion befürchtet z.B., in Zukunft vermehrt Kundenwünsche bei der Fertigung berücksichtigen zu müssen (vgl Hassmann 2001, S. 3 f.).

Die Einführung von CAS sollte bzw. muss, wie jede tief greifende Organisationsveränderung, durch Maßnahmen begleitet werden, die heute unter dem Stichwort „Change Management" in die Organisationsliteratur Eingang gefunden haben. Die wichtigsten Prinzipien, die beachtet werden sollten sind:

- **Betroffene zu Beteiligten machen:** Die Vertriebsmitarbeiter als Betroffene sollten von Anfang an in die Veränderungsprozesse, die durch die Einführung von CAS in Gang gesetzt werden, integriert und damit zu Beteiligten gemacht werden. Da nicht alle Mitarbeiter teilnehmen können, sollten solche ausgewählt werden, die ggf. die Funktion von Meinungsführern in ihren Gruppen haben und bei denen keine grundsätzlichen Widerstände gegen IT-basierte Arbeitsmethoden bestehen.
- **Offene Kommunikation:** Es muss von Anfang an allen Mitarbeitern klar und ehrlich kommuniziert werden, was die Unternehmens- bzw. Vertriebsführung geplant hat, weiterhin, dass Arbeitsplatzveränderungen auf die Mitarbeiter zukommen. So ist auch von Anfang an der Betriebsrat in die Prozesse zu integrieren, da die Einführung von CAS eine Veränderung des Arbeitsplatzes bedeutet, die gemäß § 90 des BetrVG dem Unterrichtungs- und Beratungsrecht des Betriebsrats unterliegt.
- **Vertrauen aufbauen:** Die Mitarbeiter müssen glaubhaft erfahren, dass diese Eingriffe in vertraute Arbeitsabläufe und Strukturen not-

wendig sind, um die Zukunft des Unternehmens zu sichern. Außerdem muss nachvollziehbar werden, dass das Unternehmen die Mitarbeiter durch entsprechende Maßnahmen wie Integration in das CAS-Projektteam sowie Training und Schulung für die veränderte Arbeitsplatzgestaltung „fit" machen wird.

- **Soziale Beziehungen berücksichtigen:** Veränderungen führen auch zu der Angst, dass soziale Beziehungen zerstört werden könnten, z.B., wenn man seine gewohnten und vertrauten Kunden nicht mehr besuchen kann. Eine andere Sorge ist, das „Gesicht zu verlieren". Zum Beispiel, indem man zu dem Kunden geht, den man seit 10 Jahren besucht hat und jetzt auf einmal für das Verkaufsgespräch einen Laptop unterstützend einsetzen soll, den man noch nicht einmal hundertprozentig bedienen kann.

Die Einführung von CAS bringt aber nicht nur die Schwierigkeit mit sich, dass die Mitarbeiter Abwehr und Ängste zeigen. Die Einführung von CAS führt fast automatisch zu Fragestellungen, die in einer Situationsanalyse des Vertriebs münden und zu einer Formulierung von Vertriebszielen und Vertriebsstrategien zwingen.

Die Einführung von CAS macht eine Situationsanalyse des Vertriebs erforderlich

Zum Beispiel stellt sich die Frage, nach welchen Kriterien Kunden klassifiziert werden und ob diese Klassifikation den zukünftigen Anforderungen genügt; ob auch zukünftig alle Kunden durch den Außendienst besucht werden sollen und inwieweit eine telefonische Betreuung durch den Innendienst in Frage kommt; welche Aufgaben die Mitarbeiter beim Kundenbesuch wahrnehmen und inwieweit umsatzbezogene Provisionssysteme heute noch zielführend sind oder z.B., an welchen Erfolgskriterien die Leistung der Mitarbeiter gemessen wird und inwieweit diese Kriterien zu wettbewerbsfähigen Leistungszielen führen usw.

CAS-Projekte scheitern, wenn kein klares Vertriebskonzept vorliegt oder aber sie laufen Gefahr unbefriedigende Ist-Situationen festzuschreiben.

4.2 Kernelemente eines CAS-Systems

Durch welche Kernelemente kann ein CAS-System beschrieben werden? Es sind dies die Nutzer, die Informationsquellen und die Funktionselemente bzw. Tools (siehe Abb. 4.2).

Zu den Nutzern im Vertrieb gehören praktisch sämtliche Vertriebsmitarbeiter, die Vertriebsleitung, das Key Account Management, die Feldorganisation, der Vertriebsinnendienst und das Vertriebscontrolling. Aber auch Call Center als Service-Abteilungen können in ein CAS-System integriert werden.

Ein CAS-System wird aus verschiedenen Informationsquellen gespeist. Zu diesen gehören z.B. die Produktionsplanung und -steuerung,

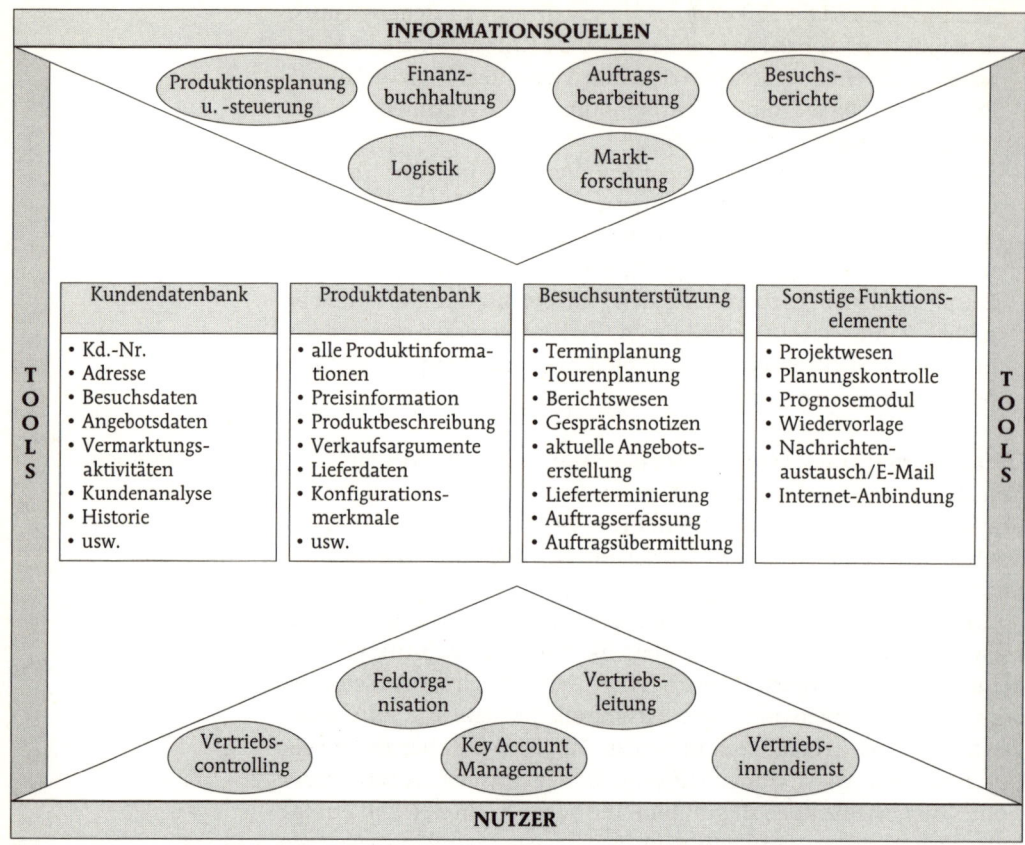

Abb. 4.2:   Kernelemente eines CAS-Systems

die Logistik, die Finanzbuchhaltung, die Auftragsbearbeitung, die Marktforschung sowie Besuchsberichte.

Daher ist es notwendig, die Kompatibilität mit anderen im Unternehmen verwendeten IT-Systemen, wie Produktkonfigurationen, MS-OFFI-
CE (WORD, EXCEL), LOTUS NOTES, ERP-Systemen (SAP, ORACLE etc.) oder
beispielsweise Geografischen Informationssystemen (GIS) sicherzustellen.

Funktionselemente,
die den Verkaufsprozess
unterstützen

Die Funktionselemente, die den Verkaufsprozess unterstützen sind vielfältig. Wichtige Tools sind z.B. (vgl. Link/Hildebrand 1993, S. 108, vgl.
Homburg, Schneider, Schäfer 2001, S. 220, vgl. Hassmann 2001, S. 8 f.,
vgl. Schwetz 2000, S. 114):

• Kundendatenbank mit Grunddaten wie Kundennummer, Adresse
  usw.; Kundenbearbeitungsinformationen wie Besuchsdaten, Ange-
  botsdaten, Vermarktungs-Aktivitäten, Historie usw., Kundenanalyse / Kundenportfolio-Analyse.

- Produktdatenbanken mit allgemeinen Produktinformationen, Preis-informationen, Produktbeschreibungen, Verkaufsargumenten, Lie-ferzeiten, je nach Branche auch mit Konfigurationsmerkmalen wie Zusatzausstattungen usw.
- Besuchsunterstützung beispielsweise durch: Terminplanung / Tou-renplanung, Angebotsstand, Berichtswesen, Gesprächsnotizen, aktu-elle Angebotsinformation, Angebotserstellung / Angebotskalkulation, Wirtschaftlichkeitsberechnungen, Lieferterminierung, Auftragserfas-sung, Auftragsübermittlung, Reisekosten- und Provisionsabrechnung.
- Sonstige Funktionselemente wie: Projektberichtswesen, Planungs-, Kontroll-, Prognosemodul, Wiedervorlage, Nachrichtenaustausch / E-Mail, Internet-Anbindung usw.

Zusätzlich zu Standardfunktionen verfügen einzelne CAS-Software-An-bieter über eine Branchenspezialisierung und bieten Zusatzmodule an, die sich im Baukastensystem miteinander kombinieren lassen. *branchenspezifische Zusatzmodule*

Branchenspezifisch werden für den Konsumgüterbereich z.B. folgen-de Schwerpunkte gesehen (vgl. Schwetz 2000, S. 124): Kampagnen-Ma-nagement, Kunden-Artikel-Konditionen, Auftragshistorie, Auftragser-fassung, Preiserhebungen, Listungen, Key Account Management, EDI, Internet, Multimedia. Bei der Hardware kann im Konsumgüterbereich zudem ein Pen-Computer sinnvoll sein, wenn der Außendienstmitarbei-ter die Auftragserfassung im Stehen durchführen muss. Auch Handheld-Computer mit Lesestift zum Scannen der Artikelnummer am Verkaufs-regal ergänzen das Notebook sinnvoll.

4.3 Projektdurchführung

Die Entscheidung, dass der Vertrieb zukünftig mit einem CAS-System ar-beiten soll, erfordert die uneingeschränkte Überzeugung der Geschäfts-leitung von der Richtigkeit dieser Investition und auch die entsprechen-de Unterstützung in allen Phasen der Implementierung. Ohne ein ein-deutiges „commitment" wird eine CAS-Implementierung scheitern. Sie wird daran scheitern, dass sich die beteiligten Menschen nicht mit CAS identifizieren – so wenig oder so viel, wie sich die Geschäftsleitung iden-tifiziert. *Ohne ein eindeutiges „com-mitment" der Geschäftslei-tung wird eine CAS-Imple-mentierung scheitern*

Ist das „Ja" für CAS gefällt worden, ist ein Projektteam zu bilden. In diesem Team müssen alle künftigen Anwenderbereiche vertreten sein, es sollte auf alle Fälle kein reines EDV-Team sein. Zu den permanenten Pro-jektbeteiligten gehören: Außendienst, Vertriebsleitung, Kundendienst, Innendienst, Marketing bzw. Handelsmarketing, EDV-Management. Je nach Erfordernis müssen andere betroffene Funktionsbereiche zeitweise integriert werden. Das sind z.B.: Buchhaltung, Auftragsabwicklung, Lo-gistik, Produktion usw.

Die Konzeptionserstellung
ist Sache des Vertriebs und
nicht der EDV-Abteilung

Zu klären ist, wer das Projektteam leitet. Schwetz unterscheidet zwischen einer Konzeptions- und einer Einführungsphase. Besonders die Konzeptionserstellung ist Sache des Vertriebs und nicht der EDV-Abteilung. Und er empfiehlt, die Einführungsphase in einen vertriebsorientierten und in einen systemporientierten Teil zu splitten (vgl. Schwetz 2000, S. 141).

10 Stufen-Plan für die Ein-
führung eines CAS-Systems

Für die Einführung eines CAS-Systems ist es empfehlenswert, dem von Schwetz entwickelten 10 Stufen-Plan zu folgen:

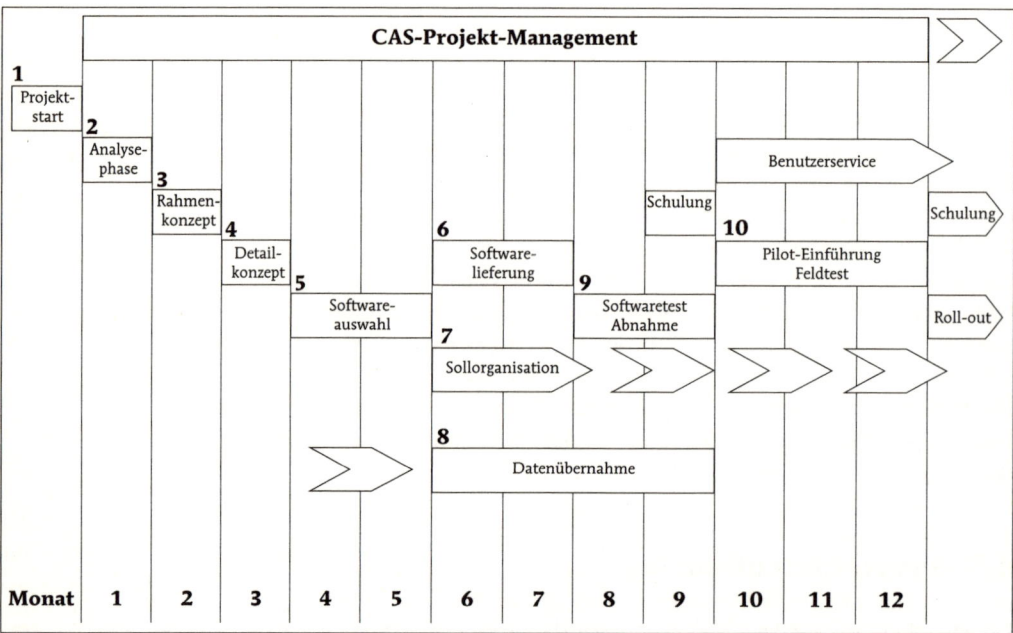

Abb. 4.3:   10 Stufen-Plan für die Einführung eines CAS-Systems (Quelle: Schwetz 2000, S. 168)

Die wesentlichen Inhalte dieser 10 Stufen werden im Folgenden dargestellt (vgl. Schwetz 2000, S. 167 ff.).

Phase 1: Zum Projektstart gehören:

- die Bennung der Teammitglieder und der Teamleitung,
- die Formulierung der Ziele aller Beteiligten sowie die Abschätzung des benötigten Zeitbedarfs und der Kosten,
- die Information aller betroffenen Mitarbeiter über die Pläne und die anstehenden Veränderungen.

Phase 2: Analysephase

Hier werden Vertriebsaufgaben, -prozesse und Organisationsstrukturen sowie Informationsflüsse analysiert und schriftlich niedergelegt.

Darüber hinaus ist es hilfreich, ein *„Mengengerüst über die wichtigen Eckdaten von heute und die Veränderungen für die Zukunft (soweit absehbar) aufzustellen"* (Schwetz 2000, S. 169 f.). Dieses Mengengerüst ist nötig, um das zu bewältigende Datenvolumen abzuschätzen. Zu diesem Mengengerüst gehören z.B. Angaben über die Anzahl der Kunden, Anzahl der Mitarbeiter im Verkauf, Anzahl der Ausgangsrechnungen pro Jahr, Anzahl der verkaufsfähigen Produkte usw.

Phase 3: Rahmenkonzept:

In diesem Rahmenkonzept werden die Ziele, sowie die Aufgabenbereiche und Prozesse, die über das CAS-System gesteuert werden sollen, in noch relativ grober Form beschrieben. Weiterhin wird der Kostenrahmen abgesteckt und es erfolgt eine Wirtschaftlichkeitsbetrachtung.

Das gesamte Konzept sollte dann der Geschäftsleitung und dem Betriebsrat zur Diskussion und Entscheidung bzw. Genehmigung vorgestellt werden.

Phase 4: Detailkonzept

Die einzelnen Anforderungen an Strukturen, Prozesse, Inhalte und Abläufe werden hier detailliert im Rahmen eines Pflichtenheftes beschrieben.

Phase 5: Softwareauswahl

In dieser Stufe wird man sich mit den mehr als 100 auf dem Markt erhältlichen Systemen auseinander setzen müssen. Wichtige Informationsquellen, um die vielen Angebote auf einige wenige, die für die Feinauswahl in Frage kommen, zu reduzieren, sind Recherchen im persönlichen Bekanntenkreis (Kollegen, Firmen, Verbände) sowie bei Fachtagungen oder im CRM-FORUM unter *www.crmforum.de* zu finden (vgl. Schwetz 2000, S. 209 f.).

Es gibt zudem Bestrebungen, Standards für die vielfältigen technischen Anforderungen zu schaffen. Die nachfolgende Tabelle in Abbildung 4.4 fasst die wichtigsten Anforderungen an CAS-Systeme zusammen.

Phase 6: Softwarelieferung

In dieser Stufe beginnt die Realisierungsphase. Es ist sinnvoll, das Projekt in eine EDV-technische Umsetzung und in die organisatorische Umsetzung zu teilen.

Phase 7: Organisatorische Anpassung

Jetzt müssen auch die organisatorischen Veränderungen gestartet werden, die mit der Einführung von CAS verbunden sind, wie z.B. Veränderungen in der Vertriebsstruktur oder Einführung der neuen Richtlinien für die Markt- bzw. Kundenbearbeitung.

Anforderungen an CRM/CAS-Systeme	
Technologie und Architektur	**Service für Benutzer**
• Etablierte Sprache: C++, Delphi, Java, Visual Basic • Skalierbarkeit • Betriebssysteme (Unix, MS-Windows, MS-Windows-NT, Linux) • Schnittstellen zu Datenbanken (z.B. zu MS-SQL, Oracle) • Daten- und Applikationsintegration (ODBC, OLE, DDE, MAPI) • DFÜ- und Internet-Fähigkeiten (XML-Unterstützung • TCP-IP-Protokoll (Internet-Protokoll)	• Grafische Benutzerführung • Maskendesign, Definition neuer Felder möglich • Mehrsprachigkeit • Help Desk-online-Hilfen • Enzyklopädie- und Produktkatalogfähigkeit • Statistikmodul für Auswertungen • Report-Generator (z.B. Crystal) • Flexible Dokumentenhinterlegung • Telefongespräche im System mit automatischer Verwaltung
Integrationsfähigkeit/Schnittstellen	**Integrationsfähigkeit/Schnittstellen**
• Schnittstellen zu ERP- und PPS-Systemen (z.B. zu SAP R/3) • Schnittstellen zu CAD-Systemen • Vorwärtsintegration, Notebook-Fähigkeit • Workflow-Applikationen • Schnittstelle zu GIS-Systemen • Schnittstelle zu CTI-Systemen (Computer Telephony Integration)	• Datenreplikation/Datenabgleich • Virenschutz • Gestaffelte Zugangsberechtigung • Veränderungen von Masken und Oberflächen durch Administrator möglich (parametrisierbare Masken)

Abb. 4.4:   Technische Anforderungen an CAS/CRM-Systeme (Quelle: Winkelmann 2000, S. 173)

Phase 8: Aufbau der Kunden-Datenbank

Je nach Umfang der Kundendaten kann der Aufbau der Kunden-Datenbank bereits zu einem relativ frühen Zeitpunkt angegangen werden. Der Aufbau dieser Datenbank sollte nicht nur als formaler Vorgang der Datenerfassung gesehen werden. Auch inhaltlich sollten die Daten auf Richtigkeit und Aktualität überprüft werden. Je nach der Qualität der vorliegenden Daten ist dies ein Vorgang, der ggf. viel mehr Zeit benötigt als geplant.

Phase 9: Testphase und Abnahme

Zu Beginn dieser Phase müssen alle Komponenten des Systems, Hardware, Software, Kommunikationstechnik einschließlich der Schnittstellen vorhanden sein. Schwetz empfiehlt, für diese Phase, je nach Größe des Projektes einige Wochen vorzusehen, da selbst bei renommierten Softwareanbietern immer wieder Probleme auftreten (vgl. Schwetz 2000, S. 183). Parallel dazu erfolgt die Schulung der Pilotanwender und der Systemadministratoren.

Phase 10: Pilotphase

Für die Pilotphase sollte ebenfalls ein ausreichender Zeitraum von rund drei Monaten eingeplant werden. Die Aufgabe der Pilotanwender ist es, unter Bedingungen des Tagesgeschäfts das Programm einem praktischen Test zu unterziehen.

Danach erfolgt der „roll-out", d.h. die schrittweise Einführung des CAS-Systems bei allen anderen Anwendern.

Fallbeispiele von erfolgreich eingeführten CAS-Systemen dokumentieren (vgl. Hassmann 1997, S. 12 f.), dass CAS trotz dieser offensichtlichen Anstrengungen, die die Implementierung bedarf, für die Vertriebsarbeit und die erfolgreiche Kundenbearbeitung ein unverzichtbares Element geworden ist.

Anhang

Literaturverzeichnis

- Ahlert, Dieter (1981): Absatzkanalstrategien des Kosumgüterherstellers auf der Grundlage Vertraglicher Vertriebssysteme mit dem Handel. in: Ahlert, Dieter (Hrsg.): Vertragliche Vertriebssysteme zwischen Industrie und Handel. Gabler Verlag, S. 43-98

- Ahlert, Dieter (1982): Vertikale Kooperationsstrategien im Vertrieb. in: ZfB, 52. Jg., Heft 1, S. 62-93

- Ahlert, Dieter (1985): Distributionspolitik. Gustav Fischer Verlag

- Ahlert, Dieter/Borchert, Stefan (2000): Prozessmanagement im vertikalen Marketing. Springer Verlag

- Ammann, Paul (2000): Entwicklung des Distributionssystems. in: Pepels, Werner (Hrsg.): Distributions- und Verkaufspolitik. S. 47-67

- Appleton, Edward (o.J.): Smart shopper. hrsg. v. Grey Strategic Planning

- Arend-Fuchs, Christine (1995): Die Einkaufsstättenwahl der Konsumenten bei Lebensmitteln. Deutscher Fachverlag

- Ausschuss für Begriffsdefinitionen aus der Handels- und Absatzwirtschaft (Hrsg.): Katalog E – Begriffsdefinitionen aus der Handels- und Absatzwirtschaft.

- Baas, Brigitte (1998): Was bringt Außendienstleasing? in: acquisa 02/1998, www.acquisa.de/archives

- Backhaus, Klaus (1997): Industriegütermarketing. 5. Aufl., Verlag Franz Vahlen

- Ballhaus, Jörn/Stippel, Peter (1999): Der Verkäufer als Erfolgsberater. in: Absatzwirtschaft 8/99, S. 68-70

- Barowski, Mike, Müller, Achim (2000): Online-Marketing. Cornelsen-Verlag

- Bautz, Daniela (2001): Ernährungskrisen beflügeln Bio-Handelsmarken. in: Lebensmittel Zeitung 15 v. 12.4.2001, S. 52

- Becker, Jochen (1998): Marketing-Konzeptionen. 6. Aufl., Verlag Franz Vahlen

- Behrenbeck, Klaus/Schiemann, Sven (2001): E-Enabling im Handel. in: Akzente 20 v. Juli 2001, S. 16-23

- Belz, Christian/Senn, Christoph (1993): Kernprobleme und Reserven im Key Account Management. in: Thexis, 10. Jg., Nr. 3, S. 50-56

- Bendl, Harald (2000): Planung, Steuerung und Kontrolle leistungsbezogener Konditionen – eine empirische Analyse zwischen Industrie und Lebensmittelhandel. Manuskript: http://elib.uni-stuttgart.de/opus/volltexte/2000/689/pdf/Dissertation_Harald_Bendl.pdf.

- Biehl, Bernd (1995): Die Entdeckung des einfachen Weges. in: Lebensmittel Zeitung 43 v. 27.10.1995, S. 38-40

- Biehl, Bernd (1995b): Eine Idee nimmt Formen an. in: Lebensmittel Zeitung 51 v. 22.12.1995, S. 27-28

- Biehl, Bernd (1997): Gute Gründe für ein Category Management. in: Lebensmittel Zeitung 10 v. 7.3.1997, S. 42-43

- Biehl, Bernd (1999): Die Herren des Strichcodes. in: Lebensmittel Zeitung 5 v. 5.2.1999, S. 36-38

- Biehl, Bernd (1999a): Der Verbraucher weiß, was er will. in: Lebensmittel Zeitung 15 v. 16.4.1999, S. 41-43

- Biehl, Bernd (1999b): Schwarze Löcher stopfen. in: Lebensmittel Zeitung 39 v. 1.10.1999, S. 58-60

- Biehl, Bernd (1999c): Lever setzt auf eigene CM-Tool. in: Lebensmittel Zeitung 12 v. 26.3.1999, S. 48-49

- Biehl, Bernd (2000): Mehr Engagement am POS. in: Lebensmittel Zeitung 12 v. 24.3.2000, S. 48-50

- Biehl, Bernd (2000a): Weniger bringt mehr. in: Lebensmittel Zeitung 7 v. 18.2.2000

- Biehl, Bernd (2001): Berater statt Verräumer. in: Lebensmittel Zeitung 10 v. 9.3.2001, S. 41-44

- Biester, Silke (1999): Gemeinsamer Blick zum Kunden. in: Lebensmittel Zeitung 46 v. 19.11.1999, S. 40

- Biester, Silke (2000): Eismann kennt seine Kunden. in: Lebensmittel Zeitung 39 v. 29.9.2000, S. 50

- Biester, Silke (2000a): Marken mit Licht- und Schattendasein. in: Lebensmittel Zeitung 19 v. 12.5.2000, S. 41-42

- Blettner, Klaus/Knopp, Peter/Schmidt, Axel G. (1998): Strukturwandel in der Warendistribution. hrsg. von INMIT, Institut für Mittelstandsökonomie an der Universität Trier

- Böhlke, Eckhard (1995): Trade-Marketing. in: Tietz, Bruno/Köhler, Richard/Zentes, Joachim (Hrsg.): Handwörterbuch des Marketing (HWM). 2. Aufl., Schäffer-Poeschel Verlag, Sp. 2483-2494

- Bottler, Stefan (2000): Vorstoß ins Premiumsegment. in: W & V 21/2000, S. 68-70

- Boy, F.E (1986): Alternative Marketingstrategien von Herstellern mit schwacher Marktposition in Märkten mit hoher Nachfragemacht. Unveröffentl. Diplomarbeit, Münster

- Brauer, Urban (1989): Die vertikale Kooperation als Absatzwegestrategie für Herstellerunternehmen: dargestellt am Beispiel der Konsumgüterindustrie. Verlag V. Florentz

- Braunschweig, Stefan (19979): Gesucht wird: der Smart Shopper. in: Media & Marketing 12/97, S. 58-61

- Bruhn, Manfred (1996): Bedeutung der Handelsmarke im Markenwettbewerb – eine Einführung. in: Bruhn, Manfred (Hrsg.): Handelsmarken im Wettbewerb. Schäffer-Poeschel Verlag, S. 4-35

- Bruhn, Manfred (2001): Bedeutung der Handelsmarke im Markenwettbewerb – eine Einführung. in: Bruhn, Manfred (Hrsg.): Handelsmarken, 3. Aufl., Schäffer-Poeschel Verlag

- Bülow, Peter (1999): Handelsrecht. 3. Aufl., C.F.Müller Verlag

- Busch, Rainer/Dögl, Rudolf/Unger, Fritz (1995): Integriertes Marketing. Gabler Verlag

- Bußmann, Wolfgang F. (1994): Lean Selling. Verlag Moderne Industrie

- CCG Centrale für Coorganisation (2001a): Efficient Replenishment Upstream. www.ecr.de/Inhalt/e21/e24/e71, Stand 8.10.2001

- CCG Centrale für Coorganisation (2001b): Logistikverbund für Mehrweg-Transportverpackungen. www.ecr.de/Inhalt/ e21/e33, Stand 27.8.2001

- CCG Centrale für Coorganisation (2001c): Standard-Kleiderbügel-Rückführ-System (SKRS). www.ecr.de/Inhalte/e116, Stand 13.8.2001

- CCG Centrale für Coorganisation (2001d): EAN.UCC veröffentlichen globalen eBusiness-Standard (08/2001). www.ccg.de/ Inhalt/e4/e595, Stand 18.9.2001

- CCG (2001 e): Nummersysteme – Prüfziffernrechner EAN–13/ILN. in: www.ccg.de: 8080/ean/Inhalt/e2/e9 (Stand 28.5.2001)

- CCG Centrale für Coorganisation (1/2001): Verpackungslogistik, Sonderdruck aus Coorganisation 1/2001. hrsg. v. Centrale für Coorganisation

- CCG Centrale für Coorganisation (o.J.): Logistikverbund für MTV. hrsg. von Centrale für Coorganisation

- Coca-Cola (1997): Category Management. Stand 9/97, hrsg. v. Coca-Cola

- Corstjens, Judy/Corstjens, Marcel (2000): Store Wars. Verlag John Wiley & Sons

- Creischer, Cornelia (1999): Der Mensch als Faktor.   in: von der Heydt, Andreas (Hrsg.): Handbuch Efficient Consumer Response. Verlag Franz Vahlen, S. 302-311

- Dalrymple, Douglas J./Corn, William L./ DeCarlo, Thomas E. (2001): Sales Management – Concepts and Cases. 7. Auflg., Verlag John Wiley & Sons

- DHI (1992): Auf dem Weg zur Direkten Produkt-Rentabilität. hrsg. v. DHI, Deutsches Handelsinstitut Köln (jetzt EHI), Verlag Deutsches Handelsinstitut

- Dichtl, Erwin/Bauer, Hans H. (1978): Die Idee der Partnerschaft zwischen Hersteller und Handel.   in: Markenartikel, 40. Jg., Nr. 7, Juli 1978, S. 255-258

- Dichtl, Erwin/Raffée, Hans/Niedertzky, Hans-Manfred (1981): Reisende oder Handelsvertreter. Verlag C.H. Beck

- Dietz, Dirk (1999): Ohne Rücksicht auf Verluste.   in: LZ Spezial 4/1999, S. 18-20

- Diller, Hermann (1989): Key-Account Management als vertikales Marketingkonzept. in: Marketing-ZFP, Heft 4, 4. Quart. 1989, S. 213-223

- Diller, Hermann (1992): Euro-Key-Account-Manager.   in: Marketing-ZFP, Heft 4, 4. Quart. 1992, S. 239-245

- Diller, Hermann (1992a): Trade-Marketing.   in: Diller, Hermann (Hrsg.): Vahlens Großes Marketinglexikon. Verlag Beck/Verlag Franz Vahlen 1992, S.1151

- Diller, Hermann (1993a): Key-Account Management auf dem Prüfstand.   in: Irrgang, Wolfgang (Hrsg.): Vertikales Marketing im Wandel. Verlag Franz Vahlen, S. 49-80

- Diller, Hermann (1993b): Key Account Management: Alter Wein in neuen Schläuchen?   in: Thexis, 10. Jg., Nr. 3, S. 6-16

- Drews, Gerald (1998): Einkaufen mit Rabatt. Cormoran Verlag

- ECR C D-A-CH (7/2001): Managementinformation Collaborative Planning, Forecasting and Replenishment CPFR®. in: www.ecr.de/daten/Files/management papier_cpfr.pdf

- Ehrl, Alexander (1997): Efficient Consumer Response. FGM-Verlag

- Engelhardt, Werner H./Kleinaltenkamp, Michael (1988): Marketing-Strategien des Produktionsverbindungshandels. in: Engelhardt, Werner H./Hammann, Peter (Hrsg.): Arbeitspapiere zum Marketing. Nr. 23, Bochum

- Engelhardt, Werner H./Witte, Petra (1990): Direktvertrieb im Konsumgüter- und Dienstleistungsbereich. Schäffer-Poeschel Verlag

- EuroHandelsinstitut/ EHI (1995): Handel aktuell 1995. Verlag EHI

- EuroHandelsinstitut/ EHI (2000): Handel aktuell 2000. Verlag EHI

- Fiesser & Partner (o.J.): Begriffe und Kennziffern, die man zum Thema Category Management kennen sollte. www.key-account-management.de

- Figgen, Berthode (1999): Category Management und Efficient Promotions – Der Verbraucher steht im Mittelpunkt. in: von der Heydt, Andreas (Hrsg.): Handbuch Efficient Consumer Response. Verlag Franz Vahlen, S. 181-193

- Fischer, Eduard (1998): Supply Chain Management bei Knorr. in: Thexis, Nr. 1, S. 31-35

- Förster, Horst (1996): Informationstechnische Grundlagen.   in: Töpfer, Armin (Hrsg.): Efficient Consumer Response (ECR), Ergebnisse 1. CPC Trend Forum, SFV-Verlag, S. 57-68

- Frey, Ulrich (1998): Verkaufsförderung – Die neue Qualität der Kooperation. in: Absatzwirtschaft 8/97, S. 42-44

- Fuchs, Wolfgang (2000): After Sales Communication. Cornelsen Verlag

- Fuchs, Wolfgang/Unger, Fritz (1999): Verkaufsförderung. Gabler-Verlag

- Gahleitner, Sonja/Stoll, Reiner (2001): Day-to-Day Category Management – Theorie und Praxis. Vortrag gehalten anlässlich 2. ECR-Tag, 5. 9. 2001, Bonn, www.ecr.de/Inhalt/e39/e224

- Gaitanides, Michael/Diller, Hermann (1989): Großkundenmanagement – Überlegungen und Befunde zur organisatorischen Gestaltung und Effizienz. in: DBW, 49. Jg., Heft 2, S. 185-197

- Gegenmantel, Rolf (1996): Key-Account Management in der Konsumgüterindustrie. Deutscher Universitäts Verlag

- GfK (o.J.): CatmanGuide. www.gfk.de/presse/broschueren/produkte/CatmanGuide_D.pdf

- GfK (o.J.a): Das Stufenmodell der GFK. http://194.175.173.244/gfk/gfk_studien/ret_0399/r039901.htm

- Godefroid, Peter (2000): Business-to-Business-Marketing. 2. Aufl., Friedrich Kiehl Verlag

- Gomes, Peter/Zimmermann Tim (1993): Unternehmensorganisation. 2. Aufl., Campus Verlag

- Günther, Thomas/Mattmüller, Roland (1993): Möglichkeiten und Grenzen der Regaloptimierung im Handel. in: Marketing-ZFP, Heft 2, 2. Quart., S. 77-86

- Haller, Sabine (1997): Handels-Marketing. Kiehl Verlag

- Hambuch, Peter (1992): Space-Management. in: Deutsches Handelsinstitut Köln e.V. (Hrsg.): Auf dem Weg zur Direkten Produkt-Rentabilität. Verlag Deutsches Handelsinstitut, S. 57-65

- Hambuch, Peter (1993): Space Management. in: Irrgang, Wolfgang (Hrsg.): Vertikales Marketing im Wandel. Verlag Franz Vahlen, S. 390-420

- Hanke, Gerd (1996): Procter & Gamble spaltet den Handel. in: Lebensmittel Zeitung v. 19.1.1996, S. 4

- Hanke, Gerd (1999): Durchforstung des WKZ-Dickichts. in: Lebensmittel Zeitung 23/ 1999, S. 4

- Hanke, Gerd (2000a): Preiskampf findet prominentes Opfer. in: Lebensmittel Zeitung 28 v. 14.7.2000, S. 4

- Hanke, Gerd (2000b): Zeitbombe tickt in Osteuropa. in: Lebensmittel Zeitung 40 v. 6.10.2000, S. 48

- Happel, Heinrich (2000): Marken ohne Identität. in: Lebensmittel Zeitung 14 v. 7.4.2000, S. 44-46

- Hassmann, Volker (1997): CAS gehört schon zum Verkaufsalltag. in: sales profi 3/1997, S. 12-13

- Hassmann, Volker (2001): Der Weg zum richtigen CAS-System. in: Verkauf aktuell, www.verkauf-aktuell.de/fb0201.htm

- Holland, Felix (2000): Der Kampf um den Preis für Europa. in: Lebensmittel Zeitung 40 v. 6.10.2000, S. 46

- Holland, Heinrich (1998): Der Direktvertrieb im Business to Comsumer-Bereich. in: Pepels, Werner (Hrsg.): Absatzpolitik. Verlag Franz Vahlen, S. 55-79

- Holland, Heinrich/Herrmann, Jürgen/Machenheimer, Gerald (2001): Efficient Consumer Response. Deutscher Fachverlag

- Homburg, Christian/Schneider, Janna/Schäfer, Heiko (2001): Sales Excellence. Gabler-Verlag

- Imai, Masaaki (1992): Kaizen. 7. Aufl., Wirtschaftsverlag Langen Müller Herbig

- Innovationsreport 2001, (Hrsg: LPV Lebensmittel Praxis Verlag/Madakom)

- Institut der deutschen Wirtschaft Köln (2000): Zahlen zur wirtschaftlichen Entwicklung der Bundesrepublik Deutschland. Deutscher Instituts-Verlag

- IRI/GfK (2001): Grundgesamtheiten Deutschland 2001. hrsg. von IRI/ GfK Retail Services, Nürnberg
- IRI/GfK (2001): Lexikon. www.iri-gfk.de/home/lexikon
- Irrgang, Wolfgang (1992): Strategien im vertikalen Marketing der Industrie. in: Irrgang, Wolfgang (Hrsg.): Vertikales Marketing im Wandel. Verlag Franz Vahlen, S. 1-24
- Jauschowetz, Dieter (1995): Marketing im Lebensmitteleinzelhandel: Industrie und Handel zwischen Kooperation und Konfrontation. Verlag Ueberreuter
- Jolson, Marvin (1974): The Salesman`s Career Cycle. in: Journal of Marketing, Nr. 38, Juli 1974, S. 39-46
- Kalka, R./Ziehe, N. (1999): Dem Preisdruck des Handels proaktiv begegnen. in: Lebensmittel Zeitung 15 v. 16.4.1999, S. 70
- Kalmbach, Ulf (1999): ECR Europe und ECR Deutschland – Ein Überblick. in: von der Heydt, Andreas (Hrsg.): Handbuch Efficient Consumer Response. Verlag Franz Vahlen, S. 24-40
- Katalog E (1995): Katalog E, Begriffsdefinitionen aus der Handels- und Absatzwirtschaft. Hrsg. v. Institut für Handelsforschung, Universität Köln, 4. Aufl., Verlagshaus Thiele & Schwarz
- Kettern, Alois/Heim, Eugen (1999): Category Management als zentrales Element zur Implementierung von Efficient Consumer Response im LEH. in: von der Heydt, Andreas (Hrsg.): Handbuch Efficient Consumer Response. Verlag Franz Vahlen, S. 159-169
- Kirsch, Jürgen (1987): Handelsorientiertes Herstellermarketing. Diss. Hohenheim
- Klammer-Schopper, Marion/Schulz, Bettina (2001): Der automatische Vertrieb. in: Absatzwirtschaft, Science Factory, 2. Jg., Ausgabe 1 (www.absatzwirtschaft.de)
- Koinecke, Jürgen/Koinecke, Jan (1996): Mehr Profit im Vertrieb. Verlag Moderne Industrie
- Kotler, Philip/Bliemel, Friedhelm (1999): Marketing-Management. 9. Aufl., Schäffer-Poeschel Verlag
- Kotler, Philip/Bliemel, Friedhelm (2001): Marketing-Management. 10. Aufl., Schäffer-Poeschel Verlag
- Kramer, Siegfried (1993): Neues leistungsorientiertes Konditionssystem. in: Irrgang, Wolfgang (Hrsg.), Vertikales Marketing im Wandel. Verlag Franz Vahlen, S. 355-373
- Kroeber-Riel, Werner (1994): Integrierte Kommunikation. in: Heribert Diller (Hrsg.): Vahlens Großes Marketing Lexikon. Verlag Franz Vahlen, S. 468-471
- Kroeber-Riel, Werner/Weinberg, Peter (1996): Konsumentenverhalten. Verlag Franz Vahlen
- Lange, Manfred (1993): Rabattpolitik. in: Irrgang, Wolfgang (Hrsg.): Vertikales Marketing im Wandel. Verlag Franz Vahlen, S. 326-336
- Laurent, Monika (1996): Vertikale Kooperationen zwischen Industrie und Handel. Deutscher Fachverlag
- Lebensmittel Zeitung (LZ/o.J.): Studienreihe: Kommunikation mit dem Handel
- Lebensmittel Zeitung (LZ/1999): Die marktbedeutenden Handelsunternehmen 1999
- Lebensmittel Zeitung (LZ/2000): Die marktbedeutenden Handelsunternehmen 2000
- Lebensmittel Zeitung (LZ/2001): Die marktbedeutenden Handelsunternehmen 2001
- Lebensmittel Zeitung/ACNielsen (Hrsg.) (LZ/ACN/o.J.): Wirtschafts- und Handelsstrukturen

- Lebensmittel Zeitung/ACNielsen (Hrsg.) (LZ/ACN/1997): Wirtschafts- und Handelsstrukturen 1997

- Lebensmittel Zeitung Spezial (LZ Spezial 4/99): Alles Umsonst. Deutscher Fachverlag

- Lehnen, A./McKinsey Studie: Schlechter Stil prägt die Verhandlungen. in: Lebensmittel Zeitung Nr. 31 v. 6.8.1999, S. 28

- Leitz, Stefan/Ney, Florian (2000): „Customer Business Development"-Teams bei Procter & Gamble. in: Thexis 4/2000, St. Gallen, S. 26-28

- Lingelbach, Gernot/Kirschner, Markus (1997): Was geht wo im LEH? in: Absatzwirtschaft 5/98, S. 120-123

- Link, Jörg/Hildebrand, Volker (1993): Database Marketing und Computer Aided Selling. Verlag Franz Vahlen

- Litzinger, Dieter (1996): Computergestütztes Promotioncontrolling. Deutscher UniversitätsVerlag

- Markant AG (o.J.): Synergie in der Leistungspartnerschaft (Unternehmensbroschüre)

- Meerkatt, Heino (1999): Den Werthebel ansetzen. in: Lebensmittel Zeitung 39 v. 1.10.1999, S. 61

- Mehler, Klaus (1999): Debakel auf Raten. in: LZ spezial 4/99, S. 6-11

- Meffert, Heribert (1994): Marketing-Management: Analyse, Strategie, Implementierung. Gabler Verlag

- Meffert, Heribert (1998): Marketing: Grundlagen marktorientierter Unternehmensführung. 8. Aufl., Gabler Verlag

- Meffert, Heribert/Kimmeskamp, G. (1983): Industrielle Vertriebssysteme im Zeichen der Handelskonzentration. in: Absatzwirtschaft 3, S. 214-231

- Mierdorf, Zygmunt (2001): ECR wird massentauglich. in LZ spezial 1/2001, S. 13-35

- Milde, Heidrun (1996): Kategorie-Management in der Praxis: in: M & M, Marktforschung & Management, 1/96, S. 10-16

- Modrow, Klaus (1992): Zentralregulierung: Aktuelle Anforderungne und alternative Formen: in: Der Verbund, S. 4-9

- Mühlberger, Annette B. (1997): Karten-Software erobert den Vertrieb: in: sales profi 9/1997, S. 26-32

- Müller, Michael (2001): Management des Vertriebs, Gestaltung der Vertriebsorganisation. Vortrag gehalten an der FH Wiesbaden am 6.11.2001

- Münzberg, Harald (1995): Den Kundennutzen managen. Gabler Verlag

- Nieschlag, Robert/Dichtl, Erwin/Hörschgen, Hans (1997): Marketing. 18. Aufl., Duncker und Humblot

- Oehme, Wolfgang (2001): Handels-Marketing. 3. Aufl., Verlag Franz Vahlen

- Otto, Fred (2001a): Schwächere Marken stehen unter Beschuss. in: Lebensmittel Zeitung 15 v. 12.4.2001, S. 50

- Otto, Fred (2001b): Kein Grund zur Panik. in: Lebensmittel Zeitung 15 v. 12.4.2001, S. 50

- o.V. (o.J.a): Bofrost, aktuelle Zahlen Wirtschaftsjahr 99/00

- o.V. (o.J.b): Unterstützte Nachrichten je Firma. hrsg. v. EDI Anwenderkreis Handel, www.edi-ak-handel.de

- o.V. (1992): Bundesberband Deutscher Vertriebsfirmen/BDV Verkaufsfahrten Studie

- o.V. (1995): Der Lebensmittelhandel in Europa 95. hrsg. v. Lebensmittel Zeitung

- o.V. (1997): Efficient Consumer Response (ECR). hrsg. v. Centrale für Coorganisation (CCG), Köln

- o.V. (1997a): Europäischer Verhaltenskodex für Franchising gültig ab 1.1.1992. in: Dt. Franchise Verband

- e.V (Hrsg.): Jahrbuch Franchising 1996/7, Deutscher Fachverlag. S. 237-242

- o.V. (9/97): Category Management. hrsg. v. Coca-Cola, Stand 9/97

- o.V. (1998): 1. Verkaufsförderungs-Barometer, Grundlagenstudie zum Thema Verkaufsförderung – eine Initiative der Lebensmittel Zeitung. hrsg. von MSU – Institut für angewandte Marktforschung, Bad Homburg

- o.V. (3/1999): Markenartikel-Preise im Lebensmitteleinzelhandel. in: ACNielsen Handels-Info, Ausgabe 3/1999, S. 23

- o.V. (8/1999): Untersuchungen am Point-of-Purchase: POPAI-Studie informiert über das Verbraucherverhalten. in: ACNielsen Handels-Info, Ausgabe 8/1999, S. 12-13

- o.V. (2/2000): Auf gute Zusammenarbeit. in: Marktplatz, Kaufring Kundenzeitung Nr. 19 v. Februar 2000, S. 1

- o.V. (7/2000): Handelsmarken auch auf etablierten Märkten erfolgreich. in: ACNielsen Handels-Info, Ausgabe 7/2000

- o.V. (12/2000): ECR-D-A-CH. in: ECR Nachrichten, Ausgabe 1, Dezember 2000, hrsg. v. ECR-Initiative Deutschland c/o CCG, Köln

- o.V. (19/2001): Co-Marketing schafft Mehrwert. in: Lebensmittel Praxis 19, Sept. 2001, S. 99-100

- o.V. (9/2001): Faktoren der Kundenbindung: Einkaufsverhalten im deutschen LEH und in Drogeriemärkten. in: ACNielsen Handels-Information, Ausgabe 9/2001, S. 16-19

- o.V. (2001): Grundlagen CAS-Software: So unterstützen Sie Ihren Vertrieb. in: CRM Forum, www.crmforum.de/grundlagen/cas_software

- O.V. (2001b): EAN-Standards zu Identifikationszwecken. in: Arbeitsbericht 2000, Ausblick 2001, Hrsg. v. Centrale für Coorganisation GmbH, Köln, S. 15

- o.V. (2001c): Mitglied von EAN International. in: Arbeitsbericht 2000, Ausblick 2001, hrsg. v. Centrale für Coorganisation GmbH, Köln, S. 10

- o.V. (2001d): Politikfelder Branchenfokus. Hrsg. v. Bundesministerium für Wirtschaft und Technologie, www.bmwi.de/textonly/Homepage/Politikfelder/Branchenfocus/Handel/Handel.jsp

- o.V. (2001e): Die Viererbande auf einen Blick. in: LZ Spezial 1/2001, S. 16-17

- o.V. (2001f): Berufsbilder: Vertrieb – Kundenkontakt ist Chefsache. in: Lebensmittel Zeitung Internet Edition, www.lz-net.de, Stand 28.1.2001

- o.V. (LZ 96): Tegut verbannt Procter-Produkte aus den Regalen. in: Lebensmittel Zeitung v. 9.2.1996, S. 4

- o.V. (LZ 42/96): Handel will mehr Geld. in: Lebensmittel Zeitung 42 v. 18.10.1996, S. 1 und S.3

- o.V. (LZ 14/97): Der Konditionendruck wächst weiter. in: Lebensmittel Zeitung 14 v. 14.4.1997, S. 4

- o.V. (LZ 43/97): Zuwachs an Kisten und Paletten. in: Lebensmittel Zeitung 43 v. 24.10.1997, S. 60-61

- o.V. (LZ 40/98): Die Automaten kommen. in: Lebensmittel Zeitung 40 v. 2.10.1998, S. 50-51

- o.V. (LZ 45/98): Kartellwächter warten auf Antwort. in: Lebensmittel Zeitung 45 v. 6.11.1998, S. 26

- o.V. (LZ 45/98a): Quelle erhält Abmahnung. in: Lebensmittel Zeitung 45 v. 6.11.1998, S. 4

- o.V. (LZ 4/2001): Transpondertechnik – CCG beschreibt Anwendungsfelder. in: Lebensmittel Zeitung 4 v. 26.1.2001, S. 65

- o.V. (LZ 8/2001): Präsentboxen von Pampers. in: Lebensmittel Zeitung 8 v. 23.2.2001, S. 62

- o.V. (sales profi 10/98): Die Top Ten der Versender: Otto und Quelle bleiben vorn. in: sales-profi 10/98, S. 6

- Pabst, Oliver/Brambach, Gabriele (1999): Kontrovers diskutierte Vertriebsformen: Off Price Stores, Factory Outlets und Factory Outlet Center in der Modebranche. in: Tomczak, Torsten/Belz, Christian/Schögel, Marcus/Birkhofer, Ben (Hrsg.): Alternative Vertriebswege. Verlag Thexis, S. 164-185

- Pielenhofer, Thomas (2001): Erfolgreiches Preis- und Konditionenmanagement im Markenartikelvertrieb. hrsg. v. UGW AG, Wiesbaden, Beilage in: Lebensmittel Zeitung 38 v. 21.9.2001

- Pietersen, Frank et al (2001): Status quo und Perspektiven im deutschen Lebensmittelhandel. Hrsg. v. KPMG

- Plettner, Nicole (2001): VA 2001, Loyalitäten und Markentreue: Eine Trendanalyse aus VA 93 bis VA 2001. hrsg. v. Bauer Media KG, www.bauermedia.de

- PLMA (o.J.): Homepage der PLMA, www.plmainternational.com, Stand 5.10.2001

- Puhlmann, Heinz (1995): Im Land der Automaten. in: Lebensmittel Zeitung 50 v. 15.12.1995, S. 38-40

- Puhlmann, Heinz (1997): Marken-Kleidung im Lok-Schuppen. in: Lebensmittel Zeitung 26 v. 27.6.1997, S. 36-40

- Puhlmann, Heinz (1998): Ein Job zum Älterwerden? in: Lebensmittel Zeitung 12 v. 20.3.1998, S. 30-40

- Parjaszwski, Peter (1993): Gestaltung von Werbemitteln im vertikalen Marketing. in: Irrgang, Wolfgang (Hrsg.): Vertikales Marketing im Wandel. Verlag Franz Vahlen, S. 374-389

- Rehe, H. (1975): Marketing-Aktivitäten. Vortrag gehalten an der Universität Mannheim am 13.5.1975, unveröff. Manuskript.

- Richner, Michael (2001): Veränderungen des Stellenwertes der Feldorganisation in der Konsumgüterindustrie im Zeitverlauf 1980 – 2005. Diplomarbeit an der FH Wiesbaden, eingereicht am 18.4.2001(unveröffentlicht)

- Rode, Jörg (1999): „CPFR": Zauberformel für Turbo-ECR. in: Lebensmittel Zeitung Nr. 3 v. 22.1.1999, S. 50-51

- Rode, Jörg (1999a): Forum für Global Leader. in: Lebensmittel Zeitung Nr. 14 v. 9.4.1999, S. 36

- Rode, Jörg (2000): Händler empfehlen WebEDI. in: Lebensmittel Zeitung 32 v. 11.8.2000, S. 34

- Rode, Jörg (2001): CPFR steigert die Transparenz. in: Lebensmittel Zeitung 37 v. 14.9.2001, S. 28

- Rode, Jörg (2002): GNX: Auktionen für 2,1 Mrd. USD. in: Lebensmittel Zeitung 3 v. 18.1.2002, S. 28

- Rodens-Friedrich, Brigitta (1999): ECR bei dm-drogerie markt – Unser Weg in die Wertschöpfung. in: von der Heydt, Andreas (Hrsg.): Handbuch Efficient Consumer Response. Verlag Franz Vahlen, S. 205-221

- Roeb, Thomas (o.J.): Der große Schlager. in: Lebensmittel Zeitung: Dokumenation: Lebensmittelhandel in Europa, S. 32-35.

- Rosbach, Britta (2001): Die Reifeprüfung. in: LZ spezial 1/2001, S. 20-23

- Ruda, Walter (1998): Fester Platz in der Handelslandschaft. in: Lebensmittel Zeitung 2 v. 9.1.1998, S. 38-42

- Scharf, Andreas/Schubert, Bernd (2001): Marketing. 3. Aufl., Schäffer-Poeschel Verlag

- Schenk, Hans-Otto (1991): Marktwirtschaftslehre des Handels. Gabler-Verlag

- Schenk, Hans-Otto (1994): Handels- und Gattungsmarken. in: Bruhn, Manfred

(Hrsg.): Handbuch Markenartikel. Band 1, Schäffer-Poeschel Verlag, S. 57-78

- Schenk, Hans-Otto (1996): Funktionen, Erfolgsbedingungen und Psychostrategien von Handels- und Gattungsmarken. in: Bruhn, Manfred (Hrsg.): Handelsmarken im Wettbewerb, Schäffer-Poeschel Verlag, Deutscher Fachverlag

- Schenscher, J./Möller, T. (1998): Wenn die Konditionen-Zeitbombe tickt. in: Lebensmittel Zeitung Nr. 17 v. 24.4.1998, S. 64

- Schmid, Günter (2000a): Grundlagen des Indirektabsatzes. in: Pepels, Werner (Hrsg.): Examenswissen Marketing. Band 5: Distributions- und Verkaufspolitik, Fortis-Verlag, S. 107-124

- Schmid, Günter (2000b): Ausgewählte Fragen der Zusammenarbeit zwischen Industrie und Handel. in: Pepels, Werner (Hrsg.): Examenswissen Marketing. Band 5: Distributions- und Verkaufspolitik, Fortis-Verlag, S. 167-189

- Schmidt, Josef (1995): Viele Produkte, zu wenig Neues. in: Lebensmittel Zeitung 46 v. 17.11.1995, S. 38

- Schobert, Frank (1996): Procter & Gamble's „Neuer Weg". in: Marketing Journal Nr. 4, S. 264-270

- Schoch, Hanns (1999): Der lebensmittelführende Handel, Vortrag gehalten an der Fachhochschule Wiesbaden am 16.6.1999

- Schögel, Marcus (2001): Das Management mehrerer Vertriebskanäle. in: Loseblattwerk Verkauf, Kap. 05.01, sowie in www.verkauf-aktuell.de, Symposion Publishing 2001

- Schwetz, Wolfgang (2000): Customer Relationship Management. Gabler Verlag

- Seminara, Greg (2000): Leading Consumer Products Distributors of the World. Vortrag gehalten bei Acosta, Lombard Illinois, Mai 2000

- Seifert, Dirk (2001): Efficient Consumer Response. 2. Aufl., Rainer Hampp Verlag

- Serex, Pierre-Francois (1998): Vom Rohstoff bis zum Hamburger – Supply Chain Management bei McDonald's. in: Thexis, Nr. 1, S. 24-29

- Sidow, Hans D. (2000): Key Account Management. 6. Aufl., Verlag Moderne Industrie

- Simacek, Karl (1999): Vendor Managed Inventory (VMI) – Oder wer in Zukunft disponieren sollte. in: von der Heydt, Andreas (Hrsg.): Handbuch Efficient Consumer Response. Verlag Franz Vahlen, S. 129-140

- Sondermann, Peter-Alexander (1997): Daten und Fakten zur Entwicklung des Franchisings in Deutschland. in: Dt. Franchise Verband e.V. (Hrsg.): Jahrbuch Franchising 1996/97. Deutscher Fachverlag, S. 10-15

- Specht, Günter (1998): Distributionsmanagement. 3., überarb. u. erw. Aufl., Kohlhammer Edition Marketing

- Speer, Franz (1999): Category Management: Organisatorische Ansätze eines integrierten Marketing- und Vertriebskonzeptes. in: von der Heydt, Andreas (Hrsg.): Handbuch Efficient Consumer Response. Verlag Franz Vahlen, S. 222-234

- Stark, Rolf (o.J.): SINFOS – Der zentrale Artikelstammdaten-Pool der CCG. in: Eurohandelsinstitut (Hrsg.): Flächenmanagement. Verlag Deutsches Handelsinstitut, S. 40-41.

- Statistisches Bundesamt (2001): Definitionen. www.zr.statistik-bund.de/def/def0550.htm

- Staudacher, Frank (1993): Auswirkungen der Herstellerkonzentration auf das vertikale Marketing. in: Irrgang, Wolfgang (Hrsg.): Vertikales Marketing im Wandel. Verlag Franz Vahlen, S. 25-48.

- Steffenhagen, Hartwig (1995): Konditionengestaltung zwischen Industrie und Handel. Verlag Ueberreuter

- Thies, Gerhard (1976): Vertikales Marketing. Verlag Walter de Gruyter

- Thurow, Wolfgang (1993): Integration des Vertragshändlers in die CI-Politik. in: Irrgang, Wolfgang (Hrsg.): Vertikales Marketing im Wandel. Verlag Franz Vahlen, S. 314-325.

- Tietz, Bruno (1992): Eurostrategien im Einzelhandel. in: Marketing-ZFP, Heft 4, 4. Quart, S. 233-238

- Tomczak, Torsten/Gussek, Frank (1992): Handelsorientierte Anreizsysteme der Konsumgüterindustrie. in: ZfB, 62. Jg., Heft 7, S. 783-806

- Ulmer, Peter (1969): Der Vertragshändler. C.H. Beck'sche Verlagsbuchhandlung

- von der Heydt, Andreas (1998): Efficient Consumer Response (ECR). 3. Aufl., Peter Lang Verlag

- von der Heydt, Andreas (1999): Efficient Consumer Response – So einfach und doch so schwer. in: von der Heydt, Andreas (Hrsg.): Handbuch Efficient Consumer Response. Verlag Franz Vahlen, S. 3–23.

- Vossen, Manfred (1998): Der Frische-Plus geht jetzt in Serie. in: Lebensmittel Zeitung Nr. 45 v. 6.11.1998, S. 4

- Weber, Björn (2001): Internet-Marktplätze dämpfen die Erwartung. in: Lebensmittel Zeitung Nr. 37 v. 14.9.2001, S. 32

- Wehrle, Friedrich (1990): Chancen und Risiken für Fachzeitschriften im europäischen Binnenmarkt. in: Bruhn, Manfred/ Wehrle, Friedrich (Hrsg.): Europa 1992. 2. Aufl., Landwirtschaftsverlag

- Weis, Hans Christian (2000): Verkauf. 5. Aufl., Friedrich Kiehl Verlag

- Wiefels, Josef (1976): Handelsrecht I, Verlagsgesellschaft Recht und Wirtschaft

- Wiezorek, Heinz (2000): ECR – eine gemeinsame Aufgabe von Hersteller und Handel. in: Ahlert, Dieter/Borchert,

- Stefan (Hrsg.): Prozessmanagement im vertikalen Marketing. Springer-Verlag, S. 193-207

- Winkelmann, Peter (1999): Marketing und Vertrieb. Verlag Oldenbourg

- Winkelmann, Peter (2000): Vertriebskonzeption und Vertriebssteuerung. Verlag Franz Vahlen

- Winkelmann, Peter (5/2000): CRM-Studie: Kein Grund zur Panik. in: sales profi 5/2000, S. 36-37

- Wirtz, Bernd/Mathieu, Alexander (2001): B2B-Marktplätze – Erscheinungsformen und ökonomische Vorteile. in: WISU 10/01, S. 1332 - 1344

- Witt, Jürgen (1996): Prozessorientiertes Verkaufsmanagement. Gabler Verlag

- Wöhe, Günter (1993): Einführung in die Allgemeine Betriebswirtschaftslehre. 18. Aufl., Verlag Franz Vahlen

- Wolfskeil, Jürgen (1999): Nie wieder Roherträge. in: Lebensmittel Zeitung Spezial 4/99. S. 12

- Wolfskeil, Jürgen (1999a): Arbeiten am „Preiskorridor". in: Lebensmittel Zeitung 26 v. 2.7.1999, S. 34-36

- Wolfskeil, Jürgen (2001): Trade Marketing gefordert. in: Lebensmittel Zeitung 32 v. 10.8.2001, S. 2

- Wolter, F.H. (1978): Steuerung und Kontrolle des Außendienstes. Deutscher Betriebswirte-Verlag GmbH

- W & V (16/2000): Händler haben kein Profil. in: Werben & Verkaufen, 16. KW 2000, S. 34

- Zentes, Joachim (1980): Außendienststeuerung. Schäffer-Poeschel Verlag

- Zentes, Joachim (1986): Verkaufsmanagement in der Konsumgüterindustrie. in: DBW 46, S. 21-28

- Zentes, Joachim (1989): Trade Marketing. in: Marketing-ZFP, Heft 4, 4. Quart., S. 224-229

- Zerres, Simone, Eggert, Ulrich (1998): BBE-Trendstudie Konsum, Gesellschaft, Handel. Hrsg. v. BBE Unternehmensberatung

- Ziegelmeier, Gert (1999): Näher an den Kunden.   in: Lebensmittel Praxis, 51. JG., Nr. 17, S. 14-16

- Ziemainz, Peter (2001): Präsentationsunterlagen MAC & T, Darmstadt

Stichwortverzeichnis